■ 2014年第1期（总第3期）

NTS-PD

NON-TRADITIONAL SECURITY STUDIES

非传统安全研究

NTS-PD
浙江大学非传统安全与和平发展研究中心
塔里木大学非传统安全与边疆民族发展研究院
编

知识产权出版社
全国百佳图书出版单位

CONTENTS

目 录

非传统安全管理初探

书评

非传统安全研究

2014 年第 1 期（总第 3 期）

浙江大学非传统安全与和平发展研究中心
塔里木大学非传统安全与边疆民族发展研究院 编

Non - traditional Security Studies

(founded in 2010)

Tel：(86) 571 -8820 8518

Fax：(86) 571 -8820 8518

Address：Room 411 -1，Xiyi Building，Zijingang Campus，Zhejiang University，Hangzhou，310058，P. R. China

Email：nts@ zju. edu. cn

Editor - in - chief：YU Xiaofeng

Publisher：Intellectual Property Publishing House

Distributor：Xinhua Bookstore

编 者 按

余潇枫　谢贵平

时光荏苒，安全难题全球凸显；空间交错，安全场域复合扩展。在 2014 年，《非传统安全研究》第三期与读者见面了。

本期“非传统安全理论探索”栏目的文章着重阐述了“共享安全”与“类安全”重要议题。余潇枫的《共享安全：非传统安全研究的中国视域》一文指出：“共享安全”是非传统安全的价值实质，是体现中国价值又符合世界语境的安全话语，中国以“保合太和”“万国咸宁”“和而不同”“天下大同”为标志的“和合主义”思想渊源，为“共享安全”提供了重要的思想内核与独特的价值坐标。林国治的《“类安全”观与“安全困境”的超越》一文认为，要有效解决人类所面临的“安全困境”，需要强化全球范围内的“类安全”共识，坚持全球范围内的可持续发展战略，通过加强国际合作机制建设来解决各类矛盾。

本期新设了“非传统安全比较研究”栏目。章雅荻的《英国未来非法移民现状及应对措施》，从英国非法移民的数量、来源、渠道、年龄结构、所从事的工作以及非法移民选择英国的多方面原因等呈现英国非法移民的现状，探析非法移民问题给英国社会所带来的非传统威胁及其解决办法。伊姆兰·阿里·桑达纳（Imran Ali Sandano）的《巴基斯坦非传统安全威胁研究》（Non Traditional Security Threats in Pakistan），对巴基斯坦食品安全、移民问题、气候变化、全球变暖、经济问题等重要领域的非传统安全议题作了分析探讨。史泽维（Austin M. Strange）的《中国的深蓝治理：通过反海盗加强非传统海上安全合作》（China's Deep Blue Governance：Enhancing Non traditional Security Cooperation Through Anti-Piracy）认为，在亚太平洋安全格局持续紧张的不良环境下，日益扩散的海上非传统安全威胁对中国而言是威胁但也是一个重要机遇，中国通过远海反海盗行动及其对海上非传统安全治理，展示了中国对该区域有力的贡献。

本期非传统安全新议题的栏目是“检验检疫非传统安全分析”。出入境检验检疫与国家安全能力有着密不可分的关系，检验检疫不仅是一种体现传统海关功能的“口岸公共安全”，而且是直接关系到国家安全、人的安全、社会安全、生态环境安全与国际安全的“国门安全”，甚至是其安全职能不断向国门内外延展并与传统安全紧密关涉的“交织安全”与“场域安全”。在深化改革开放的社会转型期，出入境检验检疫将成为我国公共安全体系与国家安全体制完善中的重要内容。

本期“非传统安全与边疆治理”栏目颇有特色。安晓平、高汝东的《中华文化元典精神与新疆非传统安全威胁应对》认为新疆非传统安全维护上要重视“和合”理念、“民为邦本”思想的传承。谢贵平的《“9·11”事件以来“东突”问题的非传统安全威胁及其应对》认为，只有转变安全维护理念，对“东突”问题进行综合治理，才能遏制境内外“东突”势力的蔓延发展。张付新、张云的《新疆宗教沿革与社会安全》，探究了宗教在边疆安全和社会政治稳定中的正反向功能，认为多元互动、共存共荣的和谐宗教是调适社会心态、促进民族地区和美发展的动力和源泉。王中伟、谢贵平的《西方媒体对华突发事件报道的舆论误导与中国媒体应对——以 BBC 对新疆 2012 年“6·29”和田劫机案等报道为例》认为，中国政府与媒体需要针对西方媒体对华突发事件的歪曲报道与舆论误导进行细致辨析与积极应对，才能树立中国良好的国际形象。张建军的《转型社会中的怨恨情感释放与个体安全寻求》认为，只有通过弘扬核心价值观、加强社会建设等才能逐步消除社会怨恨，提升社会安全感。董贺的《中国东北边疆地区非法移民问题探析》认为，我国应推动地区、国家、国际力量的互动与整合，在完善政策法律、加强公共治理、提升经济水平、保障社会福利、促进区域合作等方面发挥积极效用，才能在方针和策略上实现东北边疆非法移民问题的有效治理。

本期的“非传统安全管理初探”栏目是为“非传统安全管理”研究生课程开辟的专栏。专栏中的文章是选自优秀课程作业，并经过作者多次修改写成的。尽管他们的探索是初步的，但不乏创新的意识与视角。关于跨国的非传统安全问题的有：黄飚的《“黑金”的下一战？——“第五次石油战争”预测研究》，黄蓉的《湄公河惨案的非传统安全分析》；关于国内非传统安全问题的有：李若的《非传统安全危机：传播与信息控制——以松花江水污染事件为例》，王译漫的《贸易战，没有硝烟的战争》，邱越的《钓鱼岛争端可能引发中日贸易战》；关于国内非传统安全治理的有：杨光的《进无保障，退无耕地——浅析我国失地农民的安全困境》，曹红华的《农民工安全感从哪里来？——基于人的安全视角》，王姣姣的《转基因食品：天使还是魔鬼？——基于非传统安全视角的思考》等。

本期的“书评”是郭才华的《美伊矛盾前景展望及中国的历史选择——评〈极端伊斯兰与国际安全：挑战与回应〉》，作者对美国与西方文明同伊斯兰文明之间所产生的漫长历史矛盾进行了分析，并就中国今后对伊斯兰国家应采取何种外交政策作了有价值的探讨。

非传统安全理论探索

共享安全：非传统安全研究的中国视域*

余潇枫

【摘要】“共同威胁”与“共患意识”引发人类对非传统安全的普遍关注。非传统安全的价值实质是“共享安全”。“共享安全”不仅是安全指涉对象的扩展与转型，也是非传统安全理念的提升与非传统安全话语的创新。西方非传统安全理论经由传统安全研究与和平研究的延伸与扩展，形成了建构主义、哥本哈根学派、后结构主义、批判安全理论、人的安全研究、女性主义、后殖民主义等主要流派，其主要价值取向是“建构安全”。然而，共享安全的关键是如何面对与解决人类社会普遍存在的“异质性”冲突，中国的安全观与外交方式的价值类型对此有着重大的意义与贡献。中国以“保合太和”“万国咸宁”“和而不同”为标志的“和合主义”思想渊源，为“共享安全”提供了重要的思想内核与独特的价值坐标。中国学者的“新天下主义”“多种行为主体的共同安全”“人类共同安全”“全球深度治理”等对“共建安全”方案的多维度探索，为“共享安全”提供了极具创意的可能性论证。中国与各国“合作共赢”的外交实践与融入世界的“优态共存”，为“共享安全”提供了解决现实冲突的重要范例，也为“共享安全”的可行性构建了无可辩驳的现实逻辑。

【关键词】非传统安全；共享安全；中国视域；和合主义

当今人类正在走向深度“全球化”❶，“全球生存共同体”“全球知识共同体”“全球传播共同体”“全球命运共同体”的现实体验催发人们的全球“共存”与“共享”意识，“普遍性威胁”与“生存性焦虑”的现实境遇也使得与“低政治”密切相关的“非传统安全”成了一个倍受各国重视的概念。21 世纪初以来，人们眼睁睁地看着“9·11”恐怖袭击、重症急性呼吸综合征（SARS）危机、全球金融危机、日本核灾难、西亚北非特别是埃及的持续骚乱，加之美国的波士顿恐怖爆炸案、斯诺登事件、美国海军司令部枪击案等种种“非传统安全危机”❷不断地造成世界新

* 本文为余潇枫教授主持的国家社会科学基金重大攻关项目“中国非传统安全威胁识别、评估及应对”（12&ZD099）的阶段性成果，原载于《国际安全研究》，2014 年第 1 期。

❶ 深度“全球化”表现为：全球经济的相互依赖加深，全球产业的互补性加强，全球问题的挑战性加大，全球发展的利益攸关性增强，全球城市网络与政策网络的一体性加强。参见徐秀军：《制度性非中性与金砖国家合作》，载《世界经济与政治》，2013 年第 6 期，第 92 页；汤伟：《世界城市与全球治理的逻辑构建及其意义》，载《世界经济与政治》，2013 年第 6 期，第 97 页。

❷ 余潇枫：《非传统安全与公共危机治理》，杭州：浙江大学出版社，2007 年版，第 150 – 192 页。

恐慌，使得人们不得不对非传统安全威胁进行密切关注与深入思考。为了明了当前世界的非传统安全研究现状与中国安全范式的选择，我们需要对非传统安全研究的源起和演化进行回溯，对西方非传统安全理论流派及其对中国的启示进行评述，对中国非传统安全研究的价值取向与理论范式进行分析，以阐明“共享安全”是非传统安全的价值实质，探求“共享安全”作为体现中国价值又符合世界语境的安全话语的必要性、可能性与可行性。

一、“共享安全”：“全球命运共同体”的新安全话语

人类社会的生存方式与人类安全共同体的发展方式紧密相联。为了确保作为生存发展最基本条件的安全，人们以各种各样的方式把“自者”与“他者”结合起来形成特定的共同体以应对更大范围内的“威胁”。基于第一次世界大战与第二次世界大战的惨痛教训，“和平”成了人类社会最高的价值取向。到了核武器时代，大国间开始用“威慑”取代“入侵威胁”来扩军备战以形成“冷战”，在增加“确保相互摧毁”战争危险的同时，也筑高了防止战争爆发的堤坝。然而，随着工业化和全球化的推进，“发展”成了人类社会的主导价值取向，于是贫困问题、人口问题、环境问题、能源问题不断凸显成为人类的普遍性威胁。面对全球性非传统安全危机的到来，人们发现没有战争的“和平”已经不能与“安全”直接划上等号，由非传统安全威胁构成的“不安全时代”❶ 正在到来，人类必须反思和寻求新的生存方式以解脱现实的困境。

（一）“共同威胁”引发各国对非传统安全的普遍关注

“非传统安全”概念的提出及其相应理论的产生，并非是理论家们出于理论研究兴趣的“虚构”，也不是政治家们出于政治需要的“图谋”，而是全球化背景下人类对新的普遍性威胁与生存性焦虑进行研究的一种“理论化”努力，也是人类面对非常态危机而迫切需要寻求新安全方案的一种“前景化”❷ 探索。最早把非传统安全概念引入中国的学者张蕴岭教授指出：“非传统安全问题并不是新现象，它们早就存在，如今之所以被纳入综合安全的范畴，自然有它的内在缘由。在我看来，主要是：一则它们成为具有‘集合性特征’的安全种类，也就说形成了它们的‘共同特征’；二则它们的表现形式和影响很大，成为必须给予极大重视的问题。”❸

“共同威胁”必然引发人类对非传统安全的关注和对“共享安全”的诉求，人类对非传统安全威胁的重视源于对“非军事问题”的关注。20世纪中叶起，首先是生态环境恶化、人口发展失当、贫困严重、发展难题等进入安全研究的视界；进

---

❶ ［英］拉里·埃里奥特、丹·阿特金森：《不安全的时代》，曹大鹏译，北京：北京商务印书馆，2001年版，第1页。

❷ “前景化的英文是foregrounding，巴里·布赞专门讨论过“前景化安全”（foregrounding security），指安全以“指涉对象”或“领域”为轴不断扩展与深化的过程。参见［英］巴里·布赞、［丹麦］琳娜·汉森：《国际安全研究的演化》，余潇枫译，杭州：浙江大学出版社，2011年版，第146－149页。

❸ 张蕴岭：《中国非传统安全研究报告（2011－2012）》，北京：中国社会科学文献出版社，2012年版，序一第1页（注：张蕴岭教授曾两次与本文作者谈起，他在20世纪80年代末与90年代初，就在国内的某些重要会议上转引了“非传统安全”这一概念）。

入21世纪后，更大范围内的恐怖主义问题、气候问题、能源危机、粮食危机、金融危机、信息安全问题等成为安全研究的重要议题。尤其是当“非国家行为体”的安全参与以及“非对称”的安全挑战开始被置于次国家、国家、跨国家以及全球的多重安全时空交叠之中，成为安全威胁的重要来源时，人类面对的安全威胁突破了传统的主权边界，安全维护方式突破了传统军事武力方式，军事安全与政治安全以外的经济安全、社会安全、环境安全、文化安全成了安全研究的重要领域，于是世界各国对非传统安全议题给予了越来越多的关注。在这一过程中，联合国于20世纪60年代开始关注影响整个人类的环境、粮食、人口、贫困等非传统安全问题；70年代，联合国开始关注安全的相互依赖性与发展中不断出现的安全问题，如1972年6月联合国在瑞典首都斯德哥尔摩召开了人类环境会议，这次会议提出了《只有一个地球——对一个小小行星的关怀和维护》的报告，并指出：人类的生存和地球的生存息息相关，生态环境的破坏、食物的缺少、人口增长等问题，已经成为人类生存面临的十分迫切的事情，特别是“当前的环境趋势不能继续太久，因为人类正在走向一条自我毁灭的道路”❶；80年代，联合国开始把环境、发展、粮食、人权问题等直接提升到安全高度来认识，并提出了相应的“环境安全”“经济安全”等安全话语；90年代，联合国提出了“人的安全”（human security）及其相应内容。21世纪初，联合国以打击恐怖主义为首要议题，积极关注气候问题、能源问题、全球金融危机的应对等。在应对人类的“共同威胁”中，“联合国在国际关系的规范性演变中起到了核心的作用，它是各国建立共识的平台、变革的倡导者和作为规范性参考的法律渊源。”❷ 联合国一直试图将安全、人权与发展三者结合起来，把三者看成是相互联系、相互促进的统一体，倡导这“三位一体”的综合安全观。❸ 联合国是关注非传统安全问题、深化人们对非传统安全的研究与应对的领航者。

非传统安全问题带来的“共同威胁”，以及传统的安全理论与观念严重不适应等，正是促使我们思考与提出“共享安全”战略性话语的现实语境。共享安全的价值前提是以“全球命运共同体”为考量，寻求“共存”“共依”“共有”“共和”“共建”“共创”的方式。“共享安全”的基本内涵有：以人的生命为价值基点、以人类共和为价值原则，以互信合作为实现路径、以共赢共享为价值目标。“共享安全”的价值理念，凸显了当今“人类只有一个地球”“地球是人类的太空救生艇”“各国共处一个世界”“世界各国共享和平安宁”❹的全球生存紧密关联的认知。“非传统安全不是由某个国家制造，不是被某一个国家认知，也不能

---

❶ ［英］芭芭拉·沃德、［美］勒内·杜博斯：《只有一个地球——对一个小小行星的关怀和维护》，长春：吉林人民出版社，1997年版，第14页。

❷ S. Neil MacFarlane and Yuen Foong Khong, *Human Security and the UN: A Critical History*, Bloomington: Indiana University Press, Chinese version Preface. 参见［英］奈尔·麦克法兰、邝云峰：《人的安全与联合国：一部批判史》，杭州：浙江大学出版社，2011年版，第3页。

❸ 李东燕：《全球安全治理与中国的选择》，载于《世界经济与政治》，2013年第4期，第42－54页。

❹ 《习近平在“世界和平论坛”开幕式上的致辞》，新华网，2012年7月7日。

由一个国家应对。非传统安全不是国家之间的相互安全威胁，而是国家群体乃至整个人类共同面对的威胁。这已经不是一个国家思考如何应对另外一个国家的安全威胁问题了，而是国家群体思考如何合力应对共同的安全威胁问题，是大家如何共同维护和改善全球公地的问题。”❶ 非传统安全威胁使国际安全国内化，国内安全国际化，要求各国应当从人类的整体上来反思与建构新时期的安全方略。试问：如果在公共卫生安全上不实行“共建共享”，人类如何共同应对艾滋病、SARS、禽流感等病症？如果在国际公共安全上不实行“共建共享”，人类如何共同应对像海盗、走私、贩毒之类的跨国犯罪？如果在全球环境治理上不实行“共建共享”，人类如何能够走出气候变暖、生态危机的困境？如果不对安全进行“共建共享”，世界性的恐怖主义威胁、金融危机、人口危机、粮食危机、水资源危机等如何才能得到有效治理？由此，我们可以清楚地认识到，由非传统安全所引发的种种频繁出现的全球性危机、地区性危机乃至国家内的危机，不仅需要我们在安全理念上进行反思与提升，而且不同国家在自身发展中应对非传统安全危机所形成的行之有效的理念、经验、知识与做法，也应当是人类社会的共同财富，也应让国际社会共享。

至今，非传统安全威胁的现实正改变着各国的安全理念与各国的安全环境，安全的探讨和努力已经在相当大的程度上超越了传统的国际关系研究范畴，也超越了传统安全的研究边界，从而使得越来越多的国家开始把非传统安全置于国家安全方略的重要位置，把对国家间合作应对非传统安全威胁的行动视为国家安全方略的重要方面。

（二）“共患意识”促成非传统安全研究的持续升温

“非传统安全”一词最早见于冷战后西方国际安全与国际关系研究界。普林斯顿大学著名国际关系教授理查德·乌尔曼（Richard H. Ullman）于1983年发表在《国际安全》期刊上的《重新定义安全》❷ 一文，把人类的贫困、疾病、自然灾害、环境退化等均纳入到安全的范畴中，因而他被西方学术界认为是最早提出非传统安全概念的人。❸ 此后，一些新兴的国际关系理论流派，特别是国际政治经济学和环境政治学的学者对扩展非传统安全研究的领域、建构非传统安全的理论框架做出了许多贡献，并成为西方非传统安全研究的重要学术渊源。目前，国外非传统安全研究的制度化程度不断提升，大学里非传统安全的课程与专题开设越来越普遍，❹ 非传统安全方面有影响的研

---

❶ 秦亚青：《全球治理失灵与秩序理念的重建》，载《世界经济与政治》，2013 年第 4 期，第 6－7 页。

❷ Richard H. Ullman, Redefining Security, *International Security*, Vol. 8, No. 1, (Summer 1983): pp. 129－153.

❸ 戴维·鲍德温（David A. Baldwin）在《安全的概念》（The Concept of Security）一文提到理查德·乌尔曼是第一人，而沙鲁巴·乔杜里（Saurabh Chaudhuri）在《非传统安全威胁的定义》一文中也指出理查德·乌尔曼是提出非传统安全定义的第一人。

❹ 牛津大学在硕士生的国际关系理论研究课程中有“非传统安全”专题，哈佛大学在“国际关系与外交”课程中有“非传统安全与外交”专题；与非传统安全专题相关的课程还有哈佛大学开设的“国家与国际安全研究”、耶鲁大学开设的“环境政治与法律”、麻省理工学院开设的“信息安全”和“核反应堆安全”、美国塔克商学院开设的“气候变化与商机”、伦敦大学首创的“能源与气候”硕士课程等。

究机构不断产生，❶ 其他还有关注非传统安全的各研究社群包括由各研究机构或自由主体所形成的群体网络（community network）；传播非传统安全研究的知识公共化的各种途径，如出版物（主要包括期刊与专著）、论文、网站、讲座等。❷ 需要指出的是，在西方学者的“非传统安全”研究中，更多地将具体的安全研究领域如环境安全、经济安全、能源安全、粮食安全等归入非传统安全。此外，由于各国各地区所面临的非传统安全威胁各不相同，它们所关注的非传统安全研究领域也各有侧重。

在中国，首篇论述非传统安全的文章于 1999 年发表。❸ 2003 年，中国社会科学院世界经济与政治研究所举办了全国性“非传统安全与中国”学术研讨会，之后一系列著作问世。❹ 与之相应，一批非传统安全研究机构建立起来了，❺ 全国有

---

❶ 如美国加州大学欧文分校教授理查德·马修（Richard A. Matthew）带领的“非传统安全事务中心”（The Center for Unconventional Security Affairs，CUSA）由政府、非政府、商界领袖组成顾问团，在 7 大洲的 25 个国家（包括北极）致力于关注 21 世纪的人类与环境安全、全球变化与人的安全议题，并在严重影响家庭、社群与国家安全的重大问题上，为研究者、领导者与公务员提供安全维护意识与技能。还如新加坡南洋理工大学国防与战略研究所（Institute of Defense and Strategic Studies）是亚洲开展非传统安全研究较早的，也是较为全面、深入、系统且影响较大的机构。该研究所通过国际会议、正式研讨、政策咨询等方式，展开东南亚地区的非传统安全研究，出版了大量理论成果，还不定期发布非传统安全研究（主要为气候变化、环境安全与自然灾害、能源与人类安全、粮食安全、健康与人的安全、跨国冲突等）报告，反映世界各地最前沿的非传统安全问题与研究。再如，日内瓦安全政策研究中心（GCSP），1995 年建立，有 45 个成员国，宗旨是通过培训、研究与对话，加强世界和平、安全与稳定，其于 2013 年 8 月举办的第九届专训课程的专题名称是“应对非传统安全威胁及非传统安全威胁对民主建设、和平与安全的影响”。

❷ 在亚洲较多关注非传统安全的研究机构有：Asia Human Community（AHC），Japan；Asia-Pacific Centre for the Responsibility to Protect（APCRP），The University of Queensland，Australia；Bangladesh Institute of International and Strategic Studies（BIISS），Bangladesh；Bangladesh Institute of Peace and Security Studies（BIPSS），Bangladesh；Centre of Asian Studies（CAS），University of Hong Kong，China；Centre for International Security Studies（CISS），University of Sydney，Australia；Centre for the study of Developing Societies（CSDS），India；Centre for Strategic and International Studies（CSIS），Indonesia；Centre for Peace and Conflict Studies，Chulalongkon University，Thailand；Institute of Asia-Pacific Studies（IAPS），Chinese Academy of Social Sciences（CASS），China；La Trobe University Institute for Human Security，Australia；Ilmin International Relations Institute（IIRI），Korea University，Korea；Institute for Strategic and Development Studies（ISDS），Philippines；Institute of World Economics and Politics（IWEP），Vietnam；Refugee and Migratory Movements Research Unity（RMMRU），Bangladesh；Regional Centre for Strategic Studies（RCSS），Sri Lanka；Women In Security，Conflict Management and Peace（WISCOMP），India；and The WorldFish Center，Malaysia. See：Mely Caballero-anthony，Alistair D. B. Cook，*Non-Traditional Security in Asia*：*Issues*，*Challenges and Framework for Action*，Singapore：ISEAS Publishing，2013，p. x.

❸ 傅梦孜：《从经济安全角度谈对“非传统安全”的看法》，载《现代国际关系》，1999 年第 3 期，第 2 – 4 页。

❹ 主要有陆忠伟主编《非传统安全论》，余潇枫等著《非传统安全概论》，查道炯主编《中国学者看世界：非传统安全卷》，傅勇著《非传统安全与中国》，刘杰主编《国家安全与非传统安全》，余建华等著《上海合作组织非传统安全研究》，寿晓松、徐经年主编《军队应对非传统安全威胁研究》，余潇枫著《非传统安全与公共危机治理》，余潇枫主编“非传统安全与当代世界译丛”（［印度］阿米塔夫·阿查亚：《人的安全：概念及应用》，［新加坡］梅利·卡拉贝若 – 安东尼等：《安全化困境：亚洲的视角》，［英］奈尔·麦克法兰、邝云峰：《人的安全与联合国：一部批判史》，［加］马克·扎克、［加］塔尼亚·科菲：《因病相连：卫生治理与全球政治》，［英］巴里·布赞、［丹麦］琳娜·汉森：《国际安全研究的演化》），赵远良、主父笑飞主编《非传统安全与中国外交新战略》，郭延军著《安全治理：非传统安全的国家能力建设》，李开盛著《人、国家与安全治理——国际关系中的非传统安全理论》，余潇枫等著《中国非传统安全能力建设：理论、范式与思路》，余潇枫等著《边疆安全学引论》，余潇枫主编《中国非传统安全研究报告》（2012、2013）；余潇枫主编《非传统安全研究》（第一期、第二期）等。

❺ 主要有：浙江大学非传统安全与和平发展研究中心，华中科技大学非传统安全研究中心，塔里木大学非传统安全与边疆民族发展研究中心，浙江警察学院东盟非传统安全研究中心，上海社会科学院非传统安全研究中心等。

113个妇女研究中心关注妇女安全,[1] 中国高校还开设非传统安全课程并创建有专门的博士与硕士学位点,[2] 使得中国非传统安全研究进入学科建设与人才培养的初步“制度化”阶段。

21世纪以来，中国学者在非传统安全的内涵、性质、特征、类型、领域划分、理论分殊等方面都有了颇具特色的深入研究，并且对非传统安全与传统安全的相互交织，对国内安全问题与国际安全问题的相互转化，对非传统安全危机的国际治理、对中国非传统安全的方略设定，对人类安全维护的模式思考均进行了积极的探索。但从学理的角度看，“非传统安全”作为一种全新的安全理念在理解与解读上仍存在着诸多分歧。从肯定方面看，有些学者把“非传统安全”理解为一次安全思想的“革命”,[3] 或理解为中国和平崛起的社会基础,[4] 是以“人的安全”与“社会安全”为基础的安全新语境的凸显,[5] 是国家安全战略内涵与外延拓展的新契机,[6] 是中国“新安全观”的重要理据,[7] 是中国外交融入世界与各国合作的“新高地”,[8] 是安全研究认识论与方法论的转型和从单学科向多学科交叉研究的转型,[9] 也是高校开展新型安全教学与促进人才培养的新平台。[10] 然而从持保留或否定方面看，有学者认为非传统安全在本质上与传统没有区别，“非传统安全”只是一个时间性概念，只是在安全问题的成因、重点、范围、安全主体及其特性的侧重点不同而已;[11] 另有学者把“非传统安全”仅理解为一个政策性概念，或是安全概念的“衍生物”，是“区别于传统安全观念与安全政策的安全关注”;[12] 还有学者把“非传统安全”理解为一个综合的表征性概念，即它只是一种对全球安全、人类安全、社会安全等与传统安全相区别的新类型安全的统称，若要展开研究，还得用某一具体安全领域去替代，“需要

[1] 李英桃:《全球视野与本土实践：妇女安全研究与中国妇女安全现状》，载于余潇枫主编:《中国非传统安全研究报告（2012～2013）》，北京：中国社会科学文献出版社，2013年版，第104页。

[2] 2004年浙江大学在国际政治专业开设“非传统安全概论”课程及2008年设立二级学科博士点与硕士点“非传统安全管理”，2009年北京大学开设“非传统安全”课程，2011年华中科技大学通过“非传统安全”二级学科博士点评估。

[3] 何忠义:《“非传统安全与中国”学术研讨会综述》，载于《世界经济与政治》，2004年第3期，第48－55页。

[4] 参见王逸舟:《中国与非传统安全》，载于《国际经济评论》，2004年第6期；王逸舟:《“非传统安全”问题与中国》，载赵远良、主父笑飞主编:《非传统安全与中国外交新战略》，北京：中国社会科学出版社，2011年版，第81－98页。

[5] 王逸舟认为:“人的安全是所有安全问题的核心，社会安全是国家安全的基石和国际合作的基础。”参见王逸舟:《重视非传统安全研究》，载《人民日报》，2003年5月22日第7版。

[6] 陆忠伟主编:《非传统安全论》，北京：时事出版社，2003年版，第86－95页。

[7] 傅勇著:《非传统安全与中国》，上海：上海人民出版社，2007年版，第137－147页。

[8] 王逸舟著:《中国外交新高地》，北京：中国社会科学出版社，2008年版；廖丹子:《非传统安全：中国外交的新高地》，2011年4月15日在美国华盛顿D. C. 举办的“中国和亚太国际关系的圆桌会议”（Roundtable Conference of China and Asia-Pacific International Relations）上的发言，该会议由美利坚大学亚洲研究中心（Center for Asian Studies，American University）主办。

[9] 刘中民:《西方国际关系理论视野中的非传统安全研究》，载于赵远良、主父笑飞主编:《非传统安全与中国外交新战略》，北京：中国社会科学出版社，2011年版，第76－77页。

[10] 余潇枫主编:《中国非传统安全研究报告（2011～2012）》，北京：社会科学文献出版社，2012年版，第36－39页。

[11] 余潇枫、林国治:《论“非传统安全”的实质及其伦理向度》，载于《浙江大学学报（人文社会科学版）》，2006年第6期，第104－105页。

[12] 朱锋:《“非传统安全”解析》，载于《中国社会科学》，2004年第4期，第146页。

学者们更精细的、分门别类的‘个案分析’”;❶也有学者认为“非传统安全”与“传统安全”相互重叠，而它们之间的“交织安全”才是需要特别关注的新安全领域;❷还有学者认为“非传统安全”仅是安全概念的过渡性“延伸”和“拓宽”，担心“安全边界无限制扩大会使之失去自己的知识边界”;❸另有学者认为非传统安全话语及基本问题属于西方发达国家，在中国基本上是个“伪命题”;❹甚至有少数学者认为非传统安全“是为强权国家谋求利益和世界霸权服务的”，“用西方‘传统安全’和‘非传统安全’的划分方法，无法全面准确地描述我国面临的安全问题”，“按照传统安全和非传统安全的区分，不利于国家在维护安全利益方面整体效能的发挥”，“任何淡化、削弱国家核心主权的理论，不是无知就是谎言”,❺等等。这些对非传统安全的不同理解与解读，均有其一定的逻辑合理性与现实依据性，但众多学者对非传统安全的普遍关注说明了一个重要现象：非传统安全作为一个全新的安全理念正在深入到生活现实与学科研究中，正在成为世界日益共通的安全话语。

总体上，中国学者认为非传统安全的提出，是一次对以主权安全、领土安全为核心的传统安全观的深化，是一场从国家安全到跨越国家的共同安全、全球安全、人类安全的一场拓展，也是一次从军事、政治、外交的“高政治安全”向“人的安全”与“社会安全”的“低政治安全”的深刻转型。军事部门的学者指出：要“通过反恐、维稳、制乱、抢险救灾、维和、打击跨国犯罪等非战争军事行动，实现对人民安居乐业和社会环境稳定的保护，实现对经济发展和国家利益扩展的支撑以及对世界和平与共同发展的维护和促进。”❻学界分别从“综合安全”“广义安全”“全球安全”“人的安全”“社会安全”“交织安全”“类安全”等视角来探讨非传统安全的独特性与重要性，从理论驱动、政策驱动、问题驱动等方式来针对非传统安全问题提出治理良方，从中国作为复兴大国的视角来探讨中国如何包容世界以及如何让世界包容中国，等等。学界所达成的基本共识是：非传统安全正在成为人类寻求共赢的一种“共同话语”，要合理应对非传统安全问题的挑战，就要对安全作新的理论反思与建构。

（三）“共享安全”：超越“安全困境”的话语转型

安全是人类生存的最基本需要，无论是个体、群体、社会、国家，还是其他国际行为体都生存于某种特定的“安全场域”❼中。以往由国家间关系构建起来的安全场域是以边境划线、主权划界式的地缘性场域，随着经济全球化的推进，以利益划线、人权划界式的跨国利益性场域突现了;

❶ 参见查道炯：《非传统安全卷》，北京：新世界出版社，2007年版，第11－22页。

❷ 姜维清著：《交织：国家安全的第三种威胁》，北京：世界知识出版社，2001年版，第14页。

❸ 郑先武：《全球化背景下的“安全”：一种概念重构》，载于《国际评论》，2006年第1期，第49－55页。

❹ 叶知秋：《谁之“非传统”，何种“安全”?》，载于《世界经济与政治》，2004年第4期，第38－43页。

❺ 孟宪生：《不能忽视整体安全——西方非传统安全理论评析》，载于《光明日报》，2007年6月6日第9版。

❻ 寿晓松、徐经年主编：《军队应对非传统安全威胁研究》，北京：军事科学出版社，2009年版，第4页。

❼ “安全场域”一般指能够影响乃至决定安全态势的特定情境，如地缘场域、利益场域和社会心理场域。参见余潇枫、李佳：《非传统安全：中国的认知与应对（1978～2008）》，载于《世界经济与政治》，2008年第11期，第90页。

随着全球性非传统安全挑战的形成，以文明圈划线、生存权划界式的资源性场域被建构起来，其他还有以信仰划线、民族或宗教划界的种种社会心理场域等。多重的安全场域相互叠加，使人类深处一种“本体不安全”❶ 之中。复杂的安全现实造成了现实主义安全观所无法破解的“安全困境”，在现实主义的“安全困境”中，“一国为保障安全而采取的措施，意味着降低了其他国家的安全感。在无政府状态下，一方聊以自慰的源泉就成了另一方为之忧虑的根源。因此，一个国家即使是为了防御的目的而积聚战争工具，也会被其他国家视为需要做出反应的威胁所在。”❷ 进而导致无法摆脱的“前提困境”“立场困境”与“战争观困境”。❸ 再从“话语安全”的视角看，现实主义所看到的“安全困境”在某种程度上恰恰是一种不安全的“话语建构”，它会使我们去寻求“消极安全”，深陷于寻找和放大“敌人”的情境中，让设想的敌人或对手成为去不掉的影子，进而使对抗与复仇成为无休止的延续。

非传统安全的提出和发展意味着安全思想的一次历史性提升，其标志是国际安全研究的四大“转换”：一是问题域的转换，安全成了一个开放性及与低政治直接相关联的领域，安全指涉对象从国家转向了“个体”“性别”“人类”“全球”，安全领域扩展到了军事、政治以外的社会、经济、环境、健康、发展等；二是认识论的转换，传统安全基本上是运用实证主义认识论来建构其理论的，其中包括物质主义、科学主义、经验主义等立场与方法，非传统安全研究则突破了实证主义认识论的局限，更多地运用后实证主义认识论来建构其理解，其中包括理念主义、历史主义、先验主义等立场与方法，这两种认识路径争论的实质在于：“社会科学应当在多大程度上接受纯自然科学的研究方法，并力求建构解释（国家）行为的因果理论。”❹；三是变量及其结构的转换，国际安全的驱动力变量不仅影响国际安全事态，而且还影响国际安全研究本身，国际安全研究如何从描述性和解释性状态转向分析性与规范性状态的关键是对安全核心变量的寻找及对其内在函数关系的确定；四是基本范畴与实现途径的转换，“主体间冲突”被置于“客观上威胁”与“主观上恐惧”之先，“话语安全”被置于“客观安全”与“主观安全”之先。一般“客观安全”强调一国威胁他国基于其物质能力的可能性，“主观安全”强调心理和知觉以及恐惧形成过程中的人际关系（朋友、竞争者、敌人）的重要性，“话语安全”则强调“安全是一种自我指涉的实践，因为任何一种威胁者是相对于特定行为体的，行为体对威胁的认知与接受，直接决定着威胁是否是‘威胁’”。❺ “话语安全”的实现途径较之“客观安全”与“主观安全”更注重对共同认知的建构性。因为“国家之间通过一定的言语行动建构起相互理解和信任，并在应付外部安全威胁方面达成共

---

❶ 景晓强：《本体安全中的身份、情感与对外政策》，载于《中国社会科学文摘》，2012 年第 1 期，第 112 – 113 页。

❷ ［美］肯尼思·华尔兹：《国际政治理论》，胡少华，王红缨，译，北京：中国人民公安大学出版社，1992 年版，第 3 – 4 页。

❸ 余潇枫，等：《非传统安全概论》，第 356 – 358 页。

❹ ［英］巴里·布赞、［丹麦］琳·汉森：《国际安全研究的演化》，第 37 页。

❺ 余潇枫：《国际安全研究是一门“学科”吗》，载于《国际政治研究》，2012 年第 1 期，第 9 页。

识”，从而愿意共同采取紧急措施去对付其安全威胁。❶

“共享安全”话语对非传统安全研究有着重大的指导意义。话语不仅会影响人们行为的过程和结果，而且任何话语的继承、改造和独创均会在不同程度上改变社会结构、国家形象与国家安全。❷ 倘若我们超越现实主义“安全困境”的话语建构，从“共享安全”的“共存”“共处”“共建”“共优”与“共赢”的角度来观世界，安全就成了“行为体”间的“优态共存”（superior co-existence），❸ 尤其是当人类面临的困境已不仅仅是关乎“领土主权持存”的军事与政治的安全保障，而且是关乎“生存权利持存”与“生命质量持存”的经济、社会、文化以及生态环境的安全保障时，“共享安全”式的“积极安全”❹ 才是我们要寻求的目标。“新形势下，安全问题的内涵既远远超越了冷战时期对峙平衡的安全，也超越了传统意义上的军事安全，同时也超越了一国一域的安全。各国必须坚持以博大的胸怀、创新的精神、负责任的态度，同舟共济、合作共赢，共同应对各种问题和挑战，携手营造和谐稳定的国际和地区安全环境”。❺ 可见，“共享安全”不仅是帮助我们考虑国内社会安全的重要价值尺度，也是帮助我们参与国际社会并共同解决非传统安全问题的新价值立场，也应是以“全球命运共同体”共持“类价值”与共创“类安全”的必然共识。

二、构建“安全”：西方非传统安全研究的启示

西方非传统安全研究由传统安全研究与和平研究延伸、深化、扩展、转化而来。英国学者巴里·布赞（Barry Buzan）则认为安全研究演化的发展脉络是：到后冷战时期国际安全研究的转型出现了“两大阵营”，❻ 一方是战略研究与和平研究重新整合成的“后冷战传统主义”，另一方是源于20世纪七八十年代和平研究的“扩展—深化”派（主要包括建构主义、后殖民主义、人的安全、批判安全研究、女性主义、哥本哈根学派、后结构主义），后者成为非传统安全研究的主要理论来源。那么西方非传统安全理论中的价值取向如何？研究路径有何异同？对中国有何启示？存在的问题有哪些？

（一）西方非传统安全理论的构建及其价值取向

冷战结束之后，为了回应非传统安全威胁的挑战，安全研究必然要超越军事安全研究的范畴，冷战时期的战略研究、和平研究以及军备控制研究随着“和平”向“安全”转移，均因其“军事国家中心主义”立场，被归入“后冷战传统主

❶ Barry Buzan and Ole Waever, *Regions and Powers*, Cambridge: Cambridge University Press, 2003, p. 491.

❷ 孙吉胜：《跨学科视域下的国际政治语言学：方向和议程》，载于《外交评论》，2013 年第 1 期，第 12 - 29 页。

❸ 余潇枫：《从危态对抗到优态共存——广义安全观与非传统安全战略的价值定位》，载于《世界经济与政治》2004 年第 2 期，第 8 - 13 页。

❹ 余潇枫：《安全治理：从“消极安全”到“积极安全”》，载于《探索与争鸣》，2013 年第 6 期，第 44 - 47 页。

❺ 习近平：《就维护世界和平安全提出五项理念和原则》（世界和平论坛开幕式上发言），中国新闻网：http://www.chinanews.com/gn/2012/07-07/4015510.shtml，2012 年 7 月 7 日。

❻ ［英］巴里·布赞，［丹麦］琳·汉森：《国际安全研究的演化》，第 201 页。

义”。❶ 而对传统主义安全理论的初步扩展与深化，形成了建构主义安全研究（constructivist security studies）、哥本哈根学派（the copenhagen school）、后结构主义安全研究（poststructuralist security studies）。

建构主义安全研究提出的“安全互构说”为西方国际安全研究的扩展提供了重要的理论路径。建构主义安全研究很大程度上是在20世纪90年代理性主义和反思主义论争的基础上发展起来的，且被分为常规建构主义和批判建构主义两个分支。“常规”是指安全指涉对象仍是国家，它的研究重心与战略研究相似，即重视对国家行为的研究；“批判”是指更多地立足于后实证主义的认识论立场去关注国家以外的集体行为体。建构主义安全研究的理论取向是超越传统安全研究的“物质支配主义”，用“观念因素”取代“物质因素”来对安全进行分析，强调“集体自尊”作为国家安全利益的重要方面，❷ 由于观念因素如认同、规范等是由主体间的互动建构起来的，所以建构主义认为任何安全的终极状态不是由所谓的客观物质因素“先定”和“支配”的，而是由观念因素“施动”和“建构”的；威胁或者安全都是一种“施动者”和“社会结构”的“互构”，而社会结构又是主体间互动的结构，“共有知识”与“行为体的身份和利益”模塑社会结构本身。

哥本哈根学派则成功地把建构主义理论运用于安全研究，提出了基于“主体间性”的“安全化”（securitization）理论，从而“深化”了国际安全研究。哥本哈根学派的安全研究主要源起于20世纪80年代后期与90年代初哥本哈根和平研究中心，安全化概念最早由奥利·维夫（Ole Weaver）提出，随后巴里·布赞进行了全面的阐述。“安全化”是这样一个过程：某个公共问题只要尚未成为公共争论与公共决策问题以及国家并未涉及它，这一问题就还不是安全问题。当这个问题被政府部门作为“存在性威胁”被提出，并需要多方面采取紧急措施，甚至这些措施超出了政治程序的正常限度而仍然被证明不失为正当时，则这个问题就成为安全问题了。为此，“安全化”不仅使“宣布或认定为危险”成为一个合理的施动过程，而且还能很好地解释为何不同的国家会有不同的安全重点，不同的历史阶段会有不同的安全重心。巴里·布赞认为，哥本哈根学派主要是聚焦于安全化研究，一方面要求扩大威胁的来源及其指涉对象（特别是社会/认同）的范围，另一方面呼吁要更多地关注地区层次的安全分析，并针对传统安全研究中物质主义的威胁分析，提供了一种建构主义的回应。在这种回应中，“社会”也成了社会安全的指涉对象，从而将安全扩展到了个人和全球层面，开辟了“认同安全（identity security）”研究。❸ 事实上，哥本哈根学派引入建构主义的安全分析元素，聚集于安全化概念的研究，使得“言语行为”（speech act）成了安全建构中的重要途径，同时使得“认同安全”和“话语安全”成为安全的重要论题。“至少在欧

---

❶ ［英］巴里·布赞，［丹麦］琳·汉森：《国际安全研究的演化》，第166－167页。

❷ Alexander Wendt, *Social Theory of International Politics*, Cambridge: Cambridge University Press, 1999, pp. 236－237.

❸ ［英］巴里·布赞，［丹麦］琳娜·汉森：《国际安全研究的演化》，第154页。

洲，‘安全化’是一个非常成功的概念”。❶

后结构主义安全研究在建构主义和哥本哈根学派的安全研究基础上又向前推进了一大步，提出了具有独特理论视角的“话语安全说”。后结构主义安全研究源于20世纪80年代中期的北美，但90年代初期在欧洲更加流行，其主要特征是凸显“话语”“认同”等范畴在安全中的特定作用。后结构主义认为由于安全化的权威主体往往是国家，所以会出现种种“沉默的安全”❷问题，但身处不安全中的行为体往往无权把现实苦难安全化为安全问题。由于“‘认同’是由话语构成的，国家（或者国家的代表机构）可以通过指引和动员认同来实现其外交政策的合法化”，❸因而决定“安全化”成立与否的是其背后的“话语环境”与“话语结构”。在后结构主义者看来，安全是一种话语，甚至威胁本身也是一种话语，其基本的理据是任何物质都无法离开话语的表征而独立存在，比如将何种对象建构为威胁，其实就是创造一种关于“危险和安全的话语”，并将威胁自我的那个他者置于一种特殊重要的地位。事实上，当今世界大量的媒介信息与话语正在不断模塑和创造出一个个关于“我们－他们”“牺牲者－拯救者”“发达－不发达”“文明－野蛮”的认同标识与安全图景。因而，无论何时当我们表述“无政府世界”“冷战结束”“权力的性别关系”“全球化”“人道主义干预”“金融资本”这些概念时，我们就开始进入抽象、呈现和解释的过程之中，即使是所谓最“客观”的“镜像”理论，也不可避免其解释的必然性与不可或缺性，从而政治领导、社会活动家、学者和学生都被卷入对“世界”和“安全”的解释之中，“知识”也就成了一种合法性的“权力”。❹

西方国际安全研究的传统主义理论经过建构主义安全研究的“安全互构说”，哥本哈根学派的“安全化”理论，后结构主义安全研究的“话语安全说”这3个流派的扩展与深化，为非传统安全问题进入安全研究领域敞开了大门，在接纳军事安全、政治安全外的经济安全、社会安全、环境安全等为安全重要领域的同时，国际安全与国内安全、军事手段与非军事手段等传统安全的二元对立性也被逐渐解构，特别是这些研究为后来的女性主义安全研究（feminist security studies）、批判安全研究（critical security studies）、人的安全研究（human security studies）和后殖民主义安全研究（post-colonialist security studies）的构建提供了理论的先导。女性主义安全研究批判了传统安全研究中的“男性中心主义”，其贡献在于不断指出传统安全研究中的“性别盲区”（gender-blind），❺提出了具有鲜明特色的“性别安全说”。形成于20世纪80年代中期的女性主义安全研究从美国和英国传播至全球，其研究工具包括从和平研究到后结构主义等各种研究方法，其研究路径普遍采取

❶［英］巴里·布赞，［丹麦］琳娜·汉森：《国际安全研究的演化》，第227页。

❷［英］巴里·布赞，［丹麦］琳娜·汉森：《国际安全研究的演化》，第229页。

❸［英］巴里·布赞，［丹麦］琳娜·汉森：《国际安全研究的演化》，第210页。

❹ Tim Dunne，Milja Kurki，Steve Smith，*International Relations Theories：Discipline and Diversity*，Oxford：Oxford Press，2007，p. 204.

❺ Brooke A. Ackerly，Maria Stern and Jacqui True，*Feminist Methodologies for interntional Relations*，Cambridge：Cambridge Press，2006，p. 1.

了自下而上的方式来分析战争在微观层面的影响。“女性主义构成了一个多元共同体，其成员有激进的怀疑者、宽容的反对者、有主体生活体验的知识探索者、社会安全认同体制的抵制者，他们破除原有边界的行为使得享有特权的安全防御难以为继。”❶“女性主义将自己定义为一种政治学范式，不单纯是一种性别政治学，而是一种体验政治学、一种日常生活的政治”。❷因而女性主义安全研究特别关注来自性别领域的特殊安全问题，关注身份建构和性别，其研究更多地是采用“知识论视角”，❸其研究的领域与体现“低政治”的非传统安全领域有更多的交集，越来越多的日常生活中的“常态危机”进入女性主义安全研究的视野，种族歧视、性骚扰/强奸、人工流产、家庭暴力、儿童问题、营养不良、机会不均、经济剥夺、秩序混乱、环境危险、流行疾病、生活焦虑等都曾是长期“沉默的安全”而成为女性主义安全研究的重要议题，进而在研究中提倡“互相依赖的国际安全”和“星球意义上的全球安全”。❹

批判安全研究的贡献是以人的安全为基点提出了“解放安全说”（security as emancipation）。❺批判安全研究是国际关系批判理论的一个分支，出现于20世纪90年代初期，冷战后，在英国特别兴盛并形成有批判安全研究的“威尔士学派”。批判安全研究在方法论路径上源自于马克思主义，或者更确切地说是源自于被称为“法兰克福学派”的新马克思主义。国际关系中的批判理论使用的主要是后实证主义方法，它否定实证主义的3个基本假定——外部世界的客观性、主体与客体的二分性、社会科学价值的中立性，强调所有知识均反映了研究者的利益、价值、群体、党派、阶级、民族等，因而所有的国际关系理论都存有其偏见。❻批判安全研究在此基础上对安全的指涉对象进行扩展，重视安全的“主体间”维度的分析，将个人安全置于国家安全之上，认为国家并非安全的可靠提供者，“作为个体的人”才是安全的最终指涉对象。批判“传统安全研究本体论上的国家主义，认识论上的客观主义和方法论上的实证主义”，❼特别强调个体安全甚于国家安全，以“解放”（emancipation）作为核心概念，提出“人的解放”的目标是要消除“生存性焦虑”与保障“本体性安全”，❽安全的终极状态应是“真正的

---

❶［美］克瑞斯汀·丝维斯特：《女性主义与后现代国际关系》，余潇枫，潘一禾，郭夏娟，译，杭州：浙江人民出版社，2003年版，第225页。

❷［美］克瑞斯汀·丝维斯特：《女性主义与后现代国际关系》，第42页。

❸ Brooke A. Ackerly, Maria Stern, and Jacqui True, *Feminist Methodologies for interntional Relations*, Cambridge: Cambridge Press, 2006, p. 21.

❹［美］克瑞斯汀·丝维斯特：《女性主义与后现代国际关系》，第225页。

❺ Soumita Basu and Joao Nunes, "Security as emancipation," in: Laura J. Shepherd, ed., *Critical Approaches to Security*, London, New York: Routledge, 2013, pp. 63 – 76.

❻ Robert H. Jackson, Georg Sφrensen, *Introduction to International Relations*: Theories and Approaches, Oxford: Oxford University Press, 2010, p. 248.

❼ 郑先武：《人的解放与“安全共同体”》，载于《现代国际关系》，2004年第6期，第55页。

❽ Ken Booth, "Security and Emancipation," *Review of International Studies*, Vol. 17, No. 4 (October 1991), pp. 313 – 326.

安全全球化”。❶

人的安全概念由联合国开发计划署（UNDP）于1993年在《人类发展报告》中提出，并于1994年的《人类发展报告》中进行了全面阐述。这一概念后来被一些国家所采用，特别是受到加拿大、挪威和日本等国的重视。“人的安全”概念包括了人类整体与人类的个体。❷ 人的安全研究的贡献之一是把“安全”与“发展”合并研究，使国际安全研究的议题扩展至包括贫困、不发达、饥饿和其他威胁人类整体的问题。这一转向极大地扩大了威胁的类型和安全适用的领域，粮食、健康、环境、人口增长、经济机会的差距、移民、毒品运输和恐怖主义等均在其中，安全进而被视为一种根除“贫困”和“不发达”的全球性努力。“人的安全说”突破了传统安全研究的国家中心主义局限，是非传统安全领域内最具“非传统”的理论。“人的安全”研究直接把“人”（类及个体）确定为安全的指涉对象，超越了“国家对其公民可能造成不安全时”的传统安全理论的困境。“人”这一指涉对象的确立标示着安全研究的历史转型，标示其与以保障国家主权和政权安全为核心的传统安全的基本分界。

后殖民主义安全研究一反传统安全研究的“西方中心主义”，强调“非西方本体”的安全研究，提出了“‘非西方’安全说”。20世纪70年代起，在西方中心主义受到挑战的同时，第三世界的“非殖民化”和“安全”问题日益受到关注，到了90年代，产生了国际安全研究中的后殖民主义视角，形成了“非西方主体”对安全问题的不同理解和对国际安全研究中的西方中心主义的批判。因此，后殖民主义是一种将批判矛头指向帝国主义、西方资本主义、欧洲中心主义、西方霸权主义的话语称谓，其主要是研究殖民时期之“后”，宗主国与殖民地之间的文化话语权力关系，以及有关种族主义、文化帝国主义、国家民族文化、文化权力身份等新问题。❸ 后殖民主义安全研究认为，非西方国家具有不同的发展轨迹，应该把非西方世界的殖民史、第三世界国家的形成等纳入安全理论，从而开创了一种关于“非西方主体”的不同理解，建构了一套“安全”研究的“非西方”词汇。

（二）西方非传统安全理论的启示与问题

西方非传统安全理论，构建起了有别于传统的安全指涉对象如“性别”“个体”“人类”“非西方国家”等，不同程度地对安全研究的国家中心主义进行了批判，除了关注人类安全与个体安全，更加关注包括发展问题、贫困问题、饥饿问题等更多涉及低政治领域中的安全问题。后殖民主义则对西方中心主义安全话语进行了深刻反思与批判。这些非传统安全理论在安全的指涉对象、安全的实现途径、安全研究的方法视角等方面做出了新的理论创新，特别是批判安全理论、人的安全研究、女性主义安全研究、后结构主义安全研究等对超越传统国家安全的本位与追求“人的

---

❶ Amitav Acharya, "The Priphery as the core: The Third World and Security Studies," in Keith Krause and Michael C. Williams, eds., *Critical Security Studies: Concepts and Cases*, *London: University College of London Press*, 1997, pp. 317 - 319.

❷ Human security 有几种翻译：人类安全、人的安全、人民安全、人本安全、人间安全等，参见［印度］阿米塔夫·阿查亚：《人的安全：概念及应用》，丛书主编序第2页。

❸ 王岳川：《后殖民主义与新历史主义文论》，济南：山东教育出版社，1999年版，第1-28页。

安全”的取向十分明显与强烈，使得西方非传统安全理论具有了其自身新的视角、范畴、内容与特色。

西方的非传统安全理论对中国的启示主要有：一是安全指涉对象的重新寻找；二是安全研究领域的多向扩展；三是安全实现路径的创新式探索；四是人的安全话语的构建；五是全球安全话语的不断凸显。首先，以安全化理论为例，“安全化理论的贡献在于可以把诸多原属于低政治领域的非传统安全问题纳入既有的安全框架内进行考虑，或者非传统安全问题可能通过安全化的路径成为重要的新安全议题，从而把国家安全与社会安全、人的安全、全球安全整合在一个思考的框架内。”❶然而基于亚洲的语境看，安全化理论能否在以下的追问中得以扩展：当安全化的行为体不作为时，安全化如何达成？“安全化”的实现路径除了“政治化”，是否还可以有“国际化”和“社会化”？安全化行为体的建构是否可以扩展为“启动行为体”“催化行为体”和“实施行为体”？当安全治理的主体变得多元时，或者即使安全化对安全问题的解决有效果，是否以去安全化（desecuritization）的路径作为长期的政治目标更为合理？

其次，以批判安全理论为例，批判安全研究指出国家可以是不安全的一部分，强调开放的全球政治与全球安全，认定个体是安全的最后指涉对象，并探寻以“人的解放”来实现“人的安全”与“真正的安全全球化”的理路，为非传统安全研究提供了独特的视角，但从其个体安全与国家安全“二元对立”与不可调和的反面来认识，“中国的安全应该是复合的和双向的，即人的安全得到充分保障的国家安全，国家安全得到有效维护下的人的安全；以关注和参与地区安全和全球安全为世界关怀的国家安全理念，以确保国家安全为底线的地区安全和全球安全理念。”❷

最后，以后结构主义安全研究为例，“话语安全”的独特视角与理论创新非常有意思，这是一种完全不同于过去的方法论路径，改变了人们对认同与政治、知识与权力、国家与安全之间关系的认知，强调了安全是一种（指涉对象）被建构的实践活动。中国的国际关系理论与国际安全研究从“理论进口”“问题进口”到“议题进口”走过了很长的弯路，迫切需要在“客观安全”与“主观安全”之上对“话语安全”进行深入的研究。其启示意义是：共同体对自身安全的评估不再从对共同体面临威胁的客观分析中获得，而是从共同体对特殊认同进行建构的过程中获得；同样，“共享安全”也可以在对全球认同和类认同进行建构和再建构中得以实现。

虽然西方非传统安全理论大大超越了传统安全理论的局限，丰富了国际安全研究的内容，并且在安全指涉对象、安全威胁来源、安全维护方式等方面做出了可喜的研究创新，但西方的非传统安全理论也存有严重的本体论与方法论缺陷，主要问题有三：一是以“原子主义”为特征的本

---

❶ ［新加坡］梅利·瞳拉贝若－安东尼，［新加坡］拉尔夫·埃莫斯，［新加坡］阿米塔夫·阿查亚编著：《安全化困境：亚洲的视角》，李佳译，杭州：浙江大学出版社，2010年版，译丛主编序第3页。

❷ 刘中民：《西方国际关系理论视野中的非传统安全研究》，载于赵远良，主父笑飞主编：《非传统安全与中国外交新战略》，北京：中国社会科学出版社，2011年版，第77页。

体论局限；二是以“二元对立”为特征的方法论局限；三是以“西方中心”为特征的价值立场局限。后两者在某种程度上又是前者的延伸。基于“原子主义”本体论思维的安全研究，非常重视行为体的“单位”界定与不同行为体“单位”建构起来的“体系”性质，至于单位之间的“关系”则是从属的、第二位的。这种研究思维方式的好处是权利的边界比较清晰，体系中的“层次”比较明确，安全变量的设定有比较“客观”的依据。但这种思维方式的问题是对“行为体”间冲突的消解，对体系中的“异质”性“单位”的处置，难以超越传统安全研究的“国家本位”立场，或者难以超越行为体冲突消解过程中的“两元对立”模式，致使西方非传统安全理论在不同程度超越传统安全困境的同时又陷入新的安全困境。

比如建构主义安全研究在安全实现路径上做出了重大扩展后，在安全指涉对象上却没有超越国家自身，“国家”仍然是其最重要的安全“单位”，因而不仅没有使安全研究跨越军事和政治的领域，也没有使自身成为独立于传统安全的“非传统安全理论”。哥本哈根学派在没有跳出“国家本位”安全立场上与建构主义有相通之处。在哥本哈根学派看来，安全是一个消极词，是“危险和安全政治的特殊符号”，❶“安全化”带来的仍然是“冲突”，而国家多用超政治的方式与手段解决被安全化的问题，安全的逻辑陷于暴力中，故在安全化中生成合作基本不可能，国家似乎更应在“去安全化”（desecuritization）上进行努力。安全理解的消极性与安全化主体的局限性是哥本哈根学派的致命性弱点。为了安全理论框架的“严谨性”，哥本哈根学派还担心在安全定义上太宽泛而不可收拾，不想把发展问题全都置入安全领域进行研究，为此公开批评“积极和平”。❷巴里·布赞甚至不同意“人的安全”概念的使用，认为这是一种“还原主义”，其结果会使国家对安全的维护产生难题。❸

再比如，后结构主义颇具理论深刻性地解构了僵化的国家安全概念，“允许那些与国家不相关的主体进入人们的视线，并确定一种区分模式以避免陷入单纯的敌友划分或全球无冲突的理想化陷阱。”❹但是后结构主义在根本上把国家与其他安全行为体对立起来，国家不但是安全威胁的来源，而且实现安全还要以消除国家为前提，这种非此即彼的“二元对立”的方法论导致其理论研究的新安全困境；另外，后结构主义安全研究虽然把话语安全置于了客观安全与结构安全之上，但话语的主体如何选定上仍存诸多疑惑。再以女性主义安全研究为例，“像其他非传统安全理论一样，女性主义也具有浓厚的反国家安全色彩。因为看到女性在冲突与战争中受到更多的伤害，‘他

❶ 崔顺姬：《“积极和平”对非传统安全研究的启示——基于中国传统文化的视角》，载于《国际政治研究》，2012年第1期，第44页。

❷ 崔顺姬：《“积极和平”对非传统安全研究的启示——基于中国传统文化的视角》，载于《国际政治研究》，2012年第1期，第39－44页。

❸ ［英］巴里·布赞：《人的安全：一种“还原主义”的误导》，载于余潇枫主编：《非传统安全研究（第1期）》，北京：知识产权出版社，2010年版，第178－179页。

❹ ［英］巴里·布赞，琳娜·汉森：《国际安全研究的演化》，第155页。

们质疑国家作为安全提供者的角色，认为在今天的战争中，国家实际上可能正在对自己的人民形成威胁’”。❶ 但女性主义在国家批判与性别批判中的“二元对立”倾向同样较为严重。与上述相应，批判安全研究同样认为：“以国家定位的安全意识和政治认同是以其他的实体和集体的不安全为代价的，如种族、恐怖主义、人权限制、不发展、饥饿、性别歧视、环境退化，等等，而后面这些概念已经是当代安全讨论中最重要的部分”。❷ 但批判安全研究对国家安全的过度批评，对解放安全的过度强调，很难适合现实语境，以至于“我国学术界如同对‘批判理论’一样，对‘批判安全研究’，也近乎完全的忽略。”❸

人的安全理论颇具争议，主要是围绕人的安全与国家安全、人的安全与发展关系的处理，形成了众多甚至截然相反的不同观点。从积极的角度看，“人的安全”研究作为非传统安全研究的重要方面“已经成功地为那些支持发展以及支持人道主义外交的政治行为体提供了一个理论支点”。❹ 人类安全委员会（GHS）认为人的安全并不替代国家安全，其对国家安全的补充有：关注个体、共同体和社会；关注那些常常被认为是没有危及国家安全的威胁；关注国家以外的更多的行为体，提供给人们的不只是保护还有授权（empowering）。❺ 但不能否认，不少西方学者没有看到国家安全对人的安全维护的独特作用，没有看到人的安全与国家安全之间互补的可能性与可行性，更多关注个体安全而忽视类安全，甚至一味用个体安全来代替一切。在中国，“人的安全”研究被视为是与“国家安全”研究相互补充的，也被认为是促进发展研究与安全研究联系的重要方面，甚至“人的安全”研究还能够帮助政府切实有效地提升非传统安全危机的治理能力，以至使长期研究中国人的安全专家承认“中国在改善人的权利的努力中会发现（不同于西方）的中间道路，即能整合与和谐其面临的特殊性与普遍性”。❻

至于国际安全研究的“西方中心主义”的特征，则是上述各非传统安全理论或学派所共同持有的。虽然西方非传统安全的研究，“越来越被置于一个非西方的情境中”，❼ 但“西方中心主义”的话语传承很难超越西方学者身处环境的局限，连尖锐批评这一点的巴里·布赞也承认自己无法超越这一点。他承认自己难以从“西方式”阐述中超拔出来，“一是因为我们缺乏相应的语言技能，二是因为所有这些非西方安全研究本身已经构成一套可包含多卷本的内容详实的书”。❽

后殖民主义理论包含很多不同的视角，但它

❶ 李开盛：《人、国家与安全治理》，第85页。

❷ R. B. J. Walker, *One World, Many World: Struggles for A Just World Peace*, Boulder, Colo.: Lynne Rienner, 1988, pp. 119 - 128.

❸ 郑先武：《人的解放与“安全共同体”》，载《现代国际关系》，2004年第6期，第55页。

❹ 李开盛：《人、国家与安全治理》，第112页。

❺ Georg Frerks and Berma Klein Goldewijk, "Human Security: Mapping the Challenges," in Georg Frerks and Berma Klein Goldewijk, eds., *Human Security and International Insecurity*, Wageningen: Wageningen Academic Publishedrs, 2007, p. 30. 转引自：李开盛著：《人、国家与安全治理》，第97页。

❻ Mikyoung Kim, *Securitization of Human Rights: North Korean Refugees in East Asia*, New York: Praeger, 2012, p. 52.

❼ ［英］巴里·布赞，琳娜·汉森：《国际安全研究的演化》，第225页。

❽ ［英］巴里·布赞，琳娜·汉森：《国际安全研究的演化》，中文版自序第1页。

们都反对“大国”的强权安全政治而重视“小国”和“弱国”的安全困境，都支持超越国家安全和政治安全以承认第三世界的特殊性与获得和平的正义性。❶ 后殖民主义还与后结构主义相呼应，更强调对认同的话语建构，其“安全研究还对西方政界和学术界构造‘南方’‘东方’‘不发达’和‘失败’的他者意象进行批判”，并把一些非西方国家的“失败”或“不发达”看作是“西方殖民主义打压的后遗症”。❷ 但后殖民主义安全研究把南北、东西问题对立起来，认为现存的资本主义体系过去是、现在是、将来也是发展中国家的压迫者，没有看到在全球化过程中两者之间的相融之处以及可以相互促进之处。后殖民主义安全研究试图用“非西方”来取代西方，同样陷入了另一种安全研究的方法论困境。

三、共建“安全”：中国非传统安全研究的探索

与西方的“原子主义”本体论思维方式和“二元对立”的方法论立场不同，中国的“关系主义”与“整体主义”形成了中国人独特的安全思维方式与安全实现路径。基辛格将中国的围棋与西方的国际象棋作对比，认为国际象棋“全胜全败”的安全思维在战略层次上远不如中国围棋的“共存共活”来得高远与博大。❸ 事实上，中国在历史、理论与现实三个维度上对“共享安全”可行性的探索与实践上均有着丰富的资源。中国历史上丰富的安全思想为“共享安全”的理性建构提供了价值坐标，中国学界的安全理论建构为“共享安全”的可能性认证提供了理据，中国外交上保持特色的安全实践为“共享安全”的可行性提供了独特的范例。

（一）“保合太和”：“共享安全”的思想渊源

“共享安全”的思想渊源可以追溯到中国古代的“共存论”与“和合论”思想，其代表性著作便是《周易》。《周易》明确提出了“保合太和”❹的安全价值目标、“万国咸宁”❺ 的共享安全理想，以及“协合万邦”❻ 的安全实现路径。“保合太和”作为社会安全的理想之境，生发于“易”的“和易”之义。❼《易经》中“易”包含有体现着价值本体一致性的5种不同涵义，即变易、简易、不易、交易、和易。易的“和易性”是易之为易的终极价值的体现，具有本体之意义，“如果不能认识到不易之易的终极目的是天地的和谐生态，如果不能认识到人的存在之意义也在实现自己存在的和谐充实，以及更进一步彰显天地万物的和

---

❶ Shampa Biswas, “Post-colonial security studies,” in Laura J. Shepherd, eds., *Critical Approaches to Security*, London, New York: Routledge, 2013, pp. 89 – 117.

❷ ［英］巴里·布赞，琳娜·汉森：《国际安全研究的演化》，第212页。

❸ ［美］基辛格：《论中国》，胡利平、林华、杨韵琴译，北京：中信出版社，2012年版，第18 – 26页。

❹ ［宋］朱熹《原本周易本义》卷三（《周易·象·上传》），齐鲁书社编：《易学精华》（中册），济南：齐鲁出版社，1991年第1版，第1055页。

❺ ［宋］朱熹《原本周易本义》卷三（《周易·象·上传》），齐鲁书社编：《易学精华》（中册），济南：齐鲁出版社，1991年版，第1055页。

❻ 汉孔安国传、唐孔颖达等正义：《尚书·尧典》，浙江古籍出版社：《十三经注疏》（上），杭州：浙江古籍出版社，1998年版，第119页。

❼ 余潇枫：《中国社会安全理想的三重解读》，载于《新疆师范大学学报》，2013年第5期，第13页。

谐繁荣，如果不能认识到人的生命的可贵及所包含的无穷无尽的价值内涵，易的变化就只是过眼烟云，镜花水月，徒增人的空虚失落、迷惑沮丧而已。故真正知易者，不能不正视易的和谐化的价值”。❶ 如果说“和”是易之“本体”，“太和”是“和易”的至高目标，那么，“保合太和”则是要和而不同地保持合作或融合，共存共赢地高度和谐与永久和顺。“保合太和”作为安全理想的一个极其重要的价值词，充分体现了社会安全所应趋向的“至和境界”。

“保合太和”的安全哲学意蕴表征着“自强不息”精神与“厚德载物”德性的完美统一，反映着中国文化传统的“和合”待人情怀与“中庸”处事原则的完美结合。❷ 在历史的合合分分的悠久变迁中，“保合太和”生发出了中国人“和而不同”“天下大同”的人道理想。“和而不同”与“天下大同”是中国传统社会构筑的“共享安全”的最基本结构性元素，它们既有地缘上的“安定”内涵，又有文化上的“安宁”意蕴；既有层次上的“安全”区分，又有超越民族关系上的“安好”倾向。西方学者威廉·卡拉汉（William A. Callaham）将“和而不同”视为通过利用差异模糊性而达到“大同”境界的一种有内在逻辑的灵活的方法论，❸ 这是对“和而不同”的较正确的解读。赵汀阳认为“给定世界的差异状态、差异可能形成冲突，于是至少有两种解决方案：一是‘同’，就是消灭差异成一统，这个方案不可取，因为‘同则不继’；另一种是‘和’，就是在差异中寻找并且建立互相利益最大化的协作关系。”❹ 所以，以“不同”之“和”达成“大同”之“天下”，是中国“共存先于存在”❺ 的“生存论”思想的根本内容，也是中国“不同融于大同”的“和合论”思想的价值追求。“保合太和”式的以天下为怀的“安全观”，既有着“天下太平”的统称意味，也有着“天下一家”的指称意义。在国家间的维度上，“保合太和”的价值取向是“协和万邦”基础上的“万国咸宁”。《易经》强调“乾道变化，各正性命；保合太和，乃利贞，首出庶物，万国咸宁。”❻ “万国咸宁”是被明确提出的“天下”安全的最终理想，这一理想追求也贯穿于中国悠长的历史演进中。与此相应，中国典籍“《尚书》中的‘天命－人事’王道秩序观，《诗经》中的‘华夷对峙－交融’民族文化观，《周礼》中的‘天下－五方’地缘政治观和《春秋》

---

❶ 成中英：《易学本体论》，北京：北京大学出版社，2006 年版，第 11 页。

❷ 余潇枫：《中国社会安全理想的三重解读》，载于《新疆师范大学学报》，2013 年第 5 期，第 12－17 页。

❸ William A. Callaham, “Remembering the Future—Utopia, Empire, and Harmony in 21st－Century International Theory,” *European Jounal of International Relations*, Vol. 10, No. 4 (December 2004), pp. 569－601. 转引自：张锋：《“中国例外论”刍议》，载《世界经济与政治》，2012 年第 3 期，第 89 页。

❹ 赵汀阳：《冲突、合作与和谐的博弈哲学》，载于《世界经济与政治》，2007 年第 6 期，第 15－16 页。

❺ 赵汀阳认为：“中国式的存在论是对的：共存先于存在而且是任一存在的条件，而以某种独立存在为根据的眼界是看不到世界的。因此，笔者相信基于关系眼界的中国价值观是对的，它是克服冲突的一个良好思路。”参见赵汀阳：《天下体系的一个简要表述》，载《世界经济与政治》，2008 年第 10 期，第 65 页。

❻ ［宋］朱熹《原本周易本义》卷三（《周易·象·上传》），齐鲁书社编：《易学精华》（中册），济南：齐鲁出版社，1991 年版，第 1055 页。

中的‘尊王－黜霸－大一统’历史哲学观”❶ 等，都从不同程度上传承与突现了“共存论”“和合论”与“王道论”的治世理念。正是中国传统文化中“和合中庸、礼让为国”的传统特点，形成了中国特色的“和而不同”“兼容共存”的外交伦理原则，铸就了“协和万邦”“万国咸宁”的外交目标与文化自觉。

应该说“保合太和”的社会安全理想是中国人对世界安全的独特贡献，也是中国作为一个“文明国家”（a civilization-state）❷ 对人类文明的贡献。中国是人类历史上最重视和最有能力以“和”为本位来维护安全的国家之一。“共享安全”在西方现实主义以对抗思维为主导的安全观看来是难以想象的，但“中国文化中影响最大的儒家、道家和佛家思想里都不存在紧张对抗的激进的观念，中国文化里没有上帝与魔鬼、信徒与异教徒之类的紧张对抗结构，以及‘末日审判’之类的想象。西方以西方之心去猜测中国之心就难免出现错误判断，单方面想象了一种只有自己单独上场的最后决战。”❸ 事实上，“从传统思想文化与长程历史演进来看，中国文化中‘重和’的方面是主流和整体的，‘尚争’的方面是暂时的和局部的；中华文明中内敛的、防御的和合作的一面，多于扩张的、进攻的和竞争的一面。鸦片战争以后，西力东渐，中国经历了‘落后就要挨打’的惨痛经历，复兴成为有识之士的共同愿景。这种复兴愿景建立在对落后苦难的同情理解之上，受‘己所不欲，勿施于人’的礼制律令影响，中国复兴的立足点是解除世界上相同处境的苦难，而非对施暴者的子孙进行报复。”❹ 中国的特殊性还表现在“从传统上看，中国即使在自身实力处于优势的情况下，往往也只追求相对有限的对外目标”。❺“中国数千年的历史进程表明，在中央王朝与周边民族的互动中，古代中国的政治家是倾向于和；在不得不战的时候，采取的是以战促和，实现了‘和’以后，则特别强调‘恩’与‘德’的教育和影响作用。这样的模式所体现的‘和合文化’传统，在当代仍然有重要影响。”❻ 可见，中华文明的五千年传承，证明了中国人爱和平、重防御、讲团结、求统一的安全思维与防御性国策，也正是中国自古以来的“安全梦”所呈现出来的文化伦理精神，促成了中国人爱公平、重共存、讲中庸、求和合的安全态度与共享安全的价值追求。

也正是中国的“关系主义”与“整体主义”的本体论思维方式，伴随着历史上的“共存论”“和合论”与“王道论”思想的传承与几千年的“外交实践”的积累，促成了中国非传统安全研究

---

❶ 杨倩如：《双重视野下的古代东亚国际体系研究》，载于《当代亚太》，2013 年第 2 期，第 37 页。

❷ Martin Jacques, *When China Rules The World*, London: Penguin Group, 2012, p. 244.

❸ 赵汀阳：《天下体系的一个简要表述》，载于《世界经济与政治》，2008 年第 10 期，第 65 页。

❹ 马维江：《中国的“金砖梦”与“非洲梦”》，载于中国社会科学院世界经济与政治研究所电子版交流材料《IPER 政经观察》第 1308 号，2013 年 4 月 25 日。

❺ 周方银：《中美新型大国关系的动力、路径与前景》，载于《当代亚太》，2013 年第 2 期，第 13 页。

❻ 李少军：《论中国双重身份的困境与应对》，载于《世界经济与政治》，2012 年第 4 期，第 19 页。

的“和合主义”❶ 范式的生成。“和合主义”的核心价值“类生存”“类伦理”与“类安全”，安全内涵是行为体间的“优态共存”，理性原则是“社会共有、权利共享、和平共处、价值共创”，安全共同体的实现途径是行为体间的“和合共建”。在“全球命运共同体”不断生成的当下，“共享安全”是“和合主义”范式的极好标示，也是非传统安全维护方略的根本价值导向。

（二）“和合主义”：“共享安全”的可能性探索

“共享安全”是否可能，除了历史的思想资源的挖掘，还需要针对当前的世界安全环境进行理论的考量。在中国走入现代，走向世界的当下，中国学者从不同角度着力探索全球化背景下人类安全理想与非传统安全治理方式，出现了一大批与“和合主义”范式相关联的极有价值的安全思想成果，并从不同的视角探索“共享安全”在当代的可能性。

1. 以“全球安全观”来探索“共享安全”的可能

王逸舟较早从“全球政治”的视角探讨“全球化时代的安全观”，并用“王道霸道说”解读中国外交思想，用“创造性介入”理念探索中国如何融入世界。他认为安全的保障与预期取决于多大程度上能容纳传统的国家安全问题与新出现的社会安全问题，容纳国家和国家以外的多种行为体，容纳“全球性共同利益”和“人类的类安全”。他强调“新安全”必定是既包括民族国家的安全，也包括其他非民族国家单元在内的多种行为主体的“共同安全或均衡安全”，因而全球化时代的新安全观将是一种“多种行为主体的共同安全”。❷ 王逸舟深入探讨了“中国之全球角色的生成”以及中国外交如何顺应这一变化并有所作为，❸ 还针对外交现实的场景提出了其创造性介入方案：如解决台湾问题的“两岸中程架构”，突破中日结构性困境的“中美日对话”，解决南海争端的“两区分、两联动”思路，联合中非两个巨大国际行为体的“中非新合作”构想等。❹ 这些思考成为“共享安全”可能建立的新的价值取向，不仅具有理论的独特性，而且具有外交的导引性。郑先武倡导“多元安全共同体”的实践与探索，通过对东南亚安全区域主义的研究，揭示了东南亚安全的历史演进规律：从“集体内部安全”到“防务共同体”的形成，继而向“综合安全”与“合作安全”的“强安全机制”转变，再向“东盟安全共同体”这一“安全连续统一体”提升。郑先武深入考察“多元安全共同体”的可能性，发现全球化与区域化是安全区域主义发展的根本动因，而安全区域主义的施动力量又是由多元行为主体和复合关键变量（如权力、利益、相互依存、规范、认同、信任和制度等）构成，因而他认为全球化和区域化所达成的体现某种共享性的“多元安全共同体”，为“将现实主义传统进一步改进为超越冷战框架的国际研究中的更普遍的理论提

---

❶ 余潇枫：《中国非传统安全能力建设：理论、范式与思路》，北京：中国社会科学出版社，2013 年版，第 98 – 105 页；余潇枫：《“和合主义”：中国外交的伦理价值取向》，载于《国际政治研究》，2007 年第 3 期，第 21 – 24 页。

❷ 王逸舟：《全球政治和中国外交》，北京：世界知识出版社，2003 年版，第 1 – 14 页。

❸ 王逸舟：《创造性介入——中国全球角色的生成》，北京：北京大学出版社，2013 年版，第 67 – 150 页。

❹ 王逸舟：《创造性介入——中国全球角色的生成》，北京：北京大学出版社，2013 年版，第 151 – 172 页。

供了一种可能性”。❶

2. 以“中国思想的世界性转换”来探索“共享安全”的可能

阎学通在区别王道与霸道的基础上，强调要“以‘仁’促进国际公平规范，以‘义’促进国际正义原则，以‘礼’促进新型大国关系，以‘道义’提升政治软实力”,❷ 并指出，“中国古代的‘仁、义、礼’近似于近代‘公平、正义和文明’，这三者分别是高于‘平等、民主、自由’的价值观，作为一个全球化时代崛起大国，中国应汲取中国传统政治思想的精华，在国际社会倡导‘公平、正义和文明’的价值观，并以此指导建设新型国际规范。”❸ 赵汀阳在对中国“和策略”以及对“非合作博弈发展出合作的博弈”的充分讨论的基础上，提出一种比帕累托改进更有利于形成合作的“孔子改进”。❹ 赵汀阳十分重视“天下主义”的世界性转换，他“从世界思考世界”的角度考察“天下体系”，认为它意味着一种中国式的兼容普遍主义，是比温特所谓的西方政治家的“三种文化”更有潜力解决冲突问题的“第四种文化”。❺ 在赵汀阳看来，可以“共享”幸福的世界观，在于它的包容性，不是排斥任何他者，而是试图把“他者”都化为“自己人”，“这是一个没有敌人的世界观，想象着一个‘天下为公’的社会。”❻ 另一学者任晓在对“中华世界秩序说”“华夷秩序说”“天朝礼治体系说”“东亚共生体系”“进贡体系说”进行分析阐述的基础上，提出了“东亚‘共生体系’原理”。❼ 任晓认为，共生体系“软结构”下的“东亚内生秩序的特征是大小国家各安其位，小国尊大，大国容小，政治和经济上相互往来，基本保持了和平的地区秩序。”❽ 其共生体系的内在要素有：互认式的多样往来，互惠式的朝贡贸易，自愿式的资源交换，共生式的身份与规范建构。❾

3. 以“全球安全治理”的路径来探索“共享安全”的可能

秦亚青强调，要用“多元治理”“关系治理”“整体治理”（关系治理与规则治理的综合）“全球治理”“有效治理”等模式代替传统的“利益治理”“垄断治理”“霸权治理”“低效治理”等。❿ 庞中英则提出要推进“全球政府”的实践，甚至设想转化目前的“国际法”为“全球法”，联合国大会转化成为“世界会议”，以强化对“全球治理的治理”等。⓫ 李东燕则针对冷战后凸显的“全球安全威胁”提出了“全球安全治理”概念，其主要含义有：全球安全面临着威胁与挑战，需要有

---

❶ 郑先武：《安全、合作与共同体》，南京：南京大学出版社，2009 年版，第 252 – 357 页。

❷ 阎学通：《公平正义的价值观与合作共赢的外交原则》，载于《国际问题研究》，2013 年第 1 期，第 7 – 14 页。

❸ 阎学通：《公平正义的价值观与合作共赢的外交原则》，载于《国际问题研究》，2013 年第 1 期，第 6 页。

❹ 赵汀阳：《冲突、合作与和谐的博弈哲学》，载于《世界经济与政治》，2007 年第 6 期，第 6 – 16 页。

❺ 赵汀阳：《天下体系的一个简要表述》，载于《世界经济与政治》，2008 年第 10 期，第 57 页。

❻ 赵汀阳：《天下体系的一个简要表述》，载于《世界经济与政治》，2008 年第 10 期，第 63 页。

❼ 任晓：《论东亚“共生体系”原理》，载于《世界经济与政治》，2013 年第 7 期，第 4 – 22 页。

❽ 任晓：《论东亚“共生体系”原理》，载于《世界经济与政治》，2013 年第 7 期，第 14 页。

❾ 任晓：《论东亚“共生体系”原理》，载于《世界经济与政治》，2013 年第 7 期，第 14 – 21 页。

❿ 秦亚青：《全球治理失灵与秩序理念的重建》，载于《世界经济与政治》，2013 年第 4 期，第 13 – 14 页。

⓫ 庞中英：《“全球政府”：一种根本而有效的全球治理手段?》，载于《国际观察》，2011 年第 6 期，第 16 – 22 页。

全球性制度安排以促进共同的战略、决策和行动，多种行为体（政府、国际组织、多边集团、非政府组织、商业企业部门及大众媒体等）都是相关者与参与者。[1] 同时李东燕提出了相应的“大安全治理”与“核心安全治理”，非传统安全领域如经济、金融、环境、能源、粮食等安全问题被归入大安全治理范围，[2] 并且“通过全球安全治理，有望达到促进中国与相关国家和国际组织之间的积极的安全合作关系，进一步在地区和全球范围缓解安全困境，建立起基于合作、和解、和谐的新型安全关系。”[3] 汤伟提出了“地球系统治理”设想，[4] 李淑云提出了“可持续安全治理”方案，[5] 张胜军提出了“全球深度治理”对策。[6]

4. 以“大国责任与全球安全关系”的视角来探索“共享安全”的可能

朱明权是一位从大国与国际安全关系的视角来探讨“人类共享安全需要”的学者，他把“人类免受各种非传统安全问题的威胁”视为国际安全内在目标之一，强调“在我们这个时代，要想超越由主权国家组成的国际体系乃是不现实的，但是我们可以指望超越狭隘的传统的安全观，将本国的安全与国际社会的安全结合起来，即本国的生存与发展应当有助于世界的和谐，世界的和谐又会促进本国的生存与发展”。[7] 因此，朱明权认为大国应以“责任优先”观来取代以往的“国家优先”观或“国家至上”观，因为真正的国际安全需要有新的理念进行奠基，所有国家乃至整个人类的最高目标应该是国际社会的共同安全、持久和平、共同繁荣所建构起来的和谐世界，而国家的根本和长远利益只有在这样一个和谐世界中才能得到保证”。[8] 朱明权在批评美国奉行的所谓“第一原则”[9] 对国际安全起到反面作用的基础上，强调任何大国必须认识到国家安全与国际安全在本质上具有的一致性，“实现了国际安全，大国也就最终获得了自己的国家安全；没有国际安全，大国的国家安全也就成了空中楼阁”。[10] 刘江永提出了大国关系转变基础上的未来国际格局的理想模式：从目前“一极多元”的格局发展到“多元共存”格局，再和平过渡到以联合国为主体的“多元一体”格局，从而建立一个“后霸权”的国际体系。[11]

---

[1] 李东燕：《全球安全治理与中国的选择》，载于《世界经济与政治》，2013 年第 4 期，第 42 页。

[2] 李东燕：《全球安全治理与中国的选择》，载于《世界经济与政治》，2013 年第 4 期，第 43 页。

[3] 李东燕：《全球安全治理与中国的选择》，载于《世界经济与政治》，2013 年第 4 期，第 54 页。

[4] 汤伟：《世界城市与全球治理的逻辑构建及其意义》，载于《世界经济与政治》，2013 年第 6 期，第 97 – 116 页。

[5] 李淑云：《环境变化与可待续安全的构建》，载于《世界经济与政治》，2011 年第 9 期，第 112 – 135 页。

[6] 张胜军：《全球深度治理的目标与前景》，载于《世界经济与政治》，2013 年第 4 期，第 55 – 75 页。

[7] 朱明权：《国际安全与军备控制》，上海：上海人民出版社，2011 年版，第 280 页。

[8] 朱明权：《国际安全与军备控制》，上海：上海人民出版社，2011 年版，第 278 页。

[9] 朱明权指出：“比较愿意接受多边合作的美国总统克林顿也说：‘当我们（美国）直接的国家利益面临最大危险时，愿意采取单方面行动；当我们的利益与别人共有时，建构联盟和伙伴关系；当我们的利益更加普遍，问题得到国际社会最大关注时，采取多边行动’”，“这实际上是将国际安全问题国家安全化，是为美国推行单边主义寻找借口，逃脱多边的国际合作。这一点其他大国同样应当引以为戒。”参见朱明权：《国际安全与军备控制》，第 288 – 289 页。

[10] 朱明权：《国际安全与军备控制》，上海：上海人民出版社，2011 年版，第 287 页。

[11] 刘江永：《国际格局演变与中国周边安全》，载于《世界经济与政治》，2013 年第 6 期，第 4 – 24 页。

5. 以“中国的理念定位与方略选择”来探索“共享安全”的可能

杨洁勉在研究“中国走向全球强国的外交理论准备”的基础上指出：中国全球强国外交理论最终任务是要实现从“和平共生”和“和谐共生”的提升，在国际关系向全球关系过渡的十字路口，“如果人类社会能够把握历史机遇，或许就能在人类文明史上第一次通过和平方式实现全球强国共生共赢的伟大理想。反之，人类社会就会丧失机遇，仍将长期摸索。”❶ 王义桅则从超越“和平崛起”的角度提出了“包容性崛起”战略。❷ 王义桅认为，在安全与发展同时并重的背景下，中国的“和平崛起”及其与世界的关系出现了诸多不适应性，因而中国需要确立现代世界观与国家安全观，改变线性进化思维与历史经验论，建立重视“利他关切、全球关切、未来关切”的“包容性崛起”（利益共赢、权力共生、责任共担、价值共享）理念。❸ 可见，“包容性崛起”战略的实质是要淡化中国模式，建设共同安全机制，让世界从中国崛起中普遍受益，实现权力共享和责任共担，让世界包容中国的发展，也让中国包容世界的发展。石斌提出了“共同安全与合作安全”为价值导向的“国际安全战略”，并对“共同安全”的诸多现实“困境”进行了深入的理论解读。❹ 石斌认为国际安全的实现必定基于一定的权力结构与物质条件，也有赖于一定的价值基础与思想前提；但相对于国家安全，国际安全的实质是共同安全与合作安全，国际安全的实现需要国际社会在安全问题上共同价值、规范与原则的确立与调节。“在当代条件下，共同安全与合作安全是一种最佳的选择。”❺

还有其他许多颇有思想创新与理论开拓的对“共享安全”可能性的有价值探索，因篇幅限制而未在这里被一一指出。综上所述，无论是“多种行为主体的共同安全”“人类共同安全”“包容性崛起”“共同安全与合作安全”“多元安全共同体”“和谐共生”“可持续安全建构”的探索，还是“新天下主义”“东亚共生体系”“全球安全治理”“全球深度治理”“地球系统治理”的解读等，都反映了中国学者对非传统安全维护方略与求解人类生存危机的探索，反映了中国“保合太和”的安全哲学思想与“和合主义”安全范式在历史与文化上的连续统一的内在特质，反映了“共享安全”作为一种全球化时代的安全理念与战略性话语，既是中华民族独特思维方式的凝聚，又是人类普世精神共在特性的表达。

---

❶ 杨洁勉：《中国走向全球强国的外交理论准备》，载于《世界经济与政治》，2012 年第 5 期，第 10 页。

❷ 王义桅：《超越和平崛起——中国实施包容性崛起战略的必要性与可能性》，载于《世界经济与政治》，2011 年第 8 期，第 140 – 154 页。

❸ 王义桅认为“利益共赢”重在为发展中国家让利，周边国家互利，新兴国家共利，发达国家赢利；“权力共生”重在为发展中国家争权，给周边国家放权、新兴国家让权、发达国家共权；“责任共担”重在为发展中国家承担责任，周边国家共谋责任，新兴国家分担责任，发达国家共担责任；“价值共享”重在反映发展中国家意志，挖掘与周边国家共同历史传统，凝聚新兴国家共识，与西方国家寻求价值共享面。参见王义桅：《超越和平崛起——中国实施包容性崛起战略的必要性与可能性》，载于《世界经济与政治》，2011 年第 8 期，第 140 – 154 页。

❹ 石斌：《共同安全的困境》，载于《国际安全研究》，2013 年第 1 期，第 20 页。

❺ 同上。

（三）“共建共赢”：“共享安全”的可行性探索

非传统安全的“普遍性”“复合性”“多维性”“广义性”，以及与传统安全之间的“交织性”的诸多特点，使得非传统安全问题更多地与风险、危机、紧急状态、日常生存性威胁相关联，也使得国家安全与人的安全、社会安全、全球安全往往连成一体而相互缠绕与转换。正因为如此，非传统安全成了全球性紧缺的公共产品，这一公共产品的生产需要“共建”，而这一公共产品的使用则是“共享”的，这其中共建和共享是相辅相成的。然而，“共享安全”的可能性若在历史的维度和理论的维度存在，那么它在现实的维度中是否可行？特别是国家之间尚存有利益冲突、资源争夺、边界争议、危机外嫁，以及国内社会动荡、难民外涌、群发事件猛增等的现实，“共享安全”又在多大程度上可行？这是诸多学者特别是外国学者对中国非传统安全研究的普遍质疑与拷问。

初看起来，非传统安全威胁的确也会产生现实主义安全观所认同与持有的不同程度的“安全困境”，一国为保障安全而采取的资源开发措施，会被其他国家视为相对减少其资源利用可能性的举动，因“公地悲剧”而引发的不安全感是非传统安全困境的重要内容。这就需要我们重新考虑在全球公共产品提供与享用过程中重新探索“国家与主权”关系的新本质。可以说，“条件主权”（conditional sovereignty）与“责任主权”（reponsible sovereignty）❶ 的提倡与落实，或者以适当让渡主权为前提参与全球治理，应该是国家间共同超越“非传统安全困境”的关键。英国前外交大臣戴维·米利邦德（David Miliband）指出“当国家不仅要留意本国公民的本土需要，还要关心其他国家公民的国际义务时，国家主权就变成了责任主权。”❷ 中国学者张胜军认为这种“责任主权”应当是“相互的”才合理，否则先发展国家与后发展国家之间就会失衡，要实现“全球深度治理”就需要提倡“相互责任主权”（mutual responsible sovereignty），而以相互依存与“相互性责任主权”为基础的“全球深度治理”才是各国应对共同危机的有效良策。❸

“共享安全”必须要超越当前国际社会在安全共识不足、安全观念冲突、安全战略矛盾、安全策略竞争，以及应对影响人类生存环境和生存状态的全球性非传统安全挑战的体制滞后等现实困境，这就必然需要通过“共建”以达成“共享”，而安全的“共建共享”的最困难之处，便是如何对待现存的不同层次的“异质性”因素：既包括“文明”“文化”“宗教”“民族”“社会”等种种“异质”的历时性遗在，也包括因历史、地缘、利益、资源、制度、方式甚至误解引起的冲突与对抗而转化成的“异质”的现时性此在，也包括因对未来走向持有不同图景与追求的“异质”的可能性彼在。然而，纵观人类社会的历史走向与现实发展，我们无疑会发现，正是在共同威胁不断

---

❶ 条件主权与责任主权概念阐述，可参见 Luke Glanville, “The Myth of ‘Traditional’ Sovereignty,” *International Studies Quarterly*, Vol. 57, No. 1 (March 2013), pp. 79 – 90.

❷ 张胜军：《全球深度治理的目标与前景》，载于《世界经济与政治》，2013 年第 4 期，第 62 页。

❸ 张胜军：《全球深度治理的目标与前景》，载于《世界经济与政治》，2013 年第 4 期，第 55 – 75 页。

地扩大范围并对人类生存造成普遍挑战的情景下，人类社会不断经历着从努力实现小型共同体的“同质性”共建共享，逐步甚至是艰难地走向能包容“异质性”的更大共同体及至全球性的共建共享的过程。

现实主义安全研究提出过诸多的国际安全观，如“威慑与核威慑论”“地缘政治论”“权力均势论”“安全博弈论”“安全困境论”“霸权稳定论”等。这些安全观点尽管是以自身的利益与权力为本位，但也强调“同质”国家利益圈内的“共建”与“共享”。自由主义安全研究则顺应世界交往扩大与国家之间经济贸易日趋融合的趋势，提出“相互依存论”“制度共建论”“民主和平论”等安全观，试图来创造一种建基于国际制度的国际安全新局面。建构主义的安全研究则强调，由“社会关系”来规定国家角色，由“社会认同”来构建国家的利益与安全，由“社会文化”来影响国家的安全战略，由“社会规范”来创造安全的行为模式。建构主义代表人物之一温特甚至认为“自助和权力政治都是制度，它们不是无政府状态的必然特征。无政府状态是国家造就的。”❶这使得“社会认同”与“共有观念”成了安全的根本变量，即使国家趋向追求利益本身，“这些利益的真正意义也在于它们驱使国家认知它们，解读它们的含义，并依次决定应该定义主观安全利益”。❷不管现实主义、自由主义还是建构主义的安全观如何，不能回避的问题是如何对待“共建共享”过程中的“异质性”因素，非传统安全理论中的哥本哈根学派、后结构主义、女性主义、人的安全研究、批判安全理论以及后殖民主义等较之以往的安全理论虽更具有共建安全的向度，但也回避不了共建中的“异质性”难题。应该说，消解人类社会诸多现存的“异质性”状态的途径有很多，如通过强调人类面对的共同威胁，来提升对安全维护的共同认知；通过以生命保护为国际社会伦理底线的坚守，来扩展国际维和行动与人道主义干预；通过国家间相互依存的内容与方式的扩展，来形成更大的共同体生存方式；通过建构“全球命运共同体”的理念，来寻求全新的共建共享体制的确立等。然而，由于历史文化、民族国家主权、利益冲突与资源紧张等原因，不同层次的“异质性”是国际社会一个长时期存在的固有特征，如果不能消解与容纳这一“异质性”，“共享安全”可行性就会打折扣。对“异质性”问题的政策回应，基本上形成了美国、欧盟和中国的三大类型。

美国惯用自己的善恶去判定美国与别国之间的“异质”冲突，用自己的制度尺度去衡量美国与别国之间的“内在”紧张，因而美国主流安全理论的“误区”从本质上反映了美国主流国际安全理论价值立场的某种缺失，即对“异质”世界的独断与强制。美国国家安全战略的核心是“霸权护持”与“霸权安全”，因而“霸权稳定论”的实质是要维护美国的“权力霸权”与“制度霸权”，这在美国的外交实践中表现得非常鲜明。第一次世界大战后的“国际联盟”的共建，最后因美国

❶ Alexander Wendt, “Anarchy is What States Make of It: The Social Construction of Power Politics,” *International Organization*, Vol. 46, No. 2 (Spring 1992), pp. 391 – 395.

❷ Alexander Wendt: *Social Theory of International Politics*, Cambridge: Cambridge University Press, 1999, p. 237.

国会的否决而导致流产；“9·11”恐怖袭击后的伊拉克战争，美国完全以自己的单边行动置联合国于“虚设”；源于美国次贷危机却导致世界性金融风暴，美国不断转嫁危机致使形成“美国生病，各国吃药”的怪状，等等。可见，所谓的“霸权稳定论”说到底是“霸权自利论”，这种对“异质”世界的独断、强制、排斥、打压等，在当今国际安全的“共建共享”中已日趋不可行。

欧洲的国际安全观与安全政策有其自身的较为包容与共享的特色。英国国际关系理论学派创建的“国际社会”理论，正不断地扩大着影响而被其他欧洲国家所接受；巴里·布赞以及哥本哈根学派在此基础上提出的“世界社会”理念和区域复合安全理论，为欧洲更大与更为紧密的安全共同体建设提供了理论导向。在历史上，欧洲国家之间战争频繁，二次大战又使许多国家再度成为“宿敌”。但欧洲从“煤钢共同体”到“欧洲共同体”再到“欧洲联盟”的历史性拓展，欧洲统一大市场的建立和欧元的问世，欧洲共同外交与安全政策的构成以及欧洲共同努力应对欧债危机等，均是通过让渡主权基础上共建共享的“一体化”实践，从而表明了“共建共享”安全在欧洲的现实可行性。欧洲国家的“契约式安全”“机制化安全”“法理性安全”是对国际社会“共建共享”安全的可行性创造，但欧洲如何走出“欧洲中心主义”而更多地关注与参与全球安全治理，尚有很长的路程。

中国在安全的“共建共享”上更有着其独特的努力与贡献：中国处理国家关系的“和平共处”五项基本原则，处理岛屿争端的“搁置主权、共同开发”方针，处理香港回归的“一国两制”方略，应对非传统安全威胁提出的“互利、互信、平等、协作”为核心内容的“新安全观”，强调在文明多样性前提下的合作与共享的“和谐社会”与“和谐世界”方略，以及2012年中共十八大报告提出的“命运共同体”意识与“合作共赢”思想，均凸显了“在追求本国利益时兼顾他国合理关切，在谋求本国发展中促进各国共同发展”❶的可行性探索。当今世界，新兴大国之间的关系处理将会是影响国际社会和平发展的重要议题，由于不同的大国有不同的历史与文化，不同的文明传承与价值追求，大国之间充满着“同质”与“异质”的现象，如何在这样复杂的现实中设定大国间的安全互动？为此，中国领导人新近提出了处理大国关系的重要原则与办法，“不冲突、不对抗”“相互尊重”“良性互动、合作共赢”，❷应该说这是大国间实现“共享安全”的非常切实可行的外交原则与路径。

其实，自20世纪以来国际社会的“集体安全”“综合安全”“协商安全”“共同安全”“合作安全”等安全理论、安全政策、安全外交与安全治理都在不同层次、不同范围与不同程度上寻求与践行着安全的某种“共建”与“共享”，特别是“合作安全”在很大程度上也是针对非传统安全问题，倡导安全的“分享”（shared security），客观上为“共享安全”的可行性提供了某种现实的佐证，但这些安全实践均没有最终摆脱国家行为体

❶ 袁鹏：《新时期中国的大战略——对十八大报告的战略解读》，载于《现代国际关系》，2013年第5期，第1－9页。

❷ 参见杨洁篪：《新形势下中国外交理论和实践创新》，新华网，2013年8月16日。

的局限。而“共享安全”则以人类共同体作为安全的中心立场，以人的生命保护作为安全的价值基点，以社会的安宁繁荣作为安全的优先目标，以和谐共建与合作共赢作为国家间安全互动的至上原则。或者说，“共享安全”的共享并非是共同而无差别的平等性享有，而是共同但有区别的责任性享有；并非只是基于民主的合法性享有，而且还是基于民主合法性的正义性享有；并非是基于自由权利的无约束性享有，而是基于自由权利与文明规范的约束性享有。❶

总之，“共享安全”是国家间“伙伴关系”的提升、“合作关系”的推进，也是“共赢关系”的开创。在全球日趋一体化的“生存关联”与“命运关联”的图景中，“共享安全”不能不说是这样一个重要理念与话语：既是理想的，又是现实的，还是建构的。“共享”的价值前提是安全行为体对生存资源的“共有”、生存条件的“共依”、生存方式的“共存”、生存发展的“共向”的认同共建。以共建共赢为前提的“共享安全”现实可行性体现在：共建主体的多元性、共建内容的开放性、共建目标的共赢性、共建领域的广泛性、共建形式的多样性、共建行动的建设性、共建战略的非对抗性。❷ 因而，“共享安全”的国家行为将是一种超越单边立场的“不可分离”的多边性行为，是超越“危态对抗”的“非竞争性”的协合性行为，也是超越一己利益推进全球责任的“安全感递增”的共赢性行为。“共享安全”不仅是和谐世界的重要内容，也是中国梦的重要内容，“中国希望同世界各国合作共赢、共同发展。中国人民希望通过实现中国梦，同各国人民一道，携手共圆世界梦。”❸

---

❶ 关于“公平、正义和文明”价值观高于“平等、民主和自由”价值观的论证，参见阎学通：《公平正义的价值观与合作共赢的外交原则》，载于《国际问题研究》，2013 年第 1 期，第 6 – 14 页。

❷ 参见徐秀军：《制度性非中性与金砖国家合作》，载于《世界经济与政治》，2013 年第 6 期，第 92 – 94 页。

❸ 杨洁篪：《新形势下中国外交理论和实践创新》，参见新华网，2013 年 8 月 16 日。

“类安全”观与“安全困境”的超越*

林国治**

【摘要】“类安全”主要是针对当前安全问题的理论与实践困境而提出的新的安全观。“类安全”强调，要有效解决人类所面临的“安全困境”，我们需要摆脱原有的以血缘安全、国家安全等为核心的缺陷与局限，需要从“类”的视角去审视人类的安全问题。要树立并有效践行“类安全”观，需做到正确处理好人类安全问题的个性与共性关系，坚持全球范围内的可持续发展战略，加强国际合作机制建设以及通过对话解决各类矛盾，强化全球范围内的“类安全”共识。

【关键词】“类安全”；“安全困境”；安全认同；超越

自人类诞生以来，人们无时不在关注着自身的安全与发展，从关注个体的安全、家庭的安全、族群的安全，到国家、地区以及国际的安全等，并由此产生了借以维护人类自身安全与发展的风俗习惯、伦理道德、相应制度、法律法规以及国际组织等。但所有这些对安全问题的关注与维护，终究都可以归结到全人类自身的安全之上，即“类安全”。“类安全”主要是针对当前安全问题的理论与实践的不足，尤其是针对当前仍处于主导性地位的传统安全与非传统安全的理论与实践的局限性，而提出的力图用以解决人类面临的诸多安全困境的新的安全理论。基于原有的单纯地以血缘安全、国家安全和国家安全外的其他方面的安全为核心的安全理论的缺陷与局限，“类安全”观强调要更好地维护和解决人类所面临的安全问题，摆脱当前的“安全困境”，需要把安全问题关注的核心放于“人”这个作为“类”的整体之上，也就是只有从“类”的视角去审视人类的安全问题，才能最终较为彻底和有效地解决人类所面临的“安全困境”。

一、“类”与“类安全”的内涵

“类”这个概念从其普泛的意义说，只是表示自身同一性、他物统一体的意思，它是物质存在固有的普遍的特性。但是，“类”却不构成物质的本质和特征，它只是属于人所特有的本性。物是属于它的“种”的，它的类表现的只是种的外在性联系；唯有人才打破了种的限界以类的普遍联

* 本文是国家社科基金青年项目《人类安全观的演变及其伦理建构》（08czx029）的阶段性成果之一。

** 林国治，政治学理论博士后，中国计量学院马克思主义学院副教授，主要从事非传统安全、伦理学研究。

系为自己的本性，才能称作“类存在物”。❶ 可见，所谓“类”实质上是指人所特有的属性，是“人性规定的特有理念”。类代表着一种最高的统一性，体现着不同物之间本质性的一体关系，但它并不排除内在的差异性，只是把它们组织成有机的整体。类的统一体是以个体的独立性为前提，内含自由个性差异的多样性、多元化的统一。❷ 在马克思看来，人的发展经历三个阶段，即人的依赖关系、以物的依赖性为基础的人的独立性和建立在个人全面发展和他们共同的社会能力成为他们的社会财富这一基础上的自由个性。“人的依赖关系（起初完全是自然发生的），是最初的社会形态，在这种形态下，人的生产能力只能是在狭隘的范围内和孤立的地点上发展着。以物的依赖性为基础的人的独立性，是第二大形态，在这种形态下，才形成普遍的社会物质交换，全面的关系，多方面的需求以及全面的能力体系。建立在个人全面发展和他们共同的社会能力成为他们的社会财富这一基础上的自由个性是第三个阶段。”❸ 人的发展的第三个阶段实质上就是“自由人的联合体”阶段，它是超越群体本位和个体本位的人类发展的“类存在”状态阶段。人的以类为本位和主体的自觉的“类存在”状态，就是人与人完成了的本质的统一、人与外部世界完成了的本质的统一，人与自身本质也完成了的本质的统一的存在状态。❹ 在这种存在状态中，“人”已不再是超越个体之上、存在于个人之外的那种实体大我，同样也不再是彼此孤立、相互分裂的单子式存在的小我，而是普遍地存在于每一个体之中，又把一切个体从本质统一为整体的“类”存在。人与人之间不再有“人”的分别，而只有个性的不同，也就是说他们在人格上是完全平等的，个性上是充分自由的。同样，人并不把自己局限于脆弱的生命，人还有着超越生命的永恒本质；人是个体存在，人也不以狭隘的个体形态为满足，人还有着超个体的无限存在形态；人以自我为中心，人并不封闭自己孤立的自我牢笼，人同时溶合了广漠的为我天地；人即世界，世界即人，人天融汇于一体，这就是“类存在”。❺

“类”作为人固有的特性，以及人的发展所必须经历的第三个阶段，即“类存在”阶段，为“类安全”观的形成提供了必要的条件。故此，所谓“类安全”，是指关心和维护作为“类存在体”的人的安全，即把人的安全的维护建立在人之所以为人的本质统一为整体的“类”的安全。“类安全”观表明，人类有关自身安全理念需要摆脱原有的以血缘关系为中心、以族群为本位的安全观和以国家为核心、以个体为本位的传统安全观等的局限性，进入到以人之为人的“类存在”为核心、以作为一个整体的“类”的安全为本位的阶段；人们对安全观的认识，亦需要超越原有狭隘的以“血缘族群”生命安全为核心的伦理关怀、单纯的以国家安全为核心以及国家之外的其他安全为核心的伦理

❶ 高清海，等：《人的“类生命”与“类哲学”》，吉林人民出版社，1998 年版，第 235 – 236 页。
❷ 高清海，等：《人的“类生命”与“类哲学”》，吉林人民出版社，1998 年版，第 235、245 页。
❸ 《马克思恩格斯全集（第 46 卷）》，人民出版社，1979 年版，第 104 页。
❹ 高清海，等：《人的“类生命”与“类哲学”》，吉林人民出版社，1998 年版，第 238 页。
❺ 高清海，等：《人的“类生命”与“类哲学”》，吉林人民出版社，1998 年版，第 242、245 页。

关怀，转向以人之为人的“类生命”与“类价值”为核心的伦理关怀。

二、“类安全”观的形成

“走向类的存在是人类发展的未来。能否实现这个理想，取决于我们是否能走出自身封闭的单子式自我的存在状态。每个人获得类本性，每个民族国家获得世界性，人类才能走出困境，走向未来。把这个可能变成现实的追求，呼唤着“类”的理念。人的类本性是人类发展的确证，任何对人的类本性背离的观念与行为，都不能给人类带来真正的发展。”❶ 因此，人类安全的最终获取，有待于对以往安全观的超越，最终形成并践行“类安全”观。实质上，“类安全”观的形成，在很大程度上取决于人类在多大程度上形成“类”理念，最终形成“类”的存在体，并在此基础上形成共同的“安全认同”观——“类安全”观。

“认同是自我与他者之间的一种关系的认定，是共同体成员对现实境遇中生存价值归属的自我确定。任何行为者作为体系中的一部分总是在他所属的共同体中，通过互动确定其生存认同的价值取向。”❷ 因此，“安全认同”实质就是行为体之间在现实的关乎自身安危的生存境遇中，通过互动而确定其安全与生存认同较为一致的价值取向与道德抉择。它不仅仅是安全行为主体在与客体的相互作用过程中所形成的一个较为复杂的心理与社会实践过程，更为重要的是，它也是一个有关安全的伦理价值的形成与发展过程。实质上，人们在多大程度上避免“安全认同危机”的产生，最终摆脱“安全困境”的魔咒，主要取决与人们赖以生存与发展的物质需求的满足，以及在“安全认同”价值上形成共识。也就是，一方面主要取决于人们所面临的客观生存环境的具体状况，即客观生存条件能够满足人们的安全需要；另一方面更为重要的是取决于人们能否形成“类”的理念，从而对安全的价值达成较为一致的认同，或者说取决于人们能否形成共同的“安全认同”观——“类安全”观。

“类安全”观实质上是指具有不同文化、价值背景等的人们在相互尊重、“和而不同”以及求同存异的基础上，把人的安全作为一种“类”的存在体的安全来加以考察，在关照作为个体的人的安全的基础之上，又超越个体安全的关乎到整个人类的生存与发展所形成的安全理论与观点。因此，“类安全”观是建立在差异性为基础之上的普遍性与多样性相统一的安全观。随着社会生产力与科学技术的不断发展与进步，人们所面临的客观物质生存环境或许会随之得以改善，并将有可能最终得到解决。但是，没有“类安全”观的形成与普遍认可，人们所面临的“安全困境”就不可能得以彻底解决。毕竟，单凭物质手段是无法使人们感到安全或实现真正的安全。正如美国学者罗伯特·杰维斯（Robert Jervis）所言：“一个国家增强自我安全的行动必然削弱其他国家的安全感，但是，这样做只能使其他国家以同样的方式加强自己的军备。结果就会出现国家之间不断升级的军备

❶ 高清海，等：《人的“类生命”与“类哲学”》，吉林人民出版社，1998 年版，第 265 页。

❷ 余潇枫：《“认同危机”与国家安全——评亨廷顿：我们是谁?》，载于《毛泽东邓小平理论研究》，2006 年第 1 期。

竞赛，最后是所有国家都因为增强了军备而感到更加不安全”。❶ 不管是国家还是其他行为体，其所面临的境况亦大都如此。

因此，在全球范围内形成并践行“类安全”观，就当前以及未来相当长的时间内而言，显得十分必要。因为这是解决人类“安全困境”，实现人类和平最为关键的一环。尽管在全球范围内形成并践行“类安全”观是一个十分艰巨的任务，但是，只要我们不懈努力，这个艰巨的任务就一定能实现。毕竟，人们形成并践行“类安全”观，有其特定的理论依据和现实基础。

（一）“类安全”观形成的理论依据

“类安全”观的形成有其深厚的理论基石：人所固有的“类本性”以及人类文明的多样性与共生性。它们是形成和建构共同的“安全认同”观——“类安全”观的理论基础。

马克思所言的人的发展所经历的“三个阶段”实质上就是人的“类本性”的形成、发展和成熟的阶段。人的“类本性”在经历过以血缘关系为中心、以“族群”为本位阶段，以及正在经历的以国家为核心、以个体为本位的阶段后，必将进入到以人之为人的“类存在体”为核心、以作为一个整体的“类”为本位阶段，这是人的发展的必然规律。人的“类本性”一旦形成，人类必将按照“类”的准则来处理人与人、人与自然、人与社会等的关系。这种“类”的准则主要表现为几个方面：“在人与人的关系上，把人的单纯依赖性和独立性转变为依赖性与独立性相统一的人类性；在人与自然的关系上，把人对自然进行征服的对立性转变为人与自然和谐统一性；在现实与理想的关系上，把单纯的实现利益和抽象的价值理想转变为追求现实利益与价值理想相统一的生活态度；在国家关系上，把狭隘国家本位和抽象的世界本位转变为民族国家世界性融合的人类共同体。”❷ 显然，人的“类”准则表明，人类是可以在安全的问题上形成一致的“安全认同”观——“类安全”观。毕竟，人类终究是一个“民族国家世界性融合的人类共同体”。实质上，在人类生存与发展的漫长历史长河中，人类已经初步具备步入“类本性”阶段的相关条件，即人类发展至今所造就的人类文明的多样性与共生性。

文明是相对于野蛮而言的一个概念，人类由野蛮时代步入文明时代，是与特定的社会经济关系相联系，并受特定的社会生产力发展水平所限制的。一般而言，文明是指人类发展到一定程度之后所形成的积极成果及其进步状态，它包括物质文明、精神文明、政治文明、生态文明等，是在人类社会发展的过程中随着文字的形成、民族的出现、阶级的产生以及国家的建立等而开始的历史时期。摩尔根在《古代社会》一书中就指出：“氏族的消亡与有组织的乡区的笑　，大体上可以作为野蛮世界与文明世界的分界线。”也就是，人类文明是随着社会生产力的发展以及生产关系、社会关系的变化而产生，并与生产力发展水平相联系而体现出不同的发展阶段，具体表现为奴隶制文明、封建制文明、资本主义文明、社会主义文明以及将来的共产主义文明。

❶ ［美］罗伯特·杰维斯：《国际政治中的直觉与错误知觉》，秦亚青，译，世界知识出版社，2003 年版，第 7 页。

❷ 高清海，等：《人的“类生命”与“类哲学”》，吉林人民出版社，1998 年版，第 265 页。

人类文明的发展具有其特定的规律性，它的不同发展阶段除了受特定经济以及社会生产力的影响之外，还受不同的民族意识、礼仪规范、宗教思想、风俗习惯以及发展环境等的影响而具有多样性。亨廷顿认为冷战后时代的世界是一个包含了7个或8个文明的世界，即：西方文明、斯拉夫东正教文明、中华文明、日本文明、印度文明、伊斯兰教文明、拉美文明以及可能的非洲文明。❶汤因比在《历史研究》一书中，把人类文明划分为中国文明、希腊文明、印度文明、巴比伦文明、埃及文明、安第斯文明、墨西哥文明、玛雅文明以及远东文明等21种。❷ 实质上，人类文明是人类社会实践尤其是生产实践的产物，因而具有同一性（共生性）；此外，由于世界各国的自然地理环境、生产方式、文化传统不同，人们以生产实践为基础的社会实践也表现出不同特点，因而其所形成的人类文明也各具特色，这也表明了人类文明的多元性与多样性。在当今西方，对于人类文明的多样性及其之间的关系问题上，主要有两种观点，文明冲突论与文明共存论，其主要代表人物是美国的塞缪尔·亨廷顿和德国的哈拉尔德·米勒。

亨廷顿认为，文明的冲突将左右全球政治，文明之间的断层线将成为未来的战斗线。人类文明的冲突是不可避免的，而主导人类冲突的根源主要是文化（文明）上的差异。他说："在这个新的世界中，区域政治是种族的政治，全球政治是文明的政治。文明的冲突取代了超级大国的竞争。在这个新的世界里，最普遍的、重要的和危险的冲突不是社会阶级之间、富人和穷人之间，或其他以经济来划分的集团之间的冲突，而是属于不同文化实体的人民之间的冲突。"❸ 他认为之所以这样主要原因有如下几点：一是文明的差异不仅实际存在，而且是根本性的，不同的文明由于其历史、语言、文化、传统、宗教等的差异，由此而形成的观念分歧比政治思想和体制的差异更为根本，正是这些分歧与差异导致了不同文明之间的冲突；二是全球的经济现代化和社会变革进程正在把人们从长期以来的地方属性中分开，削弱民族国家的属性，世界的距离在缩小，不同文明的相互影响日益加深，这种日益加剧的相互影响反过来又加剧了人们的文明意识，加剧了历史上由来已久的分歧和敌对情绪；三是西方文明以其独特的双重作用，把自己的价值观向世界各地推销，这必然要与其他再度崛起的非西方文明发生正面撞击，从而不可避免地导致文明冲突。

显然，亨廷顿的文明冲突论实质上是承认西方中心的地位已经失落，西方文化所凭借的技术进步、经济发展以及国家和军事优势，并长期处于世界主导地位的时代已经遭受了严重的挑战。众多的非西方文明再度崛起，必然会与西方文明发生碰撞，西方文明所受到的排斥将进一步加大，而一个多元化文明的世界正应运而生。不可否认，亨氏以全球的战略眼光，抓住了当今世界矛盾运

---

❶ ［美］亨廷顿：《文明的冲突与世界秩序的重建》，周琪等译，新华出版社，2002年版，第29页。

❷ ［美］转引自威廉·麦克高希，董建中：《世界文明史——观察世界的新视角》，王大庆，译，新华出版社，2003年版，第5、32页。

❸ ［美］亨廷顿：《文明的冲突与世界秩序的重建》，周琪等译，新华出版社，2002年版，第7页。

动的一个重要特征进而提出文明冲突论，显然有其道理。但是过于强调人类文明的冲突性而忽视人类文明的共存性与共生性，无疑有失偏颇。为此，亨廷顿的文明冲突论遭到了包括西方国家在内的很多有识之士的质疑，哈拉尔德·米勒就是其中最具代表性的一位。

哈拉尔德·米勒在其《文明的共存》一书中从正面反驳了亨廷顿的文明冲突论，认为亨氏陷入了将复杂的国际关系简单地套入“敌我对抗”的政治理论模式里。在米勒看来，简单地渲染或接受这种片面的世界观或敌对论是极其危险的。“国际关系的理论应该充分考虑这一个事实，即今日世界的‘非同时性的同时性’，它是由全球化的强烈过程而引发的……对国际政治分析来说，简单化则是一种不幸。一个多元化的世界，一个给文明带来危机和挑战的世界，当然也需要一个多元化的观察视角。”❶ 在他看来，我们的世界不应是文化（文明）的对抗，而是文化（文明）的共存与对话；国际社会必须更多地尝试进行合作，而不是简单地对抗；国际关系、多样性不仅应该保持，而且应善加利用。只有对各种文化表现出宽容，全球的和平共存才可能得以实现。❷ 人类文明的产生与存在是同一性（共生性）与多样性的统一。人类文明的共存实质上是融合了各种不同文明的特质、扬弃不合时宜的文明而形成的多样性的新人类文明体系，人类文明是共存与冲突的统一体。“主宰我们时代的政治、经济和社会的强大推动力将会给人类带来巨大的危险，但同时它也创造了难得的机会，使人类各民族之间的危险敌对性有可能得以调和。文明的冲突现象并非自然之力的结果，而是人为引起的，因此人类完全可以依靠自身的力量来逾越这个障碍。”❸ “全球的发展使得我们有理由相信，不同文化背景的国家之间，共同点会更广泛地得以扩大，而不是缩小，只要我们努力寻求，就能在世界各地找到对话的伙伴和合作意向。”❹ 显然，相对于亨廷顿的文明冲突论而言，米勒的文明共存论更具全面性与说服力。实质上，人类文明的发展史就是一部世界各区域性文明形成、发展以及彼此的冲突激荡而又相互融合的历史。罗素在《中西文明比较》一文中指出：“不同文明之间的交流过去已经多次证明是人类文明发展的里程碑。希腊学习埃及，罗马借鉴希腊，阿拉伯参照罗马帝国；中世纪的欧洲又模仿阿拉伯，而文艺复兴时的欧洲又仿效拜占庭帝国。”❺ 对于中华文化（文明）而言，情况也大致如此。汤一介先生在《文化交流与人类文明进步》一文中就对中国文化的形成与发展作了论证。在他看来，今天中国的文化实际上是在五六千年的发展历程中不断吸收各民族、各国家、各地域文化的基础上形成的。而在这漫长的过程中有两次重大的外来文化深深地影响了中国文化的进程：第一次是自公元一世纪以来印度文化的传入；第二次外来文化的大量传入应该说是自16

❶ ［德］哈拉尔德·米勒：《文明的共存——对塞缪尔亨廷顿“文明冲突论”的批判》，新华出版社，2002年版，第28页。

❷ ［德］哈拉尔德·米勒：《文明的共存——对塞缪尔亨廷顿“文明冲突论”的批判》，新华出版社，2002年版，第2页。

❸ 同上。

❹ ［德］哈拉尔德·米勒：《文明的共存——对塞缪尔亨廷顿“文明冲突论”的批判》，新华出版社，2002年版，第289页。

❺ 成中英：《中国文化的现代化与世界化》，中国和平出版社，1988年版，第6页。

世纪末、特别是自19世纪中叶西方文化的传入，这两次重大外来文化的传入大大地影响了中国文化的发展。他进而指出，就各国文化发展的历史看，文化（自然包括哲学）的发展大体上总是通过“认同”与“离异”两个不同的阶段来进行的。“认同”表现为与主流文化的一致和阐释，是文化在一定范围内向纵深发展，是对已成模式的进一步开掘，同时也表现为对异己力量的排斥和压抑，其作用在于巩固原有的主流文化已经确立的界限与规范，使之得以定型和凝聚；“离异”则表现为对原有主流文化的批判和扬弃，即在一定时期内，对原有主流文化的否定和怀疑，打乱既成的规范和界限，以形成对主流文化的冲击乃至颠覆。❶ 因此，一部中华文化（文明）史实质上同样也就是一部同世界各民族文化（文明）相互交流、冲突磨合、融合碰撞的发展史。实质上，人类文明之间的交流与撞击是各民族文明发展的强大动力，而不应是一种文明对另一种文明的战争与毁灭。“文明多样性是人类社会的基本特征，也是人类文明进步的重要动力。在人类历史上，各种文明都以自己的方式为人类文明进步作出了积极贡献。存在差异，各种文明才能相互借鉴、共同提高；强求一律，只会导致人类文明失去动力、僵化衰落。各种文明有历史长短之分无高低优劣之别。”❷

由此可见，人类文明的多样性与共生性是人类社会的重要特征，也是世界文明存在与发展的一个最基本的特性，符合人类文明的发展规律。毕竟世界上的任何事物都是多样性与共生性的统一。离开了多样性与共生性的世界也就不成为世界，离开多样性与共生性的文明同样也不能成为世界文明。人类文明的多样性与共生性表明，世界范围内的各区域性的文明并不是孤立地存在的，它们也不是水火不相容的，而是在相互交流与撞击中共同发展。既然人类文明具有多样性与共生性，那么我们就必须尊重每一个文明特性及其存在与发展的规律，而不是以其中的一种文明去反对或取代另一种文明，更不能以文明的优劣或文明冲突论为由去推行霸权主义和强权政治，而是要平等看待和尊重每一类文明，从而更好地维护人类文明的生存与发展。

同样，人类文明的多样性与共生性表明人类确实具有“类”的特性，这种“类”特性又是通过人类文明的多样性与共生性加以体现。因此，人类文明的多样性与共生性使得人类最终能够形成共同的“安全认同”观——“类安全”观。这也表明我们不仅已经在客观上具备了人类形成“类安全”观所需的条件，而且当今人类社会所面临的安全困境客观现实，也要求我们必须树立起“类安全”为主体的安全观，从人类整体利益的视角出发，去关照人类的生存与发展，进而更好地去维护人类的共同文明。

（二）“类安全”观形成的现实基点

人的发展所形成“类存在”特性以及人类文明的多样性与共生性，客观上要求我们必须从以人类的整体利益与安全为主要特性的“类安全”观的视角出发，去关照人类自身的安全与发展，包括人类文明的安全与发展，这是“类安全”观

---

❶ 汤一介：《文化交流与人类文明进步》，载于《中国文化研究》，2002年第6期。

❷ 胡锦涛：《努力建设持久和平、共同繁荣的和谐世界》，载于《人民日报》，2005年9月16日。

得以建立的理论基础。全球化的迅猛发展，以及由此所导致的世界一体化进程的加快，为“类安全”观的形成提供了重要的现实条件。此外，传统安全与非传统安全问题的交织凸现也是形成和建构共同的“安全认同”观——“类安全”观的现实基点。

二战后特别是冷战结束以来，全球化浪潮已经波及世界的经济、政治、文化等领域，地球正日趋“村落化”，全球范围内的资金、技术、人员、信息、商品等的流动加速，使得生活在地球上的每一成员无不感受到全球化浪潮的冲击，由此也就带来各种全球性的问题并促使人类共同利益的形成。人类这种共同利益包括全球化条件下来共享人类的文明成果的同时，也必须面临着全球化带来的共同挑战。这些挑战主要有：①全球安全，包括国家间或区域性的武装冲突、核武器的生产与扩散、大规模杀伤性武器的产生和交易、非防卫性军事力量的笑　等；②生态环境，包括资源的合理利用与开发、污染源的控制、稀有动植物的保护，国际石油资源的开采、向大海倾倒废物、空气污染物的越境排放、有毒废料的国际运输、臭氧耗竭、生物多样化的丧失、渔业捕捞、气候变化等；③国际经济，包括全球金融市场、贫富两极分化、全球经济安全、公平竞争、债务危机等；④跨国犯罪，如走私、非法移民、毒品交易、贩卖人口、国际恐怖活动等；⑤基本人权，如种族灭绝、对平民的屠杀、疾病的传播、饥饿与贫困以及国际社会的不公正等。❶ 这些人类所面临的共同挑战尽管是作为人类共同利益的否定性方面出现，但是其以不可争议的事实告诉我们，人类的共同利益在全球化浪潮下愈加紧密并日益扩大。这为人类最终能够形成共同的“安全认同”观——“类安全”观提供了现实条件。

此外，全球化浪潮所波及的世界范围内的经济、政治、文化等领域不仅使人类形成了共同的利益，而且也使得原有的传统安全理论受到了新的挑战。原有的以领土安全与主权安全为重点，以使用军事武力为标志，以安全的主体作为国家行为体的传统安全和新出现的以人的安全与社会安全为重点，以使用非军事武力为标志，以安全的主体变成国家以及非国家行为体为行为主体的非传统安全交织凸现，使得人类所面临的安全问题有了新的表现。首先，两极对峙的结束以及世界朝多极化方向的发展，使得日趋紧张的国际关系有了相当程度的缓和，但传统安全及其伦理问题并未因此得以解决。东欧剧变与苏联解体使得两大阵营原有的对抗不复存在，这就让那些原来将自身安全捆绑在两大阵营战车之上的国家，有了独立自主地选择维护自身安全的方式；世界朝多极化方向的发展，在一定程度遏制了霸权主义和强权政治，从而缓解了传统安全的威胁，但是诱发传统安全的因素依然存在。首先，霸权主义、强权政治以及由非传统安全所引发的各种安全问题，是传统安全的威胁依然存在并复杂化的根源；其次，全球化的发展使得国与国之间的利益关系更加紧密，国家间进一步认识到“和则两利、斗则俱伤”的道理；最后，全球化的发展凸显了有别于传统安全的新的安全——非传统安全。“非传

---

❶ 俞可平：《论全球化与国家主权》，载于《马克思主义与现实》，2004年第1期。

统安全是一个动态性的概念，它体现了安全现实的变化和安全理论的拓展，是对应于全球化时代世界格局转变，在军事、政治领域之外产生大量严重危及国家与人类社会整体的威胁和危险而形成的区别于传统安全的理论关照与现实关注。”❶非传统安全所涵盖的领域十分广泛，包括环境恶化、能源短缺、严重的传染性疾病蔓延、金融危机、跨国犯罪、难民潮等危及人类安全的各种问题。要有效解决这些危及人类的安全问题，单纯依靠传统安全模式显然力不从心，这需要世界范围内的各国的通力合作。

在全球化的背景之下，在传统安全与非传统安全交织凸显的情况下，要解决好人类的安全与发展问题，仅仅是从国家、民族或者地区的视野去关照显然是不够、也难以奏效的。毕竟，非传统安全范畴的界定不能忽视这样一个事实，即一方面越来越多的对国家和人类的生存威胁大都来自战争和军事领域之外，用传统安全很难涵盖这些新的变化；另一方面，非传统安全与传统安全之间又并不是泾渭分明的，它们往往交织在一起。传统安全问题会直接带来非传统安全问题，❷ 反之亦然。传统安全与非传统安全交织凸显的现实表明，我们必须跳出原有的以国家、军事安全为中心的传统安全观的窠臼，超越民族、国家等的狭隘安全思想的局限，站在全球的视角高度，从人的“类”的利益与安全出发，形成共同的“安全认同”观，按照“类安全”观的原则，来处理在全球化过程中出现的各种涉及人类安全与发展的问题。

由此可见，树立起共同的“安全认同”——“类安全”及其伦理观不仅必要、可能，而且还是可行的。“类安全”观的精神实质在于我们不仅仅要从国家、民族的安全与利益出发，更要从整个人类的安全与利益出发，把整个人类社会的安全与持续发展作为安全的根本出发点与归宿。只有这样，才能够最终实现人类社会的“优态共存”与“和谐共处”。

三、“类安全”观践行的困境与“安全困境”的超越

“类安全”观作为人类有关安全观发展的新阶段，其形成与发展必将为我们最终解决人类所面临的安全困境提供了全新的思路。人的“类存在”特性、全球化浪潮下人类利益的日趋同一性以及传统安全与非传统安全的交替凸显等表明，人类不仅需要借助“类安全”的方式去解决自身的安全困境，而且也具备了一定的条件来达到这个目的。但是，在目前的条件下，要完全通过“类安全”的方式来实现这个目标，还得面临着诸多的现实挑战。

（一）“类安全”观践行的现实困境

显然，不管是从理论还是从现实的角度上看，“类安全”观的有效践行，是最终解决人类安全困境的重要途径。但是，在具体的实践过程当中，还得面临着人们理应通过何种有效的实践方式，以期形成并践行共同的“安全认同”观——“类安全”观的现实问题。在当前主要由各主权国家

❶ 余潇枫，林国治：《论非传统安全的实质及其伦理向度》，载于《浙江大学学报（人文社会科学版）》，2006 年第 2 期。

❷ 同上。

作为安全主体主导，以及在利益、价值多元化为基本格局条件下的世界，通过何种方式来实现人类的共同利益和维护人类的共同安全——“类安全”，确实是个重大的现实问题。

实质上，全球化浪潮、传统安全以及非传统安全的交织凸显等所造成的客观现实，已经使世人逐渐明白，人类在诸多的重大利益、重要价值以及维护自身安全的维护等问题上已经超越了阶层、阶级、民族、区域、国家甚至是种族的界限，逐渐成为全人类的共同利益、共同价值和共同问题。同时，这些共同的利益、价值以及自身安全的有效维护，不可能仅凭某一国家或组织能够独自完成。这需要在全球范围内的各个组织，尤其是主权国家等的通力合作方可有效实现。但是，另一个不可忽视的客观事实是，世界很多主权国家从某种程度上而言都存在着谋求自身利益的最大化的倾向，这在客观上又为生活于当今世界上的各个成员国，在涉及自身安全与利益的问题时，有可能将其置于首要的位置，并呈现出多元性、差异性甚至是冲突性的局面。为此，如何在特定的时间和全球范围内形成“类安全”观并有效地践行，确实是当今我们所面临的重大课题。

从维护人类安全的当前利益与长远利益上看，如能从以维护作为“类存在”特性的整体的人安全为核心的“类安全”的视角去关注人类的安全，这无疑是一种较为理想的选择。然而，在现有的国际关系条件下，一方面，能够有效维护人类安全的主体主要是主权国家，在国际上具有重大影响力、能有效维护人类安全与发展的各类国际组织同样也是由主权国家参与，甚至一些在国际上具有较大影响力的非政府组织，其在很大程度上也受主权国家利益取向的影响和限制。不可否认，国家作为维护人类安全的最具实力的行为主体，其在维护人类安全以及实现人类共同利益等方面，有着其他行为主体无法企及的优势，可以说在当前以及未来很长时间内，没有各主权国家的积极参与，人类的安全及其利益的实现也就无从谈起。实质上，各主权国家在多大程度上能够形成并践行“类安全”观，主要取决于各国“利益交集”的大小，以及各国在多大程度上对这种“利益交集”或共同利益的认可。由于各主权国家在社会制度、民族特性、价值理念、国家发展程度、综合实力以及国家利益等方面，仍存在着较大的差异性甚至是冲突性，各国只能、或许更多地从本国的国家利益出发，来决定是否与其他国家和民族进行交往与合作，以及在何种程度上进行交往与合作。显然，当前要在各国利益差异性与冲突性比较大的情况下，促使各国形成并践行“类安全”观，其难度是显而易见的。

另一方面，在威斯特伐利亚国际体系下的主权国家，在一定程度上依然是处于无政府主义的国家关系状态之中，这势必会使得人类对自身安全的维护，正如现实主义所言的那样，主要是依靠主权国家通过自助式的方式来获取。这种自助式的安全表明，主权国家间在维护彼此的安全问题上依然难以做到彼此间完全信任，其所导致的结果就是各国为了维护自身的利益与安全势必独自加强军备建设，军备竞赛由此而发，国家间发生冲突和战争的危险程度进一步加剧，人类自身的安全也就难以得到有效的维护。尽管当今世界国际关系并非如现实主义所描绘的那样令人悲观，但是，一个不可否认的事实是，以维护国家安全为核心的传统安全观在非传统安全观凸显的情况下，并没有因此而衰退。霸权主义和强权政治打着各种诸如“维护人权”和“防止人道主义灾难”等幌子，甚至是将一国的价值理念强加给世界其他国家，以及通过武力等方式干涉其他国家内政的事情，从来就没有停止过，由此所引发的局部战争和地区的动荡不安也从来没有消停过。或许，各主权国家间的军备竞赛尽管没有形成如冷战时期那么大的张力，但是冷战后各国的军费不断增长与膨胀却是个不争的事实。

由此可见，尽管在全球化迅猛发展的今天，世界各国间的整体性利益在不断地增强，但这并未意味着各主权国家间的利益差异性与冲突性正在消失。“人的发展尚未真正超出个体主体阶段，对自身利益最大化的追求，客观上决定了个人、阶级、阶层乃至民族、国家，都不能不在极大程度上将自身利益置于重要地位。利益的多元化、价值的多元化仍是当今世界的基本格局。伦理的个体性仍是基本的特征，个体性必然表现为多样性、多元性、差异性。正因为如此，各种不同伦理观念的冲突便不可避免。”❶ 在以主权国家作为维护人类自身安全的主要行为体，以及国家利益多元化、差异化甚至是冲突的条件下，在以联合国为主要代表的国际组织以及各种非政府组织，仍无力亦无法取代主权国家来维护人类共同的安全的现实状况下，人们要形成并践行“类安全”观，以此来最终解决人类所面临的“安全困境”依然还有很长的路要走。

（二）“安全困境”的超越

作为有效解决人类当前所面临的“安全困境”的“类安全”观，尽管其在现实国际环境中的践行依然面临着诸多的困难与挑战，但我们并不能因此就得出其在理论上的“虚无性”和具体实践上的“不可操作性”的结论。如前所述，人的发展的“类本性”和人类文明的多样性与共生性为“类安全”观的践行提供了理论上的支持，而全球化的迅猛发展以及由此所导致的世界一体化进程的加快，为“类安全”观的形成提供了重要的现实条件，传统安全与非传统安全问题的交织凸现，则是形成和践行“类安全”观及其理论体系的现实基点。因此，人类实质上是可以通过自身的不断努力来成功践行“类安全”观，最终摆脱人类所面临的“安全困境”，实现人的自由而全面的发展。当然，在现阶段条件下，要有效地践行“类安全”观和更好地确保人类自身的安全利益，还有很多工作有待我们进一步去拓展。

1. 正确处理好人类安全问题的个性与共性的关系

人类的安全问题实质上最终都可以归结为人的“类安全”问题。“类安全”问题所体现的是人作为“类存在体”的安全及其伦理关怀。因而，其所关注的不仅仅是作为个体的人的安全，而且还包括由人所组成的各类组织乃至于国家、国际共同体等在内的整个人类的安全。人类安全观从早期的“族群”的安全、传统安全、非传统安全再到“类安全”的历史演变表明，人类的安全问题从本质上而言，无非是如何正确处理好安全问题中的个性与共性关系的问题。

❶ 胡贤鑫：《从群体伦理到类伦理——伦理的历史走向》，载于《马克思主义与现实》，2003 年第 5 期。

安全问题中的个性问题所涉及的是安全主体中的个体的安全问题。由于安全主体中的个体各具特色，不同的安全主体作为个体的存在因其所处的社会环境、自身的境况以及对安全目标的祈求等不同，因而他们各自对安全的理解、安全手段的获取、安全内容的维护等会表现出不同的特性。一般而言，前国家时期作为个体的人的安全的获取主要是基于其所属的血缘氏族、部落或者是部落联盟。自国家产生后，作为个体的人或者组织的安全的获取主要是来自于其所属的国家，也就是国家是作为个体的人或组织的安全的主要提供者。国家的出现不仅有效地解决了“霍布斯疑虑”中的“所有人反对所有人”的“非安全”状态，而且已逐渐成为作为个体的人或组织的安全的主要依托和有效的保护者。尤其是在民族国家产生后，国家的安全甚至发展成为与作为个体的人或组织的安全两者合一的状态，即国家的安全就是个体的人或组织的安全。显然，国家产生后，作为不同需求和各具特性的个体的人或组织的安全获取主要通过其所属的国家来实现，个体的安全祈求主要更多的是通过国家的安全来体现，个体安全需求的多样性与差异性实质上已经统归于国家的安全之中。但这并不能用以说明作为个体的人或组织的安全需求的多样性与差异性的消失，个体的人或组织的安全的多样性与差异性不仅存在，而且在特定情况下与国家的安全还存在着不一致甚至是冲突的状态。也就是说，国家的安全并不一定等同于个体的人或组织的安全，国家既可以成为个体安全的保护者，也可以成为个体安全的威胁者。这正如巴里·布赞所言：“个人的安全陷入一个循环的悖论，在其中它既依赖于国家又为国家所威胁。由于在国际体系中与其他国家的相互作用，国家可从多方面对其国内个人构成威胁。”❶ 譬如，斯大林时期很多苏联公民的个人安全就遭到以“维护国家安全”为籍口的威胁。“按保守的估计，他造成了不少于2000万人，可能甚至超过2500万人的死亡。”❷ 此外，作为国际体系下国家的安全依然是作为个体的安全而存在并具有多样性与差异性，而且在国际无政府状态下国家安全的获取往往又是自助式的。这样，作为个体存在的国家安全的个体性表现得更为明显。国家作为现代国际体系下最具权威性和影响力的个体，其对安全的解读以及其对维护自身安全手段的采用等，在很大程度上影响着其他个体甚至是整个国际体系乃至全人类的安全。

可见，安全问题的个体性实质上所体现的就是一个集多样性与差异性甚至是冲突性为一体的统一体，其中，冲突性与共存性是这个统一体状态的真实写照。安全问题的个性表明，无论是作为个体的人的安全、组织的安全还是国家的安全，都无可避免地要求我们需要从个体的视角出发去关注各自的安全，尊重个体在寻求自身安全的过程中，根据自身的特性和所处的环境的不同作出适合自身安全需求，而又不损害其他个体安全的选择，并且从道德上确认这种行为是善的行为。任何忽视、无视或者是随意践踏个体安全存在的观念和行为，不仅在理论上会丧失其生命力和应

❶ ［澳］克雷格·斯奈德，等：《当代安全与战略》，吉林人民出版社，2001年版，第99页。

❷ ［美］布热津斯基：《大失控与大混乱》，中国社会科学出版社，1994年版，第17页。

有的指导作用，而且在实践中也使得安全问题无法得到有效解决，甚至会导致灾难性的后果。

此外，强调安全问题的个性并非是要否定安全问题的共性。实质上，安全问题的个性中体现着共性，而安全问题中的共性则贯穿于其个性之中。安全问题的共性是指同时涉及所有安全主体的安全问题，或者说是所有安全主体为了维护生命的安全与发展而必须共同面对的安全问题。因此，安全问题的共性主要体现为维护人的生命安全和确保其顺利发展，并必须面对共同的安全威胁。维护人的生命安全和确保其顺利发展是所有安全行为体寻求自身安全的根本，也是安全问题的共性或根本属性，任何个体、组织、国家乃至国家联盟等，如果脱离了人作为"类存在体"的生命安全这个根本，抽象地谈论自身的安全问题，最终只能是损害自身的安全与利益，没有任何现实意义可言。

当今理论界所提出的"人的安全"这个新命题，在很大程度上体现了人们对安全问题的关注，理应由原有的仅仅关注国家的安全转向以人的生命安全为核心的人的安全之上，尽管其所强调的人的安全主要是作为个体的人的安全。"人的安全"问题的提出和发展，也表明今天的国际关系研究越来越深入平民和日常生活当中，各国以政府为本的外交宗旨已经纷纷转向以民为本，而以民为本的具体含义就是以人为本和以日常生活为本。人的安全和日常生活安全已经成为国家安全之本，人的安全"高于"国家安全，"人的安全"是"国家安全"的终极目的。❶ 人类安全委员会的报告中指出："人的安全的目的是通过发展人类自由和实现人生价值来保护人类生命至关重要的核心。人的安全意味着保障人类的基本自由——自由是生命的精髓。它意味着保护人类免受严重的、普遍的威胁和危险情况的伤害；它意味着通过多种途径增强人类的能力和抱负；它意味着通过创造相应的政治、社会、环境、经济、军事和文化体系，来建构人类的生存和尊严。生命的关键核心是人们享有的一系列基本权利和自由。但是不同的人、不同的社会对什么是'生命核心'，什么是'关键'有不同的答案。因此，人的安全的任何概念都肯定是动态的。这也是为什么我们没有提出一个关于'人的安全'包含条目的详细列表的原因。"❷ 当然，学界也存在着对人的安全命题的质疑。在巴瑞·布赞看来，国际安全理论的一个独特之处在于研究不同"社会集体"（social collectivities）之间的互动关系，但"还原主义"的安全思维却抹杀了这一特点。虽然从道义上我们可以把个体构建为最终的安全指涉目标，但要付出的代价却是丧失了对"集体行动者"（collective actors）的分析维度。人作为"集体行动者"，既是安全的提供者，同时又天然地拥有生存的权利。个体不是孤立于社会而存在的，他们存在的意义来自于其所依托的社会。从这个意义上说，个体并非某种其他一切事物能够或应当被还原或被从属于的底线，即安全研究不应该以个人（个体层面）来取代或牺牲其他单位层面的存在。"人的安全"的概念把所有可能的安全指涉对象都引向了

❶ 潘一禾：《"人的安全"是国家安全之本》，载于《杭州师范学院学报（社会科学版）》，2006 年第 7 期。

❷ 转引自［加拿大］保罗·埃文斯：《人的安全与东亚：回顾与展望》，载于《世界经济与政治》，2004 年第 6 期。

个体，却排除了其他应有的指涉对象——“集体”（以人类自身为前提的安全主体）以及“生态”（非以人类为前提的安全主体，如生态安全或环境安全）等，从而忽视了其他安全议程的道义主张和安全化的具体实践。❶

显然，理论界对何为人的安全的界定以及其与其他方面安全的关系等还存在着不同的解读，但是，其所强调的对人类生命价值的尊重与伦理关怀无疑是一致的。实质上，关注人的生命安全，尊重人类生命的价值理应贯穿于各个个体安全的始终，不管个体安全以何种面貌或形式出现。毕竟，脱离人的生命安全或否定人类的生命价值去谈论安全问题，显然是毫无意义可言。安全问题的共性表明，作为具有多样性、差异性和冲突性的安全个性（个体）之间的矛盾并非不可调和。个体无论是个人、组织还是国家，在寻求安全时理应、也可以做到对人作为“类存在体”安全的尊重和关怀。只有做到这点，才能正确处理好安全问题中的个性与共性的关系问题，才能有效化解人类所面临的“安全困境”，真正实现人类的和平与安全。

2. 坚持全球范围的可持续发展战略

“类安全”观作为关注人作为“类存在体”的安全观，其有效践行必然要求人们在寻求各自的安全与发展时，不仅要关注个体的安全与利益，而且还需兼顾其他主体的安全与利益；不仅要注重眼前的安全与利益，而且更要关注长远安全与利益。这实质上就是要求世界各国必须坚持可持续的发展战略，站在人作为“类存在体”的安全与利益的视角上去观照人类的安全与发展。

邓小平指出：“中国解决所有问题的关键是要靠自己的发展”。这同样适用于“解决当前世界所面临的所有问题的关键也是要靠世界各国的共同发展”这个命题。人类所面临的包括“安全困境”在内的各种问题的解决，关键还是要靠世界各国的不断发展，而且必须是各国的可持续发展。按照世界环境与发展委员会1987年《我们共同的未来》报告中的界定，所谓可持续发展是指：“既能满足当代人的需要，又不对后代人满足其需要的能力构成危害的发展。”其主要内容有：①突出发展的主题，发展与经济增长有根本区别，发展是集社会、科技、文化、环境等多项因素于一体的完整现象，是人类共同的和普遍的权利，发达国家和发展中国家都享有平等的不容剥夺的发展权利；②发展的可持续性，人类的经济和社会的发展不能超越资源和环境的承载能力；③人与人关系的公平性，当代人在发展与消费时应努力做到使后代人有同样的发展机会，同一代人中一部分人的发展不应当损害另一部分人的利益；④人与自然的协调共生，人类必须建立新的道德观念和价值标准，学会尊重自然、师法自然、保护自然，与之和谐相处。❷

显然，可持续发展战略所针对的主要是发展以及如何发展的问题。发展是人类的永恒主题，人类只有不断地发展才能使自身的生命和种族得以延续。然而，自工业革命尤其第二次世界大战

❶ ［英］巴瑞·布赞：《“人的安全”：一种“还原主义”和“理想主义”的误导》，载于《浙江大学学报（人文社会科学版）》，2008年第1期。

❷ 奚洁人：《科学发展观百科辞典》，上海辞书出版社，2007年版。

以来，随着科学技术的不断发展以及人类征服自然、改造自然能力的不断增强，人类在谋求自身的发展过程中所造成的严重的生态危机与资源危机已日益凸显，并成为危及人类生存与发展的重大安全与伦理问题。这些危及人类生存与发展的安全与伦理问题包括由非可再生资源（如金属矿、煤、石油、天然气）的大规模开采与不合理利用所引发的能源危机（能源安全），由环境污染（如大气污染、水污染、固体污染、噪声污染、核污染）、全球气候变暖、物种灭绝以及森林面积的锐减等所引发的生态危机（生态安全），以及由能源危机和生态危机共同作用所引发的传统安全与非传统安全的交织凸显等。

实质上，以上由人类发展所带来的各种危机所涉及的不仅仅是人类的发展问题，而且同时也是人类的安全问题。能源危机（能源安全）问题实质上是实质能源供给和使用所引发的各种危及人类生存与发展的安全问题。由于在当今能源需求比例中占主导地位的能源绝大多数都是不可再生能源，因而，由能源供应紧缺所引发的生存安全困境，以及围绕能源争夺所爆发的国际冲突与战争（如第二次世界大战后的两伊战争、海湾战争、伊拉克战争、阿富汗战争、利比亚战争），已经愈来愈严重地威胁着人类的安全。由能源使用不当所引发的安全危机（如前苏联的切尔诺贝利核电站事故、美国的三里岛核电站事故、日本的福岛核电站事故）也在不断地向世人敲起安全的警钟。生态危机（生态安全）问题是指人与自然的不和谐相处所导致的人类生存环境恶化所引发的危及人类生存与发展的安全问题。生态安全具有首要性、全球性、紧迫性和代际性4个特点：其中首要性是指生态安全是人类的“第一安全”、终极安全，是人类最基本的生存需要和安全保障，是人类生存发展的第一需要；全球性是指生态安全危机是所有国家、全人类的共同问题，具有“一荣俱荣、一损俱损”的特性；紧迫性是指全球范围内的生态危机已经到了十分严峻而紧迫的地步；代际性是指生态危机的“成本”和生态安全的“效益”会随着代际转移、拓展、延伸。❶

可见，人类在谋求自身的生存与发展过程中所引发的能源危机、生态危机等，已经严重地威胁了人类自身的安全与发展。能源危机与生态危机的全球性与紧迫性等特性，使得人类要有效地解除其因自身发展所带来的各种困境，必须坚持可持续发展战略。这应当是当今世界各国在寻求自身发展时必须作出的明智选择。毕竟，各国只有坚持可持续发展战略，才能有效化解自身在发展过程中产生的能源与生态等方面的安全危机，最终确保自身安全与发展。同时，各国所坚持的可持续发展所带来的成果，必然会加深和坚定他们对可持续发展战略理念的理解，进而达成“可持续发展是人类共同的和普遍的权利”和“可持续发展是解决人类作为‘类存在体’安全保证”的共识。尊重各自的发展需求与加强彼此间合作，并承担相应的责任和义务，无疑又是实现各国可持续发展的重要先决条件。正如1991年6月的《北京宣言》所指出的那样：“发达国家对全球环境的恶化负有主要责任。工业革命以来，发达国

❶ 余潇枫，等:《非传统安全概论》，浙江大学出版社，2006年版，第133－134页。

家以不能持久的生产和消费方式过度消耗世界的自然资源，对全球的环境造成损害，发展中国家受害更为严重。”因此，发达国家在坚持可持续发展的同时，有责任和义务在技术和资金等方面帮助广大发展中国家摆脱贫困和保护环境，推行和促进可持续发展战略在这些国家的实施。

总之，坚持可持续发展战略，客观上要求我们把人类的安全与发展置于科学发展之上，从人作为“类存在体”的安全与发展出发，尊重人作为“类”的生命价值和满足以人作为“类”的安全与发展的需要作为出发点和归宿，统筹兼顾好各方面的安全和利益，努力实现个体的人、组织、社会、国家乃至世界的全面进步与和谐发展。

3. 加强国际合作机制建设，通过对话解决各类矛盾与争端

“类安全”观表明，当今世界人类所面临的诸多安全问题不再是单个个体或国家所面临的个体问题，而是许多国家乃至全球性的共同问题。这些全球性安全问题的解决，不是个体凭单边行动所能企及，而是需要通过多边机制、甚至是借助全球性的合作方能奏效。

自国家产生以来，人类的各种安全问题往往是通过国家的强制性措施甚至是武力的方式加以解决。国家成为个体安全强有力的庇护者并进一步神圣化，甚至出现国家的安全等同于个体安全的状况。但是历史一再证明并不断证明，国家的安全并非就是个体的人的安全，通过战争尤其是现代战争或军事的方式并不能有效解决安全问题。“现代战争的毁灭性，使得战争部分失去了作为国家政策工具的意义，战争性质的变化以及全球相互联系使传统的国家安全观过时了，因为任何国家都热衷于建设大规模毁灭性武器，那么任何国家都不能通过单边军事措施来保护其安全。……我们要么与所有国家享有共同安全，要么什么都没有；国际安全必须建立在共享生存的基础上，而不是建立在以彼此毁灭相威胁的基础上。”❶

因此，要有效解决人类所面临的安全问题或者“类安全”问题，需要通过国家间的彼此合作，加强国际合作机制方面的建设，并通过对话的方式来解决各类矛盾与争端。

从传统国际关系理论来看，国际社会实质上是一种无政府状态下的社会，作为个体的国家安全的获取完全是自助式的。这样势必会导致国家间的相互猜疑与不信任，使得各国在安全等方面的合作在长时期内难以得到有效为继，也就是即便有合作，更多的也是暂时性或权宜之计。显然，这种观点或假设随着国际现实形势的不断发展已无法完全解析当今的国际社会的特性，进而受到理论界的质疑。国际范围的现代化浪潮导致国际关系特性本质上的不一致，因为国际相互依赖的联系意味着国家间存在结构性的联系，因而传统的基于无政府模式来概括国际环境根本特征的看法虽然不是错误的，但至少是不准确的了。❷“尽管不存在任何合法的权威可以实行强制，国际舞

---

❶ Robert C. Johanson, “A Policy Framework for World Security,” in Michael T. Klare and Daniel C, Thomas, eds. , World Security: Trend and Challenges at Century’s End, New York: ST. Martin’s Press, 1991, p. 402, p. 404. 转引自苏长和：《全球公共问题与国际合作：一种制度的分析》，上海人民出版社，2006年版，第5－6页。

❷ 苏长和：《全球公共问题与国际合作：一种制度的分析》，上海人民出版社，2006年版，第229页。

台上的行为者都承认游戏规则，尊重正式和非正式的调节机制，接受义务约束，遵守合作惯例，而且以可以预见的方式行事。”❶ 由此可见，国际社会国家间的各种利益冲突、国家自身安全的获取等实质上是可以通过既有的国际规则、国际惯例或建立新的国际合作机制，通过对话协商等方式来加以解决，而不是诉诸武力或以武力相威胁的方式实现。“人类社会的规范就是理性克制的具体落实。其根本途径是，以人性之善规范人性之恶，以社会整体的共同需求规范个体私欲，使二者调和起来。在国际社会，由于没有权威政府和强制性的制度、法律和规范，更需要回归原初理性并以之建构为公众认可的规范。因为缺乏强制性，国际社会规范如同社会契约，必须既符合契约各方的角色期待、又照顾各方的利益需要，才能起到弘扬善性、规制恶性的预期作用。”❷

实质上，全球化迅猛发展以及非传统安全问题的日益凸显使得世界各国的共同利益不断增强，各国间的相互依存度也在进一步加深。这为世界各国为维护自身的安全、增进自身利益而进行相互间的对话与合作提供了重要的前提条件。尽管全球化条件下各国的竞争会加剧，但这种竞争并非是“零和”的博弈，而是通过相互间的对话与合作来达到共赢。“我们主张，各国和各国人民应该共享受安全保障。各国要同心协力，妥善应对各种问题和挑战。越是面临全球性挑战，越要合作应对，共同变压力为动力、化危机为生机。面对错综复杂的国际安全威胁，单打独斗不行，迷信武力更不行，合作安全、集体安全、共同安全才是解决问题的正确选择”。❸ “类安全”问题作为全球性的安全问题，使得其较之以往任何时候都复杂和难以及解决，它更需要世界各国在平等和相互尊重的基础上加强彼此间的沟通、交流与合作来共同应对。“历史证明，冷战时期以军事联盟为基础、以增加军备为手段的安全观念和体制不能营造和平。在新形势下，扩大军事集团、加强军事同盟更有悖于时代潮流。安全不能依靠增加军备，也不能依靠军事同盟。安全应当依靠相互之间的信任和共同利益的联系，通过对话增进信任，通过合作谋求和平，必须摒弃冷战思维，培育新型的安全观念，寻求维护和平的新方式。”❹ 实践证明，尽管“类安全”的践行仍不断受到各种挑战，但是，人们依然可以通过平等对话协商的方式来解决彼此间的争端，增强彼此间的互信与合作。譬如东盟与中日韩的对话（10+3）、中日韩三国合作对话、北约与俄罗斯的经常性对话、欧盟委员会与俄的战略对话、八国集团同主要发展中国家（新兴经济体）的高层对话、20国集团峰会、中非合作论坛、博鳌亚洲论坛等，这些对话、峰会与论坛等方式将有助于人类解决当今所面临的共同安全威胁，实现人类的共同利益。同时，这也使人类找到了践行“类安全”观的有效途径。

4. 强化全球范围的“类安全”观共识

“类安全”观的精神实质在于我们不仅仅要从

---

❶ 皮埃尔·德·塞纳科伦斯：《治理与国际调节机制的危机》，载于《国际社会科学杂志》（北京）：1999年第1期。

❷ 黄昭宇，高咏梅：《非传统安全问题生成当代世界的发展困境》，载于《江南社会学院学报》，2010年第6期。

❸ 习近平：《顺应时代前进潮流　促进世界和平发展》，在莫斯科国际关系学院的演讲［N］，载于《人民日报》，2013年3月24日。

❹ 中华人民共和国国务院新闻办公室：《中国国防白皮书》，载于《人民日报》，1998年7月28日。

个体、组织、国家、民族的安全与利益出发，更要从整个人类的安全与利益出发，把整个人类社会的安全与持续发展作为安全的根本出发点与归宿。只有这样，才能够最终实现人类社会的“优态共存”与“和谐共处”。罗伯特·吉尔平指出，国际政治的特征仍然像修昔底德所描述的那样，是自然力量与伟大的领导人相互作用……世界政治仍然是政治实体在全球无政府状态下争夺权力、威望和财富的斗争。核武器的出现并没有使人们放弃使用武力，经济相互依存并不能保证合作可以取代冲突。国际无政府状态必须要以一种全球性的共同价值观和世界观来取代。❶

显然，形成并践行“类安全”观，在当前以及未来相当长的时间内而言不仅十分必要，而且也是确实可行。人类文明的多样性与共生性，是形成和践行“类安全”观的理论基础；全球化的发展以及传统安全与非传统安全问题的交织凸显，是形成和践行“类安全”观的现实基点。人类文明的多样性与共生性是人类文明的重要特征，也是其存在与发展的重要体现。但问题的关键在于我们需要在全球范围内强化文明共生性的共识。此外，在经济全球化、人类文明的多样化、传统安全与非传统安全交织凸现以及国际安全复杂化的客观现实，迫切需要在全世界范围内强化并践行“类安全”观的共识。

中国自古便是一个有着统一的多民族传统的国家，“安全认同”以及由此所引发的民族认同与国家认同一直是中国传统政治的重要内容。在长期的民族共同相处与大融合的政治社会实践中，中国形成了以“和而不同”“兼相爱、交相利”“近者悦、远者来”以及“合纵连横”“礼让为国”等为主要内容的“和合中庸、兼容共存”的“安全认同”观。自新中国成立特别是改革开放以来，中国作为一个负责任的发展中大国，便一直在维护世界的和平与发展的历史使命中发挥着重要的作用。“两千多年前，中国先秦思想家孔子提出‘君子和而不同’的思想。和谐而又不千篇一律，不同而又不相互冲突。和谐以共生共长不同以相辅相成，和而不同，是社会事物和社会关系发展的一条重要规律，也是人们处世行事应该遵循的准则，是人类各种文明协调发展的真谛。”❷为此，中国创造性地提出并践行了维护人类共同安全的安全观——求同存异、和平共处，和而不同，建设和谐世界❸。

求同存异、和平共处，和而不同，建设和谐世界，就是要坚持互利合作，以合作谋和平、促发展，实现人类的共同繁荣；坚持多边主义和包容精神，维护世界的多样性，国与国之间的和平共处，人与人之间的和睦相处，人与自然和谐的发展。它的核心就是世界各国之间做到“互信、

---

❶ ［美］詹姆斯·多尔蒂、小罗伯特·普尔茨格拉夫：《争论中的国际关系理论（第5版）》，阎学通，等译，世界知识出版社，2003年版，第91页。

❷ 江泽民：《在乔治·布什总统图书馆的演讲》，载于《人民日报》，2002年10月25日。

❸ 2005年9月，在联合国成立60周年首脑会议上，胡锦涛同志发表了题为《努力建设持久和平、共同繁荣的和谐世界》的讲话，提出了构建和谐世界的新理念，明确地阐述了建设和谐世界的内涵。中国政府提出必须致力于实现各国和谐共处、全球经济和谐发展以及不同文明和谐进步，建设和谐世界，并在2005年12月的《中国的和平发展道路》白皮书上，首次全面系统地向全世界阐述了和平发展道路的内容，强调中国将致力于实现与世界各国的互利共赢和共同发展，目标是建设持久和平与共同繁荣的和谐世界。

互利、平等、协作”；它的实质就是按照人类自身安全与发展的要求，建构共同的“安全认同”观——“类安全”观，以互利合作谋求共同的安全与世界的和谐发展。事实上，求同存异、和平共处，和而不同，建设和谐世界作为一种新的安全理论范式。它凸显了“类安全”观对人类自身安全与发展的重要性，超越了传统的国家中心主义安全观的立场，确立了把人的安全作为一个“类”的统一存在体的安全观的优先性，进而体现了中国对“安全认同”问题的独特诠释，为我们正确处理“安全认同”危机，有效解决“安全困境”提供了广阔的前景和正确的方向。

事实证明，不管是传统安全问题还是非传统安全问题的解决，都需要世界各国的共同努力与合作方可得以更好地实现。“我们国家的利益和命运和世界是紧密相连的。如果我们忽视或者放弃那些遭遇贫穷的国家和人民，我们将不但放弃了经济和市场发展的潜在机遇，而且最终失望会转变为暴力的冲突反过来伤害我们。如果我们只关注美国的下一代，而不是全世界所有下一代的教育问题，那么我们将不仅仅会失去某一个探索到新能源来拯救地球的伟大科学家，我们会使全世界的人民更易于陷入反美的情绪。所以，如果我现在作为美国总统是称职的，是有作为的，那么部分的作为就将体现在我帮助美国人去深刻理解：他们的利益和你们的利益是相连的。这是个持续不断的任务——因为它往往不容易被人理解。”❶

显然，在全球范围内形成并践行“类安全”观的共识既迫切、可行，但又是一个相当漫长的过程。这需要世界各国间的不断加强沟通与信任，同时也需要各国不遗余力地推动与践行。只有世界各国不断地加强彼此间的相互了解、信任与合作，不断强化在全世界范围达成“安全认同”的共识，形成共同的“安全认同”观——“类安全”观，建设和谐世界，坚持做到“民主平等”“协调合作”“和睦互信”“公正互利”“共同发展”“包容开放”“文明对话”，才能最终实现人类的共同安全与和谐发展。

❶ 《央视芮成钢访奥巴马：美国利益和世界紧密相连》。

非传统安全比较研究

英国外来非法移民现状及应对措施

章雅荻*

【摘要】本文试图在非传统安全的视野下从英国外来非法移民的数量、来源、渠道、年龄结构、所从事的工作以及非法移民选择英国的多方面原因等方面来呈现英国非法移民的现状。在此基础上，探析非法移民问题给英国社会所带来的非传统威胁，并进一步研究英国政府对待非法移民的政策及变化，以及英国民众对待非法移民的矛盾态度。最后，本文提出如何解决英国外来非法移民问题的办法。

【关键词】非法移民；英国；现状；应对措施

国际间劳动迁移的类型主要可以分为3种：永久移民（permanent migration）、短期移民（temporary migration）以及非法移民（illegal migration）❶。非法移民问题作为非传统安全的表现形式之一，逐渐受到国际社会的关注。非法移民问题历来都是英国最具争议性的话题之一，也成为英国目前面临的重大非传统安全问题之一。如今，面临着全球金融风暴给英国经济带来的严峻挑战，非法移民问题在英国国内政治生活与社会生活中日益凸显其重要性。非法移民的扩散性、多样性与治理的综合性体现了其成为非传统安全的特征❷：一方面，近年来非法移民的泛滥显示了英国移民体系的固有缺陷，为英国的政治安全、经济安全、社会安全与文化安全带来潜在的威胁；另一方面，对非法移民自身来讲，非法状态也为自己在英国的生活带来了不安全与被剥削。本文旨在非传统安全视野下探讨英国非法移民的定义、现状、政府应对措施、民众反应等方面，分析非法移民为英国所带来的非传统安全威胁，帮助人们更好地理解区域性非法移民问题，以便政府联合其他周边国家，寻求多边机制，采取综合治理措施来解决这一难题。

一、英国非法移民的定义

非法移民属于国际移民的一种。西方关于移民问题的著述颇多，涉及各个学科与领域。19世纪末美国社会学家莱文斯坦认为，人口迁移并非盲目无序，而是有规律的。而影响人口迁移的动

* 章雅荻，四川外国语大学国际关系学院。

❶ 赖宗福：《国际劳动迁移之福利分析：三类移民理论模型之研究》，载于《东吴经济商学学报》，2006年6月，第136页。

❷ 章雅荻：《从非传统安全角度看中国沿海非法移民问题原因及对策》，载于《八桂侨刊》，2012年第4期，第10页。

力，就是推拉因素。在“推拉模型”中，推力往往是移民原居住国所具有的不利因素，比如战争、动乱、天灾等；“拉力”则是移民的输入国所具备的优势与吸引之处❶。可是一些后来的学者发现，简单的“推拉模型”不能够很好地解释、说明在全球化背景下复杂而多元的国际移民现象。李明欢学者在其《20世纪西方国际移民理论》❷一文中总结概括了4类在西方学术界较有影响的相关学说，可分为：第一类是以拉里·萨斯塔和迈克尔·托达洛为代表的新古典主义经济理论。该理论着重从经济的角度分析移民行为产生的动因，认为收入差距是引发移民的原因；第二类主要是以奥迪·斯塔克和爱德华·泰勒为代表的新经济移民理论。这一理论认为，引发移民的原因并非是“绝对收入”的差距，而是基于与参照群体比较之后产生的“相对失落感”；第三类是以迈克尔·皮奥雷为代表的劳动力市场分割理论，他从分析发达国家的市场结构来探讨国际移民的起源问题，由于发达国家的劳动力不愿意进入低收益、低保障、环境差的下层市场，因此产生了缺口，国际移民便大量涌入；第四类是世界体系理论。这一理论结合全球化，认为商品、资本、信息的国际流动，必然推动国际人口的迁移。

虽然非法移民属于国际移民中的一种，但是对于非法移民的诱因、动机以及带来的影响应该分开讨论，不应该混为一谈。以上4类理论大多从经济学的角度来理性分析国际移民的动因，但是作为非法移民这一现象，这4种理论都未能很好说明与解释。这就说明非法移民的理论还亟须构建，目前的学术界往往忽略非法移民这一领域，笼统地把非法移民归为国际移民。非法移民由于其自身的复杂性、多元性以及不确定性和隐蔽性，因此，在探讨其动因、路径、现状、对策以及影响的时候，都应该有所区分，不能以偏概全。

对于非法移民的定义，一般意义上，采用国际移民组织的定义，即非法移民包括两种方式：①以非法途径没有合法签证偷偷进入一个国家的人们；②本来持有合法签证入境但超过停留期限而滞留的人们❸。但是，各国对于非法移民的定义不尽相同。在英国，对非法移民的定义就更为详尽。LSE（伦敦政治经济学院）做的一份名为*Economic impact on the London and UK economy of an earned regularization of irregular migrants to the UK*的报告指出，非法移民分为3种：①非法入境，包括逃避正常移民管制的人以及呈报虚假材料的人；②非法滞留，这种情况又包括两类，一是申请难民（或政治庇护）失败的人逾期居住在英国；二是超过签证给的时间限制，未更新签证，继续非法滞留在英国的人；③非法移民所生之子，尽管他们不是移民本身，但是他们同样也没有居住权❹。英国智库公共政策中心（IPPR）在其报告中指出，非法移民有6种方式：①非法入境（通常在走私团体的帮助之下）；②使用假材料入境；③签证逾期仍居留在英国的；④申请避难或政治庇护失败后仍居留在英国

❶ 李明欢：《20世纪西方国际移民理论》，载于《厦门大学学报（哲学社会科学版）》，2000年第4期，第12页。

❷ 同上，第13页。

❸ 章雅荻：《从非传统安全角度看中国沿海非法移民问题原因及对策》，载于《八桂侨刊》，2012年第4期，第10页。

❹ Gordon I, Scanlon K, Travers T and Whitehead C Economic impact on the London and UK economy of an earned regularization of irregular migrants to the UK, GLA Economics, April, 2009, p.4.

的；⑤没有文件者（比如，护照被摧毁了或者护照被雇主扣留）；⑥正在申请政治庇护或难民的人❶。Jo Woodbidge 将非法移民定义为3类：①非法入境，包括伪造假材料与偷渡的人；②逾期居留的外国人；③申请难民或政治庇护失败后仍然居留在英国的人❷。综上所述，最为全面的是英国智库公共政策中心（IPPR）所给出的定义。因此，在英国的非法移民有7种类型：①逾期居留的外国人（主要指超过签证时间的）；②非法入境者；③申请难民或政治庇护失败后，未按规定离境者；④没有合法文件者；⑤准备申请难民（政治避难）者；⑥使用假材料者；⑦非法移民所生之子。

如前所述，非法移民人员构成多元且差异较大。在英国的非法移民来源大致可分为3类：①在居住国原本低收入、低学历的人。他们选择成为非法移民的原因可以用迈克尔·皮奥雷的市场分割理论与拉里·萨斯塔和迈克尔·托达洛为代表的新古典主义经济理论来解释。这一部分人群主要看重的是发达国家的丰厚的经济收入，以及英国本地劳动力不愿意进入下层市场，所以需要外国移民填补空缺。②以非法路径移民到英国者。在对非法移民的调查中发现，有一定比例的非法移民选择来英国是因为他们有亲戚、朋友在英国。针对这些人则可以用新古典经济理论来解释。并且与参照人群相比较后的失落感促使他们选择非法移民。③主动选择成为英国移民者。有部分非法移民在居住国从事较高层的工作，但却主动选择在英国成为非法移民，这看似是一种不理性的选择，但是背后的原因值得大家深入探讨。这些移民看重的不仅仅是经济层面的因素，更多的是出于非经济因素来考虑。比如居住国的战乱、政治氛围等因素直接影响这一批人选择成为非法移民。除了以上这3类非法移民的因素之外，还有一些非法移民所居住的地区素来就有非法移民的文化、历史与传统等。

二、英国非法移民的现状

（一）非法移民数量

关于英国的非法移民人数，由于其隐蔽性、流动性，因此很难有一个精准的数字。目前统计英国非法移民数量的资料来源有5个：①英国内政部 Immigration and Nationality Directorate 数据库；②Census，从2001年4月29日开始统计在英国境内所有国外出生的人口，包括1971、1981、1991、2001和2011年的数据；③英国劳动力调查（Labour Force Survey），从1973年开始实行。最近的一份调查收录在国家统计办公室（ONS）网站上，统计了1983～2001年英国的劳动力数量；④国际旅客调查（International Passenger Survey）；⑤国家统计办公室公布的死亡率统计❸。相对来说比较详细、可靠，同时又被大家接受的数据来自于 Woodbridge（2005），即英国内政部和国家数据办公室（Home Office and Of-

---

❶ Irregular migration in the UK，Institute for public policy research，April 2006，p. 5.

❷ Woodbridge，J.（2005）Sizing the unauthorized（illegal）migrant population in the United Kingdom in 2001，Home Office Online Report 29/05. p. 3.

❸ Woodbridge，J.（2005）Sizing the unauthorized（illegal）migrant population in the United Kingdom in 2001，Home Office Online Report 29/05.

fice of National Statistics）所提供的数据（表 1）❶。英国内政部移民数据监控的数据（Home Office Control of Immigration Statistics）显示，从 1990 ~ 2000 年，逾期居留和非法入境的人数从 1990 年的 3000 人增长到 2000 年 47 000 人，总数达到 155 000 人❷。2011 年，英国内政部推算约有 43 万非法移民❸。但据民间估计，到 2011 年，在英国的非法移民已经超过 70 万。

表 1　2001—2007 年英国非法移民数量

	Central Estimate	Lower Estimate	Higher Estimate
Woodridge：2001 非法移民的估计数量	430	310	570
2001-7 数量的变化			
申请避难失败者	+219	+219	+219
逾期居留者	+50	+21	+79
来自欧盟的合法移民（2003 ~ 2007）	−166	−177	−149
英国非法移民总量（2007 年年底）	533	373	719
在英国出生的儿童	85	44	144
英国非法居民总数（2007 年年底）	618	417	863

（二）非法移民的来源

正如难以估计英国到底有多少非法移民一样，也很难确定非法移民的来源。2004 年 12 月，在 1950名被扣留的非法移民中，39% 来自非洲国家，28% 来自亚洲国家，15% 来自欧洲国家，11% 来自美洲以及少部分来自中东❹。目前大量逾期居留在英国的欧洲人主要来自于土耳其、塞尔维亚、黑山共和国和罗马尼亚❺。英国内政部 Asylum Statistics 提供的官方数据显示，国际环境对难民（政治庇护）申请的影响较大。在 2010 ~ 2011 年年间，伊朗申请占了总申请人数的最多，在 2011 年的 19 804份申请中占了 2485份申请，大约占难民申请总数的 13%；紧接着是巴基斯坦，占 12%❻。在 2009 年，津巴布韦占了申请人数的最大部分，为 23%❼。从难民的申请中可以看出，绝大部分来自于中东、南亚、中东以及非洲，其中包括一些战争地区和传统的申请难民的地区，比如，索马里、刚果民主共和国、伊拉克和阿富汗，以及印度、中国、巴基斯坦和土耳其。对英国非法移民的来源国分析可以得出，来源国主要分为 3 类：第一类是经济落后的贫穷国家，以英国的前殖民国家为主；第二类是动荡、战

❶ Gordon I，Scanlon K，Travers T，Whitehead C Economic impact on the London and UK economy of an earned regularization of irregular migrants to the UK，GLA Economics，April，2009，p. 4.

❷ Ibid. p. 37.

❸ Goyle. R and Jaeger. D A（2005）Deporting the Undocumented：a cost assessment Center for American Progress July，2005. Available at http：//www. americanprogress. org/atf/cf/% 7BE9245FE4 – 9A2B9A2B43C7 – A521 – 5D6FF2E06E03% 7D/DEPORTING_ THE_ UNDOCUMENTED. PDF?

❹ Gibney M J and Hansen R（2005）‘Asylum Policy in the West：Past Trends，Future Possibilities’ in Borjas G and Crisp J eds. Poverty，Immigration and Asylum Hampshire：Palgrave.

❺ Irregular migration in the UK，Institute for public policy research，April 2006，P10. www. ippr. org.

❻ http：//webarchive. nationalarchives. gov. uk/20130125092724/http：//www. homeoffice. gov. uk/publications/science-research-statistics/research-statistics/immigration-asylum-research/immigration-brief-q4-2011/asylum.

❼ http：//webarchive. nationalarchives. gov. uk/20130125092724/http：//www. homeoffice. gov. uk/publications/science-research-statistics/research-statistics/immigration-asylum-research/immigration-brief-q4-2011/asylum.

乱地区或国家；第三类是一些未加入欧盟的欧洲国家或新加入欧盟的国家。

（三）非法移民的路径

由英国内政部开展的一份关于英国非法移民的调查显示，有5个最主要的非法移民入境的关卡：希斯罗机场，盖特威克机场，Campsfield（靠近牛津），Yarl's Wood（从2001年年底开始的一个新的聚集点）和Dungavel（苏格兰）❶。由Sussex移民研究中心执行，由英国移民研究中心以及英国内政部数据中心资助的一项调查从2001年12月至2002年3月对83名因非法移民拘留者做了一次深入研究，此研究表明，32名受访者采取飞机交通方式抵达英国；19名采用卡车/火车的交通方式；15名是两者兼用；5名采用船；4名大巴车；2名火车；还有6名未做回应❷。2000年6月发生的多弗尔惨案也说明非法移民也选择运用集装箱卡车前往英国边境。因此，非法移民到达英国的渠道主要集中在空运、水运以及陆运3种。近年来，国际偷渡集团日益成熟化与组织化，使得现在的偷渡更加安全便捷，偷渡风险也相对降低❸。因此，非法移民的选择渠道更多地倾向于安全、快捷的飞机，而不是低成本但风险极高的陆运渠道。

（四）非法移民的工作

英国的劳动力市场每年约有20万的缺口，因此，非法移民来到英国后，主要从事的是低工资、低技术、工作环境较差的职业。2004年英国国家雇员技术调查（the national employer survey）显示，在低工资、低技术的行业，劳动力严重短缺。因此，大多数非法移民从事建筑工人、农业工人、园艺、清洁工人或医院护工等工作❹。不同国家的非法移民选择职业的侧重点则又不一样。非法移民主要聚集的经济部门有：建筑、农业、纺织、宾馆或餐馆。在劳动力奇缺的部门，如一些工作环境较差的行业，雇主也倾向于雇佣外来移民，因为外来移民的要求低、更加认真对待工作，而且，即使他们遭到剥削，由于自身的身份问题，也不会给雇主带来任何麻烦。由于非法移民自身的语言能力、教育背景、合法身份等问题，有些非法移民甚至选择了“打黑工”。在英国的中国城有许多来自中国的非法移民，在中餐馆、中国超市、中国店铺等地方“打黑工”，他们大多足不出户，不与外界联系。

（五）非法移民的年龄、性别结构

如表2❺所显示，2008年年底在英国的非法移民的年龄结构大多集中于20～44岁。50岁以上的非法移民很少。

英国内政部的Online Report20/05针对被拘留

❶ Black R，Collyer M，Skeldon R，Waddington C，(2005) A survey of the illegally resident population in detention in the UK，Home Office Online Report 20/05，p. 2.

❷ Black R，Collyer M，Skeldon R，Waddington C，A survey of the illegally resident population in detention in the UK，Home Office Online Report 20/05，p. 23.

❸ 章雅荻：《从非传统安全角度看中国沿海非法移民问题原因及对策》，载于《八桂侨刊》，2012年第4期，第12页。

❹ Irregular migration in the UK，April，2006，institute for public policy research，www. ippr. org. p. 11.

❺ Gordon I，Scanlon K，Travers T，Whitehead C，Economic impact on the London and UK economy of an earned regularization of irregular migrants to the UK，Grater London Authority，May，2009. p. 49.

的非法移民作为调查对象，表3❶显示了1938名被拘留的非法移民中的年龄结构与性别比率。

表2 2008年非法移民的年龄结构

年龄段（岁）	百分比（%）
0～4	7
5～9	6
10～15	7
16～19	5
20～24	11
25～29	13
30～34	16
35～39	11
40～44	11
45～49	7
50～54	2
55～59	1
60～64	1
65～69	1
70 +	1

被调查者的平均年龄为29岁，从表3可以看出，这1938名被调查者的年龄也主要集中在20～44岁，而且以男性为主。在此份调查里，继续探究了被调查者在其祖国的职业。从图1❷可以看出，传统印象认为非法移民在其祖国大多属于非技术性人才或者是低学历者是不客观的。在被调查的83名非法移民中，20%的是学生，13%属于技术工人，10%是商人，仅有9%属于无技术工人。剩下的职业有专业技能职业、军人、音乐家、演员等。此调查也显示，在接受采访的过程中，大部分非法移民的英语能力相当不错。

表3 被拘留的非法移民中的年龄结构占性别比率

年龄段（岁）	合计	%	男性	%	女性	%
0～4	16	1	9	1	7	5
5～9	8	0.4	2	0	6	4
10～14	0	0	0	0	0	0
15～19	138	7	122	7	16	11
20～24	433	22	413	23	20	14
25～29	561	29	508	28	53	37
30～34	380	20	361	20	19	13
35～39	211	11	200	11	11	8
40～44	113	6	107	6	6	4
45～49	47	2	41	2	6	4
50～54	23	1	22	1	1	1
55～59	4	0	4	0	0	0
60～64	0	0	0	0	0	0
65～69	4	0	4	0	0	0
总计	1938	100	1793	100	145	101

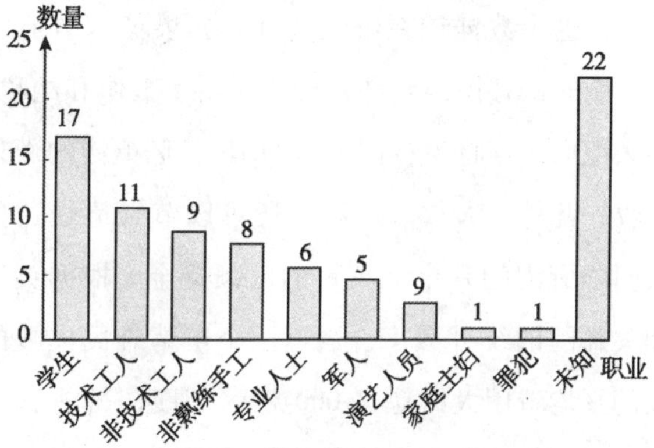

图1 在祖国时的就业情况

❶ Black R, Collyer M, Skeldon R, Waddington C, A survey of the illegally resident population in detention in the UK, Home Office Online Report. p. 19.

❷ Black R, Collyer M, Skeldon R, Waddington C, A survey of the illegally resident population in detention in the UK, Home Office Online Report. p. 21.

（六）对英国经济的贡献

如前所述，在非法移民中，许多人都在“打黑工”，因此英国政府并不能从他们的就业中收取所得税。但是英国“公共政策研究所”（IPPR）的报告显示，非法移民仍然对英国社会和英国经济做出了巨大贡献。尽管很难准确地测算英国的非法移民为英国经济与社会的贡献，但是仍然有一些报道指出英国非法移民对经济的推动。一份来自 Small Business Council 2005 年的报告就指出，非法移民对经济的推动大约占据英国当年 GDP 的 6.85% 或是 750 亿英镑❶。非法移民愿意做一些英国本地人不愿意做的工作。2011 年，英国内政部推算约有 43 万外来非法移民，其中有约 216 850非法移民有工作，假设每个人都领取最低工资（每小时 5.05 英镑，202 英镑一周，每周 40 个小时），那么每个非法移民每年要交 2236英镑的税❷。换句话说，这就表示英国财政部每年将会至少有 485 000 000英镑的收入。而且，随着最低工资的提高，这个数据还在继续增加。如果英国政府能够大赦非法移民，允许其合法居留、工作和纳税，那么他们每年将为英国创造约 10 多亿英镑的额外税收。此外，大赦非法移民还可以节省遣送这些人回国所需的几十亿英镑的巨额资金。根据英国相关部门的统计数字，遣返一个申请难民失败的人的平均费用大约是 11 000英镑，遣返一个非法移民的费用大约是 25 000英磅❸。依照这一统计，平均算下来，如果遣返全部在英国谋生的 70 万非法移民，将需要近 127 亿英镑。因此，有人支持将这部分非法移民全部合法化，让他们全心全意为英国做贡献。这样不仅可以节省遣返非法移民的 127 亿英镑，还可以让他们创造出更多的经济价值。

三、非法移民选择英国的原因

英国内政部 Online Report 20/05 对 100 位非法移民做了调查，询问他们为什么会选择英国。其中，21 名非法移民认为英国安全；17 名非法移民认为英国可以提供工作机会；16 名非法移民有自己的亲戚朋友在英国；15 名非法移民通过中介来到英国；7 名非法移民看中这里的学习机会；5 名是看上英国的移民政策❹。

非法移民选择英国的原因大致可以分为 3 种。第一，经济原因。全球化发展导致地区、国家之间经济发展不平衡，欠发达国家与发达国家的经济、社会、教育等发展水平越来越大。因此，这也是国际移民的潮流，总是从发展中国家流向发达国家的根本原因。尽管英国目前受到经济危机的影响，但其经济水平、人均收入等指标仍旧处于发达国家的先进行列。英国还有着健全的医疗、卫生、教育等社会保障和社会福利制度。相比之下，在一些战乱、饥荒、社会动荡不安、民族冲突不断的国家，人民生活极端贫困，在全球化的过程中，移民的流动浪潮，就会把这一部分渴望

❶ Irregular migration in the UK，Institute for public policy research，www.ippr.org. April，2006，p. 13.

❷ Ibid，p. 13.

❸ Goyle. R and Jaeger. D A（2005）Deporting the Undocumented：a cost assessment Center for American Progress July，2005. Available at http：//www.americanprogress.org/atf/cf/%7BE9245FE49A2B43C7-A521-5D6FF2E06E03%7D/DEPORTING_ THE_ UNDOCUMENTED. PDF.

❹ Black R，Collyer M，Skeldon R，Waddington C，A survey of the illegally resident population in detention in the UK，Home Office Online Report 20/05. p. 33.

更好生活的非法移民带到英国。第二，相对宽松的移民政策。在对非法移民的控制方面，英国直到20世纪80年代中期，才开始尝试建立对非法移民的内部控制管理机制❶。英国缺乏个人身份证制度、移民居留地的申报义务以及移民迁移上的申报制度，因此，政府对于非法移民的情况调查与控制，很难起到有效作用。再加上英国的自由主义传统，对于移民的非歧视的文化、多元文化等，给非法移民创造了一个相对宽松的社会、法律和文化环境。第三，拥有较好的人权环境。尽管非法移民在很多方面都未能享受到权力，在英国关于维护非法移民权力的压力和阻力也很大，但是，非法移民在英国仍然拥有两项最基本的人权：(1) 免于受非人道待遇的权利。比如，一个非法移民被发现患有艾滋病，如果在他的祖国没有针对艾滋病的治疗，他是被允许继续留在英国进行接受治疗的。或者他在非法移民在英国境内打工期间遭受虐待，可以寻找相关的组织（如 United Workers Association）给自己维权。(2) 有权享受家庭生活。如果一个非法移民的小孩已经在英国生活了7年甚至更久，他的家庭就不会被遣返。在1998年，已有5900名非法移民因此政策而被特赦❷。第四，非法移民的来源国与英国有着千丝万缕的关系。如前所述，在英国非法移民的来源国中有相当一部分人来自英国的前殖民地。他们之中有一些亲戚朋友已在英国落脚，取得合法身份，因此利用这层关系，通过非法入境或者其他的方式前往英国成为非法移民。第五，就英国本国而言，对于非法移民的需求和依赖较高。英国本地的劳动力习惯选择高工资、高保障、工作环境好、满足自身发展的技术密集型的经济部门，而不愿意从事劳动力密集、低工资、工作条件艰苦的经济部门。当本国劳动力在这些部门稀缺的时候，国外的劳动力自然就大量涌入。因此，1996年的庇护与移民法案就规定，如果雇主明知对方是非法移民，仍然雇佣那么雇主也是违法的。然而，从1998～2000年，仅有33起成功的诉讼案件❸。

四、非法移民对英国的非传统安全威胁

首先，非法移民因自身原因、条件以及未取得合法身份，更容易走向违法犯罪的道路，给英国社会带来治安问题。来自中东、非洲、中亚的非法移民靠黑帮买卖以及毒品走私来获取暴利。他们既然无法获得合法的身份，只好走向非法之路。英国移民观察组织认为，约有数十万的非法移民从事着犯罪活动。尽管非法移民的犯罪率很难有一个具体的数据，但是非法移民的犯罪却在呈上升趋势。罗马尼亚的罪犯从2011年9月的454人上升到2013年1月的624人（表4）；英国92%的ATM犯罪都由东欧人所主导❹。还有一些打黑工的非法移民以及招聘黑工的非法雇主也都

❶ 宋全成：《欧洲与中国：非法移民及其社会控制政策之比较》，载于《山东社会科学》，2011年第8期，第24页。

❷ Levinson, A. (2005), The Regularisation of Unauthorized Migrants: Literature Survey and Country Case Studies, Oxford: Centre on Migration, Policy and Society, University of Oxford.

❸ Layton-Henry Z (2004) Britain: From Immigration Control to Migration Management in Corneslius W et al eds. Controlling Immigration: a Global Perspective California: Stanford University Press.

❹ Marco Giannangeli, Immigrant crime soars with foreign prisoners rising, Sunday Express, Feb. 17, 2013.

将会是潜在的罪犯，影响英国社会的安定。

表4 非法移民中罪犯的国别❶

国家	2011年9月犯人人数	2013年1月犯人人数	增长率（%）
波兰	735	807	+10
罗马尼亚	454	624	+40
立陶宛	445	462	+4
阿尔巴尼亚	163	201	+23
拉脱维亚	201	183	-9
斯洛文尼亚	76	98	+29
爱沙尼亚	31	23	-26
摩尔多瓦	6	10	+67

其次，非法移民不断涌入英国，给英国的就业市场带来压力，进而产生经济安全问题。某种程度上，延缓了英国经济复苏的过程。不仅如此，非法移民还占用医疗、教育、公共交通、住房等公共资源，给英国带来巨大的经济威胁。非法移民夺走的不仅是本国人民的工作，同时也夺走了他们的福利。

然后，非法移民大多不能成功融入英国的社会与文化，他们常与自己国家的人聚集在一起，一起工作、一起生活、一起聚会等，这就形成了多元亚文化，对英国社会的主流文化带来冲击。亚文化会对英国既有的、同一性的文化认同发起了挑战。极端的会引起种族主义、排外等，最终导致社会分裂，民众之间的敌对。

再次，英国民众对于政府在打击非法移民的政策上并不满意，认为正是较为松散的打击非法移民政策和法律，才会导致如此多的非法移民选择英国成为他们的目的国，带来许多社会问题与治安问题，影响本国人的生活，并且非法移民也占用公共资源，浪费纳税人的钱。反对声音越来越大，导致民众对政府的不满，进而可能会影响到民众对于政府的信心以及英国的政治文化。

最后，有些非法移民来自非洲或一些战乱国家，他们在入境时都未经过体检测试，会带来一些疾病或者病毒。严重的甚至会导致传染病的爆发。为英国社会的公共卫生安全带来威胁。

不可否认的是，非法移民给英国带来了治安、经济、社会、文化以及卫生等方面的非传统威胁。与传统威胁不一样，非法移民为英国所带来的非传统威胁，其主体具有隐蔽性与不确定性，其威胁的形成过程也带有很大的随机性，使防范的难度明显增大。

五、英国对非法移民的反应及应对措施

受到经济危机的影响，英国目前的失业人口总数已达到250万，失业率为8%。为了增加本国劳动力的就业率，英国不仅开始收缩移民政策，也加大了对非法移民的监察与控制。同时，公众对于非法移民的关注也迫使英国政府开始与非法移民作斗争。英国作为欧盟的重要成员国，其岛国的地理位置和控制外来移民的历史，使得“英国对非法移民控制在传统上依然集中在对其外部边界的控制上。”❷ 由于英国至今仍未签署申根协定，因此这种对外部边境的控制也包括对欧盟其他成员国在内的所有国家。如前文所述，英国对

❶ Marco Giannangeli, Immigrant crime soars with foreign prisoners rising, Sunday Express, Feb. 17, 2013.

❷ 宋全成：《国际移民法的新发展与中国移民法建设》，中国“第二届移民法国际学术会议论文，北京，2009年5月22－24日。

非法移民的掌控及政策长期以来较为宽松，英国的非政府组织也为非法移民提供无偿的法律、社会、资金服务与支持。因此，相比欧洲和其他国家而言，英国成为冷战后非法移民和难民最为向往的移民目标国家。

近年来，英国政府意识到没有身份证、非法移民泛滥、边境管制过松等问题的严重性，尤其是金融危机来临，保守党上台后，对移民政策以及非法移民的监控采取了强有力的措施。这些措施具体来说包括政策制定、内部防控以及寻求国际合作等3个方面。

（一）政策制定

首先，在未来的三年里，政府将发行电子身份证、电子入境手续以及对难民申请者的电子档案等。其次，在2012年，根据英国政府方面的最新消息，为了进一步打压非法移民，一部全新的移民法规出台。在这部新法规中，为了有效阻止移民"假结婚"的情况发生，婚姻登记员会被赋予更多的权利。根据英国婚姻登记员的统计报告，2009年经查处发现的"假结婚"案件就多达1741起，数量是2008年的5倍多。这些人往往是想借助结婚的名义，而获得在英国的居留权。内政部方面也表示，会与教堂牧师以及婚姻登记员等多方联手，全力揭发"假结婚"的移民。再次，2005年英国政府出台了一份针对于寻求（政治）避难者和移民的5年计划，这项计划旨在紧缩对寻求避难者的申请政策。只有在确认了难民身份之后，才能够合法地工作。与此同时，还引进了包含生物信息与数据的身份卡等条件来限制非欧盟人士居住在英国。一直以来英国对于寻求（政治）避难者的政策也相当宽容，导致许多寻求（政治）避难者认为英国是天堂，对于他们这种人都是比较宽容、仁慈的，有些人甚至认为英国政府鼓励他们这么做[1]。这一系列严格的管理措施在于增强公民对政府的信心。最后，2011年，英国内政部表示，将重新审查"14年永居"政策（2003年开始实施的法案，在英国非法滞留超过14年的非欧盟人士，有权利申请英国的永久居留并能合法务工，申请各类社保福利等）。因为目前滥用"14年永居"政策的现象日益广泛，在许多申请者14年的滞留期间并未缴纳任何税金，却能够在申请到永居之后取得各项社保福利，这对于本国居民以及合法移民是极其不公平的。2010年3月1日，英国工党政府启动了一项名为《国际挑战，国际解决方案：人员及货物流动的管理》的打击非法移民的新战略。根据这个方案，外国人（包括学生、持工作签者、探亲父母等）将不能在英国享受免费的全民医疗保险。这样一来，非法移民的处境就更加恶劣。

（二）内部防控

一项重要的措施就是降低国内对非法移民的需求与依赖。一方面，英国当地劳动力对于工作要求较高，不愿意做低工资、低技术、环境差的工作。另一方面，英国是一个劳动力短缺国家，劳工黑市或者通过熟人介绍比较容易找到工作。近年来，每年英国的劳工市场上都有20多万的缺口。因此，当打击非法移民的措施过于严厉的时候，还会遭到企业界、手工行业和城市议会的强

[1] Robinson V, Segrott J, *Understanding the decision-making of asylum seekers*, Home Office Research Study 243, p. 45.

烈抗议❶。在这些低技术、低工资、非创造性的部门上，英国政府又不得不放宽对边境的控制，吸引非法劳工，以促进经济发展。要彻底解决这一现象，必须从国内自身出发，消除这些行业对于非法移民的依赖。

（三）国际合作

英国政府也认识到，非法移民属于国际公共问题，不可能凭借一个国家自身的力量得以解决。就目前来说，英国是根据自身的政治、经济与社会状况来确定移民政策。在意识到国际合作的重要性之后，未来英国政府的移民政策必定会与欧洲其他国家甚至是一些主要的移民输出国相配合。非法移民问题是全球化背景之下的国际社会现象，涉及非法移民的输出国以及非法移民的目标国，还有许多国际关系层面上的问题。因此，英国政府也认识到这一点，在政策制定上倾向与非法移民的输出国以及欧盟其他成员国相合作。共同打击这一现象。

非法移民是一个困扰英国当局的问题，非法移民享受着纳税人建立起来的公共设施、社会福利保障等，引起了英国人的不满，再加上非法移民带来的犯罪率上升、无法有效监管等问题，也给英国带来了一定程度上的社会问题。自从2009年以来，英国政府加大打击非法移民的力度，手段更为强硬。

长期以来，英国民众对于移民的态度都比较负面，但从2000年以来，这种现象有所改善。在1960～1970年，80%～90%的选民希望减少移民，但到了2005～2012年，只有35%～40%的英国选民认为移民是当今英国面临的首要问题❷。但纵向来比较，英国较之其他7个拥有庞大移民群体的发达国家（美国、加拿大、法国、德国、荷兰、意大利、西班牙）对移民的态度则更加保守。一份名为2010 Transatlantic Trends Survey的调查显示，英国人认为移民是一个社会问题，倾向于减少移民数量与否认移民获得教育与医疗的机会❸。大部分英国人对于移民的态度比较复杂，常常同时抱有正面和负面的感情。比如，一项调查显实，51%的被采访者认为移民的工作更加努力，也更加出色，但是58%的被采访者表示移民正在破坏英国人的生活❹。因此，一方面，他们认为移民的确为英国的经济带来了巨大的贡献，但是另一方面，又担心移民占有自身的公共资源，同时，也担心越来越多的移民会改变英国的传统文化。

目前，极少有研究或问卷调查关注英国民众对非法移民的态度与看法。民众对于非法移民的态度也十分矛盾；一项调查表明，近乎2/3（66%）的英国人认为，在英国居住超过两年以上并交税的非法移民应该被允许继续留在英国，并且不应该叫做非法移民❺。但同时，又有不少的英国人认为，非法移民破坏了社会治安与稳定，应该予以严厉打击。

笔者认为，英国政府应该正视与正确对待非法移民问题。

---

❶ 宋全成：《英德非法移民社会问题之比较》，载于《欧洲研究》，2008年第5期，第112页。

❷ APPG Migration Briefing4, 11 July, 2011, p. 1. Available at www. appgmigration. org. uk.

❸ Ibid.

❹ Ibid. p. 1.

❺ United Kingdom Country Report, Undocumented Worker Transitions, EU Sixth Framework Programme, July, 2007. p. 9.

首先，应对非法移民给英国带来的非传统威胁，应具有新的安全观念。安全与威胁的概念是建构的，也是一个相对来说主观的感觉。英国政府应该在非法移民问题上树立新的安全观，不要完全把非法移民当作是潜在的威胁与挑战。不要把非法移民问题看作是一个你赢我输，你得我失的零和游戏，而应利用非政府组织与非法移民进行对话，增进互信，以协商化解矛盾，从而树立双赢和多赢的新型安全观。

其次，加强安全合作。面对非法移民问题，单个国家行动往往不能奏效。国际合作才是解决非法移民问题的有效且必然的手段。英国应该利用欧盟的平台，在国际社会上增强多边对话与合作，与移民的输出国一起，共同应对非法移民领域的挑战。

最后，从根本上治理非法移民问题。这需要政府加强监控管理，从源头遏制非法移民利用各种机会与便利条件潜入英国。在对非法移民的处理问题上，也要采取科学、全面、综合的态度。

结语

目前英国的非法移民仍然是一个庞大且不可忽视的群体。在英国的非法移民具有其自身的特征，他们选择非法居住在英国的原因多种多样，但其中很重要的一个原因就是英国政府对待非法移民的政策与管制比较宽松。因此，英国的政治家们也在思考应对非法移民的新政策，包括改变对于国际人道主义的看法（针对难民与申请政治庇护者），试图减少非法移民，控制非法移民的入境口。

尽管非法移民在全球化的今天是一个十分严峻的问题，但是目前学术界对非法移民的精准数量测算、对非法移民的生活状态、对非法移民的社会融入以及对社会的贡献等问题的研究仍然十分匮乏。

众所周知，非法移民属于全球公共问题之一，仅仅依靠一个国家自己的力量难以有所成效。此类全球公共问题，需要国际社会的共同努力。但移民政策作为国家主权的核心因素，在国际合作中难免会涉及各个国家之间的核心利益，因此，这也就决定了英国政府对非法移民问题的解决依然任重道远。

Non-traditional Security Threats in Pakistan

Imran Ali Sandano *

Abstract: Since the very first day when the idea for a separate land, i. e. Pakistan was proposed, it had been facing several problems. Initially, the problem was the formation of the country, later the question was about its governance and survival. However, there were several other problems that the country had to face. One of the major problems that Pakistan had to face throughout the years of its existence is that of security threats. The notion of defense and security was always restricted to the militaristic aspect of a country, but currently it can be noticed that the modern ideologies have introduced a non-traditional form of security threats. The current definition of security goes beyond the conventional definition of security and takes into account numerous other elements, such as; food security, issues related to migration, climate change, global warming, economic issues etc.

I - Introduction

The very concept of security has undergone various changes since the Cold War and a shift was seen from traditional security to non-traditional security. The idea of traditional security is centred towards military and political security. According to Wang Jianli "...the major values are targeted on territory security and sovereignty security; and power, military affairs, military forces and wars become the core manifestation of security, which guarantee the freedom from the survival threat caused by wars. [1]" It is the ability of any state to protect its interest from any external threats and these interests are commonly territorial integrity, sovereignty and independence of the nation. While the non-traditional security is different according to Mely Caballero "non-traditional security challenges to the survival and well-being of peoples and states that arise primarily out of non-military sources, such as climate change, cross border environmental degradation and resource depletion, infectious diseases, natural disasters, irregu-

* Imran Ali Sandano is an author of "Sufism and Peace: A Counter Strategy of Extremism" book. Currently, he is PhD candidate at Center for Non-Traditional Security and Peaceful Development Zhejiang University, Hangzhou, China.

[1] Wang Jiangli, "Security Community: In the Context of Nontraditional Security" *Presented at Nanyang Technological University*, 2007, available at: http: //www. rsis-ntsasia. org/activities/fellowship/2007/wjl's% 20paper. pdf.

lar migration, food shortages, people smuggling, drug trafficking, and other forms of transnational crime. [1]"

Traditional security issues come under the heading of ' high-politics, such as national defense, territorial disputes, sovereignty, inter-states military posture etc. ' This falls under basic survival of a nation, state or a regime. States or governments' actions are responsible for conventional security issues, but non-traditional threats are more complex.

NTS issues were not given much importance in the past, but have now begun being looked at more closely and paid heed to; these problems are a consequence of activities undertaken by social or individuals groups, that do not align with state policies or laws; this ' above the law' activity, rooted in ' social, economic, cultural soil' of various countries has the potential to easily spill over borders, culminating into global issues.

Non-traditional security threats and challenges, both internal and transnational, which can originate from a variety of non-state, human and natural causes, can affect both government institutions and civilian populations. The concerns of the international community have diverted from traditional threats to non-traditional threats. These threats are identified in wide range such as ' nuclear proliferation, terrorism, environmental deterioration, ecological crisis, epidemical diseases, emigrating refugees, multinational crimes, drug smuggling, computer hackers, piracy and racial and tribal conflicts' . The fields of security in these threats have gone from military and political security to all national, human and social security.

The non-traditional security concept is a dynamic one, which shows the real changes of security and the development of security theories, and it is a change responding to the transformation of the globalizing world, a theoretical reflection and a realistic concern differing from traditional security and occurring due to the fierce threats and dangers upon states and human society as a whole that are generated outside military and political fields.

The non-traditional security threats that third world countries are confronting are way too serious than the traditional security threats that were faced by these countries. With the course of time, there is an increased awareness among the people and states regarding the destructiveness that could be caused due to these non-traditional security threats. The developed countries are capable enough to deal with the non-traditional security threats up to a certain extent, due to their advance knowledge and sound economic system. But the developing countries are more prone to it as they lack technological advancement and most of them have a weak economic system too.

Pakistan, like many other countries has been facing many non-traditional security threats. There has been a growing trend in the region to class all non-military threats as "non-traditional security threats", and to

---

[1] Mely Caballero-Anthony, "Nontraditional Security and Multilateralism in Asia: Reshaping the Contours of Regional Security Architecture?" *Policy Analysis Brief, The Stanley Foundation*, June 2007, available at: http: //www. stanleyfoundation. org/publications/pab/pab07mely. pdf.

encompass a wide range of potential crises, including as terrorism, fragile and interconnected water, food and energy security, population explosion, poverty, irregular urbanization, narcotics, ill health, and deteriorating economic conditions. Other than these the country is also facing sectarian and ethnic violence, gender discrimination, climate changes, and natural disasters such as floods among many others. While the se challenges are not within the purview of more traditional military concerns, they may nonetheless pose a challenge to national security and regional stability. Few of these threats have been explained in this paper.

II - Energy Crisis:

Energy crisis are one of the leading non-traditional security threats of the Pakistan. It has become the common phenomenon, blamed on years of negligence and mismanagement is devastating the economy and making the lives of millions despondent. Pakistan is moving towards the dark-ages in the absence of any solid effort to tenacity energy crisis by the authorities concerned that has left millions out of work and brought economy to the brink. Pakistan's demand for gas and other forms of energy is exceeding supply very quickly. The country fails to provide with the required energy.

The country recently faced a major national power breakdown on February 25th, 2013, when around midnight electricity was suspended in major parts of the country leaving the country in a blackout. [1]The energy crisis is severely hurting the country. With almost the non-availability of electricity, gas, oil and petrol, it has become difficult to run businesses, industries and or any other sort of work to keep the economy running. Thousands of industrial units have been shut downed in Punjab and Sindh because of the crisis. If this NTS issue could not be solved the situation will thrash the national economy of the country.

III - Food Crisis

A problem that has emerged during the past few years due to the change in climate and recent floods is of food security. According to the food and agriculture organization of United Nations, approximately 60% of the population of Pakistan is suffering through food insecurity. [2]This is because a large number of the population does not have access to food, due to food inflation that is being faced by the poor section of the Pakistani society. Wheat sowing has been further cut down by 30% due to the recent year floods in the province of Sindh. This as a result would further increase the prices of grain. It is essential for the country to upgrade its agriculture sector in order to cope up with the dangers posed due to food insecurity. However, sustainable development in this sector cannot be achieved until and

---

[1] "Major power breakdown plunges most of country into darkness" *Dawn Newspaper, Pakistan*, 25th February, 2013, available at: http://dawn.com/2013/02/25/major-power-breakdown-plunges-most-of-country-into-darkness/.

[2] Albert Sasson, "Food security for Africa: an urgent global challenge" *Agriculture and Food Security*, available at: http://www.agricultureandfoodsecurity.com/content/1/1/2.

unless the issues related to climate change are taken under consideration.

According to World Health Organization: "Pakistan is one of the 32 nations that are predicted to have severe food crises and subsequent social unrest if domestic policies are not altered. There are early signs it will exacerbate malnutrition rates. In the coming months many poorer populations will be forced to switch to cheaper, less nutritional food. Moreover, the populations of the country dependent on food from other provinces/districts, particularly those in urban areas, are likely to eat fewer meals. The resultant increase in malnutrition and associated morbidity will have a profound impact on already increasing poverty levels, with subsequent economic costs due to reduced work productivity and increased health care costs. "❶

In 2012, Pakistan was ranked on 27 out of the 48 countries considered to be at "high" risk of a food crisis. ❷The prices of the basic food crops like wheat and rice are shooting skies and there is a shortage of the food products in the country. "According to the United Nations Food and Agriculture Organization, more than 60 percent people in Pakistan are still experiencing food insecurity, as food is inaccessible to them due to all-time high food inflation being faced by poor segment of society. "❸

IV - Climate Change

The term climate change refers to the statistical change in the distribution of weather over a specific period of time. This change may range from decades to millions of years too. The change can be regional or it can also have a worldwide impact. Climate change is turning out to be the most fundamental non-traditional security threat for Pakistan and its impacts can already be felt in the form of floods, droughts, cyclones and sea level rise in and around Pakistan. The rise in the average global temperature has had considerable effect on Pakistan. It has led to different environmental conditions such as population growth and greater number of people living in high-risk areas.

Pakistan is one of those countries which are very high on the vulnerability scale. Due to its geographical location, Pakistan has entered the heat surplus zone of the earth. It is expected that the precipitation level in Pakistan would change drastically. Scientist believes that this change in the level of precipitation might alter or completely take away monsoon from the Indo-Pak. Pakistan is an agricultural country, and due to increase in the population, there already exist an intense pressure on land and other natural resources. An additional pressure due to change in climate will further de-

❶ "UN Inter-agency assessment mission on impact of food crisis in Pakistan", *World Health Organization*, available at: http: //www. who. int/hac/crises/pak/pakistan_ food_ crisis_ un_ assessment. pdf.

❷ "Pakistan at ' high' risk of food crisis, " *The Express Tribune, Pakistan*, October 11, 2012, available at: http: //tribune. com. pk/story/449942/pakistan-at-high-risk-of-food-crisis-report.

❸ "Government urged to control high food inflation: ICCI" *Daily Times, Pakistan*, April 13, 2012, available at: http: //www. dailytimes. com. pk/default. asp?page = 2012% 5C04% 5C13% 5Cstory_ 13 - 4 - 2012_ pg5_ 9.

teriorate the conditions of the people living in the country and will make life more difficult i. e. in the year of 2010 and 2011, Pakistan was hit by massive floods which affected around 18 million people.

V - Terrorism and Extremism

In is quite interesting to quote that terrorism has over 100 definitions, and there is not, as yet, a global legally binding explanation of terrorism. Each and every type of terrorism does have a few things in common. However, the violence is lop-sided; the targets are non-combatants; the goal is to make a determined sense of fear and victimization.

Since September 11th 2001, terrorism has become one of the most threatening phenomenon in the world, and has given ascend to many security issues, both traditional and non-traditional. Security and cooperation have become priorities on an international level. Non-traditional security issues have created the need for fresh ideas and approaches towards maintaining international security.

Terrorism was previously classified under non-traditional security threats, but post 9/11, it has become an issue of military importance, becoming more potent due to its overlap with NTS threats, and ' justifying' the terrible actions of countries such as the US with regard to the ' war on terror. ' The 34 000 Pakistanis have been killed in terrorist attacks between 2003 and 2011. [1] According to Pakistan army more numbers; 2, 821 army personnel killed in the fight against terrorism and 8, 765 the number among their ranks wounded. [2]

In 2009, there were more civilian causalities as a result of terrorism in Pakistan than in Afghanistan. A decade after the international fight against terrorism commenced, there is no denying that this is our war. Politicians and members of the security establishment quote these horrifying figures with great frequency to remind the world that Pakistanis are at the frontline of terrorism, and to deflect charges that Pakistan's commitment to crushing militancy is questionable. And so they should.

Pakistanis contend with a variety of violence and brutality that results from the cumulative experience of the state being undermined, overridden, or replaced by an increasing number of people who live in this country. Complete disregard for the value and sanctity of human life has become commonplace, and that thought is as traumatic as the mounting number of terror attacks.

VI - Drug Trafficking

Pakistan's geographic location next to Afghanistan places the country in a vulnerable position with respect to the illicit trafficking of opiates and precursors. More than 90 per cent of the world's opium comes from Afghanistan which also produces in sizeable quantities. Consequently, large quantities of opium, heroin and

---

[1] Dr Noor ul Haq, "Recent Trends in Pak-US Relations", *Islamabad Policy Research Institute, available at*: http://ipripak.org/factfiles/ff137.pdf.

[2] Ibid.

cannabis are trafficked via Pakistan onwards for markets in Iran, the Middle East, Africa, East Asia and the West.

Pakistan is also a major route for certain precursors like acetic anhydride entering Afghanistan for conversion of opium to heroin. The United Nations Office on Drugs and Crime(UNODC) estimates that the annual revenue generated by Afghan opiate trafficking to and through Pakistan exceeds $1bn. ❶This does not include the revenue from illicit trading in associated precursors which may be of a similar value.

Pakistan's importance as a key trafficking route is illustrated by the large number of seizures made by its law-enforcement agencies. During the last 10 years, approximately 150 tons of morphine and heroin entered Pakistan per year, of which quantity 20 per cent was seized. Between 1996 and 2011, the authorities captured an average of 7200kg of opium per annum, making Pakistan the top country of interception in the world along with Iran. Cannabis seizures increased from 134, 622kg in 2008 to 186 876kg in 2011. ❷

As there is growing evidence that the proceeds of crime are being used to fund terrorism, this poses an additional challenge for the Pakistan government. With the increase in public insecurity due to organised crime it is individuals and societies that suffer, particularly from displacement. Women, children and the elderly are the most vulnerable groups.

VII - Water Insecurity

Another serious NTS threat to Pakistan is related to water. Unfortunately, after the partition of Pakistan, great issues began to emerge related to water insecurity. It is mainly due to the wrong partition of the country that created the issue of water insecurity. India has built several dams and have accumulated a huge amount of water that were basically source of water for Pakistan from the six rivers, namely; *Chenab, Ravi, Jhelum, Sutlej, Bias and Indus*. These entire rivers instigate from the disputed land of Kashmir that is occupied by India. Hence, it would not be wrong to say that the issue of water insecurity was created due to the wrong distribution of land between India and Pakistan. The source of water to Pakistan was handed over to India, while avoiding the hydrological unit of Pakistani rivers.

The growing water insecurity can be reduced by two ways. Firstly, the country needs to perk up the way they currently use water, this can be done by managing it in a better way or by co-operating with India. While, the second way is to try to grasp as much water as it can from the neighboring country.

VIII - Economic Problem

For a very long period of time, the economy of Pa-

❶ "The United Nations Office on Drugs and Crime" *Annual Report* 2003, available at: http: //www. unodc. org/pdf/publications/afg_ opium_ economy_ 2003. pdf.

❷ Tariq Khosa, Pakistan's drug menace, *Dawn Newspaper, Pakistan*, 17th December, 2012, available at: http: //dawn. com/2012/12/17/pakistans-drug-menace.

kistan has been stuck into a trap of low-income and low-growth. This is slowly and gradually weakening the economy of the country. Basically, Pakistan is an agriculture country. The productivity of this sector directly effects the development on that nation. It actively participates in the social and economic upbringing of a country. Trade depends highly upon it, unfortunately the mismanagement and unwillingness of the political administrations fall it in the heel.

According to the International Monetary Fund (IMF), Pakistan is facing a "challenging economic outlook". ❶The growth rate is expected to range between 3% ~3.5% in 2012—2013, which has been the average expansion over the preceding five years. ❷Recently the rate of inflation has decreased, but it is expected to go back to double digits by the end of the year or by the initial months of the next year. IMF further predicted that inflation will continue to increase unless Pakistan discontinues financing a widening fiscal deficit by printing more notes. These uncertain economic conditions of the country are a threat to the stability and survival of the country.

IX - Increasing Population

Increasing populations is another non-traditional problem of Pakistan. There is an urgent need to address the issue of population explosion. As the resource available to cater the needs of the people are limited and if the population continues to grow at a similar pace it would make it difficult to provide the people with adequate amount of resources. Moreover, a balance should be made between the population growth and the resources available in order to promote sustainable development.

X - Natural Disaster

There have been many disastrous floods in Pakistan, in 2010; almost all of Pakistan was affected when massive flooding caused by record breaking rains hit Khyber-Pakhtunkhwa and Punjab. The number of individuals affected by the flooding exceeds the combined total of individuals affected by the 2004 Indian Ocean tsunami, the 2005 Kashmir earthquake and the 2010 Haiti earthquake. At least 2000 people died in this flood and almost 20 million people were affected by it. Identified at least 14.1 million people who were directly affected by the flood across Pakistan. Other estimates may be higher and include indirectly affected populations. More than 1.1 million houses were completely destroyed or made unlivable and more than 2 million hectares of standing crops were damaged or lost. The people most severely affected were predominantly small farmers and unskilled laborers. They are among the most vulnerable in Pakistan and almost all live below or just above the national poverty line. More than 60 percent lost immediate access to their primary

---

❶ "IMF Concludes Staff Mission to Pakistan" *Official websit of International Monetary Fund*, October 4, 2012, available at: http://www.imf.org/external/np/sec/pr/2012/pr12379.htm.

❷ Ibid.

livelihood and are faced with a drop in their already low income by more than half. Natural disasters effects on not only the population of the country but also its economy hence the environmentalist as well as the government officials should work towards mitigating it as much as possible.

Number of natural disasters in Pakistan over six decade

Year	Disasters				
	Storms	Tropical cyclones	Floods	Droughts	Total
1941 ~ 50	0	1	1	0	2
1951 ~ 60	0	0	5	0	5
1961 ~ 70	0	2	2	0	4
1971 ~ 80	1	0	6	0	7
1981 ~ 90	3	0	6	0	9
1991 ~ 2000	6	2	14	1	23
2001 ~ 10	4	1	31	0	36
Total	14	6	65	1	86

Source: Centre for Research on Epidemiology of Disaster(CRED)

XI - Conclusion

The non-traditional security threats prevailing in Pakistan in shape of terrorism and extremism, climate change, food insecurity, water insecurity and other economic problems are the biggest future challenges that the country has to deal with. These non-traditional security threats have a long term impact on the country as compared to the traditional security threats. According to experts, the future war that will take place(if any) would not be for the occupation of land but will occur due to water scarcity. Pakistan needs to have a strong and efficient local governance mechanism to overcome non-traditional national security threats. The concerned authorities, i. e. the policy makers must realize the urgency of this issue and take considerable steps in order to cope up with the situation, before it worsens further.

附：中文简介

巴基斯坦非传统安全威胁研究

【摘要】巴基斯坦在社会转型的过程中面临诸多问题，其中核心问题就是安全治理与生存发展问题。近年来，巴基斯坦面临的突出问题就是安全威胁问题。在过去很长一段时间里，巴基斯坦安全观总是局限于国家军事防御等传统安全方面，而当前巴基斯坦的安全观已发生转变，非传统安全威胁开始进入国家安全战略视野，安全内涵已超出其传统安全界定，食品安全、移民问题、气候变化、全球变暖、经济问题等开始成为安全研究领域重要议题。

【关键词】巴基斯坦；非传统安全

China's Deep Blue Governance: Enhancing Nontraditional Security Cooperation Through Anti-Piracy[*]

Austin M. Strange[**]

Abstract: This article examines China's anti-piracy activities in the Gulf of Aden and their implications for nontraditional maritime security governance. China's recent maritime activities, particularly in the Asia-Pacific region, have fueled debates over Beijing's evolving naval strategy. As a result of extensive but opaque naval modernization, coupled with what is perceived as mounting aggression in territorial sovereignty disputes, Chinese maritime foreign policy is often labeled as increasingly assertive. However, a balanced assessment suggests that the maritime domain is playing a dichotomous role in Chinese foreign policy. While the East and South China Seas play host for much of China's maligned behavior involving territorial sovereignty disputes and core national interests, China continues to make important contributions to global maritime security in regions outside of the Asia-Pacific. In these regions Chinese maritime behavior is in fact progressive rather than aggressive. In particular, understanding China's contributions to Gulf of Aden security is useful for advancing future Chinese nontraditional security cooperation with other maritime powers such as the United States. More generally, maritime nontraditional security threats provide vital opportunities for China to signal its ability and willingness to bolster, not threaten, existing international maritime governance frameworks despite protracted uncertainty in maritime regions in the Asia-Pacific.

Key Words: China; foreign policy; anti-piracy; maritime nontraditional security; international maritime governance

---

* This article draws on insights put forth in the author's recent monograph, Andrew S. Erickson and Austin M. Strange, *No Substitute for Experience: Chinese Anti-Piracy Activities in the Gulf of Aden*(Newport: Naval War College Press China Maritime Study 10, November 2013).

** Austin M. Strange is a researcher at the China Maritime Studies Institute(CMSI) of the U. S. Naval War College. He is also a research associate at the Institute for the Theory and Practice of International Relations. Currently he is a master's student at Zhejiang University studying Non-Traditional Security Management. Strange has a BA in economics and Chinese from the College of William and Mary. He previously studied at Tsinghua University and Peking University. The opinions in this article are his and do not represent the views of any of the organizations with which he is affiliated.

China's Nascent Far Seas Naval Presence

Chinese and international observers understandably remain fixated on China's ostensibly brazen foreign policy during recent years. ❶ In particular, China's maritime behavior in regions referred to as the "Near Seas" is often cited as evidence for Beijing's growing external assertiveness, though the empirical basis of such views remains subject to debate. ❷ Simultaneously, Chinese scholars are actively exploring whether and to what extent China's foreign policy principles, including those that underpin maritime strategies and policies, should be updated to better secure the nation's interests amid changing domestic and international environments. ❸ Amid these ongoing dialogues, China has become more willing to affirm its core interests in the Near Seas, where it often enjoys relative advantages in economic and military capacity.

Of course, regional behavior is only one dimension of Chinese foreign policy. In other areas China's behavior is arguably becoming more cooperative with, and not damaging to, the status quo. For example, in terms of membership and behavior in international organizations, China currently supports the prevailing, Western-centric international order more than any time in history. China's membership in international organizations has steadily risen in recent decades, and it voted together with the U. S. in ninety-eight percent of United Nations Security Council(UNSC) matters during 2010. ❹ As John

---

❶ For analysis on both Chinese and U. S. perceptions of supposed Chinese assertiveness, see Michael D. Swaine, "Perceptions of an Assertive China", *China Leadership Monitor*, No. 32(Spring 2010) , 1 – 19.

❷ The "Near Seas" as defined by China's military include the Yellow, East China and South China Seas, as well as the Taiwan Strait and the Tonkin Gulf. See Michael A. McDevitt and Catherine K. Lea, "China and the Yellow Sea Overview Essay, " in McDevitt et al. , *The Long Littoral Project: East China and Yellow Seas: A Maritime Perspective on Indo-Pacific Security*(Alexandria: Center for Naval Analyses, September 2012) . Meanwhile, there is active debate over whether Chinese foreign policy is becoming more assertive. For two of many recent contributions to this dialogue, see Alastair Iain Johnston, "How New and Assertive Is China's New Assertiveness?"? *International Security*, Volume 37, No. 4(2013) : 7 – 48; and ϕystein Tunsjϕ, "China's Maritime Security Policy in a Bipolar International System, " Paper presented at the *Stockholm International Peace Research Institute* conference, "The Hu Jintao Decade in China's Foreign and Security Policy(2002 – 12) : Assessments and Implication, " Stockholm, April 2013, 1 – 6.

❸ For example, see Yan Xuetong, "Cong Nanhai wenti shuodao Zhongguo waijiao tiaozheng"[Speaking on China's Foreign Affairs from the South China Sea Problem] , *Shijie zhishi*[World Affairs] , No. 1, (January 2012) : 32 – 33; Xing Yue and Zhang Jibing, "' Taoguangyanghui' zhanlue zai sikaojianlun ruhe shuli Zhongguo de guoji xingxiang"[Rethinking of the ' Hide Our Capabilities to Bide Our Time' Strategy: on How to Construct China's International Image] , *Guoji guancha*[International Review] , No. 6(2006) : 13 – 19; Ye Zicheng, "Guanyu taoguangyanghui he yousuozuowei-zai tan Zhongguo de daguo waijiao xintai"[On Keeping a Low Profile While Getting Something Accomplished: Re-discussing China's Great Power Foreign Policy Mentality] *Taipingyang xuebao*[Pacific Journal] , No. 1(2002) : 62 – 66; Zhu Weilie, "On Diplomatic Strategy of ' Keeping a Low Profile and Taking a Proactive Role When Feasible, ' " *Global Review*, Volume 6, No. 3(May/June 2010) : 1 – 11; Wang Yizhou, "Zhongguo waijiao shi tese-jianlun dui waijiao yanjiu de qishi" [Ten Features of China' s Diplomacy in a Reform Era] , *Shijie jingji yu zhengzhi*[World Economics and Politics] , No. 5(2008) : 6 – 18; Wang Jisi, "Zhongguo de guoji dingwei wenti yu ' taoguangyanghui. yousuozuowei' "[Positioning of China and the Strategic Principle of "Keeping a Low Profile While Getting Something Accomplished, " *Guoji wenti yanjiu*[Journal of International Studies] , No. 2(2009) : 4 – 9.

❹ Nina Hachigian, Winny Chen, and Christopher Beddor, "China's New Engagement in the International System: In the Ring, but Punching Below its Weight, " Washington DC: *Center for American Progress*(November 6, 2009) ; Alastair Iain Johnston and Sheena Chestnut, "The People's Republic of China at Sixty: Is It Rising?" in William C. Kirby, ed. , *The People' s Republic of China at 60: An International Assessment*(Cambridge, MA: Harvard University Asia Centre, 2011) .

Ikenberry puts it, China "is increasingly working within, rather than outside of, the Western order." ❶ In other words, it appears that different regions and issue areas provide different evidence for debates on whether and how China's foreign policy approaches are evolving in the post-reform era.

Discussions on contemporary Chinese foreign policy often focus on the maritime domain, where China has re-emerged as a major stakeholder in a short amount of time. Traditionally perceived as a continental power, China's resurgent nautical presence is heavily driven by economic and strategic interests following thirty-five years of impressive economic growth. Of course, its reorientation towards the sea is equally rich in history and ideology. China enjoyed far-reaching sea power during Ming Dynasty under Admiral Zheng He, but its naval development eroded throughout much the Qing dynasty. ❷ Following the Century of Humiliation in which China experienced protracted maritime weakness relative to its neighbors and outside powers until the end of World War II, the oscillating historical trajectory of Chinese naval capacity is trending upward in the early 21st century.

China's current paramount leader Xi Jinping, as well as his predecessors in the post-reform era, have strongly advocated for increased Chinese naval power. In July 2013 Xi emphasized China's commitment to becoming a maritime power that will seek "converging interests" with other states. ❸ China perceives the oceans as indispensable components of its long-term prosperity, and its navy and other maritime security assets as the aegis for protecting burgeoning Chinese maritime and overseas interests. Though China's core maritime interests are largely concentrated in the Near Seas, it increasingly relies on stable sea lines of communication(SLOC) throughout the world for seaborne trade as well as critical energy and commodity supplies Given its growing reliance on international waterways, assessments of China's impact on security in the maritime domain increasingly must account for China's presence in all maritime regions, including those beyond China's immediate periphery. ❹

While limited in comparison to the aforementioned Near Seas, China's presence in the "Far Seas," defined by the People's Liberation Army Navy(PLAN) as maritime regions contiguous to and outside of the second island chain, ❺ is growing steadily. China has deployed

---

❶ John Ikenberry, "The Rise of China and the Future of the West," *Foreign Affairs*, Volume 87, No. 1(January/February 2008) : 23 – 37.

❷ Andrew S. Erickson, Lyle J. Goldstein, and Carnes Lord, Eds., *China Goes to Sea: Maritime Transformation in Comparative Historical Perspective*(Annapolis, MD: Naval Institute Press, 2009).

❸ "Xi Advocates Efforts to Boost China's Maritime Power," *Xinhua*, July 31, 2013.

❹ The United Nations defines the global commons as "Those resource domains that do not fall within the jurisdiction of any one particular country, and to which all nations have access..." See "Global Governance and Governance of the Global Commons in the Global Partnership for Development Beyond 2015," *UN Task Team for the Post – 2015 Development Agenda(UNTT)*, Thematic Think Piece, January 2013.

❺ This refers to an imaginary chain encompassing Japan's Ogasawara Islands, Guam, and Indonesia, as well as parts of the northern the Indian Ocean. See Andrew S. Erickson and Lyle J. Goldstein, [Xu Qi], "21 Shiji chu haishang diyuan zhanlue yu Zhongguo haijun de fazhan"[Maritime Geostrategy and the Development of the Chinese Navy in the Early 21st Century], Zhongguo junshi kexue 17, No. 4(2004) : 75 – 81, Naval War College Review, Volume, 59, No. 4(Autumn 2006). For definition of China's Far Seas, see Nan Li, "The Evolution of China's Naval Strategy and Capabilities: From ' Near Coast' and ' Near Seas' to ' Far Seas,' "*Asian Security*, Volume 5, No. 2(2009).

increasing numbers of naval platforms and personnel to partake in a wide range of non-combat operations in the Far Seas throughout the late 20th and early 21st centuries. Recent maritime non-combat missions such as anti-piracy escorts, humanitarian assistance and disaster relief(HADR) missions, and hospital ship deployments are components of a larger portfolio of military operations other than war(MOOTW) undertaken by the PLA in recent years. Like other MOOTW, China's budding Far Seas non-combat activities are a reflection of the PLAN's fulfillment of "diversified military tasks," a core tenet of the Hu Jintao administration that has continued to gain momentum in 21st-century Chinese military doctrine. No missions have announced China's entrance into the global maritime commons as emphatically as PLAN anti-piracy deployments to the Gulf of Aden over the past five years.

On December 26, 2013, the PLAN celebrated its fifth year of uninterrupted anti-piracy missions in the Gulf of Aden. These deployments, spread across fifteen taskforces, are historic for the PLAN in with regards to nature, scope and duration. More broadly, they demonstrate that while China's basic maritime interests remain firmly anchored in Asia-Pacific waters, China's presence in the global maritime commons will continue to expand commensurate with China's growing reliance on the stability of the maritime commons. Given this trend, it is interesting to examine whether China's Gulf of Aden experience provides evidence on how China will interact with other maritime states also invested in maritime commons security. Five years of anti-piracy operations suggest that despite its relatively inflexible policies in the Near Seas, China appears to be opting for ideological and policy dynamism with regard to its Far Seas naval presence, a positive sign for the future of maritime commons governance.

The remainder of this article examines China's Gulf of Aden anti-piracy operations since 2008 in the broader context of Chinese maritime foreign policy. The following section contains largely background information to explain why Beijing initially deployed and continues to deploy naval forces to the Gulf of Aden. The following section analyzes China's independent and collaborative contributions to the fight against piracy in the Gulf of Aden. It argues that China's Gulf of Aden experience demonstrates how growing Chinese international maritime projection can bolster existing governance frameworks without necessarily challenging them, particularly in the realm of nontraditional security. Moreover, unprecedented cooperation between China and other states continues to occur amid protracted strategic tensions in the Near Seas, where China's arguably confrontational behavior often dictates perceptions of China's maritime foreign policy as dangerous and unhelpful. The final section summarizes the article's findings and explores 21st-century maritime governance, identifying ways to optimize governance and serve the interests of all states dependent on a prosperous maritime arena.

Why Modern Piracy Matters for China

The world economy is inextricably linked to maritime trade. Presently over eighty percent of world trade is transmitted through SLOCs, the stability of which profoundly impacts both maritime and continental economies. As James Kraska of the U. S. Naval War College writes, "There is an interlocking and reinforcing quality to open SLOCs and economic prosperity, since freedom and safety in the maritime domain generate stability and affluent societies on land. "❶ Like other states, China's protracted presence in the Gulf of Aden is heavily based on economic, political and strategic considerations. Similarly, disruptions to the stability of SLOC, as well as the mere threat of such disturbances, jeopardize China's wellbeing across various security dimensions. In particular, Somali piracy in and around the Gulf of Aden exemplifies the importance of stable SLOCs for China's national interests across the economic, political and human security fault lines.

Economic Security

Despite its sharp decline beginning in 2011, the rise of Somali piracy over the past twenty years has created significant costs for the global shipping industry and the economic systems that they support. Taking into account costs associated with pirate ransoms, shipping insurance, security equipment and guards, re-routing, increased navigation speed, added labor costs, pirate prosecutions and imprisonment, military operations, and the establishment and maintenance of counter-piracy organizations, estimates of the global costs of piracy are highly imperfect but have likely reached billions of dollars in recent years. As its share of international maritime commerce grows, China attaches growing importance to SLOC stability in all regions of the world. In particular, China currently relies on just five SLOCs for eighty-six percent of its foreign trade, the Strait of Malacca being the most important as it funnels four fifths of China's oil imports. Sixty percent of ships passing through the strait daily are Chinese-flagged. ❷

Furthermore, China's economy increasing dependence on external supplies of energy intensifies its reliance on calm seas. Since becoming a net oil importer in 1993, China now relies on imports for over half of its oil supply, which accounts for one fifth of China's aggregate energy consumption. Four fifths of these imports are delivered by sea. ❸This is significant given that much of China's transportation sector, including its government and military transportation infrastructure, rely on oil that is not readily substitutable. Domestic estimates of China's projected reliance on oil imports by 2030 range from sixty-five to eighty percent. ❹Admittedly speculative, Chinese energy security trends nonetheless indicate increasingly reliance on consistent supplies of energy and commodity supplies

❶ James Kraska, *Contemporary Maritime Piracy: International Law, Strategy, and Diplomacy at Sea*(Santa Barbara: Praeger, June 2011).

❷ Wu Chao and Li Daguang, "Haishang yunshuxian shiguan Zhongguo fazhan"[Maritime Shipping Lanes Are Related to China's Development], *Haiyang redian*[Maritime Hotspots], *Dangdai haijun*[Modern Navy], October 2011.

❸ "Experts warn of China's rising imported oil dependence, " *Xinhua*, August 14, 2011.

❹ "Dao 2030 nian Zhongguo jinkou shiyou yicundu jiang dadao 80% "[China's oil import dependency will increase to 80% by 2030], *Zhongguo ziben zhengquan wang*[China Capital Securities Net], 24 September 2011.

via SLOCs. In the future any significant disruptions of SLOC, including those caused by nontraditional security threats such as piracy, will likely have weightier consequences for China's economic security.

Political Security

Besides their economic ramifications of piracy, sub-state pirate attacks create complex political challenges and opportunities for states including China. The results of a *People's Daily* survey of 17,000 Chinese participants were released on December 24, 2008, just two days before China's inaugural Gulf of Aden deployment. They revealed that 91.2% of those surveyed reportedly supported the deployment, while just 6.7% of which objected it. [1] Widespread desire among Chinese citizens for their government to respond forcefully to pirate attacks on Chinese people and assets reflect the broader challenge of protecting Chinese nationals living and working overseas, many of which operate in precarious conditions. Chinese state media and citizens have followed the PLAN's anti-piracy missions closely, which puts pressure on China's navy to perform well. A botched escort or rescue anti-piracy operation could potentially cause embarrassing political damage. Conversely, operational achievements garnered during nontraditional security missions like antipiracy allow the PLAN to accumulate clout and prestige, while reinforcing confidence that China's government can adequately protect growing Chinese overseas interests. Similarly, for a regime whose legitimacy is staked to sustained economic growth and military strength, the Communist party of China (CPC) could face heightened domestic political pressure following disruptions to seaborne commodity and energy trade.

In addition to domestic considerations, the PLAN's perceived efficacy in responding to nontraditional security threats in the global commons impacts Beijing's international image. How China's navy, besides executing its core mission of deterring sub-state pirates, cooperates with other states in the fight against piracy creates political challenges and opportunities. For instance, expectations that China will contribute more substantively to a peaceful and prosperous international society are on the rise as China's global footprint expands. China officially claims that it is already a major contributor to international security. As an article in Guangdong's Communist Part of China (CPC) newspaper Southern Daily states, "Being a permanent member of the UNSC, China dispatched warships to participate in escorts near Somalia is more the embodiment of actively participating in global public governance. A nation's authority is not just decided by the size of its power, but is also decided by whether it is willing and able to take responsibility." [2] While anti-piracy deployments are certainly positive signs, China's contributions to interna-

[1] "Wangyou: zhichi Zhongguo haijun huhang shuli daguo xingxiang" [Netizens: Support Chinese naval escorts establishing the image of a great power], *Renmin wang* [People's Daily Online], December 24, 2008.

[2] Zhao Yang, "Huhang rang Zhongguo haijun xintai geng kaifang" [Escorting Makes the Mentality of China's Navy More Open], *Nanfang ribao* [Southern Daily], March 26, 2012.

tional security to date are still not perceived as being commensurate with its desire to be a world-class power in a multipolar system. ❶That many Chinese scholars and journalists argue for greater Chinese international public goods provision commensurate with the country's great power aspirations, such as anti-piracy resources for protecting SLOC, is nonetheless a positive sign. ❷As China's only sustained independent military operations in the international arena, Gulf of Aden anti-piracy operations convey especially important political signaling about how China will contribute in the global commons.

Human Security

Maritime piracy also directly impacts the safety of Chinese nationals, particularly as Chinese overseas interests expand and more Chinese citizens live, work and travel outside of China. According to one Chinese study, over eighty million Chinese crossed Chinese borders in 2012. The number of Chinese citizens travelling abroad is expected to surpass 100 million in 2015, making China the country with the highest number of citizens abroad for the first time in history. ❸This includes an estimated 6 million Chinese citizens that currently work overseas, though the actual number is likely significantly higher. ❹People outflows of this magnitude are unprecedented for China. Only 260 000 Chinese traveled overseas during the three decades between the founding of the People's Republic of China (PRC) in 1949 and Deng Xiaoping's economic reforms beginning in 1978. Put simply, at no point in Chinese history have Chinese citizens been more vulnerable on a daily basis to external security factors beyond the CPC's immediate control.

China's presence on the seas is expanding in stride with these trends. According to Ju Chengzhi of China's Ministry of Transportation (MoT), in 2009 China had over 260 shipping companies engaged in international shipping, over 3300 ships operating in international waters, and approximately 400 000 crewmen operating outside of China's territorial waters. ❺Reportedly over 2000 Chinese commercial vessels pass

---

❶ Andrew Erickson and Austin Strange, "'Selfish Superpower' No Longer? China's Anti-Piracy Activities and 21st-Century Global Maritime Governance," *Harvard Asia Quarterly*, Volume 14, No. 1 & 2 (Spring/Summer 2012): 92 – 102.

❷ For example, see Huang Yingying, "Ruhe huwei Zhongguo haiyang quanyi he haiwai liyi?""[How Can we Protect China's Maritime Rights and Overseas Interests?], *Guoji xianqu daobao*[International Herald Leader], March 19, 2012.

❸ Li Xiaomin, "Zhongguo gongmin haiwai anquan baohu baogao"[Report on protecting the Safety of Overseas Chinese Citizens], in Yu Xiaofeng, Ed., *Zhongguo feichuantong anquan yanjiu baogao*(2012—2013) [Research Report on Chinese Nontraditional Security(2012—2013)] (Beijing: Shehui kexue wenxian chubanshe, 2013).

❹ Mathieu Duch?tel and Bates Gill, "Feb. 12: Overseas citizen protection: a growing challenge for China," *Stockholm International Peace Research Institute*, February 12, 2012.

❺ Xu Jingjing, "Women wei shenme yao huhang-zhuanfang jiaotong yunshu bu guoji hezuo si sizhang ju chengzhi"[Why We Want to Escort: Interview with Ju Chengzhi, Head of the Ministry of Transportation's International Cooperation Department], Sanlian shenghuo zhoukan[Sanlian Life Weekly], No. 3, January 19, 2009.

through the Gulf of Aden every year. ❶While Chinese vessels are not likely to be specially targeted by economically driven Somali pirates, absolute and relative increases in Chinese maritime traffic, whether measured in people, vessels or cargo volume, inevitably increase the likelihood that innocent Chinese civilians will face piracy on the high seas. Multiple attacks by Somali pirates on Chinese citizens have illuminated piracy's threat to Chinese human security both prior to and after the PLAN's initial Gulf of Aden deployment. For example, twenty-four Chinese fishermen onboard fishing vessel *Tianyu* were held captive for three months beginning November 2008. ❷ On October 19, 2009, Somali pirates hijacked Chinese-flagged bulk carrier Dexinhai. Twenty-five Chinese hostages were held hostage for over a month in Somali port city Hobyo. ❸

The persistence of the above security threats collectively suggests that China's emphasis on international maritime security will grow in the coming years. Far Seas deployments of maritime security assets to protect Chinese interests are becoming institutionalized, and Beijing is compelled to remain vigilant even during times of relative peace and stability. Ensuring the safety of overseas Chinese citizens and property is an important challenge for China, which, along with all other states dependent on the international marine economy, continue to face a variety of nontraditional security challenges.

China's Anti-Piracy Contributions: Independent but Interwoven

December 26, 2013, marked the fifth anniversary of China's ongoing anti-piracy mission in the Gulf of Aden. After five years of uninterrupted deployments, the PLAN has used nearly thirty unique surface platforms across fifteen successive escort taskforces, guiding over 6000 commercial vessels safely to their destinations spread over 600 escort batches. ❹All escort taskforces have been included combination of guided missile frigates, destroyers, replenishment vessels and landing ships, many of which represent the PLAN's newest and most technologically advanced surface platforms. Over 10 000 select navy personnel have sharpened their skills, bolstered operational knowhow, streamlined coordination mechanisms, and utilized new platforms and technologies in the Far Seas through participation in one or more anti-piracy deployments. Recent taskforce deployments have typically lasted for approximately six months between their departure from and arrival at ports along China's eastern seaboard. Despite previous indications that deployments might be unsustainable in the future, PLAN anti-piracy operations in the Gulf of

❶ Meng Yan, "Ling juli: paishe Suomali haidao: qinli Zhongguo haijun Yadingwan Suomali haiyu huhang" [Zero Distance: Capturing Somali Pirates: Personally Experiencing the Chinese Navy's Gulf of Aden Piracy Area Escorts], *Falü yu shenghuo*[Law and Life], (March 2010).

❷ "Wo guo yuchuan zao suomali haidao jiechi san ge yue hou huojiu" [Chinese Fishing Vessel Hijacked by Somali Pirates Freed after Three Months], *Zhongguo xinwen wang*[China News Online], February 8, 2009.

❸ Lei Zhihua, "Wo huhang biandui zheng gaosu ganwang shifa haiyu yingjiu bei jiechi huolun" [Our Escort Formation Is Steaming at High Speed to the Area of the Incident to Rescue the Plundered Cargo Ship], *Huanqiu wang*[Global Net], October 29, 2009.

❹ "China's 14th Escort Fleet Departs for Somali," *Xinhua*, February 16, 2013.

Aden are continuing without interruption at the time of this article's publication. ❶

A central theme of these operations is the nature and extent of China's cooperation with other naval forces in the region. While China insists on maintaining its identity as an independent operator in the Gulf of Aden, it has nonetheless increased its cooperation with other navies in progressive fashion.

When China's inaugural anti-piracy taskforce departed Hainan's Sanya Port in December 2008, South Sea Fleet (SSF) Chief of Staff Rear Admiral Du Jingcheng declared that PLAN ships were to "independently conduct escort missions," and would not disembark on Somali shores. ❷Unsurprisingly, independent escorts have remained the keystone of PLAN anti-piracy operations throughout China's five-year presence in the Gulf of Aden. As a result, the PLAN is known primarily for its role as an independent, escort-centric anti-piracy taskforce.

Technically, the PLAN offers three primary methods of anti-piracy security, including "area patrols," "accompanying escorts," and "on-ship protection." However, area patrol is the least-used method and involves monitoring and securing high-risk maritime zones. Accompanying escort, in which PLAN ships accompany commercial vessels through maritime zones vulnerable to pirate attack, is by far the most-used method and has been streamlined by the PLAN with each successive taskforce deployment. While initially PLAN taskforces escorted only Chinese-, Hong Kong- and Taiwan-flagged merchant vessels, China soon after began proffering escort services to foreign-flagged ships as well. Approximately one half of all escorted vessels to date have been foreign-flagged. Meanwhile, on-ship protection is occasionally carried out by Special Forces units who board commercial ships to deter pirate attacks, sometimes working with civilian crews to ensure their awareness and safety.

China's independent approach contrasts with navies operating within multilateral anti-piracy coalitions such as Combined Task Force(CTF) -151, NATO Operation Ocean Shield(OOS; Previously Operation Allied Protector), and European Union Naval Force(EU NAVFOR) Somalia. These coalitions, sometimes collectively referred to as the "Three Forces," have traditionally employed area patrol-centric tactics rather than escorts. While each of "The Three Forces" has its own mandate, collectively they place an average of nine naval vessels in the Gulf of Aden at any given time, and conduct a combined average of ninety maritime patrol and reconnaissance aircraft (MPRA) sorties every month. ❸Disparate rules of engagement make it difficult for independent escorting navies such as China and

---

❶ PLA Chief of General Staff Chen Bingde implied during a 2011 speech that high resource burdens might lead the PLAN to curtail or cease its Gulf of Aden deployments. See Chen Bingde, "Speech Presented at the U. S. National Defense University"(Washington, DC, May 18, 2011).

❷ Bai Ruixue and Zhu Hongliang, "Commander of the Chinese Flotilla for Escort Missions Says: At Present, the Flotilla Does Not Have a Disembarkation Plan," *Xinhua*, December 26, 2008.

❸ "Counterpiracy Operational Update"(presentation by CTF – 151, twenty-seventh SHADE meeting, March 19, 2013).

navies operating under the command of multilateral mechanisms to achieve integration of their anti-piracy contributions.

While the PLAN is steadfast in its operational autonomy, and while true integration remains implausible, China has been active in aligning its anti-piracy contributions with those of other navies in the region. A *Modern Navy* article from 2010 aptly summarizes China's stance vis-à-vis anti-piracy cooperation: "While insisting on "Focusing on self"[when] carrying out escort, China's navy[also] is actively expanding international maritime military exchanges and cooperation, gradually establishing and exploring escort methods and mechanisms with relevant countries. "❶ China has, since its first deployment in 2008, been "ready to exchange information and cooperate with the warships of other countries in fighting Somali pirates. "❷

Like many independent and multilateral anti-piracy contributors, China appears to have bought into the ideals of Shared Awareness and Deconfliction (SHADE), a mechanism founded and co-chaired by the U. S. -led CTF-151 and EU NAVFOR SHADE's creators perceive it as a loose, flexible confederation of the willing. ❸Quarterly SHADE meetings in Bahrain include representatives from multilateral anti-piracy forces, independent operators such as China, India and Russia, as well as shipping industry and security professionals who collectively discuss and coordinate anti-piracy tactics in the Gulf of Aden and surrounding maritime regions. SHADE's mission is to avoid redundancies among various anti-piracy forces, thereby streamlining the efforts of diverse security forces to achieve mutually desirable results in the region.

From the perspective of international maritime governance, China's participation in SHADE is particularly significant. The PLAN has proactively coordinated its independent operations to help enhance the overall stability of the Gulf of Aden. It has sent representatives to every SHADE meeting and periodically adjusts its specific escort route to avoid overlap with other anti-piracy activities, such as patrols by multilateral coalitions. ❹Moreover, though it was denied chairmanship of SHADE in 2009, both the international community and China have proactively sought to enhance the PLAN's role within the voluntary mechanism. China participates in SHADE's Convoy Coordination Working Group(CCWG), which coordinates escort schedules between navies such as China, India, Japan, Russia and South Korea. ❺Additionally, reportedly the PLAN has

---

❶ Li Jie and Liang Chunhui, "Zhongguo haijun jianting biandui huhang jiaji lingren zhumu-dui wo haijun biandui yi nian huhang xingdong de huigu yu sikao"[Great Results of Chinese Navy's Warship Task Force Escorts Catches People's Attention-Reflection and Thoughts on One Year of Chinese Task Force Escort Operations], *Benkan tegao*[Special Story], *Dangdai haijun*[Modern Navy], January 2010.

❷ "Warships to Set off on Friday for Somalia Pirates, " *China Radio International*, December 23, 2008.

❸ Recent SHADE meetings have also been co-chaired by NATO representatives.

❹ There are subtle signs of flexibility on behalf of the PLAN. For example, it reportedly deployed anti-piracy forces south of the Bab el- Mandeb to help fill gaps in patrol left by "The Three Forces. " See Chen Peiling, "PLA Navy Escort Task Force Mission Presentation, " SHADE Meeting, March 2013.

❺ Unless otherwise specified, the insights in this paragraph are from the meeting minutes of the 24th and 25th SHADE meetings.

previously assigned a surface vessel to help monitor the Internationally-Recommended Transit Corridor (IRTC) jointly with CTF-151 forces, and has escorted UN World Food Programme (WFP) vessels on multiple occasions. ❶

While created, led and funded by Western states including the U. S., SHADE may be an attractive mechanism from China's perspective because it facilitates pragmatic engagement with other navies on voluntary, non-binding terms. In contrast integrating into other multilateral forces officially commanded by Western states, such as CTF-151 and NATO OOS, require states to adhere to binding mandates and regulations. Not to mention, there are substantial security barriers that would likely preclude direct integration between China and traditional navies in the region. For instance, both China and Russia have reportedly been opposed to installing U. S. communications technology Combined Enterprise Regional Information Exchange System (CENTRIXS) on their anti-piracy surface platforms that would presumably be required for greater inter-navy communication. This is one reason why many navies have embraced the EU's Mercury network-based system, which is simpler, and more secure. Given these considerations, SHADE provides an innovative, relatively low-sensitivity platform for facilitating maritime nontraditional security cooperation between China and Western states.

In addition to SHADE, China cooperates with other navies in the fight against piracy bilaterally. The PLAN has steadily increased its anti-piracy exchanges with naval vessels over twenty other countries. ❷It regularly hosts and visits other naval anti-piracy forces, including chronic shipboard exchanges with the commanders of multilateral anti-piracy mechanisms including CTF-151, NATO OOS and EU NAVFOR. Moreover, PLAN anti-piracy taskforces have conducted joint exercises with a diverse cohort of international partners, most recently including Pakistan, Russia, South Korea and the U. S. On balance, China's anti-piracy cooperation with other states suggests that the PLAN is increasingly willing to align with other security forces, including those led by Western-centric mechanisms, to counter nontraditional security threats in the maritime commons.

This modest integration into pre-existing, Western-led maritime security mechanisms in the Far Seas is significant but arguably overlooked amid consistent strategic distrust between China and other states in the Asia-Pacific. It is noteworthy that China, through five years of anti-piracy missions, has made genuine and substantial efforts to increase the efficacy of the international community's fight against Somali pirates amid perceived threats to its core interests in the Near Seas. China has effectively signaled that as long the PLAN is able to retain its independent identity and get

---

❶ Lauren Ploch et al., *Piracy off the Horn of Africa*, Report for Congress (Washington, D. C.: Congressional Research Service, September 28, 2009).

❷ "Commander of Chinese Naval Escort Taskforce Visits U. S. Guided-missile Cruiser Chosin," *Liberation Army Daily*, November 23, 2009; "Meiguo 151 tehun biandui zhihuiguan fangwen 'Zhoushan' jian" [U. S. CTF-151 Special Taskforce Commander Visits the 'Zhoushan'], *Xinhua*, November 2, 2009.

credit for its contributions, it is willing to align its maritime nontraditional security resources with those of other states, including the U. S. After five years of Chinese anti-piracy operations, there is little evidence that China is either eager or able to challenge prevailing Western-led security institutions in the maritime commons. Instead, it seems content with partnering in nuanced, mutually beneficial ways.

The recent decline of Somali piracy partially reflects the efficacy of inter-navy coordination. After over five years of protracted naval deployments by dozens of states, Somali pirate attacks plummeted during 2012 and 2013 from their peak levels in 2010. According to the International Maritime Bureau (IMB), during the first half of 2013 only two out of an attempted eight pirate attacks in the Gulf of Aden were successful. This is in comparison to forty-nine successful hijackings and 219 attempts off Somalia in 2010. ❶Piracy is now more prevalent in the Gulf of Guinea than in the Gulf of Aden, a dramatic shift strongly correlated with international anti-piracy deployments and increased levels of cooperation among them.

Of course, this drastic reduction is not perceived by China or other states as signaling the eradication of contemporary piracy. For example, Zhou Xuming, Commander of the PLAN's 12th anti-piracy taskforce, stated in 2012, "Despite all these efforts, the present anti-piracy situation still allows no optimism. The region in which the Somali pirates carry out their criminal activities is gradually extending outwards: north to the Gulf of Oman and east to waters off the southwestern coast of India. In addition, the pirates have become even more seasoned and diversified in their employment of criminal means and these circumstances have presented us with new challenges in this ship-escorting operation."❷ Indeed, in late 2013 the UNSC extended states' mandate to deploy anti-piracy security assets off Somalia for an additional year. Moreover, while the Gulf of Aden remains at the center of discussions on modern piracy, pirate attacks are increasing in several other regions including the Gulf of Guinea and Bay of Bengal. Like Somalia, local maritime authorities in these regions utterly lack the ability to suppress pirates independently. More importantly, littoral states there lack the domestic institutions needed to eradicate the economic roots that spawn maritime piracy. While the joint efforts of various naval forces have helped mitigate the negative effects of Somali piracy on SLOC security, they are more of an impressive stopgap than a basic solution. Modern piracy is thus likely to remain a significant nontraditional maritime security threat for the foreseeable future. As such, ability of navies to coordinate and integrate their anti-piracy resources will remain a decisive challenge in the Gulf of Aden as well as other

---

❶ "IMB Piracy Report Highlights Violence in West Africa," *ICC Commercial Crime Services*, July 15, 2013.

❷ Cheng Bijie and Hou Rui, "Chuanhao jielibang, danghao daibiaodui-duihua haijun di shier pi huhang biandui zhihuiguan Zhou Xuming" [Properly Pass on the Relay Baton, Properly Play the Role of Representative Team-Conversation with Zhou Xuming, Commander of the PLA Navy's 12th Ship-Escorting Ship Formation], *Jiefangjun bao* [Liberation Army Daily], July 6, 2012.

pirate-infested regions.

Towards More Effective Governance in the Maritime Commons

Unlike in previous maritime great power relationships throughout history, nontraditional security threats such as piracy have become vital tools for bolstering positive engagement in the maritime commons between China and other maritime powers. For example, progressive U. S. -China anti-piracy cooperation, such as in the Gulf of Aden, differs considerably from U. S. -Soviet maritime commons interactions during the Cold War often marked by tense confrontations follow both sides' maritime expansion. ❶If the Gulf of Aden experience is at all representative, the world can expect compatible albeit different contributions to maritime commons security from China during the 21st century. Given how U. S. and China often accuse each other of using "Cold War thinking"(冷战思想) in the Asia-Pacific, international maritime commons security is an increasingly vital foil to major tensions between U. S. , its allies and China. Joint anti-piracy drills in the Gulf of Aden during September 2012 and August 2013 represent historical milestones in the nascent U. S. -China maritime commons relationship.

Modest optimism notwithstanding, there is still major room for improved cooperation between maritime powers such as the U. S. and China in suppressing nontraditional maritime threats. Despite agreeing that certain risks are present and coordinating each sides' contributions through mechanisms such as SHADE, both sides are primarily operate independent of each other. ❷Despite visible increases in cooperation, the frequency, regularity and depth of anti-piracy cooperation, particularly among independent contributors and traditional multilateral coalitions, should increase in order to optimize 21st-century nontraditional security governance.

The Gulf of Aden is a positive start to this process, and is a successful model for how Western and non-Western maritime powers can co-exist as responsible stakeholders with unique but complementary approaches. ❸In particular, both the U. S. and China have the incentive to enhance maritime cooperation in ways that can help lower strategic mistrust, reduce misunderstandings and signal to the rest of the international community that traditional and emerging maritime powers can find ways to collectively enhance maritime commons stability amidst fundamental strategic rivalry in other regions. This is particularly important since con-

---

❶ Mark E. Redden and Philip C. Saunders, *Managing Sino-U. S. Air and Naval Interactions: Cold War Lessons and New Avenues of Approach*(Washington, DC: Center for the Student of Chinese Military Affairs, National Defense University, September 2012).

❷ Torston Geise, "Power in Security Governance Formation: East Asia and the case of Securing Maritime Trade," Paper prepared for the *Standing Group on International Relations of the European Consortium for Political Research* 7th Pan-European International Relations Conference, "Politics in Hard Times," Stockholm, September 9 – 11, 2010.

❸ See Lyle J. Goldstein, ed. , *Not Congruent but Quite Complementary: U. S. and Chinese Approaches to Nontraditional Security*(Naval War College Press China Maritime Study 9, July 2012).

flicts over core interests suggest that rivalry in the Near Seas will likely persist well into the future.

From China's perspective, the multistate maritime governance model achieved in the Gulf of Aden is desirable because it simultaneously portrays China as cooperative with yet separate from Western-led anti-piracy mechanisms. It can arguably be considered as an example of what Wang Yizhou terms "creative involvement" in China's foreign policy, a broad concept that advocates innovative, case-specific foreign policy tactics. [1] China's leadership is well aware that in future instances of Far Seas maritime governance, China will be expected make contributions commensurate with its desired status as a world power.

In conclusion, observers of China's maritime foreign policies may wish to consider the PLAN's role in the Gulf of Aden and other regions of the maritime commons alongside its policies in the Near Seas. While Chinese activities in the latter are arguably cause for concern, evidence of China's distant sea behavior suggests a dichotomous role for China's navy. As with any state, China's expansion in the maritime commons should ultimately be judged by the extent to which it provides public goods that benefit international security. While it remains steadfastly devoted to asserting its core maritime interests at home, its experience in the Gulf of Aden suggests that China is progressively accommodating an open-minded approach to its naval policies in the Far Seas. This should be encouraged and acknowledged by the international community so as to ensure all states in the maritime commons can more effectively deter nontraditional maritime security threats in ways commensurate with their abilities.

---

[1] Wang Yizhou, "Zhongguo shifou ying jiaqiang jieru guoji shiwu: ' chuangzaoxing jieru' yu Zhongguo waijiao pianduan"[Should China Strengthen Intervention in International Affairs: ' Innovative Intervention' and a Segment of Chinese Foreign Policy], *Shijie zhishi*(World Affairs), No. 2(2012).

附：中文简介

中国的深蓝治理：通过反海盗加强非传统安全合作

Austin M. Strange

【摘要】本文将探讨中国远海反海盗行动及其对海上非传统安全治理的影响。近期，中国在亚太地区的海上行动引起了外部世界的激烈探讨。有关专家往往称中国海军现代化发展粗放而不透明，同时在领土主权争端上咄咄逼人的行为使得中国的海上以及外交战略被贴上了越来越强势的标签。然而，更为平衡的分析显示，海洋在中国的外交决策中扮演着一种双重角色。一方面，中国所谓强势的外交决策主要运用于东海和南海涉及国家核心利益的领土主权纠纷中；而另一方面，中国在亚太地区外的某些海上区域为海上安全作出了具有意义的贡献，并且在这些地区所采取的海上政策是具有革新性而非侵袭性的。了解中国海军在亚丁湾地区的反海盗贡献有助于推进未来中国与其他海洋大国在海上非传统安全领域的合作。更广泛地说，在亚太平洋安全格局持续紧张的不良环境下，日益扩散的海上非传统安全威胁对中国而言是一个重要机遇，相反与威胁现有的国际海上安全治理机制相比较，中国通过有效的应对，展现了对该区域有力的贡献。

【关键词】中国；外交政策；海上反海盗；海上非传统安全；国际海上治理

非传统安全新议题：检验检疫非传统安全分析

“检验检疫”的非传统安全分析*

余潇枫**

【摘要】本文从非传统安全的角度探讨了关涉国家安全、社会安全与人的安全的“不定时炸弹”“非常规灾害”和“非常规战争”，以及与此相应的检验检疫的“技防性”“灾防性”和“国防性”安全职能，并在阐述“场域安全”范畴内涵的基础上，提出了检验检疫安全职能“前伸”“内延”“中转”“外联”“应急”与“反恐”的总体思路，凸显了检验检疫在国家公共安全体系和国家安全治理能力建设中的重要地位与作用。

【关键词】检验检疫；公共安全；非传统安全；场域安全

世纪之交以来，非传统安全问题的凸显使得人们在重视“国家安全”的同时，越来越重视“人的安全”与“社会安全”，尤其是政府在深化改革中越来越把涉及民生的安全问题不断纳入政治议题，为打造“平安中国”提供良善的公共秩序与良好的公共服务。“出入境检验检疫”（下称“检验检疫”）的安全职能既关涉国家安全，又关涉社会安全与人的安全，是国家公共安全体系中的不可或缺、不可分割、不可轻视的重要部分。在我国深化改革，重新思考和建构公共安全体系之际，考察与反思检验检疫的公共安全维护职能，不仅关乎民生，而且关乎国运；不仅关乎中国，而且关乎世界。

一、“不定时炸弹”与检验检疫的“技防性”安全职能

公共安全是指人在公共活动领域中，生命、健康、财产的灾险防控与环境保护。社会公共安全状态“是社会群体和个体从事正常生产、生活和工作的必要秩序状态，是不特定多数人生命财产维持安全的状态。”❶ 公共安全产品的提供者主要是政府。一个国家的公共安全体系从“空间逻辑”上来区分主要有军事性的“国防”、非军事性

* 本文为余潇枫教授主持的国家社会科学基金重大攻关项目《中国非传统安全威胁识别、评估及应对》（12&ZD099）的阶段性成果；此文原载于《学术前沿》，2014.05上（总第49期）。

** 余潇枫，浙江大学公共管理学院教授、博士生导师，浙江大学非传统安全与和平发展研究中心主任。

❶ 王占军，刘海霞，主编：《公共安全管理》，群众出版社，2011年版，第1页。

的“境防”[1]和国内公共安全的广义性“灾防”三大块，即包括指向对外的抵御主权受侵犯的“国防安全”（含边防安全），指向边境进行出入境口岸（或称国境口岸）非军事性执法的“境防安全”（或称口岸公共安全），指向国内公共安全维护的广义性“灾防”（有“民防/人防”“消防”“交防”“社防”“技防”“物防”“安防”及其他具体的“灾害防护”等）三大部分。

出入境口岸执法的“境防安全”也称“国门安全”，是国家公共安全体系的重要构成部分，其相关涉的公共部门众多，有武警的“边检管理”部门，有公安的“出入境管理”“边防管理”部门，有海关的“通关监管”“关税征管”“稽查缉私”部门，有质量监督检验检疫的“卫生检疫监管”“动植物检疫监管”“进出口食品安全”“产品质量监督”“特种设备安全监察”等部门。与“境防安全”相关的还有交通运输的“海事安全”部门，卫生的“药品管理”部门，等等。口岸公共安全的维护内容繁多，有时需要多部门或跨部门的联合执法。口岸公共安全管理中的出入境检验检疫，是依法行使国家职权、体现国家主权的特定部门，其职能是“依照国家法律、行政法规和国际惯例等要求，对出入境的货物、交通运输工具、人员进行检验检疫、认证及签发官方检验检疫证明等监督管理”。[2]截至2012年6月，全国共有一类口岸285个，其中空港口岸63个，公路口岸64个，河海口岸139个，铁路口岸19个，开展有旅检业务口岸190个，建有动植物现场检疫通道749个。[3]“检验检疫”是一个涉及主权与人权、关联国际与国内的“口岸公共安全”的专用词，它源起于人类生产力提升后的商业往来与国际交往的不断扩大，形成于人与疾病和灾害的斗争，因而检验检疫所涉及的安全，是各国普遍认同的一种跨越国界的安全，体现主权的安全，保障人的生命健康与社会发展的安全，具有“全方位”“多向度”“长时效”的性质。国家质量监督检验检疫总局[4]成立10年，全国检验检疫业务量增长就超过4倍，可见社会发展对检验检疫的需求十分迫切。

2014年1月8日，《人民日报》刊登了一篇关于儿童玩具被召回的报道，称“我国每年有超过20万14岁以下儿童因意外伤害死亡，致伤致残的儿童数量更为庞大，其中儿童玩具及用品等导致的意外伤害约占5%左右。”[5]为此，国家质检总局启动“召回程序”。被召回玩具可能出现小零件脱落、边缘锐利、机械强度不足、重金属超标、

---

[1] 特指国家出入境口岸的安全防护。出入境的“境”有两层含义，即“国境”和“关境”，前者是一个国家主权行使的领域，后者是各国海关通用的概念，现实中有关境大于国境的如欧盟国家，有国境大于关境的如国内设立的自由港、自由贸易区、中国各口岸的经济保税区等，一般情况下关境的范围等同于国境，货物进出国境也就是进出关境。参见：洪雷编著：《出入境检验检疫：报检用教程》（第二版），上海人民出版社，2012年，第2页。

[2] 国家质量监督检验检疫总局法规司编：《出入境检验检疫法律基础教材》，中国纺织出版社，2008年，第314页。

[3] 黄冠胜，主编：《中国特色进出境动植物检验检疫》，中国质检出版社、中国标准出版社，2013年版，第470页。

[4] 目前，国家质量监督检验检疫总局（简称质检总局）是主管全国质量、计量、出入境商品检验、出入境卫生检疫、出入境动植物检疫、进出口食品安全和认证认可、标准化等工作，并行使行政执法职能的正部级国务院直属机构。国家质检总局在全国31个省、自治区和直辖市设立了35个直属出入境检验检疫局，280多个分支局，280多个办事处，统称出入境检验检疫机构，人员共3万多人。参见：国家质量监督检验检疫总局法规司编：《出入境检验检疫法律基础教材》，中国纺织出版社，2008年，第152页。

[5] 左娅，姚雪青，等：《您家宝贝的玩具，安全吗》，载于《人民日报》，2014年1月8日，第2版。

电池爆炸等问题，或者用于包装玩具的塑料包装袋、刚性材料上的圆孔厚度、动态耐久性测试、危险夹缝等存在安全隐患，因而被称之为“不定时炸弹”。2013 年我国共实施了 103 次玩具召回，其中主动召回 72 次，责令召回 31 次，涉及缺陷玩具产品近 6 万件。❶ 而在 2007 年，美国美泰公司曾在短短 1 个月内 3 次在全球召回近 2100万件中国生产的问题玩具，一度引发了我国玩具业出口危机。除了儿童玩具，许多质量不合格的商品都可以是对人的安全产生威胁的“不定时炸弹”。

人们都知道，“炸弹”和“定时炸弹”是传统军事武器中的一种，用于战争或者特定的敌对性破坏活动。如今对一切内含质量问题的、有着对人伤害风险，甚至已经危及众人的产品统称其为“不定时炸弹”，不仅简单、易解，而且透视出一种人们对“安全”的“非传统”解读，即“安全问题”从国家的领土是否被入侵、国家的政权是否被颠覆，转向了人们日常生活中的危险与威胁。对商品质量问题的“不定时炸弹”这一解读正是表达出了“非传统安全的问题意识”在人们脑海中的强化，也体现了与质量相关的日常生活性的“人的安全”与“社会安全”问题越来越受到政府和民众重视。随着中国打开国门走向世界，成为了世界第二大经济贸易体和第一大贸易大国，种种与人的安全和社会安全直接相关的“不定时炸弹”种类品名繁多，这些“不定时炸弹”除了与各类出入境的工业产品、医用药品、生活用品及食品相关，而且还与动植物、人体携带的病菌的传入传出相关，与各类生物产品的引入、进入或侵入等相关。于是为了把好公共安全关，“检验检疫”就成为了国家公共安全体系中的越来越重要的组成部分。

从非传统安全的视角分析，检验检疫所涉及的安全事项与职能首先具有“技术性”❷ 的特征，同时还具有“涉灾性”“涉外性”特征，这些特征反映了非传统安全广义性内涵，而“正是非传统安全作为一种‘广义安全’，凸显了全球安全、国家安全、社会安全、人的安全的相互之间的关联性与转换性。”❸ 因此，检验检疫的安全职能除了日常的技术性检测与口岸公共安全的维护外，还特别需要考虑与之相关的“非常规灾害”与“非常规战争”对国家安全、社会安全与人的安全的可能危害与影响。

二、“非常规灾害”与检验检疫的“灾防性”安全职能

“人类对‘非军事威胁’及其危害的关注，是非传统安全认知的逻辑起点。”❹ 历史上，非常规灾害（或称非战争灾害）曾多次打击人类。曾几何时，黑死病伴随着入侵者的铁蹄肆虐黑海之滨，改写欧洲历史；野兔随着欧洲的殖民扩张在澳洲草原上迅猛繁殖，形成生态灾害。有害生物入侵，疫病疯狂蔓延，此类非战争威胁早已有之。然而，

---

❶ 左娅，姚雪青，等：《您家宝贝的玩具，安全吗》，载于《人民日报》，2014 年 1 月 8 日，第 2 版。

❷ 国家质量监督检验检疫总局下设有“中国检验检疫科学研究院”，2012 年国家质检总局对全国 550 多家检验检疫实验室开展验收活动，这些实验室的分布范围广、专业领域多、产品种类复杂、专有技术特征强。

❸ 余潇枫主编：《中国非传统安全研究报告（2012～2013）》，中国社会科学文献出版社，2013 年，第 4 页。

❹ 余潇枫主编：《中国非传统安全研究报告（2011～2012）》，中国社会科学文献出版社，2012 年，第 14 页。

随着全球化带来的世界性人口流动与要素传播，这些不确定的非战争侵害形式逐渐以非传统安全威胁的方式显露，以其从未有过的破坏力接连带来意想不到的跨国家、跨区域甚至全球性的灾难。目前，我国与检验检疫直接相关联的“非常规灾害”的威胁可概括为七大类。

①外来生物入侵威胁。外来生物入侵是指非本地生物（植物、动物和微生物）以各种（自然或人为有意与无意）方式进入，造成本地生态系统、人类健康、物种危害的现象。目前我国确认已有544种入侵的外来生物，其中大面积发生、危害严重的有100多种。全球100种最具威胁的外来物种中，入侵中国的就有50多种，几乎所有生态系统均遭入侵。据农业部的初步统计，外来入侵生物中危害最严重的有11种，这11种外来入侵物种每年给我国造成大约600亿元的损失。[1] 危险性外来有害生物在造成生态退化和生物多样性丧失，引起土著物种尤其是珍稀濒危物种消失和灭绝的同时，还严重影响国际贸易、人畜健康与社会安定。

②传染病传播威胁。烈性传染病从来就像恶魔，会造成人类生命健康的巨大危害，国境卫生检疫针对的正是传染病跨境传播。“检疫”一词源起于14世纪意大利人为了与鼠疫作斗争而创设的制度。15世纪末以来，欧洲笑　大航海高潮，卫生检疫进一步受到各国重视。年复一年，人类共同携手逐步战胜各种瘟疫。1985年6月4日北京出入境卫生检疫部门发现从美国传入我国的首例艾滋病人，之后艾滋病成为我国一大病害。2003年的SARS危机，曾造成有的城市的“万人空巷”。近年来我国一些大型出入境检验检疫机构还报告了一些新的病毒病菌，如新型冠状病毒、各类肝炎病毒等，构成了威胁公共卫生安全的新阴影。

③食品安全威胁。全球气候变化、环境污染、微生物染污、新型食品生产技术开发、世界性快速食品配送系统应用、国际性人流物流增加、食品产品的贸易手段变化与贸易往来增多等，均带来了跨国性食品安全事故发生率的上升。食品安全事故因其早期的隐匿性、分布的散发性、源起的突发性、暴发的群发性、后果的严重性和影响的恐慌性，[2] 成为了国家公共安全维护的一大重点。

④转基因产品威胁。转基因产品问题比较复杂，赞同者与反对者[3]对峙多年。美国是转基因产品最大的输出国。欧盟曾强烈抑制转基因产品的进入，后要求任何转基因产品进入欧盟须作出特别标明。俄罗斯因不放弃对转基因产品的抵制等而一直未能加入WTO。中国政府在积极推进转基因生物技术研究的同时，亦高度重视农业转基因生物安全。

⑤核幅射威胁。日本福岛核电站发生泄漏以后，我国的检验检疫部门加强了对来自日本货物的核幅射检测，以保障国门安全。如福岛核泄漏

---

[1] 麦文伟：《筑牢“铜墙铁壁”防范外来物种入侵》，载于《中国国门时报》，2013年4月17日，第6版。

[2] 张永慧，吴永宁主编：《食品安全事故应急处理与案例分析》，中国质检出版社，2012年，第10－12页。

[3] 反对者观点可参阅：顾秀林，著：《转基因战争：21世纪中国粮食安全保卫战》，知识产权出版社，2011年版；［美］威廉·恩道尔著：《粮食危机：运用粮食武器获取世界霸权》，知识产权出版社，2008年版；［美］约翰·罗彬斯著：《危险年代的求生食品》，2010年版；［美］玛丽恩·内斯特尔著：《食品安全：令人震惊的食品行业真相》，社会科学文献出版社，2004年版。

污染事故以来至2012年8月，仅宁波口岸就陆续有多起、总数为8000多吨环保项目不合格进口废物原料被挡在国门之外。与此相应，中国各机场口岸均启动了核辐射监测设备。

⑥贸易壁垒造成的经济安全威胁。技术性贸易壁垒以国家和地区的技术法规、协议、标准和认证体系等形式出现，包括了科学技术、卫生、检疫、安全、环保、产品质量和认证等诸多技术性指标体系。2012年我国有23.9%的出口企业受到国外技术性贸易措施不同程度的影响，导致我国全年出口贸易直接损失685亿美元，比2011年增加62.4亿美元。❶

⑦污染物造成的公共安全威胁。产品在生产、加工、运输等一系列环节中易受到污染或有毒有害物质的侵袭。2011年我国收到出口国家或地区的食品不合格通报的原因共涉及16大类，其中农兽残、微生物、食品添加剂等安全卫生项目占到69.53%。另外，旧电子物料、二手服装、工业及放射性废料等“洋垃圾”成为我国主要货物，而这些垃圾回收少、填埋多，给我国的大气、土壤等生态环境带来难以修复的破坏。

总之，防御和应对上述种种“非常规灾害”，检验检疫有着极其重要的体现“灾防性”的安全维护职能。近10年来我国检验检疫部门累计截获各类动植物有害生物4000多种200多万次，成功阻击疯牛病、非洲猪瘟、地中海实蝇等重大动植物疫病疫情传入。❷ 2013年全国检验检疫系统共截获有害生物4716种、61.02万次，同比分别增长8.89%和5.32%。其中，检疫性有害生物320种、5.37万次，同比分别增长12.68%和5.5%。各口岸共从旅客携带物、邮寄物中截获各类禁止进境的动植物及其产品412 717批次，发现有害生物39 351批次，同比分别增长15.56%和25.25%。2013年全年仅从邮寄物中截获各类禁止进境的动植物及其产品就多达15 994批次，发现有害生物1533批次，同比分别增长36.68%和12.14%。❸

三、“非常规战争”与检验检疫的“国防性”安全职能

非传统安全威胁引发的“战争”是一种“非常规战争”，其根本特点是使用各种“非致命武器”为代表的各种手段，不仅使战争成为简便、随意、可行，而且给受攻击国带来深重的生态环境破坏与各类人道主义灾难。之所以称这类战争为“非常规战争”，是因为“非武力、非军事，甚至是非杀伤、不流血的方式，也同样甚至更可能有利于实现战争目标”❹。由非传统安全威胁引发的“非常规战争”，将是国家之间的一种新的战争形式。这种战争并非是“领土之争”，也非是传统的“主权之争”，而是利益安全场域和社会心理安

---

❶ 中国工业新闻网：《技术性贸易壁垒致出口损失685亿美元》，2013年7月31日。http：//www. cinn. cn/wzgk/wy/298020. shtml。

❷ 黄冠胜：《探索中国特色进出境动植物检验检疫之路》，中国质量新闻网2013－03－18 09：07：13，http：//www. cqn. com. cn/news/zggmsb/disan/685665. html。

❸ 中国质量监督检验检疫总局网站：《守护美丽中国：来自2013年动植物检疫监管一线的报道》，2014年1月4日，http：//www. aqsiq. gov. cn。

❹ 乔良，王湘穗：《超限战》，中国社会科学出版社，2005年，第94－95页。

全场域中“软边疆”❶ 上的利益争夺与“综合国力”上的力量消解，甚至可以是对受攻击国的全民侵害或代际侵害以达到无形中打败对方的目的。从检验检疫的角度看，“非常规战争”主要有五类。

①“生物战”。生物入侵和生物威胁会带来生态灾害，而运用生物武器或生物战剂来进行攻击则会形成一场看不见的“隐形战争”。在传统安全中，将生物武器用于军事战争早就有之，如细菌战等。在非传统安全中，将生物武器进行看不见的战争则是很现实的威胁。生物武器特别是基因武器的特点是杀伤力大且成本低并可批量生产，传染性强且难防治，施放手段多样，保密性强且有分辨力，能够只攻击敌方特定人种，使用方法简易且能对敌方产生强烈的心理威慑作用。❷ 为此，“生物入侵”“生物危害”“生物威胁”“生物恐怖”“生物战争”“生物国防”“生物疆域”“生物安全防备”“生物安全战略”等概念开始被提出和流行。❸

②“贸易战”。贸易保护而导致的贸易摩擦与冲突往往是引发非传统“贸易战”的重要原因。本世纪初以来，欧美诸国与中国的纺织品贸易争端以及对多种商品的“反倾销”、美国在汇率问题上对中国的施压等都是“非传统贸易战”的不同表现。❹ 据国家质检总局调查统计，从2005年到2011年，中国出口贸易遭遇到国外技术性贸易措施影响而减少的出口损失逐年增加，从2005年的288.13亿美元增加到2011年的622.59亿美元，比“两反一保”（反倾销、反补贴，特别保障措施）对我们造成的损失还要大，而且除了经济损失还对中国国家形象和企业声誉造成恶劣影响。❺

③“信息战”。“海湾战争前夕，伊拉克军方曾为防空系统进口了一批电脑，美国军方得知这一情报后，就派人秘密将载有‘病毒’的软件封装到主权用的芯片中，然后将此电脑通过法国商界倒手卖给了伊拉克。到海湾战争空袭前，美军方以无线电摇控的方式，将隐藏在主权芯片中的‘电子定时炸弹’——‘病毒’激活。瞬间病毒迅速蔓延，致使伊拉克的预警、指挥、通信和火控等系统都陷入瘫痪。”❻ 这是通过国际贸易而实现的“电脑战争”。目前量子技术的发展使利用国际贸易手段进行信息攻击的可能性更为加大，“随着量子信息科学技术的不断突破，将会推动信息化战争产生新的飞跃。”❼

④“垃圾战”。有资料显示，每年全球约产生2000万至5000万吨电子垃圾，其中70%被倾销到亚洲。❽ 据美国国际贸易委员会的数据，自2000年至2011年，中国从美国进口的垃圾废品交易从最初的7.4亿美元飙升到111.5亿美元，2011年占中国从美国进口贸易总额的11.1%，仅次于农

---

❶ 余潇枫，徐黎丽：《边安学刍议》，《浙江大学学报》（人文社会科学版），2009年，第5期，第11页。
❷ 顾秀林：《转基因战争：21世纪中国粮食安全保卫战》，知识版权出版社，2011年版，第130页。
❸ 彭海，张凤坡：《生物国防防范悄无声息的战争》，《科技日报》；2013.10.29。
❹ 王立：《“合规性”贸易壁垒将成美国新保护伞》，载于《中国国门时报》，2013年5月8日，第6版。
❺ 黄冠胜主编：《中国特色进出境动植物检验检疫》，中国质检出版社、中国标准出版社，2013年版，第450页。
❻ 李莉，著：《无形战场的较量》，解放军出版社，2011年，第153页。
❼ 王军：《量子技术：让信息化战争变了容颜》，载于《中国国防报》，2014年1月8日，第3版。
❽ 《洋垃圾：跨越国境的生态灾难》，载于《人民日报（海外版）》，2009年7月22日。

作物、电脑和电子产品、化学品和运输设备。洋垃圾既危害中国消费者的健康和安全，也严重染污了环境。中国从美国进口的废弃果汁盒就曾繁衍了5.5万只以上的苍蝇，废弃塑料制品需要上百年才能降解，焚烧电子垃圾产生有毒害气体，废弃金属排泄严重染污水源，诸如此类的危害不胜枚举。”❶

⑤“质量战”。“质量战争，就是围绕产品质量展开的没有硝烟的经济战争。”❷ 2007年，以美国为首的部分国家对中国产品的质量提出质疑，引发“中国制造”的信誉危机，危及中国出口企业，直接影响了中国经济。质量问题是产生“不定时炸弹”的主要原因。日本三菱汽车公司的质量问题曾引发世界性关注，也对中国也造成过不良影响。

针对上述“非传统”性质的名目日多的各种隐形的“非常规战争”（如“经济战”“金融战”“石油战”“生化战”“能源战”“水资源战”等），检验检疫的安全维护职能必然具有国家安全的“国防性”特征，因而在检验检疫中的卫生检疫可称之为“卫生国防”、动植物检疫可称之为“生物国防”、质量检验可称之为“质量国防”，等等。上述列举的这些“非常规战争”往往与传统安全与非传统安全相互交织，具有“多向度”“不对称”“共时性”“超限度”的特点，且把“安全边界扩展到了政治、经济、资源、民族、宗教、文化、网络、地缘、环境以及外太空等多重疆域”，❸在不同程度上超越了现行国家安全体系的能力范围，带来了国家安全的某种“军事力量无效化”的“防御困境”❹，从而成为各个国家未来所需要面对的普遍性安全课题。

四、“场域安全”与检验检疫安全职能新定位

面对深度全球化的“大贸易”“大通关”“大口岸”“大物流”的形势，检验检疫尚存有许多问题，如“法律旧、问题新”“人员少、任务重”“开放口岸多、监管难度大”“贸易壁垒多、国别差异大”“领域标准多、疫病疫情变化快”“执法要求高、社会认可度低”“信息共享弱，跨界协同差”“技术标准散，隐性危害大”等，这就更需要我们重视对检验检疫的非传统安全分析，着力建构中国特色检验检疫理论与体制，着力提升检验检疫风险预警与快速反应能力，着力加强检验检疫与海关全面联网与合作等。

为了重新对检验检疫的安全职能进行考量，就需要在理念上通过对“场域安全”的探究来提升检验检疫在国家安全治理中的地位与作用。“场”是一种表达事物在特定空间与时间中具有某种关系特征与状态的指称，如“电场”“磁场”“引力场”等。在物理学中，场是以时空为变量的物理量，它至少有4种基本性质：第一，场是“延伸至整个空间”的分布状态，是一个“全空间”的概念；第二，场又是“具有无穷维自由度”

❶ 网易新闻：《那些年中国从美国进口的“洋垃圾”》，http：//data. 163. com/12/1218/17/8J1BIEUS00014MTN. html。

❷ 中国质量新闻网：《质量战争与质检外交的关系是什么?》，2011－07－05 15：39：52，http：//www. cb－h. com/news/yd/2010/63/106378JFBF150K4629800_ 3. htmlhttp：//www. cqn. com. cn/news/zjpd/zjbk/gbzsdb/436054. html。

❸ 乔良，王湘穗：《超限战》，中国社会科学出版社，2005年，第160页。

❹ 巴里·布赞：《人、国家与恐惧》，中央编译出版社，2009年版，第309－313页。

的动力系统，是一个“多变量”的概念；第三，场还是“一种其量值因时空而变”的强度存在，是一个“量值性”的概念；第四，场还可以是“与时间变动相关联”的函数关系，是一个“时变性”的概念。场的这些物理性质构成了“物理场”运动的规律与效应。把物理学中的“场”引入到在社会的“安全场”中，“全空间”“多变量”“量值性”和“时变性”特征词可以用“整体性”“交织性”“强弱性”“动态性”特征词来指代。

引伸到安全研究领域，场则是以时空中的关系为变量的社会量。由于社会领域较之物理领域更具有其关系的复杂性，用“场域”来替代“场”更能反映这种复杂性。也就是说，由“场”的概念拓展到“场域”的范畴，除了物理时空中的关系特征与状态外，还叠加了人的活动所表现出来的某种时空集聚状态与社会某种专有活动性质。“场域”则是“时空范围”与“活动领域”的组合，是时空关系状态与活动性质特点的组合，是“场地”“场所”含义与“关系”“状态”含义的叠加与复合，如“商场”，不仅指从事商业领域活动的场地或场所，还指商业领域中的特定关系与状态；同样的还有军事领域的“战场”，政治领域的“官场”，感情关系领域的“情场”等。在安全研究中，“场域”范畴较之“场”的概念更好地表征了安全要素构成的社会关系的集合特征。

根据“场有哲学”❶ 关于生命是一种“场有”的理论，安全也是一种“场有”的状态。也就是说，关联着多行为体的安全不仅是一事一物的没有危险或威胁的持存状态，而且是与事物相关联的没有危险或威胁“关系”的持存状态。由此可以得出对“场域安全”的基本理解，即“场域安全”是指与安全相关联的、具有特定活动性质的、没有危险或威胁的关系状态，它强调的安全不是一种单一的、线性的、局部的、纯技术的安全，而是复合的、非线性的、整体的、技术与价值混合的安全。“场域安全”更强调反映在安全问题上的社会活动的复杂关系，更突现多重“时空关系”与多种“活动性质”在安全问题上的叠加、复合与交织。在检验检疫领域来看，如“主权安全”与“人的安全”“社会安全”的叠加、复合与交织；“政治安全”与“经济安全”“环境安全”“公共卫生安全”的叠加、复合与交织等。提出“场域安全”的目的是要强调运用“场有思维”的方式来考察安全，把安全看作为一种具有“整体性”“交织性”“强弱性”“动态性”的“效应”，继而对安全的维护也会具有更为合理与有效的筹划与实施。

用非传统安全的视角来分析“检验检疫”的安全职能与作用，检验检疫的“场域安全”性质就凸显出来了。检验检疫不仅是一种通过某种技术对某一法检对象进行检验检测与判定的“技术安全”，而且还是通过安全标准来设定与落实来体现人的安全维护的“价值安全”；不仅是保护贸易顺利进行与合理交换所折射出来的“经济安全”，而且是维护环境不受破坏的“生态安全”；不仅是从多方面保护生存秩序的“社会安全”，而且是在特定领域体现主权的独立与维护的“国家安全”，甚至还是通过公共卫生安全保障、质量安全维护

❶ 唐力权：《周易与怀特海之间——场有哲学序论》，辽宁大学出版社，1997 年版。

等旨在保护他国乃至人类生存发展的“区域安全”与“全球安全”。

全球化时代的人流、物流、信息流、体制流的增加，安全的“外溢效应”也日趋增加。国际安全问题的国内化与国内安全问题的国际化是现时代安全现状的一大特征。作为一种全新的政治现象，国际安全问题与国内安全问题的相互转化呈现出的主要特点有“相互转化的速度加快，范围更大，涉及的领域也更为广泛；往往会产生影响持续扩大的‘蝴蝶效应’；其产生的影响和后果具有因国家而异的非线性特征”❶。与此相应，检验检疫的安全维护功能，也从较狭义的“口岸公共安全”或“国门安全”拓展到了直接关系到国际、出入境、国内等全方位的具有整体关联性的“场域安全”，成为了国家安全治理中的越来越显重要的一个方面。

用“场域安全”来重新界定和理解“检验检疫”的安全职能，凸显了检验检疫安全职能发挥所应具有的“全空间”的“整体性”“多变量交织性”、具有量值的“强弱性”、因时而变的“动态性”等特征。在未来的发展中，检验检疫要发挥好其维护国家安全、社会安全和人的安全的作用发挥，需要确立“前伸”“内延”“中转”“外联”和加强“应急”与“反恐”的总体思路，拓展与实现检验检疫的“场域安全”维护职能。

“前伸”即对安全的防护追溯到国外的“源头”，强化事前把关，设置市场准入门槛。前伸包括加强与国外政府部门间的合作，如“中国——欧盟非食品类消费品快速预警系统”，已成为国际产品质量合作领域的典范，目前我国正在与欧盟建立一个国际间“无缝监管”的闭环系统。❷

“后延”，即对安全的防护延伸到国内“源头”。在出口安全的把关上，不作政府层面的强制检验要求，由企业按进口国标准实施生产并承担责任。在我国，检验检疫部门开展了很多与地方政府、企业的联动，提前介入把关检验，实现产品监管前移。

“中转”，即由有一定资质与技术水准的第三方介入安全检测。在当前形势下，我国检测机构疲于日常重复检测，同时还存在“检不了”“检不出”等现象，由第三方检验机构代表政府对进出口商品进行检验，承担“法定检验”任务；政府则强化对这些机构的管理，即通过实施严格的认可、监督管理既确保检验质量，又节约了公共资源。

“外联”，即与公共安全相关部门进行协作联动。检验检疫部门需要加强与海关、农业、卫生、畜牧、渔业、环保等部门的协作配合，做到“信息互换、监管互认、执法互助、安全互保”。在国外，有些国家一旦发现某产品有缺陷，可快速反应，启动快速预警系统，并采取终止或限制有问题产品的进口、销售、使用等紧急控制措施。

“应急”与“反恐”，即建构专门机构对各类紧急事件与恐怖主义危害进行预警与防控。口岸是恐怖袭击所涉及的重要场域，检验检疫作为特定的“场域安全”维护，还需要考虑到“应急”与“反恐”的能力建设，甚至需要采取“军检合

---

❶ 赵晓春：《国际安全问题国内化与国内安全问题国际化研究》，载于《国际安全研究》，2013 年第 3 期，第 88 页。

❷ 董超：《G2G，检验监管事业可持续发展之路》，载于《中国检验检疫》，2013 年第 1 期，第 11 页。

作”方式进行核生化等反恐能力建设，构建一个口岸核、生物、化学有害因子全面监测的检验检疫反恐应急体系。

根据检验检疫所涉及的安全性质与范围的特殊性，无论是日常出入境的“进口”还是“出口”，抑或是不同安全领域中的非常规“灾害”或“战争”，背后都关联着整个国家与民族的生死存亡，关联着人民大众的生命与健康。特别是在世界贸易竞争日益激烈的情况下，我国在“走出去”战略中成为了世界性贸易大国，而出口产品质量不合格则会造成的诸多经济和政治上的问题，如在经济上会造成滞销、贱卖、退货、索赔甚至丢失国外市场的后果；在政治上会造成对外信誉、国家形象受损，甚至使国家在外交上限于被动。检验检疫的“技防性”、“灾防性”和“国防性”安全职能特征，涉及国际安全、国家安全和国内安全的方方面面，联结着人的安全、社会安全的方方面面，且这些方面存在复杂多样的交织与互动，形成了一个庞大的安全“连续统”[1]。因而，把检验检疫的“场域安全”问题纳入国家安全的议题、置于公共安全体系的新建构中，无疑具有相当重要的现实意义。

---

[1] 童星：《风险灾害危机连续统与全过程应对体系》，载于《中国社会公共安全研究报告》，2013 年 1 期。

从“国门安全”到“场域安全”
——出入境检验检疫在国家安全治理中的新定位

廖丹子　王梦婷*

【摘要】食品、生态环境、公共卫生等领域中的安全问题已成为普遍关注的重大民生问题，出入境检验检疫在这些问题的安全维护中具有重要地位与作用，然其作用的发挥还存有观念性与体制性障碍。伴随着新时期国家安全的改革实践，在全面深化改革口岸管理体制的新形势下，发达国家对该议题的探索为我国提供了诸多有益启示，检验检疫要突破传统的便利贸易通关的单一定位与“国门安全”的传统视角，而应在“场域安全”的大视角下重新审视其在国家安全治理体系中的新地位，并在发展理念、战略定位、法律完善、体制健全、能力提升等方面探索检验检疫维护国家安全的新思路。

【关键词】检验检疫　场域安全　非传统安全　国家安全治理

随着全球化进一步纵深发展，人、物、信息等要素在全球范围内加速流动与复杂联通，出入境检验检疫（以下简称检验检疫，隶属于质检总局）部门是主管出入境卫生检疫、动植物检疫和商品检验的行政执法机构，其作为各类要素的中转与连接站，所担负的各类检验检疫业务量也随之增加，在“国门安全”维护中发挥了极为重大的作用，构成了国家安全体系建设的重要组成部分。同时伴随着我国进出口贸易持续快速增长与便利通关的改革，我国检验检疫所截获或处置的安全威胁也逐渐增多，我国国家形象、经济贸易、生态环境、民众生命与健康、社会稳定等面临愈加突出的压力与挑战：“非典”、禽流感、甲型H1N1流感等病毒的扩散与传播严重挑战“人的安全”；一枝黄花、松材线虫等有害生物入侵威胁着“环境安全”。随着众多有害生物的入侵与“生物恐怖主义”威胁的日益严峻，“生物国防”、“生物疆域”已引起学界与政策界的高度重视❶，口岸反恐的重要性愈加凸显。在2008年日本“毒水饺”、2007年美泰玩具召回等事件中，检验检疫维护质量安全、企业利益及由此而关联的社会稳定的责任与压力愈加彰显。

---

* 廖丹子，管理学博士，浙江财经大学财政与公共管理学院讲师；王梦婷，浙江大学公共管理学院行政管理专业在读硕士。此文原载于《中国非传统安全研究报告（2013～2014）》，中国社会科学文献出版社，2014年6月。

❶ 贺福初，高福锁：《生物安全：国防战略制高点》，载于《求是》，2014年第1期。

我国“国门安全”正面临更加复杂、严峻、复合的安全威胁，而“国门安全”维护的理念与体制机制等彰显能力不足，在新时期全面深化改革的要求下，检验检疫维护“国门安全”需要新思维。一方面，随着全球化进一步纵深推进，国家、次国家、超国家行为体的联系日益紧密，人流、物流、资金流、信息流以更大规模的形式呈现跨层次、跨国性迅速流动与紧密联通，由此而带来的产品质量问题、环境与生态威胁、金融风险、食品安全威胁、公共卫生威胁、生物安全威胁等传统与非传统安全问题及相关突发事件日益增多，且这些问题以从未有过的方式或以比以往更具危害性的方式侵害人类的生存与发展，甚至被利用为一种新的“战争”方式（如生物战、基因战、信息战、资源战等），我国国门安全维护的任务愈加艰巨。以公共卫生安全为例，近年来传染病开始不断爆发和流行，霍乱、结核病、疟疾等的防止工作仍任重而道远。在联合国千年发展目标（MDGs）中，扭转艾滋病毒/艾滋病、疟疾、结核病和其他疾病的严峻局面成为重点目标之一。再如，核生化学恐怖事件引发各国高度关注，检验检疫应对突发公共卫生事件的形势复杂严峻。如2012年我国（不含台港澳）共报告法定传染病发病6 951 478例，死亡17 315人，报告发病率为515.94/10万，死亡率为1.29/10万❶。有害生物入侵威胁也愈加显著，如2011年全国共检验检疫进出口动植物及其产品196.5万批量、1556.2亿美元，从进境货物、旅客携带物、邮寄物等物品中查验截获各类动物疫病和植物有害生物3972种，50.02万次，同比分别增长8.35%和24.5%❷。另一方面，为促进出口贸易稳定增长，2013年7月24日国务院常务会议决定，“免收2013年8月1日至2013年年底5个月的出口商品法检费用”“对1507个出口工业品不再实行出口商品检验”“减少法检商品种类，原则上工业制成品不再实行出口法检”。在这一要求下，全国检验检疫部门快速响应，积极探索发展新方向与新定位，如探索监管新模式，寻找产品质量监督与管理新手段，建立企业责任与信用体制等。同时党的十八届三中全会在《中共中央关于全面深化改革若干重大问题的决定》（以下简称《决定》）中也明确提出现行口岸管理存在“部门林立、通关环节众多、执法平台封闭运作”，相关部门职责交叉、“九龙治水”等突出问题，要建立统一规范的口岸管理体制。

在大力推进国家安全体系与公共安全体系的改革实践中，检验检疫的体制机制改革也引入了新的内容与要求。《决定》明确指出要健全“公共安全体系”、创新“社会治理体制”、推进“国家治理体系和治理能力现代化”，“制定和实施国家安全战略”“推进国家安全法治建设”；针对口岸管理体制，要“改革市场准入、海关监管、检验检疫等管理体制……形成面向全球的高标准自由贸易区网络”，要建立统一规范、协调运转的口岸管理体制。这一系列重大举措表明，新时期我国对涵盖社会、经济、政治等方面的综合安全将给予高度重视，有必要在关涉国家安全的更广的领域探索国家安全治理的新思路与新路径。

---

❶ 中国疾病预防控制中心：《2012年度全国法定传染病疫情概况》，http：//www.chinacdc.cn/tjsj/fdcrbbg/201303/t20130327_79057.htm，2013年3月27日。

❷ 国家质量监督检验检疫总局：《中国质量监督检验检疫年鉴2012》，中国质检出版社/中国标准出版社，2012年，第137页。

鉴于此，要在新的安全态势下重新看待检验检疫在国家安全治理体系中的地位与作用，要对国门安全维护的现状、问题与挑战进行新的认识与分析，要探索国门安全维护的新理念与新思路。本文基于检验检疫在国家安全治理中的重要地位、作用及其职能调整的新要求，通过分析当前发达国家检验检疫的普遍趋势及其较为成功的做法，识别与评估与我国检验检疫关涉的各类威胁，对我国国门安全维护的现状与问题进行分析，提出要实现“国门安全”到“场域安全”的转变，并就“场域安全”维护的体制、机制、制度等方面提出了改革建议。

一、检验检疫在国家安全治理中的地位与作用

（一）地位

1999年“三检合一”❶以来，检验检疫系统依法履行职能，为维护社会公共利益和进出口贸易有关各方的合法权益，防止传染病由传入传出，实施国境卫生检疫，保护人体健康，防止动物传染病、寄生虫病和植物危险性病虫害传入传出国境，保护农林牧渔业生产和人体健康，促进对外经济贸易关系，维护国家形象，捍卫国家主权，维护国家安全等方面，发挥了巨大作用。一言以蔽之，从检验检疫的历史发展、法定职责及其新近所处理的新威胁看，检验检疫是公共安全体系与国家安全治理体系中不可或缺、不可替代的重要组成部分。

第一，不可或缺性。安全问题为重大的民生问题之一，安全构成了人们生活、社会建设与国家安全的前提与必要内容。我国检验检疫是国家文明的产物，其发端可溯及公元前3世纪。我国古代各类史籍就有关于检验检疫的记载，如秦以火焚燎过境马车，以防疫病传入；唐代则建立了对海运进境进行监管的对外贸易事务的机构“市舶司”，在宋、元、明三朝均有新的发展。19世纪后期我国正式建立了出入境检验检疫制度，20世纪末为适应中国改革开放后加入WTO及不断融入世界的形势，中国基本上形成了“三检合一”的大质检格局，为我国提升安全能力提供了新的体制保障。究其本质，检验检疫通过对出入境的商品、卫生与动植物进行检验或检疫，最终是维护了人的生命与健康、环境的清洁与生态的可持续、质量的保障与食品的安全、企业的利益与产业的安全、经济的增长与政治的稳定等。因此，检验检疫直接关系科学发展观的核心——以人为本，其各项工作直接涉及百姓民生、社会和谐与国家安全，因此构成了公共安全与国家安全维护中不可或缺的责任主体与重要工作。

第二，不可替代性。检验检疫与相关部门❷共同构成了“国门安全”的重要保障力量，然其与其他部门相比，其安全维护的作用具有不可替代性：首先从机构定位看，一方面，质检总局是国务院主管全国质量、计量、出入境商品、卫生与动植物检验检疫，进出口食品安全和认证认可、标准化，并行使行政执法职能的直属机构，担负着“国门”上有关社会、经济、政治、人身、卫生、健康等威胁的检验、检疫、检测、防范和重大事件的应急处置等职责。另一方面，从“国门

❶ “三检合一”指进出口商品检验局、出入境动植物检疫局、卫生检疫局合并。作者注。

❷ 指职能相近、相关的部门，如海关、质检、工商、税务、交通、边防、边检、海事、海警等。

安全”的整个链条看，检验检疫与相关部门各司其职，分别在不同环节、不同领域担负了相应职责，缺一不可。其次从法定职责看，包括出入境环节上的商品、动植物和卫生检疫与检验，其中涉及防止各种传染病传入传出、有害生物入侵、有毒有害物质进入境内，保证进出口食品安全，做好消杀灭和口岸卫生工作，应对各种突发性事件等。再次从其主权性看，检验检疫是国家主权的体现。检验检疫机构作为涉外经济执法机构，根据法律授权，代表国家行使检验检疫职能，对一切进入中国国境和开放口岸的人员、货物、运输工具、旅客行李物品和邮寄包裹等实施强制性检验检疫；对涉及安全、卫生及检疫产品的国外生产企业进行注册登记；对发现检疫对象或不符合安全卫生条件的商品、物品、包装和运输工具，有权禁止进口，或视情况在进行消毒、灭菌、杀虫或其他排除安全隐患的措施等无害化处理并重验合格后，方准进口；对于应经检验检疫机构实施注册登记的向中国输出有关产品的外国生产加工企业，必须取得注册登记证书，其产品方准进口。这些强制性制度，是国家主权的具体体现。总之，检验检疫在“出入境”环节中担负的法定安全职责是其他部门无法替代的。

检验检疫在国家安全治理体系中具有重要作用，还突出表现在其具有的“场域安全”的特征。“场域”（field）是社会学、人类学的重要范畴。法国著名社会学家皮埃尔·布迪厄（Pierre Bourdieu）这样界定与解释“场域”：“在各种位置之间存在的客观关系网络，或一个构型（configuration）。……其根据是这些位置在不同类型的权力（或资本）的分配结构中实际的和潜在的处境，以及它们与其他位置之间的客观关系（支配关系、屈从关系、结构上的对应关系）”❶。在布迪厄看来，场域是不同位置之间为争夺支配性资源的关系网络。“场域”这一范畴的目的在于探索行为背后潜在、本质、不可见的关系性逻辑，它代替“环境”“语境”和“社会背景”等话语，为寻究经验事实（人口、机构、群体和组织）背后之利益与斗争的潜在模式和关系性逻辑提供了新的分析工具。❷ 据此，廖丹子将“场域”界定为“不同主体因共享特定支配性价值而形成的关系网络”。❸ 关于“安全场域”，余潇枫教授较早提出并将其界定为“能够影响乃至决定安全态势的特定情境”，包括地缘场域、利益场域与社会心理场域，国家安全战略的设定与安全场域有紧密的联结关系；❹ 余还以“安全场域”为分析工具重新审视“边疆”界限的常规划分，提出边疆应由“硬边疆”和“软边疆”共同构成。❺ 还有研究者提出“国家安全场域”。❻

在“场域安全”这一范畴中，“场域”成为了指涉对象，“场域安全”是指特定关系网络维持其基本属性的能力。其中，这一特定关系网络的“节

❶ ［法］布迪厄，［美］华康德：《实践与反思：反思社会学导引》，李猛，李康，译，中央编译出版社，1998，第1版，第134页。
❷ ［美］戴维·斯沃茨：《文化与权力：布尔迪厄的社会学》，陶东风，译，上海译文出版社，2006，第1版，第138页。
❸ 廖丹子：《中国民防体制的困境及其超越》，浙江大学博士学位论文，2013，第111页。
❹ 余潇枫，李佳：《非传统安全：中国的认知与应对（1978～2008）》，载于《世界经济与政治》2008年第11期，第89－96页。
❺ 余潇枫，徐黎丽：《“边安学”刍议》，载于《浙江大学学报（人文社会科学版）》2009年第5期，第5－18页。
❻ 马洪伟：《国家安全场域中边疆民族地区基层政权建设探析》，载于《云南社会科学》2011年第2期，第45－49页。

点”（nodes）包括主体、区域、层面、领域、阶段、代际等要素，关系网络的属性则由主体、结构、要素、样式、功能、价值等不同方面构成的整体来体现。“场域安全”的特性体现在3个维度上：一是空间维度的延展性，即场域安全的空间边界具有模糊与动态的特征，因此其空间跨度可延伸至全球、区域、国家、社会、社区、家庭、个人等不同层面，且这种跨越的层面因地缘、利益、社会心理等不同因素的介入而不断变更；二是时间维度的累积性，即场域安全的现时存在必定有其历史的源起、发展与获得的过程，是自然与政治、经济、文化、社会等多种因素综合作用的结果，因此又呈现一定时段内的相对稳定与可持续的特征；三是实践维度的多样性，即场域安全在现实维护中体现了其属性的多样化呈现方式，如关涉领域的多元性、维护方式的多样性、维护主体的多元性、价值目标的多维性、表现形式的多样性等。

若将检验检疫看成一个场域，那么检验检疫的安全维护就具有“场域安全”的特征，其维护了一个宽领域、多层面、全方位的安全场域。整体看，检验检疫所维护的安全具有以下相互联结的五方面特征：一是主权性，即根据我国相关法律法规对出入境的商品、动植物与卫生实行检验检疫，是我国主权独立的重要象征，也构成了主权完整的必要内容与重要条件；二是全局性，即检验检疫所截获与处置的威胁，倘若顺利出入境，则对我国整体国民的生命与健康、整个社会的稳定直接构成整体性威胁；三是战略性，即检验检疫的一些工作直接关涉国家军事、政治、国防安全，如对核生化恐怖主义的检测与紧急处置；四是结构性，即检验检疫工作直接关涉国家的行业设置与经济结构，如其他国家实行的技术性贸易壁垒，长远看对我国企业生产、行业发展与经济政策将产生重大影响；五是综合性，即检验检疫工作关涉政治、经济、文化、社会、生态等诸多领域及其各个层面，综合影响着我国生产、生活、生计与生态的各个方面。由此观之，过往一般认为检验检疫所维护的“国门安全”的内涵与外延已发生深刻变化，传统意义上的“国门”仅指出入境这一具体环节，代表了狭窄意义上、单一空间维度上的“国门”。从检验检疫维护的安全所具有的主权性、全局性、战略性、结构性与综合性的特征看，检验检疫具有“场域安全”的特征：在空间维度上，检验检疫对公共卫生、经济安全、生命与健康、政治与外交等的维护作用绝非仅限于出入境检验检疫这道“国门”，因我国在世界体系中的重要影响，其还广泛地影响了全球经贸发展、区域安全合作、国家主权安全与国内经济产业结构、企业利益与生存、社会和谐稳定与家庭和睦等方面。在时间维度上，综观我国古代与近现代检验检疫的产生与发展，其如实反映了我国争取主权独立、保障政治稳定、促进经贸发展、推进社会建设与维护安全利益的历史发展过程，是我国国家与社会建设、经济发展与安全保障的必然要求。在实践维度上，检验检疫实施安全维护的领域、方式、主体、目标、样式、功能等都具有多样性。

在全球化推动各类要素快速流通与复杂联动的背景下，检验检疫作为各类要素的中转站与连接点，“场域安全”更能切实、客观地体现检验检疫在安全治理中的历史与现状。从“场域安全”的角度重新看待检验检疫及其在安全治理中的作用，检验检疫就具有了战略性、全局性与影响深远性。因此，基于当前我国国家安全治理与公共安全体系完善的目标，要重新认识传统“国门”的内涵与范围，转变检验检疫传统的发展理念与职责定位，新时期的机构改革与职能优化应具有“场域安全”的安全观与安全视野，以“场域安全”的视角重新审视其在安全治理中的重要地位与重大意义。

（二）作用

检验检疫发挥了保国安民的重大作用，主要表现在以下不同领域。

第一，检验检疫是公共卫生防控体系的重要门户。随着国际交往日趋频繁，各种公共卫生风险能迅速跨国跨境传播，短时间内即可波及全球，尤其是高危流行性传染病的传播，因其具有传播速度快、跨国性、隐蔽性和巨大杀伤性、受害主体广、不可预知性等特点❶，一旦失控便成为巨大的灾难。因此，各国政府对科学有效应对输入性公共卫生风险的重视和投入日益提升，口岸公共卫生的防控便成为重中之重。近来发起的登革热、脊髓灰质炎、疟疾、新型冠状病毒、猩红热、毛利塔利亚裂谷热、基孔肯雅热等，都是检疫工作的重点。另外，口岸核生化恐怖主义等也是出入境卫生检疫的范围，如仅2013年第4季度，全国各口岸共检出核与辐射有害因子超标共557起❷。

第二，检验检疫工作是保护生态环境安全的必要关口。动植物检验检疫工作可以有效阻止对生态造成威胁的动物、植物和微生物传入或传出国境，从而维护生态的多样性。同时，检验检疫能有效把关大量的大宗资源性商品、危险化学品和废物原料等的进口，遏制其带来的诸多生态环境问题，特别是对土地、水资源、大气等环境要素造成的严重破坏。如2011年，检验检疫系统检出进口废物原料环保项目不合格267批，货值2717万美元，注销、撤销478家国内收货人注册登记资格，进口旧机电到货检验不合格3019批。❸

第三，检验检疫是保护人们人身健康的关键环节。食品、消费品的安全一直以来是国际社会关注的焦点，对出入境食品、消费品进行检验是国境线上保护我国消费者人身健康的必要一环。食品、消费品质量安全已经成为国家经济、外交重要议题。检验检疫机构在口岸识别安全威胁并通过联合机制消除威胁来源。2012年全国出入境检验检疫机构共检出质量安全项目不合格的进口食品2499批次，微生物、品质和标签等项目为主要不合格原因，不合格食品涉及22类产品，来自65个国家和地区。

第四，检验检疫是维护我国经济安全的有力武器。技术性贸易壁垒一直是我国贸易发展的一大障碍。虽然WTO规则就如何实施技术性贸易措施制定了规范，但由于我国的经济发展水平、贸易结构以及技术法规和标准等与发达国家存在很大差距，产品出口尤其是中小企业产品出口频频遭遇发达国家的技术性贸易壁垒。检验检疫在国境口岸严把质量关，加强进出口产品的监管工作，减少贸易纷争，同时及时获取其他国家最新技术标准，扶持出口企业应对技术措施。如2013年宁

---

❶ 罗朝荣：《论全球化背景下中国非传统安全》，陕西师范大学博士学位论文，2012。

❷ 国家质量监督检验检疫总局：《2013年第4季度全国口岸入境核与辐射有害因子监测情况统计表》，http：//www. aqsiq. gov. cn/xxgk_13386/zxxgk/201401/t20140124_ 394951. htm，2014年1月24日。

❸ 国家质量监督检验检疫总局：《中国质量监督检验检疫年鉴2012》，中国质检出版社/中国标准出版社，2012年，第150页。

波检验检疫局针对欧盟新玩具安全指令，组织200余家企业和宁波婴童协会参加全国出口玩具企业培训、座谈会，加强与行业协会、企业的合作，建立定期沟通机制，及时将国外技术贸易壁垒信息通报行业协会和企业。❶ 大宗资源类商品监管、重点敏感商品监管等都与我国经济安全密切相关。如2012年全国共检出不合格进口铁矿2.82亿吨、煤炭5243万吨，不合格率均超过40%，共检出进口成品油不合格190万吨。❷

第五，检验检疫是打击国外生物恐怖主义的前沿阵地。随着生物武器的开发与运用，生物国防受到发达国家的高度重视，生物恐怖主义也成为当期我国国防安全的重大新议题。❸ 生物恐怖是指以蓄意使用生物武器并扩散病原微生物或生物毒素的方式进行袭击，企图制造人、动物或植物的疾病或死亡的恐怖活动。❹ 生物恐怖战剂的致病微生物具有致病力强、易感染、易传播、隐蔽性强和突发性等特点。“9·11”事件后，在国际政治、经济形势复杂多变的背景下，一些国家、极端组织和个人为达到其政治、经济、宗教等目的，在口岸通过威慑（恐吓）使用或实际使用生物战剂，造成或可能造成出入境人员和口岸公众健康严重损害，引起口岸公众心理恐慌，从而破坏民众生活、社会安定甚至危害国家主权和领土完整。检验检疫可以通过分析生物恐怖的特征，对口岸出入境人员、货物、交通工具等进行生物战剂监测、排查和处置工作，有效防止生物有害因子入境，保障国家安全。❺

第六，检验检疫是体现我国负责任大国形象的重要手段。这主要指贸易问题政治化问题。为了应对日渐深化的金融危机，保护国内市场和就业，各国政府在运用财政金融政策应对挑战的同时，纷纷采取贸易保护政策加以配合。2009年以来，贸易保护主义倾向在世界范围内抬头，贸易保护案件数量明显攀升，形式和手段也趋于多样化。根据GTA（Global Trade Alert）数据库的统计，从2008年11月1日至2010年2月1日，世界各国采取了713项贸易措施（包括493项已实施措施和220项待实施措施），其中仅有88项是贸易促进措施，却有365项是明确的贸易限制措施。❻ 贸易保护措施的频繁发生使国家间的经贸关系出现泛政治化的倾向，如2007年美国媒体以大量篇幅报道了与中国食品有关的安全问题，炒作“中国食品威胁论”，质疑中国政府的态度和监管能力。而检验检疫机构面对“出口产品泛政治化”的问题，通过加强进出口产品监管，积极与国际组织合作，有力对抗国际的质疑，维护国家利益与国家形象。

---

❶ 宁波出入境检验检疫局轻工产品检测中心：“应对欧盟玩具新安全指令座谈会在慈溪召开”，http：//www. zjnci. com/newsinfo. asp? id =418，2013年11月26日。

❷ 国家质量监督检验检疫总局：《中国质量监督检验检疫年鉴2012》，中国质检出版社/中国标准出版社，2012年，第150页。

❸ 贺福初，高福锁：《生物安全：国防战略制高点》，载于《求是》2014年第1期；彭海、张凤坡：《生物国防防范悄无声息的战争》，《科技日报》，2013年10月29日第12版。

❹ Sato H，Tomio J，Tanaka Y，et al.” The public acceptance of small-pox vaccination to fight bioterrorism in Japan：results of a large-scale opinion survey in Japan”. Environ Health PrevMed. 2011. Vol16（5），pp. 290 – 298.

❺ 京、广、深等口岸共发现64起可疑白色粉末。参见廖如燕等：《国境口岸生物恐怖事件应对策略与措施的探讨》，《中国国境卫生检疫杂志》，2008年第31卷第2期。

❻ 盛斌，李德轩：《金融危机后的全球贸易保护主义与WTO规则的完善》，载于《国际经贸探索》，2010年第10期，第22页。

二、检验检疫发展的国际趋势与比较

检验检疫起源于人类生产力提升后国际交往的不断扩大，因而是各国普遍认同的一种跨越国界的安全、体现主权的安全与保障人的生命健康与社会发展的安全。早在14世纪，意大利人为了与鼠疫作斗争开创了“检疫”制度。1374年，欧洲受到黑死病的疯狂侵袭，为了有效对抗流行性传染病，意大利威尼斯设立了Lazaretto（检疫站，检疫医院），首先对入境的船只实施在港外锚地隔离40天的检疫措施，40天称为四旬（Quarantenaria），于是卫生检疫制度由此产生。15世纪末以来，欧洲笑 大航海高潮，卫生检疫进一步受到各国重视。1970年，英国成立检疫组织实施了较为妥善的检疫办法，随之西欧各国纷纷效仿。1851年，奥地利、西班牙、法国、英国、希腊、俄国等11个国家在巴黎举行第一次国际卫生会议，制定了第一个地区性的《国际卫生公约》。1926年的第13次国际卫生会议已有包括中国在内的50多个国家参加，制定了新的《国际卫生公约》。该公约规定霍乱、鼠疫、黄热病、天花及斑症伤寒为检疫传染病，对检疫查验、卫生处理等均作了明确规定。1933年国际社会产生了《国际航空卫生公约》，该公约于1951年被纳入《国际公共卫生条例》之中。1995年，世界卫生大会决定修改《国际卫生条例》；历经10年，《国际卫生条例（2005）》被第58届世界卫生大会审议通过，并于2007年6月15日正式生效。与卫生检疫查验制度建立相应，世界各国也在不断遭受危险病虫害的过程中建立了动植物检疫制度，即通过国家立法以防止动物传染病、寄生虫病和植物危险性病、虫、杂草，以及其他有害生物由国外传入和在国内蔓延。同样，随着对外贸易的发展，进出口商品检验、进出口食品检验检疫的法律制度与机构也在世界各国建立和不断推进。

综观之，世界发达国家普遍高度重视检验检疫在安全维护中的作用，并随其面临的安全威胁态势的变化而对检验检疫的整体布局与具体运行进行不断调整。通过横纵向比较，欧盟、美国、加拿大、日本、韩国、澳大利亚、新西兰、新加坡等发达国家和地区的检验检疫在相关法律法规、职能分工、进出口监管、风险预警、准入管理、口岸查验、国家实验室、第三方机构、公共信息平台等方面具有如下共同点。

第一，不断完善机构设置与体制建设，将检验检疫置于国家安全战略的架构之中。如美国于2002年成立国土安全部，将口岸安全直接纳入国家安全战略中，建立口岸反恐应急体系，修改《国境卫生检疫法》，增加口岸反恐应急内容。又如为了加强政府在重大突发事件中的组织协调能力，英内阁办公室2001年7月新设立了民事突发事件秘书处，主要负责向首相报告可能引发危机的各种事件、针对各种突发事件的监测和协调指导、建立突发事件分析监测网络等，若传染病、生化袭击等突发事件发生时，负责政府和民间机构的组织协调。[1]

第二，建立了体系完整、更新及时的法律法规体系和技术标准体系。法律法规和技术标准体系是检验检疫职能高效执行的基础，发达国家对

[1] 杨志俊：《世界发达国家和地区应对突发公共卫生危机措施及卫生检疫网络建设概况》，《口岸卫生控制》2004年第2期，第7-9页。

商品的检验监管有着完备的法律体系，几乎每一种商品都可以找到对应的法律规定。以欧盟为例，欧盟的产品安全法规体系是世界上最完善的法律体系，仅在食品安全方面近年来就陆续制定了《通用食品法》《食品卫生法》等20多部法规，形成了强大的法律体系。再以美国为例，近年来美国在控制外来物种入侵方面的立法数量不断增多，仅在2002～2003年就通过16部，在2003～2004年又通过26部。韩国在食品安全方面也有51部法律，包括了《食品卫生法》和《食品卫生法实施条例》《植物防疫法》《水产物品质管理法》等。发达国家在健全的法律体系的基础上，及时更新相关法律法规和标准。欧盟1967年通过的《关于危险物质分类、包装和标志指令（67/548/EEC)》，到目前已进行了31次修订；28个农药残留法规，已经过了50多次的修改。而日本的《家畜传染病防治法》自1951年出台后，已修订24次，近10年就修订了9次。

第三，进口强化政府部门监管，出口强调企业第一责任。发达国家对进出口商品的检验监管，一般都是对进口商品有着严格的检验程序，各国都强调对于涉及公众安全、健康、环保的产品检验、检疫与监管，如食品、化工原料、动植物产品等。欧盟、美国等更是对高风险产品通过多道防线、采取多种措施进行严格监管。如美国政府对许多进口产品首先通过质量认证等手段加强源头管理，实现在境外构筑起针对进口产品安全的第一道防线；口岸检验和市场抽查则是进口产品安全保障的第二和第三道防线。目前，进口产品的检验监管模式已从对终端产品的检验逐步转向对源头及过程的监管。对出口商品，很多国家不作政府层面的强制检验要求，由企业按进口国标准实施生产并承担责任。日本《进出口交易法》第4条规定，对故意违法出口、损害本国出口信誉的企业，一年内禁止其向指定地区出口指定商品。这种将监管着眼点放诸企业，而不是单批产品、单个事件的做法，较好地强化了“企业是第一负责人”的意识，对企业产生了强大的威慑力。

第四，强化准入制度，实施间接管理，惩治措施严厉。美、欧、日、韩这些国家和地区对食品药品、机电、化工等特殊商品强化源头管理，通过采用企业注册登记、产品质量安全认证以及备案许可等手段，强化事前把关，设置市场准入门槛。美国尤其全面规定：电子、电器产品须符合FCC标准（电磁兼容的标准）；食品、药品、添加剂、化妆品等须符合FDA（美国食品药品管理局）标准；CPSC（美国消费产品安全委员会）目录管理的15 000种不同产品须满足CPSC制定的规则；纺织品须满足FTC（美国联邦贸易委员会）制定的规则等。与此同时，这些国家在产品质量与安全监管上重点采用间接管理，将检验监管的任务交给民间机构执行而非亲历亲为，由第三方检验机构代表政府对进出口商品进行检验，承担“法定检验”任务；政府则强化对这些机构的管理，即通过实施严格的认可、监督管理既确保检验质量，又节约了公共资源。此外，这些国家对产品质量问题的惩治措施也非常严厉，政府监管部门对一般产品的监管通常不进入生产领域，所有产品责任由生产者承担，对在事后管理中发现问题的，及时发布预警，并通过召回、扣留、销毁等进行处置，且处置手段严格、程序麻烦、周期冗长、费用极高。

第五，注重风险评估，实现分类管理。风险评估已成为发达国家进行科学决策和管理的一个重要环节，发达国家目前形成的先进监管模式均建立在科学风险评估的基础上。他们大多在对产品进行科学风险分析后，区分高危产品和低风险产品，再进行分类管理，这一点在食品、动植物产品监管中尤为突出。如欧盟食品安全局的主要工作就是对食品供应链中涉及的风险进行评估，并就评估的结果与其他相关成员进行交流。新西兰政府从20世纪60年代开始推行动物产品的风险分析，是世界上风险分析工作领先的国家之一，其将风险分析很好地与检疫决策结合起来，建立了一套从科研人员到管理决策的完善的风险分析体系。日本《食品安全基本法》中明确规定：用风险分析方法确保食品安全，有关食品安全政策的制定、修改和作废，原则上以风险分析方法为基础。

第六，健全预警和快速反应机制，强调口岸协作联动。这些国家一旦发现某产品有缺陷，可快速反应，启动快速预警系统，并采取终止或限制有问题产品的进口、销售、使用等紧急控制措施。如欧盟设立了针对非食品的REPAX系统和针对食品和饲料的RASFF系统，一旦发现不安全产品，就会立即在成员国之间进行快速的预警，从而在整个欧盟范围内采取监控、禁售、召回、销毁等限制性措施。在美国，凡被施以“自动扣留”措施的产品运抵后，入关时必须接受逐批检验，由美国当地实验室检验合格并经FDA审核认可后，海关才准予放行。日本的“命令检查”则规定产品检查率达100%，其检验费用全部由企业承担，在检查结果出来前，货物被停留在港口不允许办理入关手续。这些国家的快速反应还有个共同的特点，就是强调口岸之间的协作联动，一个部门发出的快速反应指令，相关监管部门（如海关）等都严格配合执行，这些都通过法律等形式予以明确并成为一项工作制度。如欧盟食品安全预警机制由欧委会健康与消费者保护总司负责，以欧洲理事会号指令为法律基础，通过对各种食品生产到销售实行全过程监控，及时发现各环节出现的问题，采取通报、警告、退货、注册、封关、禁售等应对措施，并在欧盟内部建立起自动报警制度。即任一欧盟成员国，发现某一食品不符合欧盟标准时，应立即通知欧委员会和其他成员国，以便各成员国采取相应的、一致的应对措施，通过共同行动，维护统一生产的安全❶。

第七，建立多元主体共同参与的检验检疫监管体系，注重运用第三方检验机构的作用。在实验室检验方面，发达国家大多采用“官方实验室+第三方实验室”的模式。官方实验室主要承担科研、制订标准、进行实验室之间的培训、比对、仲裁等工作，一般由政府拨款，检验不收费；第三方实验室是得到官方认可的、独立从事检测业务的社会资源实验室，主要承担委托检验及部分强制性检验，检验一般都收费。政府对第三方检测实验室管理严格，通过实施准入制度、不定期检查监督、指定领导层任命、对检验人员实施注册制度等方式实现有效管理，确保检验质量。以日本为例，日本的进出口商品检验检疫工作大

❶ 高奇：《完善中国检验检疫制度与功能研究》，福州大学硕士论文，2006。

部分由民间的检验检疫机构，主要有日本海外货物检查株式会社（OMIC）、新日本检定协会（SK）、日本还是检定协会（NKKK）、日本油料检定协会等。另外，发达国家还十分重视国内公众和产业界意见，有助于检验检疫机构简化检验检疫程序、提升服务水平。如澳大利亚的国家检验检疫部门具体规定了一些限制进出口贸易的商品，如考拉、野生鳄鱼、鸭嘴兽等及其制品，但如果被国家检验检疫部门认定，类似商品的来源不是野生，或者是用于科研或外交等其他用途的仍可以进出口。为此，政府允许出口商对其出口商品的用途及计划进行详细说明并公布在国家官方网站上，如果经过大部分人认同该项目是有益于国家和人民的，即可以办理出入境。❶

第八，建设完善的政府公共信息平台。多数发达国家都有一个政府建设的公共信息化平台，不仅提高了检验检疫机构的工作效率，也方便相关机构、社会组织及民众查阅进出口物流信息。如澳大利亚的公共电子平台，进出口企业和通关代理公司通过平台向海关和检验检疫机构申报数据，海关和检验检疫机构实施放行。新加坡也有一个 TradeNet 信息化系统，代理人或收发货人发送货物信息后，系统自动对货物进行判别，属于政府公告受控货物的，数据流自动流向货物主管部门，主管部门根据监管要求对货物进行处理，并将处理结果反馈该系统，然后流向海关；不属于政府公告受控货物的，数据流直接流向海关。美国建立了公共性的网上数据库，既可向公众发布进出口产品安全的有关信息，也便利公众查询。

三、检验检疫中的安全威胁识别与分析

对检验检疫所处置的安全威胁进行识别与分析，是为了更清楚地掌握这些威胁的发生原因、过程、演化及其危害，为安全治理提出更具针对性、现实性与可操作性的举措。主要是对威胁类型及特征、重大事件进行识别与分析。目前，我国检验检疫工作所处置的安全威胁大致可概括为七大类。

①外来生物入侵，影响我国生态环境安全。外源生物（包括微生物、植物和动物）被引入本土后，其种群极易迅速蔓延并形成失控局面，造成本地物种种类濒临灭绝，破坏当地农业生产、生态环境以及经济发展。2013 年 10 月召开的“第二届国际生物入侵大会”确认中国遭受的外来入侵物种已达 544 种。近 10 年来，我国相继发现了西花蓟马、Q 型烟粉虱、三叶草斑潜蝇等 20 余种世界危险性与爆发性物种的入侵，且年均增加 1 至 2 种，成为世界上遭受生物入侵最严重的国家之一。有专家指出，松材线虫等 13 种主要农林入侵物种每年已对我国造成 500 多亿元的直接经济损失。

②传染病传入传出，给公共卫生带来巨大挑战。各类病毒、病菌等主要由人、食品、药品、动物植物等入（过）境时携带，隐蔽性强、传染性大，严重危害公共卫生安全以及生态环境安全。具有威胁的病原菌大体上包括鼠疫、霍乱、疟疾、

❶ 吴义乾：《广州出入境检验检疫问题研究》，华南理工大学硕士论文，2012。

黄热病、流行性感冒、流行性脊髓灰质炎、流行性斑疹、回归热、登革热、艾滋病（包括病毒感染者）、性病、开放性肺结核、麻风病等。近年来我国一些大型检验检疫机构还报告了一些新的病毒病菌，如新型冠状病毒、肝炎病毒等，构成了威胁公共卫生安全的新阴影。SARS 和甲型 H1N1 流感所造成的恐慌还没有消散，新型传染病 H7N9 禽流感于 2013 年开始在我国肆虐，❶，其传染源尚未确定，又存在突变可能，严重影响人的安全与社会稳定。

③核生化恐怖主义危害显现，成为危害国家与社会安全的新型威胁。我国国境口岸面临着核武器、生物武器及化学武器的威胁，尤以生物恐怖主义最为突出。生物恐怖主义，指以蓄意使用生物武器并扩散病原微生物或生物毒素的方式进行袭击，企图制造人、动物或植物的疾病或死亡的恐怖活动。❷ 我国存在着遭受生物恐怖袭击的可能性，广州、北京、深圳、厦门、西安等口岸先后发生 64 起可疑白色粉末事件，导致国际候机楼停用数日，造成一定程度的人员恐慌和局面失控。❸ 生物武器由于造价相对低廉，科技含量较低，被称为“穷人的核武器”。国际上已出现过多起生化恐怖事件，如 1995 年日本的邪教组织奥姆真理教多名教徒在东京的营团地下铁（现东京地下铁）3 条路线共 5 班列车上散布沙林毒气，造成 13 人死亡及约 6300 人受伤；❹ 2001 年美国炭疽攻击事件造成 5 人死亡，17 人被感染。随着我国融入世界体系的愈加纵深化，国际关系日益复杂与多元，国境线上正面临日益严峻的生物恐怖主义威胁，一旦发生便会对我国国家安全与人民的生命健康形成了难以估量的危害。

④技术性贸易壁垒激增，给我国的经济安全带来巨大风险。技术性贸易壁垒是指一国或区域组织为维护国家或区域安全，保障人类健康和安全，保护动植物健康和安全、防止欺诈行为等而采取的一些强制性的或自愿性的技术性措施。这些措施对其他国家或区域组织的商品、服务和投资自由进入该国或该区域市场产生影响❺。技术性贸易措施是现代国际贸易的重要门槛，也是各国尤其是发达国家实施贸易保护的常用工具，严重影响了我国出口企业的利益和经济发展。2011 年，我国超过 1/3 的出口企业收到国外技术贸易措施的影响。其中，大型企业占 39.0%，小型企业占 32.0%；国有企业占 36.2%，民营企业占 36.3%；生产加工型企业占 89.2%，流通贸易型企业占

❶ 至 2014 年 1 月 8 日，上海、安徽、江苏、浙江、北京、河南、山东、江西、湖南、福建、河北、广东 12 省（市）和香港共报告确诊病例 165 例，其中死亡 47 例。参见百度百科：《甲型 H7N9 禽流感》，http：//baike. baidu. com/link？url = K5nynS-SU6k26wUUp8ytiOFknhjJ_ phkmK4rB6YvnBa2i2fwst43l26RRK65Y3mRIwUY1FJMOTC6lg3c3I9Rjq，2014 年 2 月 11 日。

❷ 盖若琰，黄勇，徐凌忠，唐伟，黑岩宙司：《浅谈生物恐怖主义及病原特点与国家公共卫生预警应急系统建设》，《中国病原生物学杂志》2007 年第 6 期，第 401－403 页。

❸ 廖如燕，陈胤瑜，宋卫，等：《国境口岸生物恐怖事件应对策略与措施的探讨》，《中国国境卫生检疫杂志》，2008 年第期 2 期，第 65－68 页。

❹ 维基百科：《东京地铁沙林毒气事件》，http：//zh. wikipedia. org/wiki/% E6% 9D% B1% E4% BA% AC% E5% 9C% B0% E9% 90% B5% E6% B2% 99% E6% 9E% 97% E6% AF% 92% E6% B0% A3% E4% BA% 8B% E4% BB% B6，2014 年 1 月 11 日。

❺ 张秀娥，张波：《技术性贸易壁垒对我国出口贸易影响的实证研究》，载《科技管理研究》，2012 年第 2 期，第 22－26 页。

0.09%。[1] 这些数据表明技术性贸易壁垒给我国企业利益、产业结构调整带来了新压力。

⑤贸易结构性问题突出，给我国的可持续发展安全带来巨大压力。整体看，我国出口产品大都处于全球贸易链的中低端，且在生产链中位于简单加工环节。我国产品的这种“结构性弱势”导致我国企业在全球贸易中处于非常不利的地位，严重影响着我国民众生命健康与产业转型升级。机电产品一直占我国外贸出口首位，但长期以来均是简单再加工，拥有的自主品牌不超过30%。同时，由于低价竞销恶性竞争等原因，国外反倾销指控不断，位于产业链低端的出口企业的贸易条件不断恶化。如山东作为全国天然橡胶最大进口口岸，2012 年上半年共进口天然橡胶 52.4 万吨，占全国进口总量的 53.2%，进口量激增导致口岸库存积压自 4 月份开始日趋严重，截至当年 8 月底，各保税库均出现爆满现象，天然橡胶库存增长至 16.2 万吨，创历史新高。[2] 而进口天然橡胶出现口岸严重积压的重要原因之一便是轮胎行业产能过剩，汽车行业增速放缓以及欧盟正式施行的轮胎标签法案（该法案导致国内对天然橡胶需求大幅萎缩）。

（六）生物威胁日趋严峻，危害我国民众的生命健康、经济安全及生态环境安全。生物安全研究源于转基因生物技术的研究，1975 年美国国家卫生研究院首次提出生物实验意义上的 biosafety（生物安全）概念，后在法学、军事、管理等领域受到重视，现一般认为广义生物威胁包括转基因、物种入侵、流行疾病、生物恐怖主义等。当前全球生物安全形势十分严峻，新型生物威胁不断涌现，其形式愈加复合与多样，危害愈加隐秘与极端。在世界态势日益复杂、博弈格局不断动荡变换的背景下，我国面临的自然与人为的生物威胁的压力已十分巨大，生物安全能力亟待提升。[3] 作为各类要素的中转站与连接点，多年来我国口岸在对集装箱、运输工具、人员、商品与动植物等展开检验与检疫的过程中，检测与截获了多种生物安全威胁，如有害动物与植物、病毒性因子、重大传染病、生物恐怖主义危害等。从我国口岸实际工作看，经口岸而传入的生物威胁，渠道多、载体多样、风险大，这引起了研究者与口岸一线工作者的诸多关注。[4]

（七）污染物威胁复杂多变，成为公共安全的巨大挑战。产品在生产、加工、运输等一系列环节中易受到污染或有毒有害物质的侵袭，这主要体现为食品原料在种植、养殖过程中的农兽药残留问题，食品生产过程中的违规添加以及食品容器、包装材料、运输导管的迁移污染。如 2013 年浙江衢州检验检疫局从来自美国的 4 批进口全脂乳粉中连续检出亚硝酸盐含量超标，货物重量共计 220 多吨、货值 110 余万美元。[5] 而 2011 年我国收

---

[1] 国家质量监督检验检疫总局：载于《中国技术性贸易措施年度报告》（2012），中国质检出版社，2012 年，第 104－112 页。

[2] 《近期山东口岸进口橡胶积压现象严重》，载于《质检内部参考》，2012 年第 20 期，第 54 页。

[3] 贺福初，高福锁：《生物安全：国防战略制高点》，载于《求是》，2014 年第 1 期；于晓峰：《生物恐怖：21 世纪国家安全的新威胁》，2002 年 6 月 4 日，《中国国防报》第 4 版。

[4] 姚宝龙：《上海口岸入境集装箱媒介生物输入性风险研究》，载于《中国预防医学杂志》，2010 年第 5 期；曹鑫：《口岸输入性虫媒传染病及媒介生物风险分析和风险管理系统研究》，中国人民解放军军事医学科学院硕士学位论文，2007。

[5] 中国质量新闻网：《衢州口岸：退运不合格进口乳粉》，http：//www.cqn.com.cn/news/zggmsb/disan/850942.html。

到出口国家或地区的食品不合格通报的原因共涉及16大类，其中农兽残、微生物、食品添加剂等安全卫生项目占到69.53%。另外，旧电子物料、二手服装、工业及放射性废料等“洋垃圾”成为我国主要货物，而这些垃圾回收少、填埋多，给我国的大气、土壤等生态环境带来难以修复的破坏。

根据法律规定，质检总局主要对出入境1年以上的人员开展传染病监测体检，每年开展的出入境艾滋病监测人群约100万。2012年，出入境监测体检103万例，检出艾滋病感染者564例，感染率为5.64/万，与国内感染率5.8/万基本持平，较2011年同期分别增长33.3%、51.1%和14.4%。[1]

2012年一季度，广州检验检疫局共检疫监管进口玉米22批，重量32.9万吨，货值1.06亿美元，均来自美国，进口总重量是2011年全国进口重量的18.8%，并连续从9批进口玉米中检疫截获了12种国家禁止进境的重大植物检疫性杂草。其中，西部、长芒、球果苍耳、宾州苍耳、西方苍耳和河岸苍耳6种杂草为广东口岸首次截获，国内尚未见报道。[2]

2011年1月1日起，国家质检总局将部分进口服装纳入强制的监管范畴。全年共受理报检进口服装36 951批、5232万件，货值69 536万美元；实施抽检14 959批，共检出不合格1521批、73万件，货值1220万美元，批次不合格检出率达10.2%，其中有861批因涉及安全项目不合格而被退运或销毁。[3]

2011年5月25日，国家质检总局在接到台湾塑化剂污染事件报告后，于5月26日下发《关于调查进口台湾问题食品添加剂检验监管情况的紧急通知》（质检检函〔2011〕124号），立即开展进出口食品添加剂塑化剂检测工作。一是在口岸截获塑化剂超标的进口台湾食品添加剂8批次（涉及6家生产企业均不在台湾向大陆通报的企业名单中），进口美国塑化剂超标食品添加剂2批次，全部依法实施了退运或销毁处理；二是在申报拟出口食品添加剂中检出塑化剂超标5批次，涉及3家生产企业，问题产品全部被禁止出口。[4]

这些事件在引起生命代价、社会恐慌、环境破坏、普遍性威胁的同时，也因其对社会、技术、制度、观念等因素的冲击性作用，而对现有检验检疫的具体职责、法律规定、体制设计、机制运行、制度功能、技术指标、人员配备等产生了需要调整与改革的压力。

四、“场域安全”维护的问题与挑战

从19世纪末的世界鼠疫、霍乱、天花等重大疫情到21世纪的非典、一枝黄花、核辐射等复杂隐蔽的非传统安全威胁，我国检验检疫机构一直致力于有效维护国门安全。然而，一方面，随着我国开放口岸的增多，安全威胁的复杂化、综合化与常态化，检验检疫机构在安全治理中面临新难题；另一方面，国外技术性贸易壁垒增强、产

---

[1] 卫生司：《总局抓好出入境艾滋病防治工作》，载于《质检内部参考》2012年第23期，第9页。

[2] 广州检验检疫局：《进口美国玉米激增粮食安全问题急需关注》，载于《质检内部参考》2012年第9期，第53页。

[3] 国家质量监督检验检疫总局：《中国质量监督检验检疫年鉴2012》，中国质检出版社/中国标准出版社，2012，第153页。

[4] 国家质量监督检验检疫总局：《中国质量监督检验检疫年鉴2012》，中国质检出版社/中国标准出版社，2012，第155页。

品质量问题日益突出、国际疫情日趋频繁并愈加国内化、部分进出口企业诚信缺失、相关法律滞后等综合原因，导致检验检疫难以适应不断拓展的业务范围的工作要求❶。从“场域安全”这一更广阔的视角考察检验检疫的历史与现状、地位与挑战、探索与发展、定位与目标，检验检疫面临新的难题与挑战。

（一）发展目标与安全目标的难两全

改革开放以来，我国对安全与发展关系的认知大致经历了3个阶段：改革开放初期认为，发展是安全的前提，“发展是硬道理”，中国政府的首要任务是发展经济；随着经济的腾飞与人民物质生活水平的提高，因发展而引发的环境破坏、各类事故、食品不安全等问题愈加凸显，“安全”与“发展”故而被视为是一个硬币的两面，两者相辅相成、缺一不可；紧随着SARS危机、全球金融危机、食品安全危机、水资源危机、重大自然灾害危机等非传统安全威胁形成了普遍性压力，“科学发展”也因此成为了我国发展的新纲领，安全与发展的关系被重视审视，“安全是发展的前提”，“安全是发展的核心”，安全是“制度伦理的底线”在某种程度上达成某种共识。❷ 然而客观地说，“安全发展”的观念还只是初步的，也仅限于决策高层与个别地区，在更多地区的具体实践中仍然是“发展优先，其他靠边”，“安全”仍是一个在重要性与紧迫性方面次于“发展”的量纲。安全目标与发展目标的难兼顾也突出反映在检验检疫部门。对检验检疫部门来说，其首先是一个服务贸易通关的部门，为进出口贸易经济与发展担负了不可或缺、不可替代的职责，是我国贸易发展与经济建设中的一支重要的服务与保障力量；同时，其维护的国门安全实质上是一个具有主权性、结构性、全局性的“场域安全”，为国家主权完整、经济利益、公众健康、环境保护等发挥了极为重要的安全保障功能。然而检验检疫在职能履行过程中，难以同时兼顾经济利益与安全保障，体现在：技术执法难免与企业利益、进出境的国民个人利益存在一定程度的冲突；“严格把关，有效监管”的安全保障措施难免与地方政府的经济发展之首要任务的目标相抵触。总之，把关与服务、增长与安全、出口与质量、贸易便利化与质量安全目标等之间难以兼顾。从“场域安全”这一更为广阔的视角看，协调与统筹把关、服务、经济、发展、监管、安全等目标于检验检疫工作之中便成为一个需要经常面对的难题。

（二）国内强控制和国际弱控制的难对称

“场域安全”为检验检疫审视其自身工作及其与外围的关联提供一个全新的、更为广阔与更具分析力的视角，其中体现之一就是“场域安全”将我国检验检疫纳入“全球经济体”的范围内，而在国内与国际两个方面重新思考检验检疫的具体工作。检验检疫直接监管的空间范围是“国境线”，而间接影响到的区域则涵盖国境内外。我国已建立起相对完备的检验检疫制度，但国际上并

---

❶ 王志文：《“十二五”时期应加快完美我国检验检疫制度体系》，载于国际质检总局办公厅编：《蓝图——质量监督检验检疫事业发展“十二五”规划征文获奖文集》，中国社会出版社，2011，第246－248页。

❷ 余潇枫：《“平安中国”：价值转换与体系建构——基于非传统安全视角的分析》，载于《中共浙江省委党校学报》，2012年第4期，第12－17页。

未有一套完整的认可体系来监管物流和人流。虽然联合国、世界卫生组织、世界贸易组织等国际组织在公共卫生、国际贸易等方面已经制定了一系列的规则和标准，但其在各国的具体实施中缺乏应有的法律约束力与有效的执行力，世界各国大都以本国法律法规为根据，而仅以国际规则标准为参考。同时，我国产品出口与外国产品进口时，各自存有贸易壁垒、严进宽出等问题，而由于我国产品在国际市场中处于中下端，我国遭受了因产品进出口问题而导致的商务、旅游、贸易、外交甚至国防领域的安全问题：我国部分企业面临国内双重标准——出口商品标准高、内销商品标准低，企业利益受损。近年来国外技术壁垒种类与手法层出不穷、标准逐渐提高、范围不断扩大，各贸易国家或地区普遍重视通过技术壁垒来抬高进口商品准入门槛（如日本的“肯定列表制度”、欧盟的REACH法规），再加上我国对进口产品的技术标准体系还不健全、企业诚信缺失等，使我国大量产品出口难度加大，出口企业损失严重。国内强控制和国际弱控制极易产生技术贸易壁垒、国际贸易纠纷、有毒有害物质出入境等影响贸易便利与安全保障的问题，导致我国出口商品的质量低下甚至不合格，我国的国家与企业在国际贸易中的声誉受损，如“三鹿奶粉事件”导致我国的整个乳品行业出口受阻，严重损害了我国乳品类民族企业的利益；“毒水饺”事件对我国出口食品形象造成了巨大消极影响，进而对我国国家外交与国家形象构成了不利因素。

（三）法律相对滞后与现实新威胁的难对应

检验检疫依法办事是其维护“场域安全”的基本特征。检验检疫机构需要适应国际贸易及全球化不断推进的新形势，我国在商品检验、动植物与卫生检疫等相关律法规（如《中华人民共和国国境卫生检疫法》，2007；《中华人民共和国食品安全法》，2009）对立法目的、执法机构、执法对象、执行机制等作出了较为完整、具体的规定，但随着经济、社会的发展，口岸工作面临新的问题与难题，随即存在法律内容相对滞后于客观现实的问题。如有些法律法规（如《中华人民共和国进出境动植物检疫法》，2009）标准低，覆盖面窄，没能充分反映检验检疫的发展形势，从而导致上下位法冲突、机构职责规定交叉等问题。以生态安全维护的相关法律为例，在我国现有的检验检疫法律体系中，与生态相关的占了很大篇幅，但存在着立法目的偏离生态、缺少统领性上位法、名录制度不完善、很多条款已经无法适应新形势，甚至严重落后于新的国际协议等问题；再以食品安全维护为例，相关检验检疫法律只做了概要性的陈述，过于笼统，执法过程中易产生模糊性，法律法规的责任规定偏少，制裁措施力度不够，法律法规的规定不符合实际工作情况，关于检验检疫食品安全方面的地方性法规和地方规章较少且大部分趋同，没有制定符合地方检验检疫工作特色的法律法规，难以发挥不同地方检验检疫机构的自主性。另外，我国检验检疫法律对机电、农产品、日用消费品、专利等各方面都缺乏行之有效的风险预警和应急处理机制，对生物恐怖主义与外来物种入侵等新型威胁的检验检疫未作出专门、具体的规定，尤其是针对外来物种入侵的应对方面，存在无专门法律法规、无专门机构、无许可制度等不足。

（四）新型威胁复合与应急手段单一的难呼应

检验检疫所应对的威胁呈现多样性、复合性

与复杂性，需要相关各政府部门以及行业组织、民间机构、消费者等支持与协调，但囿于社会参与机制的不健全，检验检疫维护“场域安全”所需要的政府各部门之间，政府、社会与市场多元主体之间的联动协调机制仍未建立。首先，相关部门之间缺少良好的沟通与协调机制。从口岸整体运作情况来看，检验检疫部门与海关、边检、边防、海事等单位之间，甚至是检验检疫系统内部各兄弟局之间，常常因不同的利益追求而无法实现真正意义上的联合执法和资源整合，各部门形成的分段管理为主的监管模式导致监管责任不清、相互推委扯皮。其次，由于我国自上而下的检验检疫监管与决策体制，法律法规的出台、标准的制定、检验检测体系的建立、认证认可体系的建立很难确切地根据现实需要出发，容易造成管理“虚化”问题，很多具体管理制度在现实中难以执行。最后，社会与市场力量未能有效发挥。目前企业、消费者、大众、媒体以及相关行业组织等社会与市场力量缺乏有效参与监管的渠道与相应机制，其参与检验检疫监管的作用还未充分发挥。

（五）安全威胁复合与部门众多独立的难统合

检验检疫所维护的“场域安全”的关涉主体正逐步增多、时空范围正逐步延伸、责任强度正逐渐增强，无法靠单一手段、独立部门进行应对。一是主体延伸。国内向企业源头延伸，国外向合作国与相关组织、公司、个人延伸，正在形成包括国内出口企业、国外利益相关企业与国家、特定组织与个人的复杂“安全网”。二是领域延伸。从经济、贸易向政治、军事、生态、文化、社会、技术、宗教等领域延伸。当前国外多数国家大多变换花样采取技术型贸易壁垒措施，贸易受阻的后果已远远超过经济领域的收入与利润减少，而是给我国主流价值观、产业结构、关键技术、社会稳定、百姓民生等带来极大不稳定或挑战因素。三是安全责任强度延伸。为了把好安全关，需要在国外开展工作，与他国的相关部门进行全面的协作，还要帮助出口企业有效应对敌意国家的各种无理制裁。“场域安全”视角下我国检验检疫的职能正在多维度拓展，且随着贸易的蓬勃发展形成了跨越国界的特定利益与认同场域，价值观、历史文化、民族认同等非经济性因素越来越成为影响我国国家安全场域的复杂因素，因国境线上的安全挑战而带来的国家主权与社会安全的挑战愈加凸显。而我国当前检验检疫与相关部门（如海关、税务、工商、海事、边防、边检等）分别在不同环节、不同阶段担负安全场域中的不同安全职责，共同形成了“场域安全”维护的力量格局，然而从整体看又存在“部门林立”“环节众多”“执法平台封闭运作”“职责交叉重叠”❶ 的不足，职责上彼此分割与相对独立，安全维护方式单一，职责系统独立运行，难以协调统一。同时，基于简化手续、提高效率的“大通关”“一线放开、二线管住”“抽批检验、合格放行”“先报检后报关，先通检后通关”“产地检验、口岸查验”等政策，以及地方政府的“无水港”“虚拟口岸”等建设，在加大直通放行与绿色通道之举措

❶ 《党的十八届三中全会〈决定〉学习辅导百问》编写组：《党的十八届三中全会〈决定〉学习辅导百问》，党建读物出版社，2013年，第99－101页。

的同时，却增加了不安全问题的产生与积累，各类风险与威胁被推到了出入境的第一线，加大了检验检疫这一环节中的安全管理难度。

五、全面深化检验检疫改革的思路与对策

基于我国检验检疫在公共安全体系与国家安全治理中的独特作用及其“场域安全”的新定位，结合《决定》对新时期口岸管理体制改革的基本要求，为进一步发挥检验检疫在民众生命与健康、生态与环境安全、公共安全与国家安全中的作用，要在发展理念、战略定位、法律完善、体制机制健全、能力提升方面对检验检疫的发展作出新的思考。

（一）理念：强化并践行“大安全观”

从属性分类看，检验检疫所维护的“场域安全”除涵盖经济安全、社会安全、环境安全等常规性非传统安全问题，还需要维护因生物暴力、重大疫情、外来物种而引发的“生物国防”等非常规性非传统安全问题，即“交织安全”❶问题，检验检疫的安全实践极具综合性、复合性与复杂性，是一种涵盖了传统安全、非传统安全、交织安全的“大安全”。随着口岸所面临威胁的日益复杂多变，检验检疫所维护的安全场域不断延展，甚至与政治安全、军事安全等传统安全相交织（如美、俄等国为有效应对生物恐怖主义、维护“生物国防”而设计了相应机构与计划）❷。基于此，检验检疫系统致力于大通关、大物流、大口岸的战略建设的同时，要树立“大安全观”的理念，将“大安全观”作为检验检疫系统日常工作的思想指导，使其成为检验检疫系统的工作理念，应注重宣传检验检疫作为“大安全”维护之第一防线的重要性，增强社会共识；同时，并为切实落实“大安全观”而建立健全相应的体制、机制、机构、队伍与培育相应的“大安全文化”。

（二）战略：将检验检疫置于国家安全体系之中

随着各个领域与层面的安全问题的增多，“安全”开始凸显其作为一种必要之公共产品的重要性，保障安全因此是政府重要职能之一。进一步加强与完善检验检疫的安全治理能力已成为我国国家建设与社会发展的新内容。这是安全维护现实的迫切要求，也是检验检疫对自身职能进行的新定位。一方面，随着食品安全、经济安全、生态环境安全、公共卫生安全以及口岸防恐等问题的愈加凸显，检验检疫工作应成为国家安全治理的题中之义；另一方面，检验检疫从单一服务经济贸易发展向服务经济与服务安全一体化的职能新定位发展，促安全、保安全是检验检疫在新时期新的职能定位。2002 年《中华人民共和国进出口商品检验法》修改时就将立法目的从原先的“根据对外贸易发展需要”修改为“应当根据保护人类健康和安全、保护动物或者植物的生命和健康、保护环境、防止欺诈行为、维护国家安全的

❶ 关于传统与非传统相互交织的问题，余潇枫将之归为“多源性非传统安全威胁”；廖丹子对“多源性非传统安全威胁”有专门分析，参见廖丹子：《“多源性非传统安全”与现代民防体制》，载于余潇枫主编：《中国非传统安全研究报告》（2012～2013），社会科学文献出版社，2013，第 1 版，第 325－340 页；姜维清认为“交织安全”是除传统安全、非传统安全之外的“第三种安全”。参见姜维清：《交织：国家安全的第三种威胁》，北京：世界知识出版社，2011。

❷ 贺福初，高福锁：《生物安全：国防战略制高点》，载于《求是》，2014 年第 1 期。

原则”。因此，以检验检疫维护国家安全的体制机制建设应成为我国国家安全体系建设中的重要组成部分。就目前我国检验检疫所维护的安全重点与威胁挑战而言，应从国家安全战略的层面高度重视检验检疫中核生化反恐等非传统安全维护的职能与作用，也应从新时期全面深化改革的整体目标出发，将检验检疫的机构调整与安全职能置于公共安全体系与国家安全体系的建设及其规划当中。

（三）法律：建立健全检验检疫法律体系

首先，加强立法的整体规划，将检验检疫法律体系纳入国家安全法律体系建设与规划中，对涉及检验检疫方面的立法，分门别类、分清主次、查明漏洞，有计划地开展立法工作，突出食品安全、生态环境安全、公共卫生安全、产品质量安全维护的作用，推动我国的检验检疫相关法律法规的健全与完善。其次，要加大整合力度，加大法律内容规定上的处罚力度，进一步完善检验检疫直接关涉的 8 部法律 13 件行政法规的体系性与整体性，吸收借鉴国外发达国家的经验。最后，完善检验检疫强制性技术标准，与国际标准以及发达国家标准接轨。在制定技术标准时，应有选择地借鉴一些符合我国国情的国外技术标准，从法律技术标准上应对国外技术贸易壁垒。

（四）体制：建立与维护场域安全相适应的“大安全”管理体系

《决定》提出要“推动形成统一规范的口岸管理体制，加快整合口岸管理相关职能，货物进出口岸监管实现海关一口对外，旅检现场实现边检管人、海关管物的口岸通关模式，最大限度地促进进口贸易和物流的便利化。”因此，要进一步明确检验检疫部门的职责，强化检验检疫在国家安全治理和社会经济发展中的作用与地位。要十分重视检验检疫所处的“场域安全”的特征，在国家安全体系建设与规划的探索中要十分注重检验检疫以及相关部门所形成的“场域安全”的属性、特征与要求，发挥检验检疫在国家安全维护中的不可或缺性、不可替代性、整体性与独特性的作用，建立场域安全维护的大安全管理体系。要进一步理清检验检疫与海关、公安、外交、边检、边防、海事、运输、税务、工商等各部门的各自职责[1]，构建信息互换、监管互认、执法互助、安全互保，做好“大通关”战略的安全维护与保障。

（五）机制：建立与“大通关”相对应的“大安全”机制

从维护我国国家的综合安全目标看，有必要建立外交、商务、海关等相关部门的“大安全”联动机制，共享安全信息，共推安全行动，共创安全局面。这主要包括常态与应急联动机制、风险管理机制和公共服务机制，具体可从四方面推进：第一，建立和国际社会及不同国家之间的联动机制，加强国家间与区域化的合作优势。第二，建立和海关等相关机构的信息共享、资源共有、机制共联的预警与处置机制，为“大通关”“大物流”“大口岸”“一站式”“大自由贸易区”提供全面的安全保障。第三，建立跨省的区域合作。以长三角为例，通过工作联动与搭建交流平台，

[1] 相关机构与检验检疫机构职责交叉的问题十分明显，如地方卫生行政机关与检验检疫机关一直就口岸区域卫生监督权的归属争执不休。参见吴义乾：《广州出入境检验检疫问题研究》，华南理工大学硕士学位论文，2012。

建立与完善区域协作制度；通过开放式的监管体制机制创新，构建信息支撑平台，拓宽合作范围以提高服务把关效能；通过搭建技术平台，优化实验室结构布局；通过搭建执法监管平台，统一执法行为规范。❶ 第四，建立与拓展与企业及社会之间的联动机制，发挥检验检疫部门在应对技术性贸易措施中的主导作用，帮助企业提高综合竞争力，如建立与国际接轨的技术法规和标准体系，建立统一规范的产品认证认可体系，建立技术性贸易措施的预警机制，加强技术性贸易措施知识的宣传、培训和普及工作等❷。

（六）能力：加强检验检疫的安全维护能力建设

第一，通过制度创新与管理能力建设提升安全控制能力。这需要加强安全制度的创新和加强应急响应能力建设。第二，通过科技与信息化提升技术保障能力，应用科技改善检验检检疫管理工作与管理模式。为进一步实现“大通关”目标，应加快推进口岸电子执法系统建设，实现检验检疫系统的内外、外网与专网建设，提高执法效率。积极借鉴国外经验，深化关检分离改革，培育第三方检验检疫机构与认证主体。第三，队伍能力提升，在科学确定检验检疫各岗位的工作职责和工作流程的基础上，制定绩效考核细则，加强国际交流合作，提高检验检疫人员的工作效能。为保障队伍能力的提升，要注重在加强与拓展检验检疫安全职能的同时，不断提升检验检疫工作人员的经济保障。我国检验检疫工作繁多，涉及进出口商品检验、动植物检疫、卫生检疫与处理、进口废物原料和旧机电产品装运前检验等 12 项内容，每一项内容下又有许许多多具体工作，业务量大、责任重，与此不相匹配的是，其人员编制紧张、经济待遇不理想。以宁波出入境检验检疫局为例，从 2013 年 1 月至 10 月，共检验检疫出入境货物 59. 0 万批，货值 827. 3 亿美元，共检疫出入境船舶 9985 艘次，出入境飞机 5600 架次，受理出入境集装箱检疫报检 828. 9 万标箱，检疫出入境人员 90. 5 万人次❸，然而该局共有干部员工 1000 名，人平均工作量可见一斑。因而加强对日益处于收入弱势的检验检疫工作人员的经济待遇与物质保障，也是提升检验检疫的安全维护能力的题中之义。

结语

十八届三中全会通过的《决定》要求，要针对现行口岸管理部门林立、通关环节众多、执法平台封闭运作等突出问题，通过“推动内陆同沿海沿边通关协作，实现口岸管理部门信息互换、监管互认、执法互助”，破解通关运作中存在的体制机制性障碍，推动形成统一规范的口岸管理体制。这既为口岸管理改革指明了方向，也预示着检验检疫部门在国家安全治理与公共安全体系建

---

❶ 徐金记：《长三角地区一体化背景下的检验检疫区域合作展望》，载于国际质检总局办公厅编：《蓝图——质量监督检验检疫事业发展“十二五”规划征文获奖文集》，中国社会出版社，2011，第 1 版，第 10－16 页。

❷ 郑志斌：《检企联合应对共同破除壁垒》，载于国家质检总局办公厅编：《蓝图——质量监督检验检疫事业发展“十二五”规划征文获奖文集》，中国社会出版社，2011，第 1 版，第 472－473 页。

❸ 宁波市出入境检验检疫局：《2013 年 10 月检验检疫业务统计数据》，http：//www. nbciq. gov. cn/tjsj/201311/t20131104_ 93620. html，2013 年 11 月 4 日。

设中的职责定位及其相应的体制机制建设等需要新思路了。基于当前发达国家检验检疫改革的整体趋势与我国口岸管理的不足，我国检验检疫部门要在深化改革促进贸易通关的同时，要突破固有“国门安全”的理解，建立“场域安全”的新视角，并在该视角下高度重视其安全维护与安全保障的重要地位与作用，高度重视检验检的各项工作与社会民生和公共安全维护的重要影响；要基于新时期国家安全治理能力现代化与公共安全体系建设的新要求，进一步理清其与海关、边防、边检、海警、海事等相关部门的职能边界，逐步建立统一、规范、协调、高效、安全的口岸管理体制及其相应的口岸公共安全管理体制；从检验检疫的“场域安全”特征及其在国家安全与公共安全治理中的不可或缺、不可替代、不可分割的作用出发，找准新时期检验检疫系统机构调整的方向与重点，在服务通关的基础上，围绕“场域安全”维护的要求，切实做好理念转变、体制机制完善与制度创新。

非传统安全视域下的中国出入境检验检疫*

高汝东**

【摘要】全球化的纵深推进和世界范围的物流、人流、信息流等的迅猛发展，使人类面临的非传统安全威胁的形势更为严峻，同时也彰显了“检验检疫”在维护国门安全、应对各种非传统安全威胁中的突出作用。检验检疫能有效应对来自经济发展、生态环境、生命健康等领域内的客观上威胁国家、社会和国民安全的各种因素，满足国民不断上升的对安全的主观心理诉求，促进各种行为体对非传统安全的共同认知，体现了非传统安全维护的“人的安全”的价值基点和“综合安全”“可持续安全”的治理理念。当前，应当强化“大安全”理念，并以此为导向来加强我国检验检疫的科技和队伍建设，深化体制机制创新，进一步发挥检验检疫在维护非传统安全中的重要作用。

【关键词】非传统安全；检验检疫；场域安全

一、前言

近些年来，随着全球化的纵深发展和全球性的金融危机、恐怖主义、生态环境恶化、传染性疾病等挑战的不断出现，非传统安全威胁越来越成为全人类关注的热点话题。国内外学者的一致认同，非传统安全即区别于传统的军事、政治、外交安全的新安全领域。党的十六大、十七大和十八大报告中都明确指出，我国面临的生存和发展安全的态势是“传统安全威胁和非传统安全威胁相互交织”，突出了非传统安全维护的时代意义。

改革开放特别是中国加入 WTO 以来，中国出入境的人流、物流规模越来越大，速度越来越快，辐射面越来越广。“当前，我国已有 2 万多家企业遍布世界近 200 个国家，2013 年约有 9000万人次出境，据估算到 2020 年，我国公民第年出境将达到 1.5 亿人次甚至更多。”❶ 党的十八届三中全会又提出：“加快自由贸易区建设。坚持世界贸易体制规则，坚持双边、多边、区域次区域开放合作，扩大同各国各地区利益汇合点，以周边为基础加快实施自由贸易区域战略。改革市场准入、海关

* 本文为国家社会科学基金重大攻关项目《中国非传统安全威胁识别、评估及应对》（12&ZD099）的阶段性成果。

** 高汝东，塔里木大学非传统安全与边疆民族发展研究院副院长，副教授，浙江大学公共管理学院非传统安全管理专业在读博士生。

❶ 王毅：《坚定不移走和平发展道路为实现民族复兴中国梦营造良好国际环境》，载于《国际问题研究》，2014 年第 1 期，第 23 页。

监管、检验检疫等管理体制，加快环境保护、投资保护、政府采购、电子商务等新议题谈判，形成面向全球的高标准自由贸易区网络。”❶ 这既表达了我国紧跟世界经济发展大势、推动经济发展方式加快转变的坚定信念，也体现了新时代我们主动顺应全球化经济治理新格局、对接国际贸易投资新规则的意识。

在这种背景下，我国边境口岸迎来了一个全新的大通关、大物流的形势。与此同时，各种传染病、有害生物、有毒有害物质、假冒伪劣商品入境的概率和可能发生的不安全事件也将大大增加，会对我国人民生命健康、生态环境乃至国民经济整体发展造成更大威胁。从非传统安全的视角看，我国将面临着严峻的外来生物入侵威胁、传染病传播威胁、食品安全威胁、转基因产品威胁、核辐射威胁、贸易壁垒造成的经济安全威胁、污染物造成的公共安全威胁等，检验检疫部门所从事的卫生检疫、动植物检疫、敏感商品检验（如食品、进口废物原料、旧机电产品等）等活动，其应对非传统安全威胁的职能日益凸显，在国家非传统安全治理中的守卫者角色进一步得到彰显。

二、检验检疫在非传统安全治理中的角色

由于非传统安全是“一切免于由非军事武力所造成的生存性威胁的自由”。❷ 因此，“眼下有一种趋势，关于非传统安全问题的清单越拉越长，可以说是包罗万象、无所不及，造成了将‘安全’概念泛化的势头”❸，这给非传统安全研究造成更大困难的同时，也显示了学界和社会对非传统安全认识的深化。非传统安全的“问题领域”虽然很广，但基本上可以分为五大类：一是人类为了可持续发展而产生的安全问题，包括环境安全、资源利用、全球生态问题以及传染性疾病的控制和预防；二是人类社会活动中个体国家或者个体社会失控失序而对国际秩序、地区安全乃至国际稳定所造成的威胁，包括经济安全、社会安全、人权、难民等问题；第三类是跨国界的有组织犯罪，如贩卖人口、毒品走私等；第四是非国家行为体对现有国际秩序的挑战和冲击，最典型的是国际恐怖主义；第五类是由于科技发展以及全球化所产生的安全脆弱性问题，例如网络安全、信息安全以及基因工程安全。❹

检验检疫虽然不可能解决以上全部的非传统安全问题，但能直接或间接地参与到各种类型的非传统安全治理中去，尤其是在应对跨国的非传统安全威胁中发挥着不可替代的作用。

（一）检验检疫与非传统安全在治理内容上的重叠性

非传统安全具有问题的始发性、成因的潜在性、传递的扩散性、表现的多样性、治理的综合性等特征。❺ 检验检疫应对的各种安全问题也基本上属于非传统安全领域，因此也具有这些非传统

---

❶ 《中共中央关于全面深化改革若干重大问题的决定》，人民出版社，2013 年 11 月。

❷ 余潇枫、潘一禾、王江丽：《非传统安全概论》，浙江人民出版社，2006 年，第 52 页。

❸ 王逸舟：《中国与非传统安全》，载于《国际经济评论》，2004 年第 6 期，第 33 页。

❹ 朱锋：《“非传统安全”解析》，载于《中国社会科学》，2004 年第 4 期，第 140 页。

❺ 余潇枫、潘一禾、王江丽：《非传统安全概论》，浙江人民出版社，2006 年，第 53－54 页。

安全问题的一般特征。而且，产品质量问题、疫病疫情等古已有之的各类问题之所以成为非传统安全问题，是全球化纵深发展的产物。伴随着大规模的出入境物流和人流，使得外来物种侵入的程度、生成变异病毒的速度和某些流行性疾病传播的趋势扩大化，如SARS、禽流感疫情、甲型流感肆虐全球，食品安全与产品质量突发事件影响经济安全并造成人们的恐慌，等等。

①经济安全维护：我国加入WTO后，明显受到其贸易规则的影响和制约，面临着技术贸易壁垒的挑战。在这种情况下，检验检疫部门通过退运调查、通报调查、目录外抽查等后市场监管和建立在技术指标基础上的检验检疫风险因子识别等方面信息的积累和分析，以超前的眼光建立预警快速反应机制，以保护我国相关产业的安全。检验检疫对进出口产品质量的检验乃至对动植物的检疫等，都直接或间接地维护着我国经济的安全。尤其值得关注的是，面对发达国家的贸易技术性壁垒、绿色壁垒等对我国经济领域安全的挑战，检验检疫部门可帮助企业制定可持续发展战略，建立技术性贸易壁垒预警监测机制，制定与国际标准一致的国家标准，主动攻破国际贸易中的“技术壁垒”，扩大出口贸易，维护国家经济安全。

②生态环境安全维护：检验检疫部门一方面实施进口动植物检验检疫，防止了外来物种的入侵，避免了外来动植物疫情在国内的感染和传播；另一方面通过强化进口监管，有效防止危险化学品、废物原料、核生化有害因子、特殊物品等对生态环境造成直接或间接破坏。

③生命健康安全维护：公共卫生安全和食品安全问题直接威胁到每个公民的健康乃至生命安全。卫生检疫承担着阻止传染性疾病进入国门、保障国民预防传入性疾病发生从而实现健康安全的直接责任；动植物检疫与商品检验等也对公民的生命健康安全保障有着密切的联系，动物植物检疫防止有害生物和病菌进入国境之内，商品检验能最大限度地保障百姓用上安全放心的交通工具、娱乐器械等，这些都与人的生命健康安全息息相关。

（二）检验检疫与非传统安全在价值基点上的相同性

传统安全的价值指向主要是国家安全，安全的领域也主要在政治、军事和外交领域。非传统安全相对传统安全而言，则是更关注“人的安全”。而从检验检疫的安全维护来看，其目的和作用也正体现了“人的安全”的价值取向。

检验检疫部门根据法律授权，利用自身特有的高科技优势，代表国家行使检验检疫的职能，根本目的是维护国民乃至全人类的健康安全。因为检验检疫维护的公共卫生安全、食品安全直接关乎千家万户的健康和安全，出入境动植物和商品的检验检疫也是防止外来生物和病菌入侵，保护国民健康和生态环境安全的，质量检验则直接关系到消费者权益。检验检疫的部门职责和工作流程都体现了“人的安全”的价值维护向度。

检验检疫一般会被误解为从属于经济贸易领域的活动，而2006年制定的《国家中长期科学与技术发展规划纲要（2006~2020年）》将检验检疫定位为公共安全领域。根据党的十八大的精神，检验检疫必须在非传统安全治理领域充分发挥作用，才能有效履行这一战略定位。检验检疫部门依照法律行使职权，对报检、抽样及制样、各种方法（感官方法、物理方法、化学方法、微生物方法、隔离、鉴定等）的检验检疫、卫生除害处理、签证放行等每一个环节都严格把关，依靠先进的技术和执法行动，确保非传统安全威胁因素不进出国境。依据《中华人民共和国进出口商品检验法》及其实施条例、《中华人民共和国进出境动植物检疫法》及其实施条例、《中华人民共和国国境卫生检疫法》及其实施细则、《中华人民共和国食品安全法》及其实施条例等有关法规条例的规定，检验检疫技术执法在商品检验、卫生检疫、食品检验、动植物检疫等方面有效地发挥着“人的安全”维护的职能。

第一，在卫生检疫方面，检验检疫部门对出入境人员、交通工具、运输设备以及可能染疫的行李、货物、邮包等物品实施国境卫生检疫和口岸卫生监督，防止传染病由国外传入或者由国内传出，保护人类健康。

第二，在食品检验方面，检验检疫部门监测和卫生监督进口的食品、食品添加剂、食品容器、包转材料和食品用工具及设备等是否符合国家技术规范。

第三，在动植物检疫方面，检验检疫部门对出入境动植物及其产品，包括其运输工具、包装材料的检疫和监督管理，防止危害动植物的病菌、害虫、杂草种子及其他有害生物由国外传入或由国内传出，既保护本国农、林、渔、牧业生产，又为人类的健康生活提供良好的国际生态环境，实现人的安全的价值维护目标。

（三）检验检疫与非传统安全在治理理念上的一致性

从检验检疫涉及的安全领域来看，它涵盖了军事以外的诸多领域，如经济、社会、环境、生态、卫生、能源、网络空间、生物技术等，是一个综合的安全领域；从检验检疫涉及的安全范围来看，它不是一国应对另一国的安全，而是跨越国家间的需要跨国互动的全球安全；从检验检疫应对的安全问题治理来看一般需要综合治理，不是单靠国家或某个部门单一行动就能彻底解决的，这是由检验检疫应对威胁的非传统安全特征决定的。

检验检疫部门对出入境人员、进出口动植物、进出口产品、国境口岸及交通工具等的检验检疫，一方面为国民健康和生态环境不受外来侵害提供有力保障，为国民经济发展和人民生活营造一个良好的可持续发展的安全环境作出了自身应有的贡献。另一方面，检验检疫既作为执法部门，又作为技术部门，具有自身独特的非传统安全维护优势。面对不断上升的各种非传统安全威胁，检验检疫部门以人的安全维护为理念，着眼于综合安全治理，不断调适自己的执法行为，进行体制改革，为非传统安全治理提供长效机制保障；同时，应对非传统安全威胁的技术手段在各种挑战下逐步升级，形成非传统安全治理的高科技资源共享平台，为安全环境的可持续性提供技术保障，这是其他部门所无法替代的。

（四）检验检疫与非传统安全在治理功能上的共向性

①国民对公共卫生安全威胁的恐惧。随着全球围内的国际贸易和跨国旅游的频繁与便捷化，各种传染性疾病传播的范围和速度加快。特别是SARS以后，中国公民对全球性传染疾病的警惕性大大提高，这是非传统安全威胁得到民众认识的

表现。在国民卫生安全意识增强的同时，新的传染性疾病层出不穷，某些古老传染病死灰复燃，让人防不胜防，其发生的非传统安全威胁特征十分明显。群众对检验检疫及相关部门能否严格控制各种传染性疾病提出了严格的要求，对其能否提供及时可靠的消息格外关注，检验检疫与人们的安全心理需求关系深化。

②国民对食品安全威胁的恐惧。近年来，随着人们生活水平的提高和健康意识的提升，对食品的安全也提出了更高要求。特别是一系列层出不穷的食品安全事件，加之社会各界对转基因食品的质疑和忧虑，在社会报道和网络宣传的推动下，国民对食品安全的担忧大大上升。随着人们对食品安全问题重视程度的提升和消费者自我维权意识的不断增强，近年来国境口岸的食品卫生投诉热线、维权热线等收到的关于食品安全问题的投诉不断增多，部分投诉举报经查证属实后对食品生产经营单位进行了行政处罚。以此趋势，以后国境口岸收到的食品安全投诉举报还将持续增长。检验检疫一方面保障老百姓食用的进口食品能够是绝对安全的，另一方面，通过对出口食品的精确检验检疫，也反馈给国民相关国产食品安全的可靠信息，从而满足人们对食品安全的强烈心理诉求。

③国民对生态安全威胁的恐惧。出入境动植物检疫对保护农林牧渔业生产和安全、保护人体健康和安全、促进对外经济贸易的发展具有重要意义。检验检疫国家法定机构对出入境动植物进行强制性检疫，不仅保护了农、林、牧、渔业生产安全，使其免受国际上重大疫情灾害影响，而且在履行我国与外国签订的检疫协定书的义务，突破进口国在动植物检疫中设置的技术贸易壁垒，帮助中国农业出口产品在进口国顺利通关入境，促进农畜产品对外贸易的发展等方面，解决"三农"问题等方面具有重要作用，是维护全球生态与生物资源环境安全的重要手段。

此外，国民对进口产品质量的担忧，企业对出口产品遭受国际贸易技术壁垒的忧虑等，也要求检验检疫部门能更好地履行职责，提高服务水平，提供安全心理保障。

（五）检验检疫与非传统安全在治理方式上的相同性

近些年来，随着非传统安全研究在全球范围内的持续升温和对全球安全困境的深入探讨，人们越来越觉得安全不仅仅是客观上不存在威胁、主观上不存在恐惧，安全还在于它的第三个维度——主体间没有冲突，安全被强调为一种"主体间"的"认同"。[1] 检验检疫应对的非传统安全问题，在国际上涉及国与国之间的关系、在国内则涉及检验检疫部门同海关、环保、卫生、工商、交通、边防、海事等部门的关系，从安全维护的价值取向来看，更是涉及检验检疫部门同企业的关系、同国民的关系。因此，安全的"主体间"性在检验检疫非传统安全治理中的地位是十分重要的，尽管人们对此尚未予以足够的重视。

①检验检疫维护的是跨国性的"场域安全"

非传统安全是一种以人为中心、以认同为基础、以非军事对抗的生存场域为背景的和谐状态。

[1] 余潇枫、潘一禾、王江丽：《非传统安全概论》，浙江人民出版社，2006 年，第 345 页。

这种和谐状态以个人的"安全认知"与社会的"安全认同"为前提，以生存的"安全场域"为标志。❶ 而传统安全是指"主权国家如何抵御外来军事干涉和入侵，防止核战争以及维护民族独立领土完整方面的问题"。❷ 当前，随着非传统安全威胁挑战的加剧，"安全场域"对一个国家的安全认知与战略的影响不断上升。安全作为一种公共产品，与生产这种产品的"场域"有着密切的联系。"安全场域"一般指能够影响乃至决定安全态势的特定情境。一个国家安全战略的设定离不开对三大安全场域——地缘场域、利益场域和社会心理场域——的认知。❸ 中国作为一个贸易大国，跨国人流、物流越来越频繁，如果"国门"是一个安全的"场域"，那么检验检疫维护的则是"场域安全"，即与安全相关的行为体免于威胁的整体安全的维护。网络空间的拓展和全球化的深入，使国家边疆突破了陆海空的界限，拓展到文化边疆、利益边疆、信息边疆等；而世界范围内频发的非传统安全事件使国与国之间形成了更加复杂的安全场域。由此，作为国门的检验检疫部门要面对更加严峻的非传统安全威胁挑战，其所维护的安全更能体现出跨国场域安全的特征。

一方面，随着高科技的发展，技术被当成非传统安全威胁的工具，其造成国防疆域的模糊性彰显了检验检疫场域安全维护的必要性。例如，为应对生物武器的威胁，美韩两国签署了《生物武器监视合作构筑协定》，将于2015年共同构建生物武器监视体制。由于生物技术表现在军事、经济、外交、能源等多个领域，而且很多生物技术被世界科技大国所掌控，生物战争一旦发生，处于技术水平劣势的国家很难有效防范。更为严重的是生物威胁的非传统特征，因它具有易行性、散发性、隐蔽性、突发性、多样性、欺骗性等特征，发动生物威胁比发动生物战争门槛要低得多，而影响力却要大得多。❹ 许多严重的"生物事件"将国防界限拓展至"生物疆域"范畴。"生物疆域"安全与国家核心利益密切相关，许多国家把生物安全纳入国家战略，作为国防和军事博弈的制高点。❺ 由此可见，新的安全威胁背景下，检验检疫具有跨国场域安全维护的重要作用，对于化解防范主体间新的冲突起到重要的屏障作用。

另一方面，国与国之间物流、人流的频繁化使全球安全成为各国人民共同的利益诉求，检验检疫在促进全球安全场域内各个主体间的认同方面将会发挥新的作用。尽管存在着技术贸易壁垒等方面的障碍，但是由于非传统安全威胁的来源不确定，突发性较强，危害传递呈扩散性，往往牵一发而动全身，治理需要跨国家、跨领域、跨部门的合作，检验检疫又成为各国实现共同安全所必不可少的环节。检验检疫的工作体系和框架，与全球化框架内的国际规约惯例和WTO游戏规则具有密切的关联度，这在非传统安全威胁应对上

---

❶ 余潇枫、李佳：《非传统安全：中国的认知与应对（1978～2008）》，载于《世界经济与政治》，2008年第11期，第93页。

❷ 李东燕：《联合国的安全观与非传统安全》，载于《世界经济与政治》，2004年第8期，第49页。

❸ 余潇枫、李佳：《非传统安全：中国的认知与应对（1978～2008）》，载于《世界经济与政治》，2008年第11期，第90页。

❹ 彭海、张凤坡：《生物国防防范悄无声息的战争》，载于《科技日报》，2013年10月29日，第12版。

❺ 贺福初、高福锁：《生物安全：国防战略制高点》，求是理论网：2014年1月1日。http：//www.qstheory.cn/zxdk/2014/201401/201312/t20131230_307386.htm。

具有较强的国际性和普适性。随着中国更多自由贸易区的设立，各国对中国出入境检验检疫必然产生更大的警惕，同时也会给予更多期望。检验检疫在促进各国互信、加强友好交往方面发挥着前所未有的作用，跨国场域安全的功能不言而喻。

②检验检疫是实施“安全化”的重要行为体和安全“联动”的中心环节

在跨国物流、人流频繁的今天，检验检疫应对的传染性疾病、食品安全、生物入侵等领域的安全威胁，已经是不但超越国界而且在短时间内对整个社会和人类构成危害的危险因素。由于资源限制和安全治理的难度，国家在特定时期会有不同的安全重点，一些公共问题不可能都上升为安全问题，而有些严重危害安全的具有典型非传统安全威胁特征的隐患可能不易被上升为安全问题。出入境检验检疫在全球化语境下肩负着将潜在威胁时期的公共问题“安全化”的使命。“安全化”理论最早是由国际关系理论学者巴里·布赞（Barry Buzan）提出的，“安全化”是指公共问题从非政治化到政治化、再从政治化到超政治化的过程。也就是说，公共问题经过特定的过程而成为国家机构涉及的安全问题。所以，国家安全威胁的实质是经过“安全化”机制运作的国际、国内社会公共问题的政治升级与社会建构。真正的安全问题被政府置于政治化之后表明，消除威胁的安全自然“是超越一切政治规则和政治结构的一种途径，实际上就是一种所有政治之上的特殊政治”。[1] 什么样的问题需要被安全化？处于国境非传统安全威胁应对第一线的检验检疫部门利用其先进的技术手段和执法优势，能高效准确地作出判断，以为非传统安全治理做出贡献。

同时，安全化的实现需要各个行为体的成功联动。检验检疫面对的非传统安全威胁，涉及公安、边防、海关、环保、卫生等部门，以及企业、社会团体和个人等众多层面，检验检疫部门通过对过境人员、动植物、食品等检验检疫，第一时间得到潜在威胁的确切信息并作出判断，根据法律履行职责，通过向相关部门的积极联动来形成应对非传统安全威胁的防护链，充当参与公共问题安全化实践的先锋队。

另外，检验检疫工作处于国际贸易和人流的中间环节，能及时了解国际贸易规则体系下中国产业发展存在的问题，总结中国外贸遭受国际技术贸易壁垒的教训，把握发达国家外贸新动向，结合我国目前的产业政策，向国内企业作出信息反馈以及时引导，向有关部门提供政策参考，以有利于控制高污染、高耗能、资源密集型等不利于我国可持续发展的产品出口，阻止国外相关产品对我国的倾销。这样，可以为企业减负增效，优化国家相关部门和企业之间的关系，体现检验检疫在促进主体间和谐方面的作用。

三、非传统安全视域下检验检疫现状及改进对策

（一）基本现状

检验检疫是执法与技术的合一，因此有着较好的权力保障和技术支撑，也有一支素质高、业务能力强的队伍。检验检疫部门的硬件设施较为先进，体制上实行垂直管理，有利于树立安全维

[1] ［英］巴瑞·布赞、奥利·维夫著，朱宁译：《新安全论》，杭州：浙江人民出版社，2003 年，第 32 – 37 页。

护全国一盘棋的思想，这些都为检验检疫部门顺利开展工作、维护国门安全提供了可靠保障。但是，检验检疫的社会影响力、理念、体制机制、技术等方面还存在严重不足，难以适应新形势下非传统安全治理的需求。

①社会影响力相对较弱。检验检疫的工作目前还不为全社会所广泛了解，由于“检验”、“检查”的部门林立，人们对动植物检疫、食品检验、质量检测等的归属权还不是很清楚。检验检疫只有赢得社会的广泛共识才能更好地发挥安全维护的作用。目前许多群众还对检验检疫部门的执法与技术职能紧密结合的重要性没有充分认识，对于其在应对国际贸易技术壁垒、保护我国企业健康发展、维护经济安全中的作用了解甚少，甚至许多群众认为动植物检验检疫是农业或林业部门的管辖范围，这说明检验检疫没有得到社会应有的认可。

②理念较为陈旧。检验检疫部门的视野还仅仅聚焦于服务经济贸易，自身未充分认识到其在维护跨越“国门”的“场域安全”，应对全球范围的非传统安全威胁和全人类健康安全方面的作用；在当前体制下，“大安全”意识不强，主动开拓能力较弱。

③体制机制跟不上非传统安全治理的新要求。一是检验检疫系统与相关的口岸管理部门、政府部门缺乏有效的联动机制；二是系统内部风险管理的力量需要整合，以动态地形成非传统安全治理的合力。

④技术现状受到各种挑战。随着对外贸易的深入发展和物流规模的迅速扩大，检测的对象也日新月异，新的检测要求不断出现；国外技术贸易壁垒层出不穷，检验检疫的技术把关任务趋重。随着“贸易战”、“生物战”、“基因战”、口岸恐怖主义等非传统安全威胁因素的上升，检验检疫在把握国际前沿技术、学习发达国家技术标准方面还有很长的路要走。

此外，检验检疫的人力资源需要优化配置，法律体系需要进一步完善并及时更新，依法施检水平和效率需要提高，等等。

但是，检验检疫也迎来了前所未有的发展机遇：非传统安全形势严峻，国家因此高度重视检验检疫事业发展，希望其发挥更大作用；老百姓的安全意识增强，寄予了检验检疫更高的期望；我国进一步开放和融入世界经济共同体，检验检疫市场前景十分广阔；企业在环境压力和国际技术贸易壁垒的挑战下，希望检验检疫机构能给予更多更好的技术和信息服务，等等。检验检疫系统应抓住这一战略机遇期，加强对非传统安全的认知，转变理念，锐意改革，推动中国检验检疫事业迈向一个新的台阶。

（二）改进对策

①理念层面

第一，树立安全重于发展的理念。在中国进一步对外开放和世界出入境商品、动植物、人员迅猛增加的情况下，非传统安全威胁的形势更加严峻。出入境检验检疫首先肩负起捍卫国家和人民安全的职责，以安全的视野来审视出入境物流、人流和技术流的走势，保持忧患意识，及时发现问题。

第二，实现安全观的转变。开拓安全视野，放眼全球，关注生态环境，以人的安全维护为价值基点，将检验检疫从国门安全上升到“场域安全”“全球安全”“绿色安全”的高度上来看待，最终落实到“人的安全”维护上。

第三，以全面改革的精神来应对非传统安全威胁的挑战。随着我国大幅度设立自由贸易区和出入境物流、人流的快速增长，出入境检验检疫工作量会大大增加，面对的情况更加复杂。检验检疫面临着既要有效应对非传统安全威胁又要提高出入境人流、物流的速度和效率的矛盾纠结。因此，传统的以“批批检验检疫”为主的全面监管模式和以危机应对为主的危机管理模式已难以适应当前形势，改革势在必行。

当前，应将检验检疫的工作重心放在监督管理方面，一方面缓解工作量过重的问题，另一方面减少涉外企业和出入境人员的各项成本，逐步将发达国家的成功做法融入到我国检验检疫改革中来，检验检疫的非传统安全维护的职能决不能弱化。

②法制建设方面

当前出入境检验检疫面临的新形势决定了借鉴发达国家检验检疫法制建设经验的紧迫性。欧盟、美国等关于检验检疫的法律法规体系完备，技术法规更新快，可为检验检疫有效应对非传统安全威胁提供可靠的法律依据。由于我国正实现“大通关”政策，争取实现口岸管理相关部门信息互换、监管互认、执法互助，使内陆地区货物进出口逐步实现“一次申报、一次查验、一次放行”，以提高口岸通行效率，改变现行口岸管理部门林立、通关环节众多、执法平台封闭运作的局面。因此，需要制定新的明确检验检疫安全维护职责的法律，以进一步处理好独立执法和部门合作的关系，摆正检验检疫与其他口岸单位和相关政府部门在出入境非传统安全治理中的地位。大通关条件下的非传统安全治理，需要在法制上赋予检验检疫部门安全监管的职责和能力，给予其安全维护的自主权，如健全国家强制性标准体系，把强制性标准上升为技术性法规，实现法制建设与检验检疫执政能力的良性互动。

③体制机制方面

党的十八届三中全对包括检验检疫在内的口岸通关机制提出了改革的要求，《中共中央关于深化改革若干重大问题的决定》指出，要推动内陆同沿海沿边通关协作，实现口岸管理相关部门信息互换、监管互认、执法互助，扩大“属地申报、口岸放行”等改革试点，提高口岸通行效率，降低通关成本。这是针对现行口岸管理部门林立、通关环节众多、执法平台封闭运作等突出问题而做出的改革思路，为口岸改革指明了方向。

从非传统安全的视角看，检验检疫部门肩负的使命特别重大，要在进一步明确口岸各部门责任的前提下，站在非传统安全有效治理的高度来进行大通关改革，赋予检验检疫部门更多的解决非传统安全问题的职权，使其在大通关背景下口岸非传统安全治理方面发挥领军作用，能保证其同其他部门有效联动。

就检验检疫系统内部而言，进入“十二五”以来，检验检疫系统从体制机制和程序上应对安全风险，强化安全治理。2011 年，国家质检总局局长支树平同志在全国质量监督检验检疫工作会议上明确提出了“抓质量、保安全、强质检、促发展”的十二字方针，要求全国的检验检疫部门强化安全意识，以安全促发展。而在保安全方面，要建立以预防为主的工作机制，把风险分析作为保安全的第一道防线，对重大安全隐患做到早发现、早研判、早预警、早处置，全面建立风险监测、风险研判、风险预警和风险快速处置机制。检验检疫部门要以非传统安全治理为导向，加强与安全维护链条上各职能部门的进一步沟通，形成检验检疫非传统安全治理的合力。

20 世纪末为适应中国改革开放后加入 WTO 及不断融入世界的形势，中国在体制上形成了“三检合一”（原国家进出口商品检验局、原国家进出境动植物检疫局和原国家进出境卫生检疫局合并成立国家出入境检验检疫局）的格局，突出了检验检疫安全职能，整合了安全维护的资源。十八届三中全会后的这次大通关改革，检验检疫面临体制挑战的同时，也迎来了一次进行重大改革的战略机遇，检验检疫与相关安全维护部门联手把关的新工作机制需要深入探索。

④队伍建设方面

由于检验检疫是技术执法部门，因此要有一支专业技术水平高、执法能力强的精干队伍，才能为跨国场域的非传统安全治理提供可靠保障。

第一，各检验检疫部门要以风险管理委员会为支撑，成立非传统安全咨询智囊团，以备风险咨询。智囊团以检验检疫系统内的专家和业务骨干为基础，聘请系统以外的比如高校、科研机构、企业和政府部门的卫生、农业、生物、化工、贸易、信息等相关方面的专家、学者，对检验检疫进行非传统安全方面的咨询和指导。

第二，以大通关改革为契机，借鉴国外经验，有效配备检验检疫系统内部涉及安全治理的人员，组成坚强有力的检验检疫非传统安全治理队伍。与大通关改革相关的口岸单位在国家深化改革的大潮中必然有一定的人员流动与调整，要以非传统安全治理的目标为导向来组建新的队伍，实现人力资源的优化配合，以摆脱以往不同部门的安全执法和技术人员无法进行有效安全合作的局面。

第三，加快复合型人才队伍建设。要勇于面对大通关改革的现实，顺应世界潮流，以积极应对非传统安全威胁的心态来组建高素质的检验检疫安全治理队伍。这支队伍应站在非传统安全治理的第一线，他们既要优秀的政治素养，准确把握世界安全走势，又要有过硬的执法才能、信息技术和检验检疫专业技术。可加大公开招聘的力度，严格对核心梯队人员的考核，提高他们的待遇。因为检验检疫虽然是为市场经济服务的，但其体制决定了安全的维护不能实行市场经济条件下的自负盈亏，而是靠国家财政保障人才队伍的待遇。

⑤技术条件方面

检验检疫在非传统安全治理中的不可替代作用突出体现在其为技术和执法的统一体上。在科技日新月异并迅速渗透到经济社会发展每一个环节的时代背景下，规模不断扩大的出入境物流、人流对出入境检验检疫的技术要求也越来越苛刻。我国屡遭国际技术贸易壁垒的冲击就足以说明检验检疫跟上世界最先进技术的必要性，尤其应注意的是，技术优势国家往往能主宰技术劣势国家，通过技术优势进行非传统安全威胁侵害，如食品、药品、服饰等百姓生活必需品若被赋予特定的有害生物因素，国民只能“躺着中招”。

面对这种形势，检验检疫也只有积极应对技术挑战，以有效应对各种新的更加复杂的非传统安全威胁。当然，由于“管检分离”的改革大势已定，技术逐步被推向市场，但这并不意味着检验检疫部门就放松了技术条件建设。随着技术被推向市场，检验检疫部门可以更好地利用市场经济条件下技术竞争带来的先进成果，自己腾出手来加强“监管”。但这既是机遇又是挑战，检验检疫部门一是要及时抓住大通关协作的机会，积极参与推动形成协同高效的一卡通平台建设，二是要准确超前地把握技术市场走势，做好引导技术为安全维护服务并制定科学的技术标准的工作。

总之，在全球化纵深发展和大通关、大物流的时代背景下，检验检疫在维护非传统安全方面的使命更加重大和神圣，政府和国民都应增强“安而不忘危、存而不忘亡、治而不忘乱”❶ 的忧患意识，树立大安全观，充分发挥检验检疫在非传统安全治理中不可替代的重要作用。

❶ 周振甫译注：《周易译注・系辞下传》，北京：中华书局，2013 年，第 280 页。

非传统安全与边疆治理

中华文化元典精神与新疆地区非传统安全威胁应对*

安晓平　高汝东**

【摘要】 新疆及周边地区"三股势力"活跃，生态环境恶化，跨国犯罪活动猖獗，非传统安全形势非常严峻。在一个民族成分复杂、宗教氛围浓厚、周边局势微妙的地区应对非传统安全威胁，要从祖国传统文化中寻求精神资源。作为儒家的"五经"以及《论语》《孟子》《老子》《庄子》等中华文化元典中所包含的"忧患"意识、"和合"理念、"大一统"思想、"民为邦本"的政治观等，为我们今天应对各种非传统安全威胁提供了有益的启示。我们在新疆非传统安全问题上必须增强忧患意识和"治本"意识，坚持"以人为本"，切实改善民生，重视生态文明建设，提升自我发展能力，积极推行"和合"外交，构建非传统安全国际合作体系。

【关键词】 中华文化元典精神；新疆地区；非传统安全

公元前6世纪前后的几百年里，世界各大文明民族长期积淀的文化通过思想典籍的形式得以凝练和升华，印度的《佛经》、希伯来的《圣经》、希腊的《理想国》和定型于中国文化"轴心时代"的《诗》《书》《礼》《易》《春秋》以及《论语》《孟子》《老子》《庄子》等先秦典籍，因其历史超越性和富含民族原创精神而光耀千秋。这些典籍，冯天瑜先生将其称为"文化元典"❶，这一提法越来越受到学术界的重视和认可。元典所蕴含的精神，是一个民族文化的"基元"。在我国历史长河中，中华文化元典精神一直在炎黄子孙的心灵深处活动着。但作为先民的创造和古代社会的观念，这些元典精神在后世的每个时期如何发挥新的作用，必须仰赖后人的创造性转换。

当今社会已经进入了一个急剧变迁、日新月异的时代，在治理国家、管理社会、维护可持续发展的生态环境、加强国民思想教育、应对各种自然灾害和社会危机等方面都将遇到诸多前所未有的情况和问题，这更引起了人们对古老传统中民族精神资源发掘和反省的重视。现代化引发了人与自然、人与人关系的紧张，造成了生态环境

---

* 基金项目：新疆维吾尔自治区普通高校人文社科重点研究基地——"非传统安全与边疆民族发展研究中心"招标项目"中华文化传统与新疆非传统安全治理模式研究。

** 安晓平，塔里木大学非传统安全与边疆民族发展研究院院长，人文学院院长，教授，主要从事民族文化与边疆安全研究；高汝东，塔里木大学非传统安全与边疆民族发展研究中心副院长，副教授，浙江大学公共管理学院非传统安全管理专业在读博士生。

❶ 冯天瑜：《中华元典精神》，上海人民出版社，1994年版。

破坏、物欲膨胀、科学与人文隔离等各种危及人类生活和安全的“现代病”；同时，随着全球化进程的加快，蔓延全球的金融危机、恐怖主义、跨国犯罪、重大传染性疾病和自然灾害等使非传统安全问题凸显。在此背景下，我们更要珍视中华文化元典精神中的“天人合一”观、“和合”理念、“忧患”意识等。

中国目前面临的非传统安全问题错综复杂，非传统安全的单子越拉越长，几乎无所不包。但恐怖主义、民族分裂主义等无疑是非传统安全威胁中的突出问题，而作为受“三股势力”（民族分裂主义、宗教极端主义和暴力恐怖主义）威胁最大的新疆地区，也是各种非传统安全问题的交汇之地。本文试图以新疆非传统安全治理为视角，从中华文化元典精神中寻求重要启示。

一、新疆地区的非传统安全威胁及其特点

当前及今后相当长的时期内，新疆地区在经济、社会、生态环境和人的安全等方面存在着迥然不同于传统军事和政治安全的非传统安全问题，具体体现在：

第一，“三股势力”问题。新疆地区面临的主要安全威胁是“所谓‘三股恶势力’，它既反映出少数民族区域自治条件下思考非传统安全问题的走向，也间接表达了中亚一带国家类似麻烦的定位。”❶“9·11”事件后，作为“三股恶势力”化身的“东突”组织将其骨干分子隐蔽起来，宣称以后只进行非暴力的政治斗争。民族分裂主义、暴力恐怖主义和宗教极端主义“三股恶势力”交织在一起，错综复杂，成为影响新疆乃至整个中国稳定的最大的非传统安全威胁。2009 年 7 月 5 日发生在乌鲁木齐的打砸抢烧严重暴力事件再一次证明了这一点。

第二，生态环境恶化。新疆地区气候干旱，自然条件差，绿洲、草原和高寒地带所承受的开发能力极为有限。随着人口的增多和跨越式发展步伐的加快，水资源紧缺和土地荒漠化问题已经十分突出。这不仅使经济社会快速可持续发展面临巨大困境，也引发了一些民族之间或民族内部争夺有限资源的纠纷，甚至诱发民族心理的失衡，造成民族关系的紧张，构成非传统安全问题。同时，有些自然资源的开发利用涉及国与国之间的关系，伊犁河水资源的利用就是典型的例子。伊犁河不仅是新疆地区众多民族的母亲河，也是哈萨克斯坦境内各族人民的故乡河，在新疆地区的上游河水污染直接影响到哈萨克斯坦的利益。从传统安全角度来看，双方只要不越国界使用，两国就算实现了河界与国界的安全。但是近些年来，随着上游水资源的过度开发和使用，局部地区的水污染严重，因此影响到哈萨克斯坦人民生产生活用水的质量，此类问题已经是非传统安全问题了。

第三，非法宗教活动。新疆地区特别是南疆宗教氛围浓厚，和田、喀什等地的农村地区，几乎全民信教。正常的宗教活动受到法律保护，但是非法宗教活动在新疆这种环境下也十分活跃，主要体现在：违背国家宗教信仰自由政策，干涉个体人身权利，强迫他人信教和参加宗教组织；宗教与宗族势力搅合在一起，干预行政、司法、

❶ 王逸舟：《中国与非传统安全》，载于《国际经济评论》，2004 年第 6 期。

教育乃至党和国家政策的实施；违反宗教法规，擅自开办经文学校，地下讲经点屡禁不止，等等。近些年来，民族分裂势力千方百计促使宗教问题政治化，妄图混淆政治问题与宗教问题的界限，实现利用宗教分裂祖国的目标。非法宗教活动严重干涉了群众的正常生活，迷惑了相当一部分不明真相的人，严重污染了社会环境，成为一个难以治理的非传统安全问题。

第四，跨国犯罪问题。由于新疆地区与周边国家有着漫长的边境线，而周边国家局势较为混乱，跨国民族众多，边境治理困难，使其近些年来成为跨国犯罪活跃的地区。自20世纪90年代以来，新疆边境地区的暴力活动、毒品贩运、洗钱走私等跨国有组织犯罪紧密联系起来，造成了毒品蔓延、艾滋病传播等一系列隐患问题，严重威胁着各族人民的健康和安全。新疆毗邻世界四大毒源地之一的"金新月"（阿富汗、巴基斯坦和伊朗交接的有3000多千米边界线的月牙型狭长地带，因其形状近似伊斯兰教的新月且盛产鸦片而被称为"金新月"），毒源地民族冲突不断，战乱频繁，恐怖势力较为集中，为毒品的生产销售提供了广阔空间。近几年来，"金新月"输入我国的毒品不但超过了"金三角"（缅甸、泰国、老挝三国交界处的世界毒源地），而且这些毒品往往是恐怖组织资金的主要来源。

当然，由于非传统安全涉及的领域十分广泛，新疆的非传统安全威胁因素还有很多，其背后也有着经济社会发展相对滞后、国家认同和民族之间认同出现问题等深层次的因素。

由于新疆地区特别是南疆的民族成分复杂、宗教氛围浓厚、生态环境脆弱、周边局势微妙，其非传统安全问题的侧重点与其他地区有着很大差异，呈现出民族与宗教、经济与生态、国内与国际等问题相互交织以及传统与非传统安全密切相联系的特点。

第一，非传统安全问题的民族性特征。由于新疆自古以来就是多民族共同生存和世界上几大文化交汇的地区，民族文化的特殊性和复杂性决定了许多问题都被打上了民族性的烙印。更为重要的是，由于民族分裂势力和疆内外反华势力的挑拨和煽动，许多诸如贫富差距、就业困难、犯罪等普遍的社会问题被曲解为"民族问题"，甚至新疆跨越式发展带来的社会和文化转型被"理解"为是对少数民族文化的破坏，双语教育是对民族文化的摧残和对少数民族的"汉化"，等等，这对不同民族之间的相互认同产生了极为不利的影响。

第二，非传统安全问题的宗教性特征。由于新疆目前是以伊斯兰教为主的多元宗教并存的宗教氛围浓厚的地区，宗教渗透到社会生活的方方面面，与民族心理和民族文化密不可分，许多问题也打上了宗教的影子。宗教成为各种敌对势力利用的思想阵地，他们故意误导正常的宗教信仰，利用宗教情感煽动民族"仇恨"，为新疆非传统安全威胁的增生提供了一定的精神动力。

第三，"三股恶势力"密切相关甚至相互转化。民族分裂主义是一股根深蒂固的企图以分裂新疆地区成立"东突"独立国家为目标的邪恶势力，它有着深厚的思想和理论基础，颇能煽动一部分群众，但是其具体存在方式和活动规律难以把握。宗教极端主义作为一股反动思想潮流，其根本目的是为民族分裂主义服务的，是民族分裂分子惯于利用的思想工具。从新疆地区多年来反对“三股势力”的斗争来看，不搞民族分裂的宗教极端主义还是没有的。[1]暴力恐怖主义是民族分裂主义或宗教极端主义或者二者结合起来将变态情感发挥到极致的产物，所以消除其背后生存的土壤还任重道远，非传统安全形势异常复杂。

第四，非传统安全问题的跨国性特征。由于新疆特殊的地缘关系以及有些民族本身是跨界民族等原因，非传统安全问题带有明显的跨国性特征。从全世界范围看，“三股势力”一直通过各种手段与具体国家、民族、宗教挂钩，积极扩大其影响力。非传统安全威胁的上升本身就是全球化的产物。试想，如果不是在全球化时代，各族人民深恶痛绝的诸如“疆独”“藏独”等一小撮敌对势力何以达到如此猖獗之地步？同时，新疆的“三股势力”有时和跨国民族问题密不可分，如“与我伊犁地区接壤的阿拉木图州、与我南疆接壤的吉尔吉斯斯坦的伊塞克湖州、纳伦州和奥什州（费尔干纳盆地）、塔吉克斯坦的戈尔诺－巴达赫尚自治州等边境地带，正是近年极端势力活动比较活跃的地区”[2]。冷战结束后，周边国家较为明显的民族主义倾向对新疆跨国民族的国家认同产生了较为明显的负面影响，如哈萨克斯坦曾经号召世界范围内的哈萨克人“回归祖国”，新疆少数哈萨克族人民把哈萨克斯坦看成是自己的“祖国”，在民族主义的“感召”下想迁往邻国。由于通过正规途径改变国籍的方式手续麻烦，不易通过审查，而且其在中国的土地要被国家收回，所以外出哈萨克斯坦的哈萨克族，多数以旅游、探亲为事由，而一旦出境就转而定居哈国，同时还保留其在中国的土地使用权，并把土地承包给他人。

第五，传统安全与非传统安全相互交织。以“东突”为代表的分裂势力就既具有传统又有非传统安全的特征：其目的是分裂中国，颠覆政权，制造独立，且恐怖活动的组织是内外勾结，手段残暴，从这个意义上讲，是典型的传统安全问题；同时，安全威胁不是明确来源于某一国家，很难预测和把握，受到威胁的主体不仅是国家，而且直接指向个人，是“人的安全”，所以它又是典型的非传统安全问题。“7·5”事件再次证明“三股恶势力”已构成新疆最紧迫的传统与非传统安全相互交织的问题。

二、中华文化元典精神对新疆非传统安全威胁应对的启示

古往今来，安全是人们追求的首要价值，也是国家发展方略的首要指向，甚至还被人们视为“超自然的信仰”而顶礼膜拜。[3]然而，安全如何最大限度地实现，特别是现代化和全球化推动下非传统安全问题凸显的时代，我们又如何从作为中华文化渊薮的“元典”中汲取可供治理非传统安全的精神财富呢？本文先从“忧患”意识、“和合”理念、“大一统”思想、“民为邦本”的政治观等方面考察中华文化元典精神对新疆非传统安全治理的启示意义。

（一）忧患意识

众所周知，中华民族有着悠久的忧患意识，

[1] 马品彦：《宗教极端主义的本质与危害》，载于《新疆社会科学》，2008年第6期。

[2] 马曼丽、张树青：《跨国民族理论问题综述》，民族出版社，2005年版，第57页。

[3] 余潇枫、潘一禾、王江丽：《非传统安全概论》，浙江人民出版社，2006年版，第2页。

中华文化元典的作者身处战乱和灾祸横生的时代，历经磨难，获得了非凡的对生民、家国具有穿透力的理性思维。诚如司马迁所说："夫《诗》《书》隐约者，欲遂其志之思也。昔西伯拘羑里，演《周易》；孔子厄陈、蔡，作《春秋》；屈原放逐，著《离骚》；左丘失明，厥有《国语》；孙子膑脚，而论兵法；不韦迁蜀，世传《吕览》；韩非囚秦，《说难》《孤愤》；《诗》三百篇，大抵贤圣发愤之所为作也。"❶

忧患意识在文化元典中随处可见。《尚书·周书》的许多篇章中流露出周文王、武王等的"无疆之恤"（无限的忧思），表现出对天道自然的深刻思索和对王权兴衰的无限担忧；《孟子·告子下》将"忧""患"二字连在一起作为一个词语使用："入则无法家拂士，出则无敌国外患者，国恒亡。然后知生于忧患而死于安乐也"。作为中华文化源头的《周易》更是充满了忧患意识。《易经》卦象和爻辞本身就隐含有自我反思的忧患意识，后又经过《易传》的阐发，使这种意识成为一种社会和历史责任感，呼吁人们以戒惧的心态来审视个人、家族和国家的命运。《易传·系辞下》云："易之兴也，其于中古乎？作易者其有忧患乎！""其出入以度，外内使知惧，又明于忧患与故，无有师保，如临父母。"表明周易可以培养人的忧患意识，如同师长和父母一样，告诫其弟子和子女时刻保持警惕，从而化险为夷。

中华文化元典中的这种忧患意识，是对古代社会政权更迭、社稷无常的担忧，也集中体现了春秋战国时期各诸侯国争霸形势下对自身存亡的深刻反省，这为我们今天应对具有不可预测性的各种非传统安全隐患提供了精神动力和智力支持。"9·11"事件呈现给美国人高枕无忧的自负的颠覆性事实也从反面说明了在和平年代保持忧患意识的重要性。按照我国古人的思维，应当做到居安思危，未雨绸缪，在太平繁荣的美好局面下树立起风险意识，为应对诸如经济危机、公共危机、自然灾害等非传统安全威胁做好心理准备。

（二）和合理念

"和合"是中华民族特有的思想意识，它是"中和"的另一种表达方式。《中庸》曰："中也者，天下之大本也；和也者，天下之达道也。"《易经》最早提出了"保合太和"的安全哲学理念，并反复强调"预警安全观"与"中庸安全观"的重要。❷《易传》以"天下同归而殊途，一致而百虑"❸ 为宗旨，吸收融会儒、道、墨、名、法、阴阳等诸家思想的有益成分，体现了"厚德载物"的兼容并蓄态度。和而不同，以和为贵是"和合"思想的内在体现。孔子提出"君子和而不同，小人同而不和"❹ 的观点，他提倡王道，反对霸道，主张"远人不服，则修文德以来之"❺。

中国历代治理边疆，总体来看是以和为贵，重视文治，以德教化，在治理西域方面也是这样。

---

❶ 见《史记·太史公自序》。《春秋》《吕览》以及《说难》和《孤愤》两篇分别作于孔子厄陈、蔡，不韦迁蜀，韩非囚秦之前，与历史事实有出入。但不是司马迁不知历史事实，而是借以表达自己遭受屈辱后发愤著《史记》的情怀。

❷ 余潇枫：《和合主义：中国外交的伦理价值取向》，载于《国际政治研究》，2007 年第 3 期，第 23 页。

❸ 《易传·系辞下》。

❹ 《论语·子路》。

❺ 《论语·季氏》。

汉代通过对西域频繁遣使、和亲、屯田、册封等措施，密切了中原与西域的关系，最终设置了西域都护进行整治统治。唐朝的治边政策更为开明，唐高祖李渊继位第二年就声明“怀柔远人，义在羁縻”，唐太宗更是追求“治安中国，而四夷自服”，宣称“自古皆贵中华，贱夷狄，朕独爱之如一”。这种胸怀赢得了少数民族对中央政权的尊重和对中华主流文化的认同。高昌麴氏政权时期，“国人言语与中国略同”，且高昌王“于坐室画鲁哀公问政于孔子之像”，即使唐朝灭亡后，于阗的尉迟家族还改称“李”姓❶，说明文化怀柔策略的深远影响力。

从非传统安全视角来看，中华文化元典中的这种理想安全观提倡彼此之间互相尊重，和平共处，以期实现各个安全行为体之间相融共生和共同发展。中国推行符合国情的民族区域自治制度，就是充分考虑了少数民族独特的历史和文化传统，尊重文化多样性，在“和而不同”的文化生态背景下实现不同民族的相互理解，促进社会和谐。

（三）大一统思想

中华民族“大一统”思想萌于夏、商、西周，在春秋战国时期得到丰富和发展。“大一统”一词始见于《春秋》的《公羊传》。《春秋》云：“（鲁隐公）元年，春，王正月”。《公羊传》解释道：“元年者何？君之始年也。春者何？岁之始也。王者孰谓？谓文王也。曷为先言王而后言正月？王正月也。何言乎王正月？大一统也”。这里说的是周天子的地位在春秋时期是至高无上的，诸侯一律听命于他。大一统思想见于许多元典，《诗经·小雅·北山》中的“溥天之下，莫非王土；率土之滨，莫非王臣”，《尚书·洪范》中的“天子作民父母，以为天下王”，等等，都是大一统思想在当时社会的体现。另外，除了儒家主张的“王天下”外，法家主张的“兼天下”、墨家讲的“尚同”、杂家说的“执一”等，也从不同的角度丰富了大一统的思想内涵。

秦汉统一帝国建立后，大一统思想在认识和处理民族关系上表现为“华夷一体”“华夷一统”等。魏晋南北朝时期，这一思想因民族大融合而为内迁各少数民族所接受。隋唐大一统政治的实现以及宋代辽、夏、金的汉化，发展了“华夷一体”“共为中华”的思想，后经元、明、清的进一步发展，大一统思想深入人心，成为凝聚中华各民族的强大精神动力。

中华文化元典中的大一统思想，一方面体现了专制主义中央集权的观念，另一方面也表达了国家不可分裂、中华多民族是一家的理念。但在古代，这种大一统和今天我们说的主权国家的统一是不一样的。今天的中国有着明确的政治边界，国内各民族一律平等，没有什么“华夷”之分。我国古代中央政权同匈奴、契丹、党项、女真、蒙古等民族的关系既不是“国际关系”，也不是中央同地方的关系，而是在大一统思想指引下通过册封、和亲、纳贡等方式加强同周边民族的联系，乃至对他们进行一定程度的控制，也正是在漫长历史进程中贯彻了大一统的理念，才最终形成了

❶ 唐朝前后，统治于阗地区的是尉迟家族。唐朝灭亡后，中原出现了五代十国的封建割据状态。公元912年，尉迟娑跋婆就任于阗王，他自称是唐朝的宗属，改族姓尉迟为唐朝的国姓李氏，自称“李圣天”。这说明于阗李氏王朝十分仰慕中原文化，也说明唐朝时期中原文化对西域影响之大。

中华民族多元一体格局。

中华文化元典的大一统思想告诉我们，要加强对边疆少数民族地区的安全治理，特别是要构建各民族强烈的国家认同，除了尊重各民族的本民族认同意识外，中华民族这一大认同的培育是至关重要的。特别应注意的是，新疆地区许多民族与周边国家主体民族是同源跨国关系，要通过强化他们的国家认同来提升应对非传统安全威胁的能力，对他们进行中华民族认同的教育是一个重要途径，这同时还要求我们积极实施文化“走出去”战略，扩大中国文化的影响力，为构建边疆强有力的非传统安全体系提供精神支撑。

（四）民为邦本的政治观

民本思想也是我国历史上源远流长的一大文化传统，非常广泛地闪现在中华文化元典之中。《尚书·五子之歌》说：“皇祖有训：民可近，不可下。民惟邦本，本固邦宁。”《孟子·梁惠王下》说：“乐民之乐者，民亦乐其乐；忧民之忧者，民亦忧其忧。乐以天下，忧以天下，然而不王者，未之有也。”《荀子·大略》说：“天之生民，非为君也；天之立君，以为民也。”当时的民本思想，看起来是讲民众与国家的关系，实质则是强调民与君的关系，正如《春秋·谷梁传》所言：“民者，君之本也”。同时，在当时那样一个战乱年代，民为邦本所强调的是民心向背决定着国家在战争中的胜负存亡，而民心向背又取决于君与民的关系。

民本思想看似朴素简单并贯穿于其产生后的每一个历史时期，但是其决定一个王朝兴衰的经验教训也反过来凸显了这一民族精神的可贵，历代明君都将其作为治国保权的法宝。在决定军事战争胜负和国家主权兴衰的传统安全里，民为邦本已经成为了一个几千年的政治理念。而在边疆非传统安全治理的视野下，民为邦本的思想其实更有启示意义。在新疆这种生态环境相对差、较为封闭落后的地区，应对民族分裂和暴力恐怖主义等非传统安全威胁，根本上要依靠新疆各族人民，各民族的团结是社会稳定和谐的基石，各族人民安居乐业是新疆地区稳定的根本。非传统安全强调的是“人的安全”，我们以科学发展观为指导，就是坚持“以人为本”的发展理念，使新疆各族人民共享改革发展成果，为应对各种非传统安全威胁奠定坚实的群众基础。

以上从4个方面简单阐释了对新疆地区非传统安全治理有重要启示的中华文化元典的一些精神。当然，中华文化元典精神中还有诸多可供边疆非传统安全治理的思想和理念。如主要导源于《周易》的天人合一思想、天地人一体的整体观，有利于使我们更加注重边疆生态环境的保护，在非传统安全治理上更加注重综合治理，避免“头痛医头、脚痛医脚”的片面性弊端。再如中华文化元典中充斥着革故鼎新、创新图存的精神，也有利于我们从制度上不断完善民族区域自治，与时俱进，为非传统安全的治理提供制度保障。

三、中华文化元典精神启示下新疆地区非传统安全威胁的应对思路

从西汉开始，中央王朝就对西域进行了正式的官方治理，以后历朝历代的政策虽各有特色，但总体上是中华民族精神在边疆治理上的体现。从中华文化元典精神的角度考察新疆非传统安全治理，有利于超越某朝某代治理西域的局部视野，从中华宏观“大历史”的高度来审视民族文化中

可资借鉴的精神资源。中华文化元典精神形成于与印度列国时代、希腊城邦争霸时代同时期的诸侯争霸的春秋战国时期，这似乎又为我们审视非传统安全问题提供了一个国际视野。通过对中华文化元典精神的简单梳理并以非传统安全为视角进行反思，结合新疆非传统安全面临的实际情况，提出几点边疆非传统安全治理的思路或对策。

（一）增强忧患意识，在发展中审视安全的重要性

在亚洲金融危机爆发之后，经济学诺贝尔奖获得者阿玛蒂亚·森在《超越危机：亚洲发展战略》中强调：安全与发展其实不是并列关系，而应该是安全重于发展，安全内在于发展过程，“安全是发展的核心部分”。❶

纵观新疆几千年的发展历史，其安全度与发展度基本上是成正比的。汉、唐和清前期中国的经济实力强大，相应地也就对西域进行着有效的管辖。相反，在中原分裂动荡的朝代，西域就脱离中央王朝，在近代落后挨打的屈辱时期，新疆甚至还任人宰割。即使在改革开放前，新疆也因经济发展落后于苏联而使我们有点受压之感，甚至国家领导人有时还做出“早打、大打、核打”的准备，其实这是基于军事占据国家安全重心的传统安全形势决定的。随着安全形势向“非传统”方向转化，新疆发展与安全的步调可能会不一致，“或者说发展不会自动带来安全，甚至会出现反比关系”❷。

新中国成立以来特别经过改革开放和西部大开发的伟大实践后，新疆发生了翻天覆地的变化，取得的辉煌成就为西方某些敌对势力和疆内外的民族分裂分子所反感。2009年的“7·5”事件就有着深远的国际国内背景，正如自治区主席努尔·白克力所说：“在中国几千年的历史长河中，新中国的民族政策是最好的；与世界上其他国家相比，我们的民族政策也是最成功的。但一小撮民族分裂分子不愿意看到在中国共产党的领导下新疆呈现出的民族团结、经济发展、社会进步、人民生活不断改善的大好局面，他们丧心病狂、不择手段地进行分裂破坏活动，完全违背了各族人民的根本利益，违背历史潮流，是注定要失败的。”❸

中央新疆工作座谈会以来，新疆又进入了在中央大力扶持和内地省市大规模对口支援下经济、社会和文化跨越式发展的新转型期，疆内外敌对势力极易利用新疆民族宗教和周边局势的复杂性大做文章，对“三股势力”推波助澜。“在一定发展阶段，国家安全系数并非随着经济实力的上升而上升，相反却可能出现下降趋势”❹，“我们的力量权重越大，发展的国际环境制约也越大”❺。可以预测，在未来新疆地区的每一步大发展都会对周边国家有较大的“溢出效应”，同时也会引起某

---

❶ 《观察与思考》记者：《余潇枫：安全是发展的核心部分—访浙江大学非传统安全与和平发展研究中心主任余潇枫》，http：//finance. jrj. com. cn/people/2008/08/1516441650032. shtml.

❷ 黄仁伟：《中国崛起的时间和空间》，上海社会科学院出版社，2002年版，第88页。

❸ 努尔·白克力：《团结依靠各族群众 维护祖国统一》，http：//www. tianshannet. com. cn/news/content/2009 －08/03/content_4371204_ 3. htm.

❹ 黄仁伟：《中国崛起的时间和空间》，上海社会科学院出版社，2002年版，第90页。

❺ 黄仁伟：《中国崛起的时间和空间》，上海社会科学院出版社，2002年版，第53页。

些西方敌对势力的“关注”，我们必须把新疆的“发展”和“安全”问题更加紧密地结合起来进行综合考虑。

（二）重视边疆非传统安全治理的文化要素，特别要认识“认同”在应对非传统安全威胁中的基础性作用

从历史上看，在边疆推行“王道”，注重文化控制，是一条成功可行的治边之策，是“和而不同”基础上维护中华“大一统”局面的一贯传统。在治理西域方面，唐朝的文化政策是最成功的，实际上推行的是“文化实边”战略，有力地推动了中原文化在西域的传播。西域地方政权不仅仰慕中原文化，西域文化也源源不断地进入中原，甚至长安城里出现了一派“胡风”现象，体现了大唐王朝海纳百川的胸怀和恢弘气势。即使在安史之乱后，中原文化在西域仍保持着较大的影响，说明文化比政治的影响力要长远得多。

随着非传统安全威胁因素的上升和国内外对非传统安全研究的深入，对“安全”的理解也不仅仅局限于原先所认定的“客观上没有威胁，主观上没有恐惧”，“认同”逐渐成为安全理解的新视角，安全是一种“主体间”的“认同”。❶ 为此，必须长期考虑新疆不同民族文化的差异，尊重文化多样性，合理分配利益格局，在此基础上制定各项政策。目前及今后相当长的时期内，新疆要推行全社会范围内的多元文化理解教育，促进不同民族之间的理解和相互认同。比如目前有这样几点应引起高度重视：第一，树立“大国学”理念。“‘国学’就是中国的学问，传统文化就是国学。……国内各地域文化和56个民族的文化，就都包括在‘国学’的范围之内。地域文化和民族文化有各种不同的表现形式，但又共同构成中国文化这一文化共同体”❷。新疆一些少数民族的优秀文化可以纳入国学教育的范畴，提高少数民族文化的地位，增强其中华民族自豪感。第二，双语教育中，要增加文化要素，使各少数民族加深对中华主流文化的认识和理解，提高学习动机。第三，注重社会大环境的教育。“孩子们在现实生活中所遇到的每一个场所，都是政治社会化的潜在机构”❸。文化遗迹、博物馆、纪念馆、文化广场、文化站等，都是多元文化理解教育的可贵社会环境，应提高其利用率，使“情”教重于“智”教，发挥环境熏陶和实践体验功能。

特别注意的是，随着新疆跨越式发展步伐的加快，原先文化多样性的生态环境必将受到极大挑战，各民族的社会和文化转型也是跨越式的，其文化适应能力也是非传统安全所考察的一个重要变量。在各民族文化的急剧转型过程中，新的矛盾和利益失衡现象必然继续出现，不同主体间的认同将是一个长期的事情。

（三）注重综合治理，强化“治本”意识，实践层面上加强制度创新，形成非传统安全预警的长效机制

新疆地区的非传统安全问题发生的原因、危害结果和影响等都是异常复杂的，发生原因难以预测，治理起来也格外困难。从非传统安全威胁

---

❶ 余潇枫、潘一禾、王江丽：《非传统安全概论》，浙江人民出版社，2006年版，第345页。

❷ 季羡林：《国学应该是“大国学”》，载于《人民日报》（海外版），2007年6月22日。

❸ ［美］迈克尔·罗斯金等著：《政治科学》，林震等译，华夏出版社，2001年版，第143页。

发生的原因和危害结果来看，这些威胁一般是源自内部，但也可能来自外部，或者是内外因素相互作用的结果。如“三股势力”对新疆的破坏活动，就是内外因素结合的产物。生态环境恶化、跨国犯罪、非法移民、恐怖活动等非传统安全威胁的产生可能是蓄意的，是国家、团体或个人行为所致，也可能是非人为原因造成的；从事态的进程上来看极具不确定性，有的在滋潜暗长，也有的是突如其来的危机爆发。至于造成的后果和影响，一般会产生“内传”“外延”或“扩散”，短时期内难以消除。因此，应对新疆地区非传统安全威胁必须用发展的方式，而且必须以“全面、协调、可持续”的科学发展来“治本”。

从新疆地区非传统安全威胁的涉及面来看，它既包括“非军事性”暴力活动特征的恐怖活动、跨国有组织的刑事犯罪等，也包括非暴力活动色彩的资源枯竭、生态环境恶化、跨国金融危机和大规模流行疾病等。因此，从这些非传统安全威胁的解决方式上来看，必须用综合治理的方法来全面应对以实现可持续发展和长久安全的战略性目标，而不能采取“头痛医头、脚痛医脚”的局部和临时性的治理措施。

同全国其他地方相比，新疆的非传统安全威胁有相对明确的地方，比如“三股势力”，这一直是引人瞩目的一个安全隐患；再如生态环境脆弱性所引发的非传统安全问题也容易得到重视。但是，重大突发事件或公共危机事件何时爆发，有什么及时有效的应对措施，却是一个难以把握的问题。因为安全的状态是有层次的，并非从完全安全直接过渡到危机诞生。安全的状态可以分为四类：安全优态——无危险、无威胁；安全弱态——有潜在威胁；安全劣态——有间接威胁；安全危态——有直接威胁、危险。[1] 只有安全优态才是真正的安全，安全治理应未雨绸缪，消灭在萌芽状态中。所以，根据综合治理的理念，切实需要探索出能最大程度把握非传统安全发展规律的安全预警机制。

（四）注重考查新疆自我发展能力，切实改善民生，加强生态文明建设

非传统安全的重心是人的安全。在新疆地区，人的安全问题尤为敏感。暴力恐怖活动是非传统安全威胁发展到极端的反映，恐怖组织通过暴力袭击的方式在政府和个人面前宣泄不满，漠视他人生命，引起在这个地方生活的人内心的恐慌。此时，“人的安全”已超越国家安全而直接处于恐怖袭击的威胁之下。另外，生态脆弱、环境污染、跨国犯罪、毒品走私和艾滋病等对新疆的威胁较大，无不直接关系到人民的切身利益。

要解决好人的安全问题，从根本上来说，是要增强新疆地区的自我发展能力。以人为本，改善民生，是实现自我发展能力提升的根本，保护生态环境是可持续发展的长久大计，中央扶持和内地支援是提升自我发展能力的助推器。只有这样，才能变内地对新疆的“输血”为新疆自己“造血”，实现自身的可持续跨越式发展。

新疆目前虽然进入了跨越式发展的大好时期，但是自然环境也面临着新的考验，脆弱的生态环境能否承受大规模开发所造成的压力，将是一个

---

[1] 余潇枫、潘一禾、王江丽：《非传统安全概论》，浙江人民出版社，2006 年版，第 345 页。

可能引发种种非传统安全威胁的重大问题。跨越式发展本身就会对资源、环境造成巨大压力，尤其注意的是，新疆发展的起点低，以往的发展尚是粗放式的道路。当前，内地各省市大规模对口支援，要谨防内地高污染、高耗能产业转移到新疆来，对本来就很脆弱的生态环境造成更大破坏。

（五）以“优态共存”为理念加强“和合”外交，构建非传统安全国际合作体系

作为中国重要文化传统的“和合”思想不仅一直是中国外交的一贯价值趋向，而且在近几年来，“和合主义”❶ 被认为是国际关系理论中一种逐渐形成并不断凸显的颇具中国特色意味的理论范式。远古时期，中国就形成了结盟的“共存意识”，春秋时期，中国发展出诸侯国之间的“会盟”制度。在处理“国家”关系上，中国推崇的是以“王道”立国，通过文化自觉的社会认同与建构达成“协和万邦”。

新疆地区邻国多，周边局势复杂，中亚地区是世界各大国“博弈”的重要舞台，传统与非传统安全问题交织。但是，在新疆及周边非传统安全问题上，中国必须推行“和合”外交，既坚决维护国家主权，又要树立负责任的大国形象，实现与周边国家在非传统安全上的“优态共存”。❷

虽然“9·11”事件后美国成为咄咄逼人的中亚“新贵”，俄罗斯也不甘心失去其没落的传统势力，日本也在积极展开自己的“中亚攻略”，但大国博弈的疲劳感也已初见端倪。同时，身处“大博弈”舞台中心的中亚国家，必然要实行务实的多元外交，同各大国进行巧妙周旋，以为自身谋取最大的利益。不论中亚局势如何变化，某一个国家不可能单独主宰中亚，即使强势的美国都无法在中亚呼风唤雨。中亚局势的变化将由多种“合力”来决定，中国无疑是这种“合力”中的重要力量。苏联解体后，中国与中亚各国建立的“好邻居、好朋友、好伙伴”的良好关系使其在中亚的影响稳步提升。中国海纳百川的胸怀和“睦邻、安邻、富邻”的政策赢得了周边国家的信任，使它们在大国的博弈中更借重中国，新疆各民族也从周边国家和民族对中国的青睐中获得更为强烈的大国自豪感和自身安全体验。在非传统安全的合作领域中，对“优态共存”的追求正切合中国传统文化中“己所不欲，勿施于人”的这一道德“黄金法则”的诉求。中国与周边国家的生存优态只有在和平共处五项原则基础上共同应对各种非传统安全威胁才能实现，而中国在反恐、应对金融危机和气候变化等方面的积极合作就体现了一个负责任的大国对非传统安全的“优态共存”观的主动实践，相信其他国家也会顺应历史潮流和人类诉求，对“优态共存”做出越来越深刻的认同。

---

❶ 余潇枫：《认同危机与国家安全》，载于《中国社会科学文摘》，2006 年第 3 期。

❷ 余潇枫：《从危态对抗到优态共存——广义安全观与非传统安全战略的价值定位》，载于《世界经济与政治》，2004 年第 2 期。余潇枫先生将广义安全观的安全定义描述为：安全是行为体间的“优态共存”（superior co-existence）。优态是安全指向的对象，表征的是独立身份的行为体的生存能力与可持续发展的生存境况，它是相对于所有行为体层次来说的。共存是安全获得的条件，表征的是行为体追求安全的整合性与过程性。“优态共存”安全观追求的是各个安全行为体对“你安全我才安全”境界的认同。

“9·11”事件以来“东突”问题的非传统安全威胁及其应对*

谢贵平**

【摘要】“9·11”事件以来，境内外“东突”势力为了达到将新疆从中国分裂出去的政治目的，在国际与国内社会两条战线同时进行分裂破坏与恐怖暴力活动，不断制造国际影响，积极推动“东突”问题国际化，给新疆的民族团结、社会稳定与中国国家安全造成严重的非传统安全威胁。新时期，中国政府只有采取积极有效的内政措施与灵活的外交政策乃至适度军事武力介入，对“东突”问题进行综合治理，才能遏制境内外“东突”势力的蔓延发展，从而才能有利于维护新疆的民族团结、社会稳定与中国国家安全。

【关键词】“东突”问题；非传统安全威胁；安全治理

所谓“东突”问题，就是指境内外分裂势力利用新疆少数民族浓厚的民族宗教情感与社会转型时期的各种社会矛盾，自诩为“世界维吾尔族代表”，为达到在新疆地区建立一个政教合一的“东突厥伊斯兰共和国”分裂政权，煽惑蒙骗一部分少数民族民众对新疆进行思想意识形态渗透与分裂破坏所带来的一系列问题。“9·11”事件后，境内外“东突”势力并没有停止分裂新疆的破坏活动，也没有放弃其独立的政治目标。面对国际社会的压力，他们很快就调整方针，改变策略和变换手法，在中国新疆进行分裂破坏与恐怖暴力活动的同时，在国际社会频繁活动，不断制造国际影响，积极推动“东突”问题国际化，给新疆的民族团结、社会稳定与中国国家安全造成严重的非传统安全威胁。

一、“9·11”事件以来境内外“东突”势力的活动态势

“9·11”事件后，迫于国际反恐形势，国际恐怖主义势力纷纷蛰伏，而中国境内外“东突”势力则调整其分裂方式，在对中国进行意识形态渗透与实施恐怖暴力活动的“文攻武略”基础上，不断拓展国际生存空间以提高自身国际影响力、加紧推动“新疆问题”国际化，实行“三位一体”

* 基金项目：国家社科重大招标项目《中国非传统安全威胁识别、评估与威胁研究》（12&ZD099）；国家社科一般项目《新疆重大突发社会安全事件应急管理体系研究》（12BZZ019）；新疆普通高校人文社科重点研究基地重点招标项目《新疆社会安全事件驱动力变量与安全治理研究》（090112B02）

** 谢贵平：塔里木大学副教授，浙江大学公共管理学院非传统安全管理专业在读博士生。

的全面分裂破坏活动。

（一）大力进行思想意识形态渗透破坏为继续进行分裂破坏乃至恐怖暴力活动奠定社会舆论与心理基础

1. 渗透破坏的方式途径

（1）通过印刷品、音像制品、文艺作品与互联网络等媒介等进行渗透破坏。2001 年以来，境内外“东突”势力在张贴、散发传单、小册子、投寄书刊、音像制品、创作文艺作品等传统方式进行思想意识形态渗透的基础上，广泛借助广播、电台、互联网等媒介进行广泛的思想意识形态渗透破坏。21 世纪初，境外“东突”势力在境外组织出版了维吾尔、哈萨克、藏、蒙古、乌兹别克、汉、英等语言的 25 种反动书籍、报刊、音像制品，印刷了百余种宣传“圣战”和煽动民族分裂的手册，并建立了“沙特吉达电台”等 5 个广播电台和维吾尔语播音室，每天针对新疆进行反动宣传。❶

（2）通过跨区宗教活动传播极端主义思想。“9·11”事件后，新疆地区加大对“东突”恐怖势力的打击与对宗教的管理力度，“东突”势力则一方面利用少数民族宗教生活与宗教情感的需求，通过地下经文教育活动培养“塔里甫”（经文学校学生）进行分裂思想的渗透破坏；另一方面与传入新疆的国际极端宗教组织“台比力克”❷、“伊扎布特”❸ 相互勾结，融为一体，利用婚礼、葬礼、麦西莱甫、聚会、轮流请客等活动，甚至利用极少数具有宗教狂热和分裂主义思想的教师，在授课中对教民与学生宣扬鼓吹伊斯兰教至上，极端排斥异教徒、建立神权政治、宣扬“阿拉木”论❹、推崇“圣战”。

2. “东突”势力宣扬的主要分裂思想及其目的

归结起来，“东突”势力宣扬的分裂思想主要观点有：①“历史独立论”，也叫“泛突厥共同体论”。“东突”势力宣扬新疆自古以来就是“突厥人”的土地，叫嚣“历史上新疆一直是一个独立国家”，即所谓的“东突厥斯坦”，主张将生活在博斯普鲁斯海峡至阿尔泰山脉之间所有操突厥语的民族联合成一体，组成一个“大突厥帝国”。②“资源东流（掠夺）论”，也叫“汉人西进论”。诬蔑“汉族是野蛮的侵略者”，“汉人西进”掠夺了新疆丰富的自然资源，导致新疆贫困。③“民族灭绝论”。一是所谓的“计划生育”问题，二是“核污染”问题。④“民族觉醒论”。号召维吾尔族应该觉醒起来，同汉人进行斗争，将汉人驱逐出新疆。⑤“宗教圣战论”。鼓吹“圣战”，消灭所谓的“异教徒”。⑥“时代潮流论”，即“民族独立是时代潮流”，应顺应潮流，争取

---

❶ 张春霞、蒲晓刚：《境外宗教渗透于新疆意识形态安全》，载于《新疆社会科学》，2010 年第 1 期，第 66 页。

❷ 本意是讲解和传播伊斯兰宗教知识。

❸ 伊扎布特，又称“伊斯兰解放党”或“伊斯兰拯救党”，1953 年最早成立于中东耶路撒冷，20 世纪 80 年代逐步演变成一个以“推翻各国世俗政权、建立全球伊斯兰神权国家”为主要目标的宗教极端组织，其宗旨是通过发动“和平圣战”将伊斯兰教义推向世界，建立单一的、以伊斯兰教法统治的“哈里发”国家。20 世纪 90 年代以来，在前苏联解体后经中亚国家传入新疆境内，并开始与“东突”势力合流。1999 年 6 月，“伊扎布特”在乌鲁木齐市成立新疆总部，向各地州辐射发展，已成为影响新疆社会政治稳定的一大毒瘤。

❹ 阿拉木，阿拉伯语意为“违背伊斯兰教法的”，“严厉禁止的”。新疆伊斯兰极端主义主张以《古兰经》和“圣训”作为判定一切是非的标准。鼓吹只有建立在《古兰经》和“圣训”基础上的国家政权才是合法的，否则都是“阿拉木”，都在推翻之列。

“民族自决”和“民族独立”。⑦“侵犯人权论”，即汉族“镇压少数民族”，剥夺少数民族应该享有的语言文字权、受教育权等人权。❶

“东突”势力大力进行思想意识形态渗透破坏，其目的在于：诬蔑中国政府“践踏东突人权”，“实行汉化政策，迫害宗教人士，乱抓无辜”；攻击计划生育是搞“种族灭绝”，打击“东突”势力是“破坏宗教自由”“消灭维吾尔族”等，攻击党和政府的民族宗教政策，鼓吹“圣战”，杀死“异教徒”，叫嚣“赶走汉人”，以建立“东突厥斯坦国家”。

（二）积极策划与实施分裂破坏、频频制造恐怖暴力活动，散播恐怖信息、制造社会恐慌

1. 阴谋策划与实施分裂破坏活动

“9·11”事件后，公安机关破获打掉多个阴谋策划与实施分裂破获活动的分裂团伙组织。2003年3月，“东突新闻信息中心”曾指挥境内恐怖分子斯拉木·艾山等人考察兰新铁路，并制定了炸毁兰新铁路的计划，被我公安部门侦破；同年国庆前后公安机关在山西、云南和疆内捣毁了4个暴力恐怖团伙。❷

2006年公安机关发现并布控，于2007年年初被一举捣毁的帕米尔山区恐怖训练营地是近年来发生在该地区的一起重大案件。新疆公安民警击毙恐怖分子18名，捕获17名，缴获自制手雷22枚，半成品手雷1500多枚。❸ 2007～2008年，公安机关曾破获多起境内外“东突”势力精心策划的针对北京奥运会的恐怖袭击团伙与案件。

2010年，公安机关破获了一起重大恐怖组织案件，抓获以阿不都热西提·阿不来提、依明·色买尔为首的10余名恐怖组织头目、骨干及成员，缴获了一批自制爆炸易燃装置等作案工具，有力挫败了恐怖分子的破坏图谋。2011年和田发生“6·29”恐怖分子劫机未遂事件，6名歹徒企图暴力劫持由和田飞往乌鲁木齐的飞机，被机组人员和乘客制服。❹

除此之外，境内“东突”分子还通过国际互联网频繁与境外进行勾联，相互散布有关分裂破坏信息，筹集活动经费，传播制毒、制爆配方。

2. 频频制造暴力恐怖活动

“9·11”事件尤其是2008年以来，“东突”势力在新疆地区就制造了多起重大暴力恐怖事件：①和田“3·23”事件❺，公安机关先后抓捕涉案人员500余人，收缴传单标语2600余张、反动旗帜800余面，3名民警、9名武警受伤。②喀什“8·4”事件❻，“东突”分子袭击出操武警官兵，造成受袭武警16人死亡、16人受伤。③库车“8·10”系列爆炸案❼，造成1名保安人员死亡，2名公安民警、1名保安员和2名群众受伤，多处

❶ 靳娟娟、金天义主编：《新疆边防管理与边防建设》，社会科学文献出版社，2011年版，第198－199页。
❷ 《“东突”头目毙命巴基斯坦》，http：//www. china. com. cn/zhuanti2005/txt/2003－12/22/content_ 5466059. htm.
❸ 《新疆捣毁一恐怖分子训练基地　击毙恐怖分子18名》，http：//news. sina. com. cn/o/2007－01－09/094910956803s. shtml.
❹ 《新疆和田今日处置一起劫机事件　抓获6名歹徒》，http：//sky. news. sina. com. cn/2012－06－29/144322091. html.
❺ 《新疆和田制止“伊扎布特”组织策划的非法游行活动》，http：//news. 163. com/08/0404/16/48MSHVBL0001124J. html.
❻ 《新疆喀什武警遭袭击　16人死16人伤2疑犯被抓》，http：//hb. qq. com/a/20080805/000075_ 1. htm.
❼ 《库车爆炸案17处爆炸点，袭击针对居民点》，http：//www. 360doc. com/content/10/1012/16/2866722_ 60391647. shtml.

房屋受损。④2009年乌鲁木齐“7·5”事件[1]，截至7月19日，这起事件已造成197人死亡、1721人受伤，331个店铺、627辆汽车被砸被烧，众多市政公共设施被损毁。⑤2010年阿克苏“8·19”爆炸事件[2]，造成联防队员7死14伤。⑥2011年和田“7·18”事件[3]，“东突”分子青天白日之下暴力冲击派出所，造成1名武警战士牺牲，1名特警、1名联防队员受伤；喀什“7·30”事件[4]，恐怖分子持刀砍杀路边群众，现场造成6名无辜群众死亡，28名群众受伤；喀什“7·31”事件[5]，恐怖分子砍人行凶并制造爆炸事件，超过10名行人和警察在抓捕行动中受伤。⑦2012年叶城“2·28”事件[6]，数名暴徒手持刀具在叶城幸福路市场行凶，至少杀死10人，另有多名群众受伤；2012年和田“6·29”劫机事件[7]。6名歹徒企图暴力劫持由和田飞往乌鲁木齐的飞机，被机组人员和乘客制服。（8）2013年新疆巴楚“4·23”暴力恐怖事件[8]，造成民警、社区工作人员15人死亡（维吾尔族10人，汉族3人，蒙古族2人），受伤2人（维吾尔族）；鄯善县“6·26”暴力恐怖事件[9]，暴徒手持大刀沿街砍杀，袭击当地警局和政府机构，并放火焚烧警车，致27人死亡，其中包括9名警察和安全人员，另有10名恐怖分子被击毙。

境外“东突”势力则频频制造国际恐怖暴力事件。2002年6月29日，“东突解放组织”成员在吉尔吉斯斯坦比什凯克将中国驻吉外交官王建平杀死[10]；2003年3月26日晚，一辆来自中国新疆喀什地区的客车在吉尔吉斯斯坦被烧毁，车上21名乘客全部遇难[11]；2004年6月10日，中国工人在阿富汗北部省份昆都士遭遇恐怖袭击，10余人死亡[12]；2004年8月，“东伊运”头目买买提明·买买提指使“东伊运”恐怖分子在南亚某国制造了“中国人俱乐部”爆炸事件[13]；2006年2月，6名援助巴基斯坦水泥厂建设的中国工程技术人员遭到“东突”恐怖袭击，造成2人死亡、1人重伤[14]；2009年乌鲁木齐市“7·5”事件后，境外一些“东突”分子频繁冲击中国驻外使领馆，中国驻美国、土耳其、德国、荷兰、日本、澳大利亚、荷兰、瑞典、挪威等国的大使馆均受到袭击。

3. 散播恐怖信息，制造社会恐慌

“9·11”事件以来，境外“东突”势力除了

---

[1] 中国国务院新闻办公室：《新疆的发展与进步白皮书》，http：//news. sina. com. cn/c/2009－09－21/151518695188. shtml.
[2] 《阿克苏发生爆炸事件》，http：//news. sina. com. cn/c/2010－08－19/135820932340. shtml.
[3] 《新疆和田派出所遇袭　14名袭击者被击毙》，http：//news. 163. com/11/0720/02/79CF07O50001124J. html.
[4] 《新疆喀什两男子持刀砍人致7死28伤》，http：//news. 163. com/11/0731/10/7A9JDAOT00014JB5. html.
[5] 《新疆喀什再次发生砍杀　4名嫌疑犯被抓》，http：//news. 163. com/11/0731/18/7AAHAM9G0001124J. html.
[6] 《新疆喀什叶城县发生恐怖暴力袭击事件》，http：//finance. 591hx. com/article/2012－02－29/0000132193s. shtml.
[7] 《新疆和田今日处置一起劫机事件抓获6名歹徒》，http：//sky. news. sina. com. cn/2012－06－29/144322091. html.
[8] 《新疆巴楚县发生暴力恐怖案件15人被害》，http：//news. qq. com/a/20130424/000859. htm.
[9] 《新疆鄯善今晨发生暴力恐怖事件　暴力现场图大曝光》，http：//www. s1979. com/tupian/xinwen/201306/2692456126_ 6. html.
[10] 《“公安部公布首批认定的‘东突’恐怖组织及成员名单”》，http：//news. sina. com. cn/c/2003－12－15/10131344765s. shtml.
[11] 《中国客车在吉尔吉斯烧毁　遇难者多为中国人》，http：//www. cctv. com/news/china/20030328/100923. shtml.
[12] 中国现代国际关系研究所反恐研究中心：《2004年国际恐怖主义与反恐怖主义斗争年鉴》，时事出版社，2005年版，第219页。
[13] 《8名“东突”恐怖分子名单及其主要罪行》，http：//news. xinhuanet. com/legal/2008－10/21/content_ 10227806. htm.
[14] 《中国在巴遇难工程师身份确定》，http：//news. sina. com. cn/c/2006－02－17/04428226738s. shtml.

勾连境内“东突”势力实施恐怖暴力活动外，还散播恐怖谣言，制造社会恐慌，扩大国际轰动效应。2005年9月26日，“东突厥斯坦解放组织”（ETLO）通过英国BBC广播电台公开对外宣称，“将开始用一切手段向中国政府发动武装战争❶。2007年，中国安全部门截获“东伊运”（“东突厥伊斯兰运动”）和“东突解放组织”发布的7条命令，该命令要求从当年4月开始，每个月在中国境内发动一次大的恐怖事件，直到奥运会结束。

2008年6月，“东伊运”❷头目买买提明·买买提亲自发布了恐怖威胁视频声明，警告“准备参加北京奥运会的全体运动员和观众”，叫嚣“要利用最简单的方式给中国政府致命的打击”，并策划了一系列暴力恐怖活动。❸同年，被中国、美国等多个国家列为恐怖组织的“东伊运”在互联网上宣称对2008年发生在中国城市的系列爆炸案负责；后经警方调查，上海“5·5”公交车爆燃案、云南昆明“7·21”公共汽车爆炸案、温州“5·17”爆炸案等均与恐怖袭击无关❹。2009年8月9日晚，阿富汗卡姆航空公司开通喀布尔至乌鲁木齐航线后的首航班机后，也流传过恐怖袭击的谣言。

（三）开展多方位活动，不断壮大自身活动能量

1. 加入国际恐怖主义活动以增强自身作战技能

为了增添其国际活动能量，境外“东突”势力积极与中亚、西亚以及南亚等地区的国际恐怖势力进行勾结以获取他们的支持和锻炼提升自身的实战技能。据美国国务院2002年5月21日发表的《2001年度全球恐怖主义形势报告》❺披露，“维吾尔人被发现在阿富汗同‘基地’组织共同作战”。“东突”与“基地”组织在武器、物资、培训等方面关系密切❻。其他一些国际媒体的估计则是“1000多人曾在阿富汗接受军事训练”❼。“东突”恐怖分子为了获得战争经验，甚至在车臣、科索沃参加非法武装打仗。❽在阿富汗有许多新疆籍的年轻人，都参加了“塔利班”的战斗❾。2012年5月以来，“东突”组织纠集成员，组成“圣战”小组潜入叙利亚参与内战。“东突”势力境外参战的主要目的有两个：一个是“练兵”；一个是

---

❶ 见英国BBC广播公司2005年9月29日文章：“‘东突’宣布向中国发动武装战争”。

❷ 1993年，新疆和田人买买提·托乎提和阿不都热合曼纠集一伙“东突”分子在境外建立了“东突厥斯坦伊斯兰运动”组织，同年解体。1997年，艾山·买合苏木和阿不都卡德尔·亚甫泉纠集一伙“东突”分子，在境外恢复建立“东伊运”。该组织已于2002年9月11日被联合国认定为恐怖组织，艾山·买合苏木于2003年11月在阿富汗被美军击毙，随后“东伊运”由买买提明·买买提，化名“阿不都哈克”领导。

❸ 《“公安部认定8人为第二批‘东突’恐怖分子：8名‘东突’恐怖分子名单及其主要罪行”》，http：//bbs. tiexue. net/post_3124627_ 1. html.

❹ 《警方驳斥“东突”在上海昆明等地制造爆炸说法》，http：//news. sina. com. cn/c/2008 - 07 - 27/060616006797. shtml.

❺ 美国国务院国际信息局（IIP）：《2001年全球恐怖主义形势报告》，载于《美国参考》，2002年5月21日；转引自李湛军：《恐怖主义与国际治理》，中国经济出版社，2006年版，第167页。

❻ 张洁：《中国的反恐政策：原则、内容与措施》，载于《当代亚太》，2005年第11期，第32页。

❼ 《基地组织全球扩散千余“东突”分子潜入中国》，载于《环球时报》，2002年6月3日；转引自李湛军：《恐怖主义与国际治理》，中国经济出版社，2006年版，第168页。

❽ 《“东突”恐怖势力难脱罪责》，http：//gb. cri. cn/41/2003/12/17/115@23643. htm.

❾ 《采访被捕“东突”分子，新疆已抓获百余名恐怖分子》，http：//mil. news. sina. com. cn/2002 - 09 - 16/84061. html.

企图得到国际恐怖势力的“认同”和“帮助”❶，增添自身的活动能量。

2. 网罗境外的“东突”分子与新疆地区境内的异议分子加入分裂组织，壮大自身力量

近年来，境外“东突”组织通过网罗境外的“东突”分子与新疆地区境内的异议分子出国加入他们的分裂组织，以壮大自身力量。在“东突”组织的策划下，土耳其一些宗教组织和相关机构通过留学奖学金等形式，资助新疆异议分子到当地留学和定居，每年约有近百人以这种方式进入土境学习和居住❷。近年来，新疆高校一些少数民族大学生多次收到境外“东突”组织与国外相关机构的留学邀请函。据统计，目前自治区5所高校和5个文化单位出国未归人员分别达395人和42人，其中一些人已取得他国居住权，另一些人积极从事分裂中国活动，成为团伙骨干力量。❸ 据土耳其一个“东突”网站公布的数据，2002年土耳其新加入“东突”组织的人数超过了1000人。2004年“东突”两个“海外流亡政府”相继成立，他们以资助学费、提供资助和帮助就业以及解决外国国籍等“诱饵”，集中和网罗了越来越多的流窜国外的许多独来独往的“东突”分子，德国、美国和土耳其正越来越成为国际“东突”组织活动的大本营。

3. 积极谋取所驻国政府支持，公开注册合法组织以对抗中国政府

“9·11”事件后，境外的一些“东突”组织加大与其所驻国高层官员与议会的工作力度，积极寻求扩展与官方和议会的来往渠道以获得所驻国政府的支持，以期其分裂中国的破坏活动在所驻国得以公开化、合法化。在“东突”分子聚集比较多的土耳其，“东突”势力加大对政府官员及政党的公关力度以获取支持。2002年11月当土耳其的“正义与发展党”在全国大选中获胜以后，“东突”组织派代表送花篮表示祝贺。❹ 2003年1月当土耳其总理访问开塞利市时，当地的“东突”组织代表还获得了接见，并送他们的所谓“国旗”给土耳其领导人。❺ 2003年6月12日，境外“东突”组织从世界各地云集土耳其，借“纪念土耳其收容东突人50周年”为由，举行1000多人的大型聚会，邀请外国政要与会，公然举行反对中国的分裂活动。❻ 土耳其一些领导人也出于伊斯兰教的共同信仰及“双泛主义”情结之缘故，多次以个人身份参加“东突”组织的活动，接受他们赠送的所谓“东突国旗”。其主要政党对境外“东突”势力也抱同情态度，私底下甚至公开支持他们的活动，不少政党甚至把“促进‘东突’独立运动作为奋斗目标”；一些政府官员也在不同场合表示过对境外“东突”势力所进行的分裂活动的同情。这样，境外“东突”势力就公开在所驻国进行“合法”注册，诱惑与网罗境内外各色人员参与他们的组织。“9·11”事件后，土耳其的

---

❶ 《“东突”分子组成“圣战”小组参与叙利亚内战》，http：//news. Ifeng. com/world/detail－2012－10/29/18634576－0. shtml.

❷ 李湛军：《恐怖主义与国际治理》，中国经济出版社，2006年版，第173页。

❸ 张秀明：《新疆反分裂斗争和稳定工作的实践与思考》，新疆人民出版社，2009年版，第93页。

❹ 见土耳其“东突”组织杂志《蓝色旗帜》，2002年第6期。

❺ 见土耳其“东突”组织杂志《蓝色旗帜》，2002年第1期。

❻ 见土耳其“东突”组织杂志《蓝色旗帜》，2002年第4期。

“东突”势力在当地政府注册的组织就有6个[1]。这些“合法”注册的“东突”组织不仅其活动不受当地政府执法机关或部门的监控，而且还为当地一些支持“东突”组织的官员参加他们的活动提供了所谓的“法律依据”。

4. 加强与境外反华势力的横向联合

境外“东突”势力除了与西方一些国家联手进行分裂中国之外，还加强与“台独”“藏独”、海外“民运”组织以及其他反华势力的横向联合，进行分裂破坏活动。2002年5月，“东突民族中心”还和《北京之春》负责人正式签订合作协议，这是境外“东突”组织和“民运”签订的第一个合作协议，标志着这两股势力之间的联合进入实质性阶段。[2] 同年11月“东突民族代表大会”与“世界维吾尔族青年代表大会”联合召开的“两会联席扩大会议”也明确提出，“要与所有反华势力联合，而不分其是否维吾尔民族”[3]。西方一些国家为了利用中国海外这些分裂势力达到“西化”“分化”中国的目标，也积极撮合境外中国分裂势力的横向联合。

5. 加大内部整合力度，制订新的分裂计划与分裂目标

“9·11”事件后，境外“东突”组织改变过去那种散兵游勇或流寇式的袭扰方式，积极加强政治联合，谋求建立“统一组织”，开展“统一行动”，实现“统一指挥”。统一后的“世维会”核心领袖集团成员共同发表声明，称“世维会”是维吾尔人唯一的合法组织，所有“东突”组织都要团结在“世维会”周围，为“东突独立运动”开创新局面，并叫嚣“要齐心协力”，削弱中国的经济、打破中共的强大。[4] 在美国等西方国家的支持下，2006年11月，热比娅作为主席的唯一候选人当选，再次完成了一次境外“东突”组织的重大整合。2009年5月，热比娅连任“世维会”主席。热比娅由“精神领袖”过度到“实权领袖”，个人权威得到认可和加强。“世维会”二大还审议通过了境外“东突”势力50年战略目标，第一步计划用10年时间打好基础和推动“东突”问题国际化；第二步计划用20年时间进行法律和文化斗争；第三步计划用20年实现新疆独立。

6. 积极寻求西方国家的支持

“9·11”事件后，境外“东突”势力为了寻求西方国家的支持，便于自身政治诉求的传播并引起国际社会的关注，他们的政治活动中心逐渐向欧美国家转移，其投靠欧美国家赢取国际支持的倾向非常明显。为了积极迎合美国等西方国家的意愿要求，用一个声音说话，内部停止内斗，加快整合，不少“东突”组织聚于“世维会”的旗下。他们提出“坚持以民主、和平的方式，坚定不移地争取‘东突’的民主、人权和独立”。为确保现阶段能获得美国等西方国家的支持和资助，在公开场合不以组织名义提出“独立”要求，而以暗含独立的“民族自决权”替代“独立”要求。为求得国际社会的认可，他们充分肯定境内“东突”势力以所谓保护民族生存、反对中共镇压而

[1] 李湛军：《恐怖主义与国际治理》，中国经济出版社，2006年版，第172页。

[2] 参阅马大正、许建英：《“东突厥斯坦国”迷蒙的幻灭》，新疆人民出版社，2006年版，第209－217页。

[3] 李湛军：《恐怖主义与国际治理》，中国经济出版社，2006年版，第183－184页。

[4] 《“世维会”策划煽动“7·5”暴力事件全过程公布》，http：//bbs. chnqiang. com/viewthread. php? tid＝133716，2009－10－16.

在境内进行的"武装斗争"。但规定"世维会"成员不参与其中，也不可以在国际场合以组织的名义正式发表支持武装斗争的言论。为了获得西方国家的支持，境外一些"东突"组织头目一方面就"东突"问题频繁前往欧美、中亚、西亚等一些国家和地区进行游说，仅艾尔肯一人就游说了30余个国家，热比娅出境后也游说了10多个国家；另一方面他们加大开展对驻在国政府高层官员和议会的工作力度，保持对外国领导人和政要的感情联络，争取一切机会和可能，邀请外国政要参加"东突"组织举行的各类活动或接见"东突"人员，寻求国际社会对"东突"活动的同情和支持，不断向中国政府施加压力。

（四）处心积虑地推动"东突"问题国际化

1. 改善国际形象，寻求国际社会生存发展的合法性基础

"9·11"事件后，境外"东突"势力已经认识到仅用恐怖暴力手段很难达到政治目的，也极易受到国际社会的谴责。于是他们改变策略，在国际社会把自己树立成"受害者"和"无辜者"形象，把他们的分裂破坏乃至恐怖暴力活动宣扬成"民族解放运动"，处心积虑地将自己打扮成一副"和平民主"的斗士形象，其目的就是想通过改善国际形象，寻求自身在国际社会生存发展的合法性基础，以博取国际社会的同情与支持。

2. 诬蔑攻击中国政府，诋毁中国政府的国际形象

为了诋毁中国政府形象，境内外"东突"势力通过多种形式诬蔑攻击中国政府。一是通过情报员搜集国内大量信息情报，并根据政治需要进行加工改造，以"受压迫民族"代言人自居，利用报刊杂志、广播电台、国际互联网等媒体以及新闻发布会等形式，大肆宣扬所谓中国政府"践踏东突人权"。攻击中国计划生育是搞"种族灭绝"，打击"东突"势力是"破坏宗教自由""消灭维吾尔族"，如土耳其和一些中亚国家或明或暗地支持"东突"分裂活动，允许其在本国境内开展活动，建立基地。在这些国家的支持下，分裂组织创办了许多刊物，连篇累牍地发表文章，攻击中国的民族政策。❶

3. 广造声势，扩大"东突"问题的国际影响

境外"东突"势力为了扩大"东突"问题的国际影响力，引起国际社会的普遍关注，为推动"东突"问题国际化做好铺垫，他们采取各种手段，在国际社会广造声势。一是在国际社会频繁活动，加大"东突"人权的宣传力度；二是以中国政府"践踏人权"为名举行各种抗议活动；三是抓住中国国内敏感、热点问题大做文章，制造社会轰动效应；四是以"学术研讨会"的形式扩大"东突"问题的国际影响。

二、"9·11"事件以来"东突"问题的非传统安全威胁

所谓非传统安全❷，具体而言就是"一切免

❶ 《"东突"恐怖组织大揭秘》，http：//mil. news. sina. com. cn/2004 - 03 - 09/1626186639. html.

❷ 西方学者也有用"非常规安全"（unconventional）、"非传统威胁"（non-traditional threats）、"非传统问题"（non-traditional issues）、"新威胁"（new threats）、"新安全"（new security）来指称非传统安全。

于非战争武力所造成的生存性威胁的自由”❶，其核心内容就是强调共同体的核心价值、结构秩序和生存方式不受侵害。“9·11”事件以来，境内外“东突”势力的分裂破坏活动给新疆的民族团结、社会稳定与中国国家安全造成严重的非传统安全威胁。

（一）意识形态渗透破坏毒害了一部分少数民族民众

文化安全对一个国家、一个社会产生的影响是长远的、深刻的，甚至足以瓦解一个国家的意识形态，影响乃至改变一个民族的发展前途。“东突”势力思想意识形态领域的渗透破坏，它毒化的是人的思想意识，造成人们思想认识的混乱，其危害性远远大于暴力恐怖活动，而且短时期内难以肃清，并极易触发一些少数民族民众的认同危机。在宗教氛围异常浓厚、传统文化影响深远的新疆民族地区，“东突”势力利用国内社会转型时期诸多社会矛盾进行蛊惑，传播分裂思想。他们打着“民主、人权”旗号，推动“东突”问题国际化，极易诱导引起一些少数民族民众对社会现实不满的心理共鸣，触发他们的各种认同危机，极少数思想狭隘的知识分子、宗教人士甚至投奔国外“东突”分裂组织，参与分裂活动。认知上的变化必然会导致行为上的变化，接受“东突”分裂思想毒害的人员，其思想和行为必然会与“东突”分子由趋同而愈走愈近，甚至同流合污，使得“东突”势力的分裂破坏活动在新疆拥有一定的群众基础和生存土壤，虽经政府屡次打击，但仍具有较为顽强的自我修复和再生能力。一些少数民族民众尤其是青少年群体受“东突分子”思想毒害，极易成为分裂破坏活动的马前卒与牺牲品。在国际社会，一些海外维吾尔族华人也受到思想毒害，同情乃至支持“东突”分裂活动。在全球化背景下，由“东突”思想意识形态渗透而引发的文化安全日益成为影响新疆民族团结、社会稳定和中国国家安全较为隐蔽、较为持久、较具威胁力的因素。

（二）对新疆的民族团结、经济发展、社会稳定与国家安全以及海外公民、华人的生命财产安全造成严重威胁

“东突”分裂势力多次在中国境内新疆地区与国际社会制造恐怖暴力事件，枪杀中国海外公民与华人，冲击中国驻外大使馆，不仅给新疆各族人民而且给海外中国公民与华人生命财产造成重大损失，如乌鲁木齐“7·5”事件是新疆地区60年来发生的性质最恶劣、伤亡人数最多、财产损失最严重、破坏程度最大、影响最坏的暴力犯罪事件❷；而且也严重危害了维汉民族团结与和谐民族关系的构建。新疆地区每发生一次较大影响的恐怖暴力事件，都会影响到当地经济的持续健康与稳定发展。如“7·5”事件后，新疆经济发展遭到很大冲击，仅旅游业损失就超过200亿元❸，旅游业的下滑影响到了服务业及相关行业，如交通、餐饮等，也影响了投资商在新疆投资的积极性。诸多不稳定因素的存在也使维稳成本极其高

❶ 余潇枫，潘一禾，王江丽：《非传统安全概论》，浙江人民出版社，2007年版，第52页。

❷ 中共新疆维吾尔自治区委员会宣传部：《“加强民族团结 维护新疆稳定”宣传教育材料》（一），新疆人民出版社，2009年版，前言。

❸ 国际关系学院国际战略与安全研究中心：《中国国家安全概览》，时事出版社，2010年版，第434页。

昂，为了反恐与维稳，中国中央和新疆地方政府不得不投入大量人力、物力和财力防范和打击暴力恐怖犯罪，如仅阿克苏地区自1997年以来，连续12年共下派干部2.5万余人次，投入经费1.4亿余元，累计在1744个重点村和社区开展了集中整治工作❶，这些都直接影响到新疆地区经济的持续稳定发展。“东突”势力在国内外的分裂破坏活动也严重损害了中国尤其是新疆的对外开放形象，使新疆在与中亚、南亚等国际通道建设、边境口岸建设与对外贸易等方面均受到不同程度的负面影响。此外，“东突”势力的“东突问题”国际化运动及冲击中国驻外大使馆，直接威胁到中国的国家安全。

（三）极易误导国际舆论，损害中国国际形象，增添中国反恐斗争的复杂性与艰巨性

境内外“东突”势力为了达到分裂新疆的目的，他们主动将自己的活动纳入美国等西方反华势力的“分化”“西化”中国的战略棋局之中，一些“东突”头目甚至提出“用新疆的能源向美国换取独立”，心甘情愿去做供人驱使的棋子。首先，他们在国际上歪曲宣传、诬陷诋毁与“妖魔化”中国，不仅极易误导国际舆论，使国际社会对中国产生一种消极的“定性思维”，严重损害了中国的国际形象。其次，境内外“东突”势力勾结国际反华势力，里应外合、联手作案，即境外策划、境内实施，境外派人入境组织，境内人员协助；活动的过程由境外遥控，破坏活动一旦奏效，境外大肆渲染，进行歪曲宣传报道，通过国际社会尤其是西方国家向中国施加舆论压力，给美国等西方反华势力操控利用境外“东突”势力，干涉我国内政、分化瓦解中国提供了口实。最后，“东突”势力还散播恐怖谣言，制造社会恐慌，使一般民众包括相关部门难以及时准确判断他们散播信息的真伪，威胁到中国的信息安全。所有这些势必给中国的维稳工作与反恐斗争增添了复杂性与艰巨性。

三、“东突”问题未来发展趋势及其安全治理对策探讨

新时期，在对“东突”势力分裂破坏活动进行历史与现实分析的基础上，预测其未来发展趋势，并对其进行有效的安全治理具有重要意义。

（一）“东突”问题未来发展趋势

1.“东突”势力与国际反华势力将继续联手实施分裂中国的破坏活动

在未来的境内外“东突”势力分裂破坏活动中，他们将继续里应外合、联手作案，即境外策划、境内实施；境外派人入境组织，境内人员协助，活动的过程由境外遥控；破坏活动一旦奏效，境外大肆渲染，通过西方和国际社会向中国施压等分裂破坏方式将被反复使用。

2.“东突”势力的分裂破坏活动将呈现行动跨国化、形式多元化、手段技术化、危害全球化的新特征

随着通信技术手段的迅猛发展，未来“东突”势力的分裂破坏行动不仅会跨越新疆区内外，还会跨越中国国内外；其分裂破坏形式将呈现国际政治化、意识形态化、恐怖暴力化等多管齐下特

❶ 苏成：《新形势下做好阿克苏地区稳定工作的几点思考》，《2009阿克苏论坛论文选编》，2009年版，第253页。

点；其分裂手段将呈现电子化、智能化、高科技化趋势；其活动范围和恐怖危害将不仅限于一个地区或一个国家，而且能扩展或影响到世界的任何一个角落。

3. 在分裂破坏手段策略上，将以意识形态渗透破坏与政治斗争为主，但绝不会放弃恐怖暴力活动

境内外“东突”势力将继续对中国新疆境内加大思想意识形态渗透破坏力度，在国际舞台上处心积虑地把自己粉饰和包装成“和平民主”的斗士形象，打“民主与人权”牌，争取国际社会支持，扩大国际影响，与中国进行尖锐的政治斗争，推动“东突”问题国际化。在开辟国际政治斗争战场的同时，他们绝对不会放弃恐怖暴力手段，相反他们会更隐蔽、更阴险地使用暴力和制造暴力冲突事件，以此激化新疆地区的维汉民族矛盾，同时在国内和国际两条战线上向中国出击，即一手用暴力和恐怖手段破坏中国境内安定团结的大好局面，另一手用“人权和民主”的招牌赢取国际社会尤其是欧美西方国家对他们的公开支持，以削弱新疆地区少数民族尤其是维吾尔族对中国的国家政治认同。

（二）“东突”问题安全治理的对策探讨

鉴于“东突”势力的渗透破坏牵涉到国内与国外、军事与非军事两个层面，所以对“东突”问题的治理必须采取内政与外交乃至军事武力介入等共同复合应对，才能取得理想效果。

1. 内政方面

（1）转变安全维护理念，充分认识认同建构在新疆安全治理中的重要作用

如果国家长期不能有效解决新疆的各种社会矛盾，革除各种机制体制弊端，解决贫富差距、社会腐败、公平正义、民主自由等问题，新疆广大少数民族民众就难以从国家共同体中得到其生存价值的自我确认，党和政府就会逐渐失去民众的信任，中国特色的社会主义道路会逐渐失去吸引力。特别是随着社会矛盾的激化，将会有更多的少数民族民众倒向“东突”分裂势力，次国家的民族意识突显、信仰缺失与意识冲突的普遍化等，使各种认同问题迅速汇合、上升为加速社会离心的各种“认同危机”，势必对新疆安全乃至国家安全造成持久的威胁。“认同是自我（self）与他者（other）之间的一种关系的认定，是共同体成员对现实境遇中“生存感”价值归属与“安全感”价值归趋的自我确定”[1]。在“认同”的社会心理参与下，安全已不是单纯的“客观”问题和个别主体的“主观感受”问题，而是“主体间”复杂互动的“社会安全性”与“体制合理性”重新确认的问题。[2]“认同”与社会“安全性”直接相关，或者说社会“安全性”程度（或共有价值受威胁程度）直接受“认同”变量的影响。国际安全研究专家巴里·布赞认为，国家安全“则是关于巨大的、自我持续‘认同’的群体安全”，“是关于集体的、成员之间的相互‘认同’”。任何“国家认同”的缺失或冲突就会带来新的安全问

[1] 余潇枫，潘一禾，王江丽：《非传统安全概论》，浙江人民出版社，2006年版，第346页。

[2] 王晓东：《西方哲学主体间性理论批判：一种形态学视野》，中国社会科学出版社，2004年版；转引自潇枫、潘一禾、王江丽：《非传统安全概论》，浙江大学出版社，2006年版，第347页。

题。所以，新时期党和政府要树立新的“综合安全”观念，要通过各种措施建构广大少数民族民众的“四个高度认同”来争取民心或心理认同，才能削弱“东突”分裂势力的群众基础，对之进行有效治理，从而更好地维护新疆稳定与国家安全。

（2）加强“文化戍边”工程建设，抵御“东突”文化渗透

“东突”势力在新疆地区的分裂破坏活动，无不是以思想意识形态的渗透破坏为先导，所以治理“东突”问题，必须加强文化戍边工程建设，才能有效抵御、防止与消解“东突”意识形态渗透。一是要依法加强对各级文化部门、文化市场的整顿和管理以及对传播媒介、文艺作品与宣传品的审查把关；二是坚定不移地开展意识形态领域反分裂斗争的宣传；三是要加强先进文化建设，维护国家文化安全；四是要加强爱国主义思想政治教育，培育与构建各民族的历史文化认同；五是要切实关注青少年的思想政治教育问题；六是要充分认识和正确引导少数民族日益增长的民族意识。

（3）完善民族区域自治制度，贯彻执行民族平等政策，反腐倡廉，维护民主自由

“在当代中国，没有一种意识形态安全比党的干部腐败所构成的意识形态安全更为严重的威胁了，因为它构成了对整个马克思主义体系信仰在人们心目中的倾覆”❶。新时期，中央和新疆各级政府要完善民族区域自治制度，确保各族人民当家作主的各项权利，真正贯彻执行各项民族平等政策，尊重少数民族的宗教信仰，加强反腐倡廉工作力度与实效，大力培养德才兼备、立党为公、执政为民的各级各类领导干部，保障各族群众的各项政治权利，维护民主自由，才能抚平相对边缘化的弱势群体的心理焦虑与紧张，才能增强他们的心理认同基础。

（4）缩小贫富差距，改善民生，完善社会保障机制，维护公平正义

自古以来，贫困往往是引发暴乱的重要诱因。新疆要保持长治久安，就必须大力发展经济，提高人民的生活水平，使各族人民安居乐业。新疆尤其是南疆民族地区广大农村的生活水平相对偏低，已成为“东突”分裂势力攻击的一个重要口实。所以新时期，中央和新疆各级政府要充分利用好全国其他省份对口支援新疆的大好机会，加大改革调整力度，通过加大资金投入，大力发展区域经济，改善民生，改进社会服务，完善社会保障机制，着力解决少数民族尤其是大学生就业问题，给新疆各族人民切切实实的实惠；同时需要大力发展教育，提高少数民族市场竞争水平，提高资源开采补偿力度，保护当地生态环境，维护公平与正义，才能增强新疆各族人民对国家的向心力与认同感。

（5）最大程度地团结和依靠广大各族人民群众

新疆各族人民群众是我们做好一切工作的力量源泉，人心的向背在反对分裂、打击“东突”势力斗争中起着决定性作用。所以，各级政府要落实中央关于“和谐社会”和“富民安边”精神。

---

❶ 胡惠林：《中国国家文化安全论》，上海人民出版社，2005 版，第 188 页。

建立起群众性的“民权与安全”检举网络，既监督干部，也预警分裂动向，最终使绝大多数当地民族群众和党的拥有新作风的干部一起，共同保卫自己和平幸福的生活，一旦分裂动乱分子稍有动作，就会被珍惜幸福和平生活的群众检举，从而形成中国特色的预警机制和“自觉型社会控制系统”。[1] 在反恐工作中，我们的工作要深深扎根于各族人民群众之中，要和人民群众建立血肉相连的紧密关系。只有得到各族人民的有力支持，工作才能“打有重点，防有目标”。

（6）必须加强和抓好民族宗教工作

民族宗教问题是影响新疆和中国其他边疆地区社会稳定的重要因素。宗教在少数民族中有着深厚的影响。在新疆地区，民族问题与宗教问题相互交织在一起，民族问题与宗教问题往往互为诱因和表现。对于宗教，如果我们不去引导，就会被敌对势力所利用。武断地把新疆一些动乱的根源归结为伊斯兰教，不仅会造成穆斯林教徒和非穆斯林群众的隔阂和对立，而且还会刺激穆斯林们对宗教信仰的狂热。宗教与国家、社会的协调与和谐，是社会稳定的基础。新时期，各级政府要立足于引导，促进宗教的自身改革，使宗教成为反暴力、反分裂、维护社会稳定的积极因素。一要全面准确地贯彻执行党的宗教政策，进一步把新疆的宗教工作做好；二要进一步加强依法管理宗教事务的法制体系建设；三要寻找探求宗教与社会主义社会的结合点，开辟引导宗教与社会主义社会相适应的新途径；四要充分发挥伊斯兰教的积极功能。

（7）建立反恐专业部队，严厉打击“东突”势力的分裂破坏活动

新疆地区面积辽阔，边境线漫长，地形复杂。要维护边疆地区的社会稳定和国家安全，就需要建立专门的反恐部队。这支部队应拥有一流政治素质和综合作战能力的人员，拥有迅速、齐全的运载工具和一流的设施装备，机动敏捷，能适应各种地形、气候条件下的战斗，无论单兵或是群体都能发挥出超常规作用。一旦遇有紧急情况，保证能在第一时间快速赶到现场，来则能战，战则能胜。以这支专门反恐部队为主，辅之以各地公安、安全部门、武警与民兵及各族人民的协调配合，有效提高打击“东突”势力能力，增强反恐威慑力。

（8）充分发挥新疆生产建设兵团在维护新疆社会稳定与国家安全中的重要作用

屯垦戍边是维护国家统一，稳定边疆社会，促进边疆发展的有效途径。新疆生产建设兵团作为中国、乃至世界唯一一支屯垦戍边的半军事化力量，长期以来为维护新疆的经济发展、社会稳定和国家安全作出了巨大贡献。尤其是在反对“东突”分裂的斗争中，发挥了极其重要的作用。半个多世纪以来，新疆发生大大小小的边境事件和暴乱上百次。在历次平息暴乱、处置突发事件的关键时刻，兵团职工都坚定勇敢地冲在反对分裂主义斗争的第一线。所以，新时期在反恐斗争中，要充分发挥新疆生产建设兵团“推动改革发展、促进社会进步的建设大军”“增进民族团结，

---

[1] 马曼丽、马磊：《论跨国族体问题的发展及其对中国边疆安全的威胁与对策》，载于《中南民族大学学报》（人文社会科学版），2010 年第 1 期，第 4 页。

确保社会稳定的中流砥柱”和“巩固西北边防，维护祖国统一的铜墙铁壁”的“三大作用”，确保新疆的社会稳定与国家安全。

（9）加强反恐法制建设

“一个社会的稳定，要依靠坚强的政治领导，依靠经济的发展，依靠好的制度和法治”[1]。因此，为了适应新疆地区打击危害国家安全犯罪的需要，加强相关立法的完善、补充制订反恐怖立法、严密惩治恐怖主义犯罪的刑事法网；加强与新疆反分裂、反恐怖斗争相适应的地方立法建设；完善爆炸物品管理的法律法规，加强对爆炸物的监控和管理；完善基层基础建设的法律保障制度；建立紧急状态协调机制和运行程序。

2. 外交方面

（1）在国际社会加大介绍新疆、揭批“东突”罪恶分裂行径的宣传力度

利用中国和平崛起的国际地位，中国外交部、国务院新闻办公室等政府机构应加大宣传力度，揭批“东突”分裂破坏的罪恶行径，不仅要让中国各族人民包括维吾尔族群众了解事实真相，也使世界人民认清“东突”分裂势力的本质和危害，遏制“东突”势力的分裂舆论宣传。让越来越多的国际人士、国际组织与国际社会理解中国的政治立场，把国际舆论宣传要引导到有利于中国反恐斗争的轨道上来。

（2）在与欧美国家的外交活动中坚持既合作又斗争方针，压缩“东突”国际生存与发展空间

中国政府在与欧美国家合作打击国际恐怖主义，维护国际社会稳定与安全的同时，一定要积极运用外交斗争手段，严明中国反恐立场与反恐决心，坚决反对欧美反华国家在反恐问题上所持的双重标准；坚决反对欧美反华国家利用“东突”分裂势力牵制中国发展的方针政策，并对境外“东突”势力进行分裂中国的跨国活动给予入境签证方便与经费及舆论等支持帮助。

（3）正确处理好中国与中亚及周边国家的外交关系，为中国新疆创造一个良好的周边环境

正确处理好中国与中亚及周边国家的外交关系，以上海合作组织为依托，继续深化区域性的反恐合作机制，增强中国在维护中亚及周边区域安全的国际影响，削弱“东突”势力在这一地区的整合，抵制西方大国在该地区对中国造成的威胁。同时要加强对境外维吾尔华侨的管理工作，使更多的维吾尔华侨远离“东突”势力的拉拢。

（4）利用国际政治势力在“东突”问题上及“东突”组织内部之间的诸多矛盾，加大对境外“东突”所驻国的外交力度，分化瓦解境外“东突”组织

欧美国家与国际泛突厥主义、泛伊斯兰主义势力由于各自的战略利益不同，他们之间在“东突”问题上就不可避免地会产生诸多矛盾冲突。此外，境外“东突”势力内部派系之间争权夺利斗争难以调和，这些就为我们分化瓦解“东突”势力留下了诸多灵活的外交空间。所以我们要充分利用这些矛盾，一方面中国驻外使馆也应主动出击，揭穿“东突”组织谎言，阐明中国的反恐立场，坚决要求取缔这些国家中的“东突”公开、“合法”组织和针对中国的包括舆论宣传在内的各

---

[1] 《论“三个代表”》，中央文献出版社，2001年版，第125页。

项分裂破坏活动；另一方面，加强与境外“东突”势力所在国的军事交往与外交工作，争取其政界和军方在打击“东突”恐怖势力上给予配合与支持，以分化瓦解境外“东突”组织。

（5）积极寻求建立打击国际恐怖主义等犯罪活动的“无国界”机制，加强全球性的反恐合作

如果中国的反恐行动得不到周边国家和地区、西方反华势力以及一些伊斯兰国家的支持与配合，就难以将“东突”势力根除。“东突”势力作为国际恐怖势力的重要组成部分，中国政府要想对其进行有效的打击，应积极通过外交手段，借助于各相关主权国家政府所拥有的司法、军事、情报和强制政治的有效资源，与其他国家在司法程序方面建立互惠协调机制，包括国家间的有关文书的送达、调查取证、情报交换、搜查扣押、引渡、外国刑事判决的执行、刑事诉讼移转管辖等内容，以便更有力地联合打击恐怖主义活动；针对恐怖分子通过使用电子邮件、互联网基地、移动电话和其他通讯方法跨洲际来制定分裂破坏计划和交流信息的现状，建立追踪和调查恐怖分子和犯罪的跨国网络，寻求快速的解决方法；注重多国间的协作，加强情报交流，积极寻求建立打击国际恐怖主义等犯罪活动的“无国界”机制，建立全球性刑事、行政、金融等多重合作的综合反恐合作机制。

（三）军事武力方面

中国政府应建立专门的反恐部队，在特定时期要充分发挥上海合作组织的作用，加强同周边国家乃至国际社会的军事合作，动用军事武力介入，严厉打击国内外“东突”恐怖势力。

结语

“东突”问题发展的历史与事实证明，“东突”势力的分裂破坏活动已经对新疆社会稳定、经济发展与中国的国家安全都造成了严重威胁，随着市场经济的深入推进，人口流动的加速，将来“东突”势力的暴力恐怖活动极有可能蔓延至内地其他地区，所以“东突”问题的安全治理不仅仅是一个重要的社会问题，也是一个捍卫祖国统一、维护民族团结、维护人民根本利益、巩固党的执政地位的重大政治问题。新时期，只有采取有效的内政与外交措施，加强对“东突”问题的治理，才能为新疆的民族团结、社会稳定、经济发展与维护中国国家安全创造一个良好的国内外环境。

新疆宗教沿革与社会安全

张付新　张　云*

【摘要】宗教对社会安全的影响和作用主要基于特定环境的宗教及其功能。本文梳理新疆多元宗教的演变和发展，概括和宗教相关的新疆社会安全问题及其特征，进而深入探究宗教在边疆安全和社会政治稳定中的正反向功能，并认为多元互动、共存共荣的和谐宗教是调适社会心态、促进民族地区和美发展的动力和源泉。

【关键词】宗教沿革；社会安全；宗教功能；和谐宗教

新疆位于亚欧大陆中部，地处中国西北边陲，是中国西部地区地缘政治枢纽，中国向西开放的桥头堡。❶ 新疆面积广阔、国界线漫长、邻国众多、众多的口岸及便捷的国际通道，贸易、资源和经济结构的互补性构成了新疆在我国向西开放战略中特殊重要的区位优势。新疆的地缘优势决定了我国开展与中亚及俄罗斯的区域经济合作战略前哨，又为拓展新疆地缘优势提供了坚强后盾。新疆有史以来就是多民族、多宗教、多文化汇聚之地，学术界对新疆宗教演变、宗教政策、宗教文化、宗教生态等方面展开持久而热烈的讨论。❷ 从非传统安全视角，对新疆多元宗教的历史沿革与社会安全进行分析和探究，努力构建新疆社会安全尤为重要。而目前从民族文化、社会治理视角研究新疆社会心态不足以应对新疆面临的新挑战。宗教演变影响着社会心态，社会心态维护和考量着社会安全，社会心态直接反映社会安全系统的综合变化。从宗教安全视角研究新疆社会心态尚属空白，探讨新疆宗教沿革与社会心态还有进一步拓展和深入研究的必要。

---

* 张付新：塔里木大学经济与管理学院副教授，主要从事新疆民族史、社会史、宗教哲学、文化史等研究；张云：新疆塔里木大学非传统安全与边疆民族发展研究院助理研究员，主要从事新疆区域文化史、政治哲学、民族学和人类学研究。

❶ 张军民：《从地缘战略角度认识新疆地缘优势》，载于《石河子大学学报》，2005 年第 2 期；张军民、蔡继红：《基于新疆地缘功能的西向开放战略研究》，载于《石河子大学学报》，2009 年第 4 期；汤夺先：《地缘政治格局中伊斯兰教的群体整合功能论析：以新疆地区为例》，载于《江南社会学院学报》，2007 年第 4 期；汤夺先：《伊斯兰教的群体整合功能论析：以地缘政治格局中的新疆地区为例》，载于《宁夏师范学院学报》，2008 年第 1 期；蒋新卫：《地缘政治中的宗教问题与新疆宗教问题对策思考》，载于《环球视野》2010 年 5 月；潘志平：《新疆的地缘政治与国家安全》，载于《世界知识》，2010 年第 12 期。

❷ 岳劲松：《论新疆多种宗教信仰并存格局的形成》，载于《新西部》，2011 年第 29 期；马品彦：《新疆宗教演变的基本特点》，载于《新疆社会科学》，2001 年第 5 期；郑昆亮：《新疆宗教格局探索》，载于《青海民族研究》，2005 年第 2 期。马品彦先生指出：新疆多种宗教并存格局大致经历以佛教为主要宗教的多种宗教并存格局、佛教与伊斯兰教并立为主要宗教的多种宗教并存格局、以伊斯兰教为主要宗教的多种宗教并存格局。参见马品彦：《新疆多种宗教并存格局的形成与演变》，载于《新疆师范大学学报》，2005 年第 4 期。

一、新疆多元宗教格局的历史变迁及其对社会安全的影响

原始宗教、萨满教、袄教、佛教、道教、摩尼教、景教、伊斯兰教和各种民间信仰先后在新疆广泛传播，现在新疆仍有伊斯兰教、佛教、道教、基督教、天主教、东正教六大宗教。新疆地处亚洲腹地，是古代连接欧亚大陆的主要通道和枢纽，不同民族在此聚居、迁移，不同的宗教在此交汇并传播到内地或其他地区。新疆多民族分布的格局，也是多种宗教并存的重要原因。也正是因为有了多宗教并存的状况，历史上的新疆文化呈现出绚丽夺目的色彩。

（一）新疆宗教沿革的四个阶段

1. 从原始宗教到多种宗教并存时期

远古时期的新疆先民，就已经产生了原始的宗教观念和崇拜行为。新疆的原始宗教信仰有太阳、月亮、图腾、植物、祖先等众多崇拜类型。大约在公元前4世纪，袄教经中亚传入新疆，以后逐渐与当地的原始宗教相融合，成为民间信仰的一部分。维吾尔、哈萨克、柯尔克孜、塔吉克等民族至今仍保留着袄教拜火的习俗，袄教的重要节日“努肉孜节”[1]也作为这些民族重要的传统节日一直保留至今。当时人们的宗教信仰从单一的萨满教向多元化发展，这种宗教格局的演变带来人们社会心态的变化，也会对当时新疆的社会经济和管理产生深刻的影响。佛教虽然在新疆各地统治者的支持下，宗教发挥了维护社会稳定的重要作用，但并未消弭战争。

2. 以佛教为主的多种宗教并存时期

公元前1世纪前后，印度的佛教经克什米尔传入新疆，到公元四五世纪时，佛教已成为新疆的主要宗教，进入其发展的鼎盛阶段，是新疆历史上流传时间最长、信仰人数最多、社会影响最大、文化遗迹最为丰富的宗教。但从7世纪起，佛教开始衰落。新疆宗教发展逐渐形成以佛教为主要宗教的多种宗教并存的格局。继佛教之后，道教、景教、摩尼教又相继传入新疆，使新疆多种宗教并存的格局得到了进一步的发展。这种以佛教为主要宗教的多种宗教并存的格局，使当时人们的信仰和社会心态更加多元化，对新疆的安全治理有着广泛的影响，当然也埋下了隐患。佛教寺院经济的膨胀发展和大规模的宗教活动，严重超越了当地生产力的发展。在这种以佛教为主的多元宗教格局中，信仰的多元化呼吁着治理方式的多元化，此时统治者依然热衷于通过佛教维护社会安全的愿望与当时的现实状况渐行渐远。此时宗教（主要是佛教）积极作用逐渐退却，消极影响逐渐突显。

3. 佛教和伊斯兰教同为主要宗教的多种宗教并存时期

魏晋以来，新疆佛教不断受到袄教、道教、摩尼教和景教等宗教的冲击，加之佛教传入新疆并未减少战乱，规模浩大的僧侣队伍和佛教经济造成社会长期动荡和破坏。9世纪末10世纪初，伊斯兰教经中亚传入新疆南部地区；16世纪初，在察合台汗国的强力推进下，伊斯兰教最终取代

[1] 也叫迎春节，即春分，意为“春雨日”，公历3月21或22日，即伊朗古太阳历的每年3月22日。来自古伊朗语，是为迎接春天带来幸福、吉祥的传统节日，反映了古代各族人民对自然规律的认识，对幸福美好生活的向往和追求。节后农村紧张的春耕开始。

佛教成为新疆的主要宗教。期间，西辽和蒙元时期针对境内多宗教信仰的现实，相继实施了宗教宽容政策，鼓励各种宗教自由发展，继续稳固和推动新疆多种宗教（伊斯兰教、佛教、景教、道教、祆教和萨满教）并存的格局。该宽容政策使各种宗教为了生存并不断调适自己，佛教、景教等其他宗教向传统的伊斯兰教地区发展。伊斯兰教第一次以和平的方式向喀喇汗王朝境外传播，传播的地域扩大了，伊斯兰教上层直接参与西辽的统治，帮助其收取贡赋和维持社会治安，伊斯兰教出现了衰退的现象。积极推行伊斯兰教的喀喇汗王朝与信奉佛教的于阗展开了长达近半个世纪的宗教战争，这种单一的宗教政策不仅造成于阗文化的急剧衰败，也造成塔里木盆地西部、南部社会经济的严重破坏。千年佛国的灭亡及其佛教东传，尤其是明朝藏传佛教在新疆的重大发展，使其成为与伊斯兰教并列的两大主要宗教，从而增添了佛教和伊斯兰教竞争的新变数。

4. 以伊斯兰教为主导的多种宗教并存时期

新疆地区南疆以伊斯兰教为主，北疆以佛教为主的多种宗教并存的格局形成，并不断演变为以伊斯兰教为主要宗教的多种宗教并存的新格局。苏菲教团及其“宗教导师制”使和卓家族势力进入新疆导致了数十年的白山派和黑山派的斗争。❶此后准噶尔部的阿睦尔撒纳叛乱、“张格尔和卓之乱”“玉素甫和卓之乱”“七和卓之乱”“倭里汗和卓之乱”等多次叛乱，清政府相继平定了这些叛乱，维护了国家的统一和新疆社会的稳定。政教合一的政权及固有的教派之争，势必造成社会动荡和百姓苦难，是公元 17 ~ 19 世纪伊斯兰教在新疆发展变化的一个重大特色。藏传佛教、天主教、基督教与东正教在新疆的传播，进一步丰富了新疆多种宗教并存的格局。近现代以来，这种基本格局也发生一些新的变化，伊斯兰教、佛教、基督教、天主教、东正教和道教为新疆现有宗教。伊斯兰教是新疆地区信仰民族和人口最多、分布地域最广、社会影响最大的宗教。

由此可见，新疆多元宗教一直处于不断发展演变之中，多元宗教并存是由新疆特定的地理位置和民族分布特点决定的。其演变的条件和依据：一方面各类宗教消长兴衰与新疆历史演变交织在一起，与不同历史时期政治、经济与社会发展程度相关，宗教成为民族间相互吸收同化乃至融合的文化影响因素的黏合剂。蒙古察合台后王秃黑鲁帖木儿汗执政时期，面临与喀喇汗王朝关系紧张，又与维吾尔族等被统治民族矛盾尖锐，境内割据严重的严峻现实。他强行推行伊斯兰教，以伊斯兰教为纽带，使蒙古人融合到维吾尔族人当中；另一方面，又与新疆各民族共融发展的历史

❶ 白山派和黑山派是玛合图木·阿杂木和卓的两支后裔所形成的两个苏菲派教团。白山派始祖为玛合图木·阿杂木的长子伊禅卡朗，亦称“白山宗”“白帽回”“白纛派”“白柳派”，该派因得到阿图什北面白山的柯尔克孜部落支持而得名。黑山派的始祖是他的幼子伊斯哈克，亦称“黑纛派”、“黑柳派”，该派因得到叶城西面黑山的柯尔克孜部落支持而得名。玛合图木·阿杂木后裔主要有三支：伊禅卡朗系、多斯特系（或多斯）和伊斯哈克系。其中对新疆的影响最大的是伊禅卡朗系和伊斯哈克系。按照苏菲教团名称的一般规则，两派的正式名称应该为“伊禅卡朗派”“伊斯哈克派”。玛合图木·阿杂木去世后，长子伊禅卡朗取得了继承权，争权失败的伊斯哈克走上自创教团的道路。伊斯哈克在叶尔羌汗国创建并发展为新疆的主要教团，并控制了叶尔羌汗国的宗教权力。伊禅卡朗不愿伊斯哈克独占新疆，遂派其子穆罕默德·玉素甫和卓前来新疆与和卓萨迪争夺叶尔羌汗国的宗教正统权。从此拉开了两派之间长达两个多世纪的残酷斗争，19 世纪中叶，多次叛乱，此后不见史载。

密切联系。多种宗教的并存流传，还造成了不同宗教之间相互渗透的现象。一个民族的宗教信仰不是一成不变的，以维吾尔族及其先民曾信奉原始宗教（包括萨满教）、祆教、摩尼教、景教和佛教和伊斯兰教，对维吾尔族的历史发展和文化传统有着深远的影响。但无论如何演变，都未能改变多种宗教并存的基本格局。不同统治阶级的宗教政策等因素会对该格局产生影响，主要宗教的社会地位会随之改变。但是从来没有出现过“一教独存”的情况。“一教为主、多教并存”始终是新疆宗教演变的基本格局。因而，宗教政策应符合新疆宗教实际，符合各民族广大信教和不信教群众的根本利益。

（二）新疆多元宗教格局对社会安全的影响

1. 宗教与世俗权力分离是新疆稳定和谐的基础

新疆境内各种割据势力利用宗教势力来加强统治，成为新疆宗教多元宗教格局演变的动因之一。宗教势力的消长对社会稳定产生了重要影响，如当时佛教的迅猛发展严重制约了社会经济的发展，也成为其衰败的重要原因之一。尤其是宗教与世俗权力的结合并染指世俗政权，成为近代以来危害新疆社会稳定的一大乱源。东察合台汗国和叶儿羌汗国时期❶（1347～1680），额什丁和卓家族、穆罕默德·谢里甫和卓等家族依附不同势力，展开了长期的权势争夺，由此引起的战乱严重影响着新疆的稳定。清朝统一新疆之后，实施了政教分离政策，基本上确保新疆较长时期的稳定和发展。因此，只有宗教与世俗权力分离，才能避免宗教干预政治。然而这种政教分离政策仅仅杜绝了宗教势力与世俗权力的结合，伊斯兰教较强的政治参与性特点，稍后形成的“双泛”❷一直成为新疆民族分裂的思想根源。

2. “东突”和“三股势力”是20世纪新疆的一股浊流

“双泛”思潮虽19世纪末已经出现在新疆，但直到1933年11月新疆喀什的“东突厥斯坦伊斯兰共和国”（以下简称“东突”）这一分裂政权才出现。“东突”的产生是新疆军阀混战、农民暴动在特定时期的产物，虽仅存在几个月，但危害极其深远：一是“东突”出现标志着分裂主义从思想意识转向实践活动，开创了建立分裂政权的先例；二是“泛伊斯兰主义”思潮开创了煽动和利用宗教狂热搞分裂的先例；三是“泛突厥主义”思潮将一个民族的解放、复兴和发展建立在对另一个民族的排斥和打击之上；四是产生了分裂主义的“领袖”人物。此后，这股分裂浊流势力制造了一系列恐怖活动，并和境外敌对势力相勾结，

❶ 东察合台汗国：14世纪初期，察合台汗国一分为二，汗国东部形成了以朵豁剌惕部异密家族拥立的察合台后裔们建立的汗国，历史上把秃黑鲁帖木儿统治的地区称为东察合台汗国。1348年，秃黑鲁帖木儿在阿克苏拥立为汗。该汗国历经8代、15位汗主政，到1514年被叶尔羌汗国取代，立国166年。前后大约3个世纪。

叶尔羌汗国：苏丹赛义德汗在1514年在原察合台汗国旧地上创立的一个国家，即蒙兀儿人，又称“蒙兀儿汗国”“喀什噶尔汗国”“赛义德汗国”等。汗国首都在现在的莎车，疆域包括吐鲁番，哈密，塔里木盆地。汗国版图东方是嘉峪关、南方是西藏、西南是克什米尔、西方与乌兹别克布哈拉汗国为邻，与乌兹别克以费尔干纳谷地为界，北方以天山为界，与哈萨克相邻。欧洲因其早期统治中心在喀什噶尔而称为喀什噶尔汗国，中亚则因其国是由具有成吉思汗血统的后裔建立，因此称为蒙兀儿斯坦国。该汗国1680年为准噶尔所灭，历时166年。

❷ “双泛”指20世纪初（另说19世纪末）传入新疆的“泛伊斯兰主义”和“泛突厥主义”。

企图“西化”“分化”中国，对新疆地区社会心态和社会安全形成了严重的负面影响。

3. 伊斯兰教在近代新疆的世俗化与地方化

伊斯兰教在近代新疆的世俗化体现在伯克官制，在伯克乡约制下政教未曾真正分离。伊斯兰文化在新疆与内地相异的原因，即在于其民族化与地方化过程及特点的不同。

（1）伯克制度的变迁和影响

清朝统一新疆后，正式宣布废除伯克❶制度。鉴于新疆伯克制度的传统和影响，将其改组成为清朝地方官制。清朝保留了伯克的原品顶戴，以实行保甲制度来代替伯克制度，其实质是以保甲之名行伯克之实。这样，世俗伯克仍掌握权力，基层政权结构并未触动，宗教势力继续力图控制伯克的任免，以掌握基层政权。清朝虽然废除伯克的世袭，实行政教分离，但因伯克兼具世俗和宗教的双重职能，伯克改制为宗教上层保留了一定权力。清政府只管理主公伯克的承袭任免，由他们以传统制度统治当地人民。伯克制的缺陷之一是下情不能上达，政府与人民隔绝。当时政教分离仅禁止宗教势力染指政治，清朝政权在社会政务领域更提高了伯克的地位。而阿訇在新疆社会更有权威影响，晚清阿訇皆由伯克推举，实际上形成了伯克与阿訇势力联合对抗中央的局面。至民国时期伯克爵位依旧世袭，特权仍在。伯克制度另一缺陷在于，固守传统的伯克制度隔离汉族与穆斯林民族的交流，社会稳定依赖于社会上层，而忽视普通民众。

（2）新疆伊斯兰文化与内地伊斯兰文化的差异

新疆伊斯兰教是新疆各族穆斯林在长期宗教信仰和生活实践中形成的一个独具特色的伊斯兰教文化综合体系。“两世并重”的伊斯兰教成为新疆穆斯林民族的宗教信仰后，日益影响新疆社会的政治、经济、文化和社会生活。伊斯兰教在中国内地和在新疆的地方化、民族化过程中，形成了伊斯兰教不同的特点。

内地伊斯兰教基本是回族的地方化过程，中原穆斯林大杂居或散居的格局，逐步建立了适应中原社会环境的教坊❷组织，通过兴办经堂❸、汉译经典与汉文化在思想内容上相融合，强化了“爱国爱教”、“隔教不隔理”的文化心理认同。同时，内地伊斯兰教集中体现于礼拜寺的中原建筑风格，内地穆斯林在姓氏上采用伊斯兰姓氏和汉姓，在服装上除教长外，其余人不穿阿拉伯长袍，众多穆斯林与汉族同过春节，交往方式与汉族间通婚较易。

新疆伊斯兰教在建筑风格上更多保留着圆拱顶或平顶式的阿拉伯式的内外殿制度；服饰上，新疆南疆突厥语系穆斯林大都着阿拉伯长袍，妇女戴盖头或头巾、男性冠白帽与头缠；在姓氏上采用阿拉伯姓氏；节庆上保持着浓烈的伊斯兰传统节庆仪式和气氛；居住上是较为普遍的聚居；

❶ “伯克”系突厥语的音译，意为“王”“首领”“统治者”，“伯克”一词最早见于公元8世纪鄂尔浑阙特勤突厥碑文，“厥伯克玩”，唐代译作“匐”，蒙元时期蒙古族也使用“城”一词，译作“别”“毕”“伯”“别乞”“别吉”等，至清代才译作“比”或“伯克”。新疆地区伯克制主要来自阿拉伯、波斯和蒙古草原的影响，表明维吾尔地区的伯克制与伊斯兰教和蒙古贵族在西域的统治并行相关。

❷ 教坊是以礼拜寺为中心的穆斯林地区，是自然形成的穆斯林宗教形式，也是其社会行政单位。

❸ 经堂教育，是传授教义教法、普及宗教知识、培养经文学者的寺院教育。

交往上穆斯林与非穆斯林、突厥语系与非突厥语系穆斯林通婚均极少。新疆伊斯兰教曾以“圣战”方式传播，在波斯、阿拉伯文化的基础上融合西域各民族原有的民族宗教文化。故新疆伊斯兰教受汉文化影响不深，以儒释经者极少。加之新疆独特的绿洲环境与伊斯兰教发源地更接近，其崇商观念与神秘教派得以发展。南疆恶劣的生态环境和有限的生活资源形成了绿洲政教军权合一的制度，绿洲居民有牢固的等级观念和对权力的崇拜思想，并带有封闭性的文化倾向。教权与族权、政权的结合，使历史上西域地方政权往往与中央政权地方政府形成双轨并立、对峙或兼而统之。如喀拉汗、察合台、叶尔羌汗国其本质上是一些世袭大家族统治，从而导致了这些地方贵族与王室分别依靠教权的争夺，形成较分散、半独立的分权社会的特点。

4. 和合共生是维持新疆多元宗教格局的价值取向

英国著名宗教学家约翰·希克的宗教多元主义理论的实质是宗教对话，只有从“终极实在”出发，从根本上消解宗教自我中心主义，使宗教对话真正成为身份平等的对话。多元主义理论先验地为宗教对话规定了更深层次的信仰维度和言语规则。伊斯兰教在当代新疆的多元宗教并存格局中占据着极其重要的位置，以维吾尔族等操突厥语的诸民族信仰的伊斯兰教对当前新疆地区的社会稳定产生了广泛而深刻的影响。新疆多元宗教的演变说明，应实行相对宽容和符合社会经济发展的宗教政策，使各宗教在宽容环境中形成讲究和谐、崇尚和平的传统，促使各宗教在信仰上相互尊重、平等交往、相互包容、和合共生，并在宪法和法律保护下享受全面的充分的宗教信仰自由，由宗教和谐到民族和谐再到社会和谐。

二、新疆宗教因素对社会安全的影响

（一）宗教对社会安全的正向功能

宗教作为思想信仰、文化现象和社会实体，并作为社会上层建筑之一，受其他上层建筑、特定社会经济关系的制约。宗教意识形态具有相对独立性和滞后性，宗教的这种影响作用是宗教的社会功能。宗教的极具渗透性、适应性特征，使得非传统安全时代新疆多元宗教对新疆社会心态和社会安全产生重要的影响。宗教的正向功能是指宗教具有保证社会系统正常运作和维护国家安全的正向作用和影响。

1. 社会控制功能

宗教以共同信仰为基础，通过特定教规、戒律、礼仪及宗教伦理控制信教群众的思想和行为，培育其本能性的遵从意识。这种控制功能对社会稳定具有两面性：一方面，在特定历史条件下宗教的社会控制功能引导信教群众的宗教行为与社会政治体系协调一致时，它就成为一种积极的、维护社会政治稳定的中坚力量；另一方面，当宗教势力与社会政治体系不一致甚至公然对抗时，它又会成为威胁社会政治稳定强大的破坏性力量。宗教的社会控制功能发挥越大，对社会政治稳定的威胁也就越大。因此，统治者千方百计地实现与宗教力量的协调和适应，对于促进社会整合，增强民族内部凝聚力，控制社会冲突，促进社会和谐产生了积极影响。新疆近现代以来的一系列叛乱、动乱、分裂和恐怖暴力事件都与“东突”分裂主义借宗教的旗号从事分裂祖国活动有着密切联系。

2. 社会调节功能

宗教可以调节人们的思想、意识和行为，调整人与社会、人与自然的关系，以取得平衡，有利于社会控制。该功能对增强信仰者的心理承受能力、物质和精神生活的有序化和合法化，维护社会的政治稳定有益。同时，宗教增强全民信教民族的认同感、归属感与凝聚力，夯实社会稳定的群众基础。

3. 社会整合功能

宗教作为观念性、体制性的上层建筑，通过强化超自然力量，促进信教者完成社会化；同时它为共享的价值和目标提供一种非理性的解释，并且经常通过仪式周而复始地来巩固共同的感情，维护共同信仰、升华价值体系、教规约束及宗教组织强化来整合社会，促进社会的稳定。

4. 社会行为规范功能

宗教通过教规教义的神圣性来建构宗教道德行为规范，打造万能之神为真善美的化身，促使社会行为规范神圣化，逐步形成舆论整合。宗教道德倡导生前勇于积善积德、承担社会责任、倡导博爱来规范宗教行为，死后获得神的补偿，既强化了宗教道德的社会效应，又规范着各种社会活动。这种善恶回报的因果论，成为信教群众追求宗教伦理道德规范行为的原动力。

5. 心理调适功能

它又称心理消解功能，是宗教独特的心理平衡和心理慰藉功能。宗教作为“无情世界的感情”，调节人们的思想、意识和行为，为人们提供了安全感和依赖感，消除了人们心理上的焦虑和恐惧。现实的灾难、疾病和社会异己力量，加之快节奏的现代社会的激烈竞争使人们逐步产生恐惧、焦虑、孤独、烦恼心理。马克斯·韦伯认为，“宗教信仰者既可以因为他觉得自己是圣灵的容器，也可以因为觉得自己是神的意愿的工具，而确信自己已处于恩宠状态”❶。这种理智和实践无法消除危机而产生挫折感，宗教增强信仰者的自信心与进取心，勇于面对生活苦难与人生逆境，宗教还帮人暂时摆脱现世与人生的各种烦恼。宗教的善恶报应说可以消除人们的愤懑与怨气，从精神上补偿社会的不公。宗教在一定程度上预防和消解了心理失衡，弱化各种攻击性行为，避免社会矛盾和冲突，尤其是该功能利于促进全民信教民族的内部稳定与和谐。

6. 族体认同功能

宗教具有强化民族认同，增强民族团结的重要功能。族体认同是基于民族成员共同的思想、情感、行为、语言、习惯而形成群体的凝聚力，宗教的聚合作用使该宗教成为稳定的社会文化共同体，对于增进教民之间的感情，增强族群之间的认同具有重要作用。

7. 社会交往功能

它是指教徒之间、教徒与非教徒之间特殊的交际手段，使不同文化、不同人群得以交流、沟通，从而达到相互了解、理解和谅解。宗教交往是国际安全的“有效途径”与“难解困境”，增加民众、国家和文明体之间的友好往来而减少误解和猜疑，增进信任和了解，尤其能疏通有敌意的

❶ ［德］马克斯·韦伯：《新教伦理与资本主义精神》，于晓、陈维纲译，陕西师范大学出版社，2006 年版，第 58 页。

国家和文明体的隔阂，有利于社会各界和平。宗教的“宣道”扩大了社会交往的范围，国际间宗教界的互动扩大了国家间民间的宗教文化交往。

8. 宗教的社会福利功能

宗教组织可以向社会提供多种服务，具有社会福利机构性质。中世纪基督教信徒建立了救济贫民的私人慈善机构和组织，西方宗教团体建立医院、孤儿院、盲聋哑学校和福利机构来服务社会。我国的社会慈善事业最早就是由佛教团体举办的，现在宗教团体组织教徒开展救灾募捐、修桥补路、植树造林、保护生态等社会公益活动。

（二）宗教对社会安全的反向功能

宗教的反向功能与宗教的正向功能相对应，是指宗教具有破坏社会系统正常运作和损害国家安全的反向作用和影响。反向功能并不等于非进步，它仅指对当时社会政权的瓦解、破坏与动摇，至于其客观作用要视当时社会政权的性质而定。因而，宗教的正向功能不等于积极地促进社会进步的功能，同理其反向功能也不等于阻碍社会稳定的消极功能。

宗教的反向功能不仅损害国家安全，还会影响到社会安全。

1. 社会裂变功能

它是指宗教具有分裂和变更现存社会与国家的功能。它主要体现在教俗对立并极易引起社会大规模的冲突乃至社会失序。目前教俗对立主要在伊斯兰世界，伊斯兰原教旨主义以宗教的神圣性瓦解世俗伊斯兰国家的统治，导致政治安全问题。许多宗教信奉终极真理，利用宗教情感煽动宗教狂热及其宗教战争，使社会规范失控，导致社会冲突的爆发，破坏现存的社会秩序和稳定。

2. 族际相斥功能

它是与宗教的族体认同功能相对应的一种反向功能，它是指不同宗教信仰民族间相互疏远和排斥的功能。宗教促进族内团结与整合的同时，也促成观念上的分歧和行动上的对立。宗教阻碍不同宗教信仰者产生新的认同感，易导致宗教冲突与民族冲突。宗教的认同功能易使同教者自身认同，宗教族体认同功能源自宗教的内聚性和排他性。宗教的原初精神不是排斥，而是整合，宗教在原始社会的凝聚团结中扮演神圣旗帜的作用。[1] 不同宗教具有的贬低、排斥甚至取代异教的倾向，易引发国家民族之间的仇恨，深化国家民族的对立，使同一宗教因其亲和力而实现族体认同，不同宗教则因差异而导致异教族际间相斥。该功能对当代世界国家安全形势的最大负面影响，在于不同宗教之间的强烈排他性危机，破坏多民族国家的主权统一性和领土完整性。如我国“东突”“藏独”势力都利用了宗教的族际相斥功能，以求达到其民族分裂的政治目的。

3. 传统固化功能

宗教具有凝固和坚守社会传统的保守性功能。宗教易使教徒形成保守主义的价值观，坚持某些落后于时代的行为规范，有碍社会变革和社会进步。宗教传统固化功能与其社会控制、社会整合和行为规范功能成正比，宗教的神圣性造就了教徒价值取向的保守主义及其对行为规范理解的僵

---

[1] 孙浩然：《宗教促进民族团结的功能与对策分析》，《吉首大学学报》，2013 年第 3 期，第 30 页。

化。[1] 其主要弊端是阻碍或延缓国家的现代化，尤其是对国家综合国力的提高和国家安全产生极其不利的影响。宗教的保守性固化了全民信教民族的思想信仰、价值取向、行为规范、礼仪习俗等在内的全部或大部分传统。这些民族传统与和谐社会建设的指导思想不一致性客观上延缓了民族地区现代化的进程。

4. 情感激发功能

宗教的情感极化功能与心理调适功能相反，指通过行动激励、驱动信仰者情感走向狂热化并进行过渡宣泄。深沉而持久的宗教情感，可以通过神圣的宗教体验而宣泄，并释放出巨大的行动能量，使信教者克服困惑与痛苦的精神支撑，又使其具有强烈的责任感与义务感。古往今来，殉道者便是宗教体验与宗教情感激发的结果。社会矛盾越尖锐，文化层次和社会地位越低的信徒的宗教情感与宗教行为也越浓烈。宗教的狂热性一旦主导信徒普遍性的社会行为，就会给相关民族和国家带来灾难性后果。在外部力量的作用下，宗教情感极易受到激化而走向极端，如果与尖锐的民族矛盾相交织，就可能引发血腥的民族冲突、民族战争、民族清洗乃至民族灭绝。当代民族主义的极端表现形式通常与宗教狂热相伴随。破坏和威胁当代多民族国家安全的民族分裂主义也正是从宗教的排他性中获得了激发的动力和坚持战斗的信念。宗教情感的狂热宣泄源于宗教的非理性特征，对事物的绝对肯定或否定的态度，其不仅为民族分离主义提供了原动力，也是我国边疆民族地区分裂势力愈演愈烈的根本原因。

5. 跨国扩张功能

它是指宗教超越国家政治疆域的传播扩展功能。宗教为求生存和发展需要不断拓展生存空间，具有对他国进行渗透和控制的国家行为。民族问题与宗教问题相互交织，民族意识和宗教意识难解难分。不同宗教信仰以及教派之间的矛盾冲突往往被蓄意上升到民族利益、民族感情和民族尊严高度，进而引发宗教问题。目前新疆地区突出问题是境外敌对势力利用宗教对我国的政治渗透进一步加剧，特别是地下非法宗教势力和组织已成为影响新疆边疆安全和社会政治稳定的主要危害。

由此可见，宗教对社会心态和社会政治稳定的正反向影响和作用，源于特定宗教和宗教集团与社会政治体系的关系。该关系和谐则国泰民安，反之则祸国殃民。

三、促进新疆多元宗教和合共生、维护社会安全的对策和建议

（一）宗教信仰自由政策是维护社会安全的价值取向

新疆的多民族、多宗教的特殊区情，使民族宗教问题一直成为影响新疆社会稳定的重要因素。我国宗教信仰自由政策的实质就是使宗教信仰成为公民个人自由选择的私事，而关键就是加强对宗教的引导，关注宗教的多方面功能。依法管理宗教事务，妥善处理新疆宗教事务中的突出问题，严厉打击极端宗教，坚决取缔非法宗教，严厉制

[1] 丁建伟、K. SH. 哈菲佐娃：《论宗教对我国西北边疆安全的双重影响》，《西北第二民族学院学报》，2005 年第 1 期，第 14 页。、

止跨省区和非法传教、严格管理零散朝觐活动、制止宗教干预行政、司法、教育和其他社会事务。同时，宗教管理者务需创新工作理念和方法，提高工作的水平，争取成为宗教工作方面的行家里手。

（二）经济繁荣是维护社会安全的物质基础

社会安全要以经济发展为基础和前提，经济发展会带来个人政治的成熟和判断能力的提高，从而促进社会安全的制度建设。个人的价值取向不仅对经济发展有推动或阻碍的作用，而且对经济发展质量产生影响。新疆特殊的区情、社情决定了维稳是新疆第一责任，发展是其第一要务。长期以来的“稳定压倒一切”致使发展受阻，穷则思变，经济发展滞后是影响新疆社会稳定的重要因素。解决民族问题，就是要解决发展问题。只有加速经济发展，才能缩小新疆与发达省区的差距，为民族平等、民族团结和社会稳定奠定物质基础。只有各民族拥有真正平等竞争的机会，才能实现各民族的共同发展繁荣、共同团结进步。牢固树立可持续的发展观，抓住西部大开发和对口援疆的历史机遇，创造更多的社会财富，提高各族群众科学文化素质，大力发展社会事业，切实改善农牧民生产生活条件，才能为社会稳定提供雄厚的物质基础，为实现边疆地区的长久治安奠定前提基础。

（三）体制机制变革是维护社会安全的制度基础

体制机制是国家为了维护社会秩序、促进社会发展而对社会服务和管理做出的一种制度安排，其目标主要是应对社会风险、保持社会稳定、促进社会公正和实现共融共生。新疆地区自鸦片战争以来，面临治理体制和治理策略的严峻考验：军府制、郡县制、官吏任免制、移民屯田制及其弊端，统治者政策的摇摆、过于强调“因俗而治”，加上外部势力干预，形成了新疆近代以来社会动荡的根源。[1] 这就需要坚持政策的连续性，继续坚持和完善人民代表大会制度、政治协商制度、民族区域自治制度、党内民主制度、基层民主制度和宗教信仰自由制度。努力构建创新型、法治型、服务型、学习型政府，坚持以人文本，努力实现德治和法治相结合的善治格局，使各民族群众在国家法律与制度的规范下充分参与国家的政治生活。实施公共服务和社会管理两大宏观调控手段，建立健全基本公共服务体制、新型社区管理体质、社区管理体制、现代社会组织体质、公共安全管理体制和社会诚信机制，创建公平的社会环境，加强对中华民族和祖国的认同。

（四）民族文化现代化是维护社会安全的历史根基

文化转型是一个地区实现现代化的重要内容，文化转型困境在于利益格局的博弈。目前新疆民族传统文化向现代转型面临着自然生态、宗教观念和社会经济等诸多因素的制约。新疆民族文化现代化是实现新疆跨越式发展和长治久安的现代文化关键环节。要实现这种转型，以马克思主义文化观为指导，坚持开放、学习、反思的态度，储备培育以科学精神和人本精神

---

[1] 杨建平：《从制度缺陷看近代新疆的社会动荡》，载于《西域研究》，2006年第2期，第43－46页。

为核心的现代文化，正确认识和对待民族性及其关系，促进各民族和睦相处、和衷共济、和谐发展，着力建设公民国家，实现跨越式发展和长治久安。

（五）创新社会管理是维护社会安全的重要环节

推进社会管理体制创新就是要以维护社会公平公正为目标、以调节社会矛盾和平衡利益为重点、以有效的社会政策为手段，建立起政府主导、社会参与、责权明确、调控有力、运转高效的社会管理体制；通过提高党的社会整合能力，加快政府职能转变和政府改革，积极培育和发展各类社会组织，不断加强社区建设和管理，通过加快发展、改善民生，从源头上、根本上消除不和谐不稳定因素；加快推进新型工业化、农牧业现代化、新型城镇化建设，构建社会情绪疏导机制，畅通民意诉求，维护新疆社会大局稳定，为新疆和谐社会建设创造良好环境。

（六）构建和谐宗教是维护社会安全的重中之重

新疆区域广大，边境线漫长，信仰多元，要维护新疆地区社会安全，努力构建和谐宗教是必由之路。宗教信仰是宗教的核心要素，努力把宗教引导到求发展、求稳定、求和谐、崇尚理性和更加宽容的轨道上来，理顺政教关系；多元平等、和谐共生；化解族群利益和矛盾，充分发挥爱国宗教人士的力量，逐步铲除宗教极端势力和非法宗教滋生的土壤；遵循独立自主自办原则，坚决抵御和打击境外势力利用宗教进行的渗透；文化内涵、文化素质和文化品位是宗教的活力之所在、宗教的命运之所在，要引导和推动信仰宗教向文化宗教转变；高度重视意识形态领域反分裂斗争，密切注意和研究“三股势力”的新动向、对新疆宗教工作带来的影响，严防“三股势力”利用思想文化教育阵地传播民族分裂思想，进行分裂破坏活动。

西方媒体对华突发事件报道的舆论误导与中国媒体应对*

——以 BBC 对新疆 2012 年“6・29”和田劫机案等报道为例

王中伟　谢贵平**

【摘要】长期以来，西方一些媒体为了配合国际反华势力实施“西化”“分化”中国的战略，在对华突发事件报道中，通过话语建构等手段歪曲事实，误导国际舆论，在全球软力量的博弈中，不断试图为中国设置议程，为西方国家谋取话语霸权，严重损害了中国政府的国际形象。新时期，中国政府与媒体需要针对西方媒体对华突发事件的歪曲报道与舆论误导进行细致辨析与积极应对，澄清事实，突破西方媒体的诋毁，才能树立中国良好的国际形象。

【关键词】西方媒体；话语建构；歪曲报道

长期以来，一些国际反华势力为了达到“西化”“分化”中国的目的，一直对中国进行意识形态渗透破坏，而西方一些媒体则在其中扮演了推波助澜的角色，他们在对华突发事件报道中，通过话语建构等方式，混淆视听，误导国际舆论，为西方国家谋取话语霸权，严重损害了中国政府的国际形象。本文以 BBC 的 4 篇报道为例，探究一些西方媒体在对中国突发事件尤其是新疆突发事件报道中，如何通过话语建构来歪曲事实、误导国际舆论的一般特点与规律，这 4 篇新闻报道分别是：① *“Hijack attempt foiled” in China's Xinjiang*；② *Two “plane hijackers” die in China's Xinjiang*；③ *China official vows “iron fist” crackdown in Xinjiang*；④ *China airline crew rewarded with cars and cash for foiling hijack*。其中，第 3 篇虽然不是主要报道“6・29 事件”，但对该事件亦有所涉及，且发生在 6 月底、7 月初这一相对密集的报道周期内，本文也将其纳入研究范围。

一、BBC 对华突发事件报道文本的舆论误导分析

西方学者恩塔曼认为：文本包含了结构。某些关键词、常用语、固定意象、新闻来源以及具有一连串主题化事实和判断的句子的出现与否就是构建。对于议题设计来说，关键词、常用语和

* 基金项目：国家社科基金青年项目（11CXW022）；国家社科基金一般项目（12BZZ019）；国家社科重大招标项目（12&ZD099）；新疆生产建设兵团社科基金项目（11BTQN02）；新疆普通高校人文社科重点研究基地重点招标项目（090112B02）。本文部分内容曾以《真实与幻象之间：BBC 新疆突发事件报道分析——以对“6・29”劫机案报道为例》为题发表于《前沿》2012 年第 18 期。

** 王中伟：塔里木大学人文学院讲师，主要从事新闻传播研究；谢贵平：塔里木大学非传统安全与边疆民族发展研究院副教授，浙江大学公共管理学院非传统安全管理专业在读博士生，主要从事边疆非传统安全研究。

固定意向是议题设计的重要组成部分，因此新闻媒体常常通过使用某些关键词和短语来表述己方观点，同时设计出他们所需要的议题。❶ 下面分别从信源、引语、新闻背景、关键词4个维度对BBC对华突发事件新闻报道的文本进行分析。

（一）信源

1. 信源数量

信源就是新闻报道中信息的来源。在新闻报道中，选择合适的人作为信息源是保证报道真实、公正、客观的前提。无论报道的题材是什么，要尽量让更多的人发言。特别是在公共政策和公共事务报道中，要注意让代表左、中、右三方不同利益团体的人发言，这能保证报道更中立客观。❷ 据统计，在BBC对新疆“6·26事件”新闻报道的文本中，中国官方作为信源出现共有10次，中国媒体作为信源出现共有10次，同时，西方媒体与相关组织共出现9次。仅从数量对比来看，更多的是来自中国立场的信源，报道在客观表象下似乎略偏于中国的立场。但是，这种建构起来的“客观”在更大范围内被匿名信源、关键词处理、引语及其分布、新闻背景运用等消解。

2. 匿名信源

匿名信源即隐匿真实姓名的信源。匿名信源虽然很多时候提供的确实是“事实”，但它以匿名的方式出现后，在读者心中就未必等同于“真实”。媒体必须对新闻报道进行相对仔细的制作加工，并对传播的信息真实性负责。如果掺杂过多的匿名信源，必然导致公信力的下降。尽量不使用匿名信源是新闻报道的重要原则。因为“匿名消息来源不为他或她提供的信息负责……由于不负责任，消息来源不愿意提供帮助，甚至可能是误导与撒谎”❸。长期以来，作为全球最受尊敬的媒体之一，BBC对新闻报道的这一重要原则不可能熟视无睹。但BBC在信源匿名与否的运用上，却采取了“双重标准”，即中国官方或媒体作为信源时，尽量将其匿名化，而作为反对或质疑一方的西方媒体及相关组织（含个人）作为信源时，则尽量将其具名化。

据统计，在BBC对“6·29”事件的新闻报道中，中国官方70%作为匿名信源出现，中国媒体50%作为匿名信源出现。这些匿名信源被表述分别是：a statement on the region's offical news portal；Chinese state media and official；a spokeswoman；Officials；state media；state-run media；there were reports that；China，等等。

而质疑中国官方与媒体的西方媒体与组织均使用的具体信息来源。这些具体的信源分别是：BBC、Dilxat Raxit、the BBC's Martin Patience、Rights group Amnesty International、The Turkic-speaking Uighurs、AI、Catherine Baber等。

一般而言，如果文中有匿名信源则说明：（1）信源不敢对自己的话负责，那么他说的话是否可信应受到质疑；（2）这是记者自己编造的引语。BBC记者深谙这一规则，因为BBC在世界上的权威性和影响力，它的记者本身很少受到质疑。于是，在双重标准之下，BBC大量使用匿名信源

❶ 李希光、周庆安：《软力量与全球传播》，清华大学出版社，2005年版，第160页。

❷ 李希光等：《新闻采访写作教程》，清华大学出版社，2012年版，第332页。

❸ ［美］梅尔文·门彻：《新闻报道与写作》，华夏出版社，2003年版，第403页。

给西方受众造成的印象便可能是：中国官方及媒体报道的事实是让人怀疑的，而对其反对与质疑的声音是真实存在且无须怀疑的。

这一分析也适用于其他报道。在对 2012 年 2 月份喀什叶城“2·28”事件的报道中，BBC 发布 2 篇新闻，使用了中国官方与媒体作为信源共 7 次，其中 5 处为匿名信源。在同年 6 月和田“6·6”事件中，同类信源出现 8 次，其中 5 处为匿名信源。这样就极易误导国际舆论，造成国际受众对中国政府与媒体的质疑与误解。

3. 对信源的描述

首先，强调“官方媒体”。在描述中国媒体时，BBC 都强调其“官方媒体”色彩，“state-media”一词在 4 篇报道中被强调 9 次之多。由于新闻传播体制的不同，在西方新闻传播理念中，由政府资助的媒体，其新闻报道是不可信的。这种差异很容易给外国受众造成一种“中国官方媒体报道不可信”的负面印象。

其次，选择性使用词汇，诱导受众思维。例如：“被中国官员或媒体称为/断言为……的人/事”，一则凸显其客观独立性，二则与中国保持距离的同时对事实的真实性进行了再次质疑。如：

① *there were reports that two Uighur men who allegedly tried to hijack a plane in Xinjiang had died*；

② *Two men who allegedly tried to hijack a plane in China's restive Xinjiang region have died, state media report.*

这里使用了“allegedly”，即“被说成的，被断言的”，该词的另一层含义是“可疑的；靠不住的”，是一略带贬义的词汇。由此，在读者心目中，中国至少进行了两次不真实的表达：①“官方”是值得怀疑的；②“被官方称为……的人/事”则更进一步加强了这种怀疑。在对相关组织或群体进行描述时，BBC 则反其道而行之。如在介绍“世维会”发言人 Dilxat Raxit 的身份时，描述如下：Dilxat Raxit，spokesman for the German-based World Uighur Congress which **campaigns** for Uighurs' rights，shed doubt on the Chinese claims。在这种描述中，强调了“世维会”是一个“campaigns for Uighurs' rights”的组织。Campaigns，有“致力于/从事……运动”之意，中性略带正面色彩。通过对信源的这些界定，既为“世维会”做了宣传，又借机对中国政府进行了批评。

最后，通过使用短语或从句对信源进行限定，变相表明其立场。如：The Turkic-speaking Uighurs，who have lived in China's shadow for centuries，accuse Beijing of...。在界定 Uighurs 时，不仅使用了两重对比性的限定：“Turkic-speaking”，“who have lived in China's shadow for centuries”，更重要的是，行文中隐含的逻辑“Uighur”和“China”是并立的，前者似乎不应属于后者。类似逻辑出现在 BBC 的多篇报道中。推而广之，一些西方诸多媒体在进行涉藏、涉疆报道时，很少采用“China Tibet”“China Xinjiang”，或“China's Tibet ”“China's Xinjiang”，而是经常采用“China & Tibet ”“China & the Uighurs”的二元对立的表述方式，变相表明新疆、西藏与中国政府是对等身份的立场。

（二）引语

1. 引语分析

直接引语是信源说的，在报道中用引号标注出来的原话；间接引语是信源说的，但被记者整理、压缩的话，没有引号；部分引语是信源说的话被记者在报道中单独提炼出某个（些）词语、短句并用引号引用的不完整的话。严格来说，部分引语是直接引语的一种，为了分析方便，本文将其视为3种并列的引语。

据统计，在部分引语的使用上，BBC在对新疆“6·29”劫机新闻报道中，引用中国的达13处，西方1处；除数量的巨大对比之下，还存在引用单词数量的差异，中方引语平均单词量为3.53个，西方则高达8个。举例言之，4篇新闻报道中有3篇的标题使用了间接引语：

① “***Hijack attempt foiled***” *in China's Xinjiang*；

② *Two* “***plane hijackers***” *die in China's Xinjiang*；

③ *China official vows* “***iron fist***” *crackdown in Xinjiang.*

前两篇的标题使用间接引语，其中表达的意思是：“劫机”是中国所宣称的，不代表BBC的看法和立场，BBC只是引用而已。通过使用引语尤其是部分引语，记者可以拉开自己与新闻事件和新闻当事人的距离，显示记者引其话语，但并不一定赞成甚至质疑其观点。类似的其他例子如：China said the incident on a flight from Hotan in Xinjiang province on 29 June was “**a serious crime of violence**”。这表明：是中国将之定性为“严重暴力犯罪事件”，而不是BBC。

第三篇新闻标题中使用了“iron fist”作为间接引语，看似客观引用，实则断章取义。因为新闻标题省略了“iron fist” crackdown的实施对象（虽然正文中有所提及，是镇压“separatist forces”，但在新闻标题中并未说明），且crackdown在英语多见于crackdown on...，即“对……进行镇压”之意。根据平时阅听习惯，一般受众第一反应不是crackdown in Xinjiang，而是crackdown on Xinjiang，即不是“中国官方誓言在新疆对恐怖分子实行‘铁拳’镇压”，而是“中国官方誓言‘铁拳’镇压新疆”。这样，BBC在貌似客观使用部分引语的同时又对受众进行了诱导与误导。

新闻报道要求，在语境中赋予每日事件以意义，对其进行真实、全面、睿智的报道，仅仅真实地报道事实是不够的，还要报道关于事实的真相。“当我们驶向真相的目的地时，事实是为我们提供指南的星星，但是它们决不能完全照明我们的航程。它们要求有语境和意义，记者必须承担起这个责任。”❶

可以说，对中国官方与媒体的声音，BBC在使用其作为部分引语时有3个特征：第一，多引用单词或短语，抽取个别字词，作为“靶子”进行攻击；第二，少引用或不引用短句，以使得中国的声音无法有效传达；第三，也是最重要的，将部分引语抽离具体语境，断章取义。因为部分引语具有“片面的真实”属性，抽离语境的武断使用极可能导致产生更大的负面影响。

对于对中国进行质疑的声音，BBC的做法则完全不同。第一，多引用短句，概括其本质含义；第二，少引用或不引用单词或短语，或不对其单词或短语加注引号，无形中显示出媒体认同其表述；第三，有完整的上下文语境。例如：London-

❶ 梅尔文·门彻：《新闻报道与写作》，华夏出版社，2003年版，第65页。

based rights group Amnesty International (AI) issued a statement saying that Chinese Authorities "**continue to silence those speaking out on abuses**" in the region.

该分析在和田"6·6"事件中同样可以验证。在该报道中，BBC对中国官方及媒体的部分引语共使用3次，共5个单词，平均1.67个单词/次，而对相关组织使用部分引语2次，共15个单词，平均7.5个单词/次。在BBC其他对新疆的报道中，类似例子比比皆是。如：Xinjiang attack "**was terrorism**"; Seven "**kidnappers**" killed in China's Xinjiang; Islamic militant group "**behind Xinjiang attacks**"。也可以说，这是西方媒体对新疆突发事件尤其是危机事件报道的一贯手法，其目的在于通过话语建构来误导国际受众，损害中国的国际形象。

2. 引语动词

引语动词可以分为理性动词和情绪动词。理性动词是不易波动、稳定的动词，它中立、平衡，如"陈述""说明""说"等。其中，"说"是新闻报道中最常用也是最不容易引起读者注意的动词。情绪动词是易波动、不稳定的动词，带有价值判断、感情色彩，如"指责""敦促"等。通过对动词的选择，记者可以肯定一个人或他说的话、做的事，也可以否定一个人或他说的话、做的事。

在包括"6·29"事件在内的涉疆报道中，尤其是针对所谓争议问题（contentious issue），西方媒体对使用中国立场的信源时，常用"blame"之类的情绪动词；而使用反对声音时，则用"say"之类的理性动词。反映在"6·29"事件报道中尚不典型，这里选取"7·5"事件的一段报道为例作简要分析。在介绍该事件为何发生时，BBC做了如下描述：

Why... violence happen? The authorities **blame**... But Rebiya told... she **said**... Uighur exiles **say**...

这样，西方媒体往往通过引语动词在字里行间暗示信源说话时的状态理性与否，在说话人言说之前已经给其贴上了反对或支持、谴责或同情的标签。

在涉疆、涉藏危机新闻报道与传播中，其他一些西方媒体也是如此。举例言之，《纽约时报》作为全球最具影响力的媒体之一，在报道西藏"3·14"事件时，曾有下列表述：The Chinese authorities **blamed** the Dalai Lama... The Dalai Lama ... **calling on** ... and **appealing to** …❶。同样是"说"，对中国政府使用了"谴责"，而对达赖使用了"号召"和"请求"。这暗示中国是不理性的、不冷静的，反对者则是理性的、冷静的。

3. 引语布局

如果将中国官方与媒体的引语用事实（fact，以下简称F），西方媒体与相关组织的引语用质疑（challenge，以下简称C）表示，那么，从整体上看，引语布局呈现出以下特征：

第一，FCFC模式，即举一事实，跟进质疑，再举事实，再度质疑。例如：

Xinhua news agency says... rights group Amnesty

❶ JIM YARDLEY: Violence in Tibet as monks clash with the police, New York Times, March 15, 2008.

International has accused China of... Xinhua says... AI issued a statement saying that...

第二，FFCC 模式，即全部事实集中在文中前面，全部质疑置于其后。例如：

Officials have said... But Dilxat Raxit... shed doubt on the Chinese claims... he said... Uighur allegations of...

这种报道背后是一种二元对立的思维。由于包括“6·29”事件在内的多起突发事件，正义的一面是中国政府，西方媒体为了使他们有意无意的歪曲报道能够自圆其说，他们必然要在新闻报道中降低中国政府和媒体的可信度，进而对中国政府做出了实质上的否定，这样究竟谁为正义一方便模糊了。这样，西方媒体不但可以避免有失客观的嫌疑，还可以顺理成章地完成对中国政府的指责与非难。

4. 引语比例

在7月2日的报道中，前半部分虽然大量引用了中国媒体的陈述，但 BBC 通过使用“BBC 无法独立验证这些报道（是否真实）”（原文：The BBC has been unable to independently verify the reports）作为前半部分的总结。在后半部分，官方信源与引语共33个单词，而质疑一方的介绍与反驳则使用了63个单词，在引语比例（依据单词量统计）对比上，后者几乎是前者的2倍。这些仅仅是从引语的单词量比例来比较，如果再考虑到信息质量上的差别，传播效果悬殊就更大。可对比一下2011年7月 BBC 对印度孟买恐怖袭击案的报道：*Mumbai blasts*：“*No intelligence of attacks*”[1]，在全文共931个词汇中，没有使用一处用袭击者作为信源，行文对印方抱以同情，严厉谴责制造爆炸的恐怖分子。这与报道新疆的恐怖袭击相比，完全是两种不同的基调。通过比较可以发现，西方媒体报道的双重标准，跃然纸上。

（三）新闻背景

新闻背景是指新闻事实之外，对新闻事实或新闻事实的某一部分进行解释、补充、烘托的材料。[2] 新闻报道中的事实和背景都不是孤立存在的，在新闻报道中，背景材料虽然不是现实的事实材料，但它能回答新闻事实所以发生的原因和条件，成为深层次的新闻要素。所以，新闻背景运用的方法和技巧往往会对新闻报道的传播效果产生重要影响。“在新闻中提供充分的背景材料……是西方新闻写作的一个显著特点，是西方记者用以深化新闻内容的重要手段。”[3] 即使面对同样的新闻事实，媒体会根据自己的需要选择加入不同的新闻背景。通过运用背景材料，在客观报道的姿态之下暗示其观点或倾向性，进而影响读者对新闻事实的理解和判断。

新疆突发事件发生后，西方相关组织因为远离事发地或担心被认为是幕后黑手，一般情况下不会在第一时间发言。但是在中国官方或媒体作为信源而暂时没有反对声音的情况下，BBC 会精心选择大量新闻背景（news background），以混淆视听，不妨称之为 FFBB 模式，即中国官方或媒体提供的事实集中于前，具有质疑或否定色彩的大

---

[1] Mumbai blasts：“No intelligence of attacks”. http：//www. bbc. co. uk/news/world-south-asia-14148908，2011-07-14.

[2] 刘明华、徐泓、张征：《新闻写作教程》，中国人民大学出版社，2006年版，第196页。

[3] 姚里军：《中西新闻写作比较》，中国广播电视出版社，2002年版，第208-209页。

量相关或不相关的新闻背景置于其后。例如，在“6·29”事件发生后，中国第一时间公布事实。BBC当日报道全部引用官方与媒体作为信源，但在其报道的新闻背景中（正文229个单词，其中背景87个，占全篇的38%之多），则有意强调与暗示：维吾尔族是新疆占多数的文化与信仰上接近中亚的民族，（但是）自20世纪90年代他们一直被歧视和边缘化（discrimination and marginalisation），结果导致矛盾积累，致使2009年“7·5”事件爆发。以此作为新闻背景，回应同一报道中未明确指出的劫机动机（motives）。

这一具有强烈暗示的新闻背景同样出现在之前多个新疆突发事件的报道中。长期以来，在涉疆突发事件报道中，BBC等西方媒体都以同情“弱者”的姿态出现。这种报道广泛存在于各大西方媒体，成为西方话语报道体系的主要基调，以至于任何不符合这一基调的声音都不被西方社会所接受。读者长期在这种基调的报道下了解中国、了解新疆，形成了他们对中国既定的、固化的偏见。媒体为了迎合读者的这口味，继续这种报道基调，从而完成了一个个对华突发事件报道的恶性循环。

（四）关键词

1. 关键词漂白

在新闻报道中，决定事件根本性质或发展基本趋势的语汇表述称为“关键词”。所谓“关键词遗漏”，指应该列入或提到的关键词由于有意疏忽而未列入或提到，进而影响受众对事件根本性质或发展基本趋势的认知。“关键词漂白”是指将本是负面或消极意义的关键词置换为中性、正面或积极的关键词；“关键词洗黑”则恰恰相反，是将本是中性、正面或积极的关键词置换为负面或消极的关键词。无论是“漂白”，还是“洗黑”，这种关键词的置换都有可能颠覆受众对新闻事实的基本认知。

BBC在报道中称：Authorities in China frequently **clash** with the Uighurs, who complain of repression and discrimination，在“A clash with B”这种句型表述中，A是事情的发起者，B是被动承受者，这种表述的隐含之意是中国当局即使不负全部责任也应负主要责任，其中还暗含了“Uighurs”似乎不属于“China”之意。

在之前的一则报道中，BBC将喀什“7·30”严重暴力恐怖事件表述为是“unrest”，“unrest”这个词是个中性词，通常指公众以静坐、抗议、骚乱等方式表达对社会体系的不满，是一类常见政治行为，而“riot”一词是暴动、暴乱、骚乱之意，是任何现代社会都不容忍的。发生在新疆的某些暴力恐怖事件远远超出了“unrest”的范畴。在使用官方做信源时，BBC还会援引“riot”一词，但是在BBC自身对事实进行描述时，则常常使用unrest、clash、tension等有意模糊事件性质的词汇。

再以2011年“7·30”事件、“7·31”事件发生后BBC的相关报道“China kills two **suspects** in Xinjiang violence”为例。该篇新闻报道标题将中国官方已经定性的“暴力恐怖分子”译为“suspects”，译作“中国杀掉……嫌疑犯”。导语第一句是：Chinese police have shot dead two men **suspected** of mounting a fatal attack in Xinjiang region on Sunday，也强调了“suspected”，译为“中国警察射杀……嫌疑犯”。现代法治社会中，嫌疑犯未定

罪之前应被视为无辜，如果警方对其射杀，新闻报道中应陈述理由，否则是警方应受到质疑。如几乎同一时间（2011 年 7 月 30 日），西方媒体福克斯对美国一起暴力事件的报道：Suspect Killed After Stabbing L. A. Officer in Church，标题中即说明犯罪嫌疑人刺杀他人的行为。导语如下：Police say a man **just released from Twin Towers jail in** downtown Los Angeles jumped out of a moving ambulance，hid out in a church，then **stabbed a police officer** before police shot and killed him. ❶ 在这些报道细节中，不但强调了嫌疑犯有前科（“刚从监狱释放”），也强调了其犯罪行为（“刺伤一名警务人员”）。但在 BBC 对中国的报道中，很少或几乎不陈述警方开枪的理由，联系到以往西方媒体对中国“妖魔化”的背景，这则报道给读者造成的印象与误导则是中国滥杀无辜，从而歪曲中国政府在国际社会的形象。

2. 关键词遗漏

在报道“China official vows ‘iron fist’ crackdown in Xinjiang”中，BBC 在标题中有意遗漏了铁拳打击的对象“恐怖势力”，如前文分析，BBC 似乎有意给人留下“铁拳镇压新疆”的印象。而事实上，中国媒体在报道时使用的标题是“张春贤：攥紧铁拳严打恐怖势力”。经新疆官方网站天山网报道后，当日有近百家媒体转载。但 BBC 在援引时，在新闻标题这一最重要的位置，突出强调“iron fist”的同时，遗漏了关键词“separatist forces”。

在一篇关于奖励机组人员的报道中，BBC 使用了如下新闻链接：Official vows Xinjiang crackdown，也是只见“crackdown”，不见“separatist forces”。张春贤在同一讲话中还重点提及广大公安民警要服务人民群众。在 BBC 报道中，丝毫未予报道。

通过关键词的遗漏，官方镇压被夸大，恐怖势力被淡化，为民服务被忽略。

3. 关键词洗黑

对于中国的声音，BBC 除遗漏之外还进行“洗黑”。即为了看上去报道更为客观公正，不得不引用中国官方与媒体的声音，但在使用时，通过对其丑译，达到曲解之效。

这在“6·29”事件中表现尚不明显，继续以“China kills two suspects in Xinjiang violence”新闻报道为例分析。在这篇报道中，BBC 援引努尔·白克力的话时做了如下翻译：

We will harshly attack any atrocities that threaten people's lives，defile the dignity of the law，and threaten supreme national interests，said the governor of Xinjiang，Nur Bekri.

而努尔·白克力的原话是：“……我们和你们的心情一样沉痛，自治区党委、人民政府十分关心，我受自治区党委书记张春贤的委托，代表党委和政府向你们表示慰问。我们对任何危害人民群众生命安全、践踏法律尊严、危害国家最高利益的暴行坚决予以严厉打击，暴力恐怖分子必将受到法律严惩，给你们一个交待……”❷

❶ Suspect Killed After Stabbing L. A. Officer in Church. http：//www. foxnews. com/us/2011/07/30/suspect-killed-after-stabbing-la-officer-in-church/，2011 -07 -30.

❷ 王新红．努尔·白克力在新疆喀什看望慰问无辜受伤群众，http：//www. tianshannet. com. cn/news/content/2011 -08/02/content_6036948. htm.

BBC除了隐去白克力安慰群众的话，让人“见威不见恩”以外，还对两个动词和一个形容词进行了“洗黑”。首先，“严厉打击”被洗黑为“attack atrocities”。这里的“打击”应译作“crack down”或“fight against”，而BBC译为“attack”（进攻、袭击；抨击、责难；侵袭、侵害之意，中性略带贬义色彩），将政府行为负面化；再者，将“践踏法律尊严”洗黑为“defile the dignity of the law”。“defile”是玷污或亵渎，而不是“践踏”之意，与“践踏”相对应的英文词汇应是“trampling”。这样，将本来严重的犯罪行为降为一般违反日常生活道德的层次；最后，将“国家最高利益”洗黑为“supreme national interests”而不是“the nation's highest interests”。在西方尊崇个人主义的语境中，supreme一词与国家尤其是中国联系在一起，是极具反面色彩的，它强调的是绝对权威，即缺少民主之意。将以上3个单词串联起来，大意如下：为了抽象的“supreme...”，对“defile”实施者处以“attack”，BBC通过这种关键词的洗黑表述，不仅使受众容易形成“中国政府专制独裁”的定性思维，而且极易给受众造成“中国政府严重践踏人权，对恐怖分子实行轻罪重判”的误解。

国际主流媒体掌控国际舆论，西强我弱的态势短时间内难以发生较大改变。通过新闻报道中的话语构建等方式，西方对关于中国的舆论进行封锁和包围。即使是中国在发展中遇到的问题，中国也难以掌握解释权。如何打破国际舆论的封锁和包围，在国际舆论中传递和强化中国的声音，已经成为一个迫在眉睫的重大课题。

二、西方媒体对华突发事件报道舆论误导的原因分析

哈佛大学研究员加藤嘉一认为，西方媒体把中国作为另类来处理，主要有三方面的背景：第一，中国快速崛起，让其焦虑、恐惧、嫉妒；第二，中国特殊的政治体制与意识形态，始终使其主观上感到“中国与我们太不一样”；第三，西方在不断遭受金融危机、欧债危机的形势下进一步丧失自信。❶ 具体来说，西方媒体对华突发事件报道歪曲的主要原因有以下几个方面：

（一）中西方意识形态的不同

“意识形态的影响主要在政治的领域中起作用，由于新闻与政治的紧密关系，所以它对新闻有直接影响”❷。西方社会对共产主义的偏见根深蒂固。中国由于其国家性质被西方国家既定为“他类”，因而在“冷战”（本质即是意识形态的对峙）结束20多年后的今天，西方社会仍不能摆脱对共产主义的嫉恨和恐惧。加之，中国作为“冷战”结束后唯一的社会主义大国，近年来在西方经济陷入停滞的同时仍保持了高速增长，西方社会很自然就把中国当做未来的潜在威胁。

当中国发生一些问题后，中国经常成为西方政府、社会与媒体的矛头所向，有时一件看似不起眼的小事也会把中国推向舆论斗争的风尖浪口。西方媒体驻华记者由于工作资历、年限等关系，

---

❶ 加藤嘉一：《中国在哪里》，http：//bbs. lanyue. com/thread－186403－1－1. html.

❷ 邵志择：《新闻学概论》，杭州：浙江大学出版社，2010年12月。

不可能对中国尤其是新疆有很深入的了解。他们往往依据自己国家为参照反观中国，他们会觉得很多天经地义的事情在这里变成了不可思议，自然流露出质疑和批评的倾向。他们笔下的报道，也往往充满了刻板成见，正如爱德华·萨义德所说："国外特派员的报道也会被本国的主编以某种方式改头换面：另一套不自觉的政治与意识形态限制在此运行。"❶

2012 年 2 月 8 日 BBC 发表了一篇关于新疆概况的报道，其中就直接使用了"communist China"的字眼，这也是西方媒体普遍的做法之一。也可以说，在若干报道中，意识形态像是一个元话语，在背后起着潜移默化的作用。这种刻板成见一经形成，便很难改变。如新疆自治区人民政府新闻办主任侯汉敏所说，在政治层次上，西方媒体想当然地认为中国是一个不讲人权的国家，"即使你把中国如何改善了人权状况的数据和事实材料放在他的面前，也很难改变长期以来形成的关于中国人权状况的印象"❷。

（二）中西方新闻理念的差异

中国台湾地区学者曾兰淑认为，中西方世界目前遵循着不同的哲学去融入全球化的进程。西方奉行新自由主义，而中国占据主流地位的则是新左派。新自由主义哲学下，基于资本主义要求市场开放与放任的概念，媒体拥有者要求政府解除管制与私有化，要求资讯自由流通，主要有政治和经济上两个目的，前者基于民主的前提下，保障意见自由市场，媒体扮演"第四权"的角色；后者则要求媒体商品服务，能够自由进入他国行销与贩售。资讯自由流通的观念，为西方媒体自由进入全球市场确立了理论基础。中国基于新左派哲学下的文化帝国主义则认为，具有文化优势的国际传播机构，无视文化弱国的主权，强行输入西方的经济体系并且主导输入国国内政策，最终影响到输入国的文化定型，西方文化控制的结果就是维护其在全球资本主义的利益。后者是中国学界讨论全球传播时的主流观点。依此理论，地主国为免遭文化霸权入侵，就要加强资讯主权和文化主权的意识。于是，利用国家政权的力量，对国际文化传播加以管控，事实上成为中国政府的通行做法。

仅就媒体而言，在西方主流媒介体制下，媒介独立于政府，以对政府进行质疑与监督为天职。中国的媒体作为党和政府的喉舌，传达党和政府的方针政策是其重要任务。对于西方媒体而言，坏消息才是好新闻。但对于中国媒体来说，"新闻事实"需要依附于既定的"宣传口径"，媒体既是"信息传递者"，也是"政治布道者"。在一些突发事件发生后，中国媒体的重要任务是要通过舆论引导维护社会稳定，这对西方媒体来说是无法理解的。他们会坚持认为，媒体的主要功能就是报道事实、传递信息，这也是批评政府、监督政府的重要途径。

问题是，西方公众不了解中国，对一概负面的报道缺乏现实环境去作恰当、公正的判断。在某些国家内部的新闻价值观念照搬到国际范围内，可能会造成舆论的失真，或给他国形象造成损害。议程设置理论的奠基人之一 Maxwell Mocombs 认

❶ ［美］萨义德：《报道伊斯兰》，上海：上海译文出版社，2009 年版，第 67 页。

❷ 李希光，李珮：《软实力要素》，北京：法律出版社，2010 年版，第 542 页。

为，议题的熟悉程度决定了媒介参与议程设置的程度。对于国内问题来说，受众没有必要从媒介那里得到线索，日常生活已经在提供充分的经验和信息。“但是对于一些遥远和抽象的问题，媒介就成了我们了解世界的有限窗口了。”❶ 在 Miller 和 Krosnick 看来，人们在做决策判断，包括政治判断时，往往只有最低信息要求。也就是说，假如正确判断一件事需要 7 个信息（最佳信息要求），那么大部分人也许在获取 3 个信息，对判断对象有了一个初步了解认识之后，就直接进行判断了。因此，媒体往往会影响人们——尤其是对某一问题没有独立利益，对某一问题没有特别立场，或对某一问题非常不了解的人——对某个问题的判断。在涉疆问题上，西方公众恰恰符合这些条件，因而也是最容易被媒体报道和其他类型的宣传说服的人群。❷

而且，西方新闻的客观性法则似乎只能在本国内部才有效。如美国新闻学者阿特休尔指出，“更有甚者，客观性法则似乎仅限于美国本土使用，当美国与它国发生冲突时，就没有必要反映‘双方的观点’，平等地对待争执双方，那样的话，就属于不爱国了”❸。当世界上存在的多元文化传统或意识形态发生矛盾时，这种“客观性”就成了某种程度上的主观偏见或曰固定成见的隐秘表现。

（三）西方民众价值取向的潜在影响❹

1. 二元世界观

受基督教二元对立观的影响，大部分西方人在对待不了解的政治事务时，倾向于用二元世界观判断正确与错误，正义与不正义。而新疆问题的复杂性恰恰超出西方人能够理解的范围之外，而且对于普通人群来说，真正理解这些问题的来龙去脉也没有什么实际意义。但是造成舆论导向并不需要要对一件事物、一种情况有深刻的理解。只要媒体一句“他做的是对的”就足可以影响人对事物的认知。在宣传中，一个有效的办法就是营造出一方是正义的代表，那么即使无须指出对立一方任何的缺点和问题，受众也会自行得出对立一方是非正义的结论。例如，BBC 的报道中常常用反对者来谈论保障“人权”“宗教信仰”“传统文化”，等等，这样只要把“China”“Han Chinese”“Han migrants”与 Uighurs 作为当事双方来陈述，受众就会自然而然地得出媒体期望的结论。事实上，BBC 在报道中大量使用了这种二元对立思维：“between Uighurs and Han migrants”；“between the Uighur and Han Chinese communities”；“between the majority Han Chinese and the minority Uighurs”；“between Uighurs and Han migrants”；“China and the Uighurs”。

2. 诚信道德观

西方人认为，一个人的声誉很大一部分建立在他的诚信程度上，这在政治上的突出反映就是一旦某一位从政的人被发现有欺骗行为，就会立刻失去公众的信任。击败对手的最好的方法就是指出并证明对方在说谎，这样无论对手再说什么，

❶ ［美］威尔伯·施拉姆：《传播学概论》，中国人民大学出版社，2010 年版，第 263 页。
❷ 李希光：《对话西藏》，法律出版社，2010 年版，第 216－217 页。
❸ ［美］萨义德：《报道伊斯》，上海译文出版社，2009 年版，第 67 页。
❹ 李希光：《对话西藏》，法律出版社，2010 年版，第 212－244 页。

也很难挽回公众的信任。如前文所论，BBC 除了对中国官方与媒体大量使用间接引语外，还往往在其陈述一则事实之后，立刻使用一些记者自认为正确的数据或信源来驳斥中国官员的表述，制造出中国政府很不诚信的形象，而对于处于反对立场的这些信源——如“the German-based World Uighur Congress which campaigns for Uighurs' rights”——不但不见任何质疑，还有意无意地添加溢美之词。

3. 个人主义处世观

在西方媒体对华突发事件新闻报道宣传的过程中，其重要策略手段之一就是通过话语建构创造出个人或弱小群体对抗强大中国政府的情境场面。仍以 BBC 报道“a contentious issue”为例，报道大意是：中国当局指责流亡维吾尔领袖热比娅(Rebiya Kadeer)，但是热比娅说她不为任何暴力负有责任。（The authorities blame..., and they have singled out exiled Uighur leader... But Rebiya Kadeer told the BBC she was not responsible for any of the violence... Last time during the Tibet riots, [the Chinese government] blamed the Dalai Lama, and now with the Xinjiang riot, they are blaming me, she said.）在这一叙述中，以作为女性个人且处于“流亡”状态的热比娅反抗作为复数的“The authorities”，即使热比娅不说任何有实质内容的话，西方公众也更可能会站在她的立场。再如在“Uighur women defy Chinese police”的新闻报道中，西方媒体同样遵循了这种逻辑。

三、中国媒体应对西方媒体对华突发事件报道舆论误导的对策思考

在“新疆问题”上，或多或少都有美国等西方国家公开或不公开介入的影子。媒体扭曲的报道会诱导国际社会与国际人士以及新疆少数民族民众尤其是维吾尔族民众对中国政府产生误解，这些心理暗示会为一些事件的发酵推波助澜。如在“6·29”事件发生后，一些境外媒体和敌对势力将这起事件说成是“维汉民众之间的斗殴”，“中国当局会利用此事件对维吾尔族进行镇压”，国内网络上也有一些不明真相的传言和谣言。在部分群体中，这些传言和谣言还有一定的市场。这就对中国塑造良好的社会舆论、维护社会稳定形成了挑战。可以预料的是，这样的新闻报道及其引起的舆论误导以后在西方媒体中还会不断出现，所以，新时期，针对西方国家一些媒体对华突发事件报道及由此引起的舆论误导所带来的挑战，中国媒体在突发事件报道中应采取有效方略，加以积极应对。

（一）官方统一口径，媒体联动配合

建立反应灵敏、沟通及时、统一协调、处置果断的工作机制，是做好危机传播舆论引导工作的关键一环。重大危机事件发生后，应迅速启动对外舆论工作应急机制，成立新闻中心，通过不断举办新闻发布会等途径，用一种声音对外发布信息，可以避免节外生枝。

在这方面，“6·29”事件报道需要反思。在一些关键问题如是否有可燃物或爆炸物、警察人数等方面，不同媒体各有不同的说法，而且都是出自权威媒体的报道，以至于有媒体在转载时直接将“新疆劫机爆炸物成疑”改为新闻标题，在这种基本事实都无法确定的情况下，舆论引导更是难收实效。

再如关于该起事件歹徒劫机动机的报道，7月

2日环球网报道："歹徒欲引燃爆炸物炸毁飞机"；而在中央电视台7月4日发布的报道中，画面字幕显示："计划把飞机劫持到境外参加伊吉拉特圣战"；更多的部门与媒体则笼而统之称之为"劫机"。在这些重要问题上，权威信源说法不一，以至于在西方媒体的报道"只是维汉民众之间的斗殴"在网络和现实中有一定影响，使得我方舆论几乎陷于被动。

国务院新闻办公室副主任钱小芊在谈到突发事件的新闻发布时曾说过，"在接待记者方案中，必须明确没有新闻发布任务的个人和部门未经授权不得对外就处置工作接受记者采访，以避免说法不一，造成提供的政府信息混乱。同时还应该明确，负责新闻发布的工作部门应该及时把新闻发布内容和答问口径向负责处置突发事件的其他部门通报，形成统一口径"❶。

（二）先发制人，持续关注

在20世纪五六十年代，中国的外宣单位曾提出过"后发制人"的报道策略，这种策略含有鼓励外宣工作者克服技术落后等不利因素把工作做好的意思。现在，虽然我国在国际传播格局中仍处于弱势地位，但随着现代化进程的加速推进，这种弱势地位已经得到极大的缓解。在这种态势下，"后发制人"应为"先发制人"所取代。

通过BBC对"6·29"事件新闻来源的统计可以看到，由于新疆官方网站天山网在事后不到两个小时就发布消息，得到了国内外大量网站的转载。BBC第一篇报道所引用的也全部是中国官方与媒体的声音。西方公众对新疆了解甚少，任何问题上的优先解释都会成为他们"选择性记忆"的首要内容。所以主动、积极、正面、客观地报道是使西方社会全面认识新疆的基础和首要任务。"如果他们最先接触的是西方通讯社关于中国的虚假报道，那么，这一被歪曲了的形象将会在他们头脑中残存很长时间，即使我们花费几倍的工夫、播发数倍于西方通讯社的稿件，也难以在短时间内消除这些歪曲报道的影响"❷。

需要注意的问题是，在接下来的报道中，新疆媒体并未对此事进行持续关注，而是将主要精力放在了"6·30"地震报道上。基于天灾报道具有警醒作用，而人祸报道则可能会引发不稳定因素的考虑，中国对天灾报道较为开放，而对于人祸报道则仍然谨小慎微。所以，在后者谣言滋生蔓延时缺乏有力的回击。在相关细节、原因、背景、相关部门责任等未进行任何说明的情况下，天山网于7月2日发布一则表彰处置劫机事件有功人员的新闻，第二天配以相关评论，就为"6·29"事件报道画上了句号。

"6·29"事件事发地和田所有基层媒体自始至终对该起事件没有进行任何报道。与地方媒体天山网发布的4篇新闻相比，中央媒体《人民日报》及人民网发布7篇新闻，非事发地媒体云南卫视原创新闻8篇，境外市场媒体凤凰卫视原创新闻10篇，转载高达55篇。

之所以出现这种情况是因为近年来意识形态的管控日趋宽松，但是在敏感、重大问题上，强力控制依旧。对于关系重大而敏感的事件，能否

❶ 李希光、孙静惟：《发言人教程》，清华大学出版社，2007年版，第346–347页。

❷ 沈苏儒：《对外传播的理论与实践》，五洲传播出版社，2004年版，第131–132页。

报道、如何报道、谁来报道，都有严格的相关规定。中央媒体由于其特殊身份，经常充当报道主力，而没有顾虑的外地媒体也有所报道，只有当地媒体处于尴尬境地，受到地方政府的压力或种种制约，经常失声；或者地方媒体缺乏担当，认为多一事不如少一事，不愿意惹麻烦，对事件装聋作哑。而且，越是基层的媒体，主动权越小，越不敢说话。[1] 这都使得距事发地越近，越难以迅速经由身边的媒体获知事件信息。地方媒体关键时刻的缺席愈加加速了公信力的下滑，致使在突发事件舆论引导上很难有实质性的作为。

必须认识到，危机事件包含了核心行为与舆论反应两个部分。核心行为是传统意义上的处置事件、平息事态，舆论反应则是区域或国家形象的重要组成部分。与之相对应，危机传播的策略有两点：一手抓事件处置，一手抓舆论引导。也可以说，一边“做”，一边“说”。在现在媒介格局中，只“做”不“说”就意味着把话语权拱手相让。尤其是在新疆地区，信息控制越严的时候，往往是民族主义表现最强盛的时候，情绪往往超过理性。“6·29”事件发生后，网络尤其是微博上部分少数民族网民的质疑与争论即是一个例证。危机当中，领导的表态、政府的号召与动员、受害者的回忆、当局拟采取的措施，等等，既是“说”，同时也是一种极具新闻价值的“行动”。如果能形成持续报道，可能转“危”为“机”，不仅可以澄清事实，甚至可以借以提升政府形象。

持续报道的方法主要有过程性报道、反映性报道和追溯性报道。在过程性报道中，需要持续不断地把新闻实践的最近发展动态诉诸受众，增强受众对事件的了解；在反映性报道中，需要适当反映新闻受众对所报道的事件和人物的看法和态度，以酿成声势，形成气氛；在追溯性报道中，需要交代历史背景，解释报道对象与周围事物的联系等。中国现有较为敏感的突发事件报道中，最为缺乏的便是追溯性报道。当突发事件发生后，新闻事实“如何”是表述性要素，具有较大的不可变性；而新闻事实“为何”是解释性要素，具有较大的可变性，在一定程度上，“为何”是事件性质的决定因素。所以，持续报道需要提上日程，其中追溯性报道更应予以关注。

（三）事实性与评论性信源要多元化

在BBC对“6·29”事件的报道中，一般情况下先使用中国官方作为事实性信源，然后使用西方相关组织作为评论性信源对前者进行质疑、批判、否定。这也是西方媒体报道新疆危机事件时的惯用手法。西方公众有质疑政府的传统，但对于社会组织（包括标榜“人权”“民主”等口号反对中国的“组织”），则一般信任有加。让后者批评前者，无论其评论性内容是否有依据，几乎都将占据上风。

而目前的新疆，在一定程度上，因为担心出事、担心出现民族纠纷或民族冲突等因素，官方对于言论的控制更为严厉，社会言论开放程度远比内地低，民间的声音非常微弱，几乎可以忽略不计。但“只采用突出政府声音的传播模式，容易使人产生只有一种意见的印象，而且这种宣传模式还造成了西方受众对中国媒体的‘刻板成

[1] 巴晓芳：《突发公共事件报道的困境及出路》，《新闻前哨》，2010年第11期，第15页。

见'，认为中国媒体只有宣传，没有报道"❶。

如英国诺丁汉大学当代中国研究学院中国政策研究所研究主任郑永年所指出的，中国必须解决只有一个声音的现状。"长期以来，我们在国际舞台上常常只有一个声音，那就是政府的声音。民间声音不多，更难表达于国际社会。反之，一旦遇到来自西方方方面面的挑战，政府都要亲自出马来回应。政府这样做很累，也不一定最有效"❷。

以上事实表明，中国媒体在新疆突发事件报道中，需要在事实性与评论性信源的供应方面实现多元化。

在事实性信源方面，中国媒体报道中的三大新闻信息源一般是记者所见所感、新闻发布会和现场采访。这种处理方式的好处在于可以带给观众现场感，通过官方发布的数据证明新闻的权威性，现场采访补充和印证官方发布的新闻内容。但是，这种处理方式会给媒体带来一个新的问题，即无法形成完整的信息来源及信息证据链，从而使得公众对新闻本身产生质疑。❸ 在一些突发事件中，这三大信息源往往不可能得到全部保障，甚至新闻发布会成为唯一的信息源。而信息源越是一元化，越容易引起质疑，因为这些官方发布的信息无法通过其他相关信息进行证明。所以必须在保证这三大信息源正常供应的基础上，尽可能地加入当事双方或多方、目击者、相关专家、政府文件、背景资料等信息，实现信息源的多元立体化，在事实的陈述上可以实现相互佐证，形成完整的信息证据链。

在评论性信息源方面，对事实的评价尽可能让独立于政府之外的国内社会组织、学术团体、社会精英、权威专家等第三方承担。"多元的消息来源，包括引用专家学者，可以增加报纸的信赖权威，甚至代表独立的声音"❹。此外，可以与国际知名学者、研究机构建立长期合作关系，在新疆进行有关社会、文化变迁的研究项目，让他们用自己的视角和研究成果向世界深度介绍新疆的真实情况。这样，在面临西方媒体与组织的反驳时，这些第三方的存在既为争议问题的解决提供了对等博弈的可能，同时又因这一缓冲层的存在而提高了政府应对行为的张力与弹性。

在近期对新疆的报道中，大量引入了人类学社会学的观察视角、族群政治、族群冲突、治理政策比较等，可以预料的是，这些信源的多元化也会影响海外媒体的报道，稀释"疆独"的话语气氛。

（四）更新话语运作，启用少数民族话语人

历史话语和革命性话语在中国社会具有显赫的地位和影响力，而中国的国家特性和国民特性在相当大的程度上也依赖于关于历史和革命的叙述——这也是国家认同的重要来源之一。但是，国家和民族目前发展所面临的外部和内部条件都已经发生了结构性的变化，传统话语与现实生活的落差正在不断加大。

---

❶ 尤红：《突发事件报道中传媒的角色调适》，载于《当代传播》，2010 年第 6 期，第 53 页。

❷ 郑永年：《要防御性而非进攻性民族主义》，载于《新京报》，2008 年 5 月 10 日。

❸ 吴江文：《中美灾难新闻报道模式比较——以王家岭矿难和西弗吉尼亚矿难为例》，载于《当代传播》，2010 年第 6 期，第 50 页。

❹ Yuezhi Zhao, "Enter the World-Neo-Liberal Globalization, the dream for a strong nation, and Chinese press discourses on the WTO", in Chin-Chuan Lee., Chinese Media, Global Contexts (Routledge Curzon Taylor&Francis Group, London and NewYork, 2003), pp32 – 39.

在基本价值规范上，在评价民族问题时，西方往往拿出人权、自由、民主和社会公正这些今日人类社会遵循的普遍价值标准作为攻击中国的武器。而客观地说，我们的回应往往是被动的，在相当大的程度上依赖对于“中国特色”的说明，而不是对这些价值的中国本土化应用上提出有“中国特色”并能得到普遍认同的理论解释。事实上，作为当今世界正在崛起的大国，“中国特色”已不再可能只是中国境内所保持的某种独享的文化特殊性，它只能是在人类价值规范体系内的一个有自身特点的局部，否则它就无法得到国际社会的接受和承认，并与其他的政治和文化实体展开平等的对话和沟通。[1] 有鉴于此，我们需更新新闻报道的话语运作。

第一，在话语传播层级上，少一些官方，多一些民间。中国新闻理论认为，媒体是党和政府的喉舌，是宣传的工具。虽然中国媒体正在加速市场化进程，但在较为敏感的突发事件中仍坚持实践着这一传统观念。但是，对于西方受众而言，政府的宣传是不被信任的，他们反感媒体充当政府的喉舌，而是喜欢媒体显示自己的非官方立场，认为只有这样才能客观、公正、可信。有调查报告显示，“美国人倾向于相信独立的新闻机构提供的信息。中国媒体应尽量不以官方宣传机构的面目出现”[2]。

在突发事件报道中，信源更多地要以“民间”姿态出现，这样更具备可信性与亲和力。强调“民间”姿态，并非抹煞“官方”的作用。“新闻报道永远是一个寻求官方信源认定事实的过程。官方对事实的认定可以消除道听途说的信息混沌状态。”[3] 这里需注意两点：①“民间”姿态，更多的是指官方认定，民间佐证。或者说，官方对事件进行定性，但更多的具体现场、细节等新闻要素由民间信源提供。②民间姿态不应只做表面文章。目前新疆某些突发事件发生后，往往接踵而至的是铺天盖地的维稳会议报道，充斥报端的常常是不同层级领导干部的话语，所谓民间信源的言说往往只是既定话语的简单重复。如果将本是事关公众实际生活的事情，简化为少数官员或会议参加者的事情，那么即使是中国读者也难以对这些工作性会议产生兴趣。如何把这些维稳会议与公众关心的问题联系起来，提供公众感兴趣的客观信息和背景材料，就需要深入群众和基层，从多个方面进行挖掘和扩展。

第二，在话语传播主体上，少一些汉族，多一些民族。热比娅及“世维会”等之所以在西方有话语权，很大程度上是他们自称代表境内维尔吾族人民。而西方的道德制高点认为：维吾尔族应该有民族自决权，不应由汉人在主权、发展、教育、宗教等方面为他们做出选择。在这样的语境与逻辑中，中国政府提倡的道德价值观在西方社会中乃至国际社会上经常处于被动、挤压状态，而且中国政府在国际社会也难以辩清。实际上，在所有的价值观里，都会同情弱势民族要求自治，不受强势民族的统治和同化的追求。因此，在这个问题上，中国不但容易失去西方，甚至会失去

[1] 关凯：《族群政治》，中央民族大学出版社，2007 年版，第 282－292 页。

[2] 沈苏儒：《对外传播的理论与实践》，五洲传播出版社，2004 年版，第 117 页。

[3] 李希光：《转型中的新闻学》，南方日报出版社，2005 年版，第 113 页。

第三世界在道义上的支持。所以，如果中国有关新疆问题的官方话语人是汉族人，而且口气生硬，就只能强化外界反感和对异议人士的同情。而少数族群干部和学者更了解相关的历史和现状，更了解少数族群的切身利益，也更有话语权并更令人信服。最重要的是，只有他们有资格说：某些势力不能代表境内的同胞。因此，中国政府应大胆起用与提拔优秀的维尔吾族干部，乃至其他少数族裔干部做中央政府在新疆问题上的发言人，并尽量让汉族官员在这类问题上退出发言人位置。在地方和学界，国内有不少有能力有水平的少数族群干部和知识分子。国内的政策上应不拘一格，把他们推到国际话语平台的前沿。❶

（五）中国话语，国际表达

目前，关于新疆的报道，国内媒体多强调经济建设和对口援建，同时措辞严厉地反对分裂分子，文章框架习惯是“经济发展—繁荣稳定”。而国际媒体更多的是关注个体收入、人权保障、言论自由、军警行动、文化保护等议题，基本思路是“镇压—反抗”，文章框架习惯为“冲突事件+个人故事+背景补充”。

从新闻操作角度而言，西方的报道思路不可取，但其框架值得借鉴。这种框架其实是现代媒体喜爱并擅长的报道类型，只是目前中国媒体囿于种种原因尚较难涉足这一议题。国内大部分媒体在报道新疆突发事件时，往往由于政治角色取代新闻职业角色，导致信息倾向偏差，政治宣传遮蔽新闻事实；在为数不多的新闻报道中，也常因视角固化单一与现场叙事话语缺失等原因造成议程设置统摄能力的不足。例如，在一些突发事件发生后，为了将事件与宗教、族群问题脱钩，一般将民族团结、援疆建设、经济发展、社会稳定等作为报道主题，少谈或不谈宗教议题、族群不公的原因。这种带有强烈意识形态的宣传在信息闭塞的环境里，往往可以起到对内凝聚共识，增加统治的合法性的作用。但是在信息时代，这种宣传式报道影响力已经急剧下降，即便是有限的正向传播效果也显得难以持续，官方引导与民间舆论甚至形成隔阂乃至对立状态。新疆一些地方发生突发事件后，中国媒体往往落入“下级失语，上级言说；本地媒体沉默，异地报道活跃；境内表彰典型，境外问责反思；官媒话语单一，市场众声喧哗”这样一种令人尴尬的情形之中。

事实上，在过去的很多年里，中国政府为少数民族实际上做了很多好事情，包括大力发展少数民族经济，提供经济支持，保护其独特的文化和语言，等等。但是国际社会对中国所做的一切了解不够甚至完全不了解。除了西方媒体的偏见外，也有中国自身话语体系的问题。“中国对外沟通的语言还远远没有和国际接轨。中国要建立自己的话语体系，但这个话语体系必须使国际社会能够理解”❷。

其实完全可以借用西方的表述方式，填充中国的表述内容，做到“中国话语，国际表达”。宣传报道是必须要有的，问题是只有在尊重新闻传播规律的前提下，才会产生更好的报道。如果将传统宣传思维引入危机传播报道中，用斗争语言

❶ 孙雁：《如何改善中国的国际话语权》，载于《领导者》，2009年第30期。

❷ 郑永年：《要防御性而非进攻性民族主义》，载于《新京报》，2008年5月10日。

去指责西方媒体，往往效果不大。所以，在中国媒体改进新疆突发事件报道的所有策略中，必须从尊重新闻传播规律——打破宣传陈规，回归新闻本源——这一最基本的专业理念做起。

结语

部分西方媒体通过话语建构，在对华突发事件新闻报道中有意无意歪曲事实，混淆视听，一方面误导国际舆论，损害中国国际形象，为西方反华势力干涉中国内政制造舆论声势；另一方面，为诱导新疆少数民族民众民族认同与国家认同的消极转化，制造认同危机提供了心理暗示，对中国意识形态造成严重的非传统安全威胁。所以新时期，中国媒体应该遵循新闻传播规律，转变传统新闻报道传播理念，弘扬人类社会的普世价值追求，采取各种积极措施，广泛利用广播、电视、报刊、互联网等媒体工具，在国际论坛上发挥中国安理会常任理事国的作用，向国际社会大力宣传新疆的民族史、宗教史、文化史，阐明包括汉族在内的各民族共创美好新疆、新疆自古以来就是中国不可分割的一部分的历史史实，宣传新中国成立以来新疆发生的翻天覆地的巨大变化，有理有节地与西方反华势力在国际舆论与人权领域进行针锋相对的辩驳，坚决抵制国内外敌对势力对新疆的思想文化渗透破坏，让更多的国际人士、国际非政府组织乃至国家了解中国、了解新疆，提升中国政府的国际形象，使中国各族人民以及国际社会认清一些西方媒体对华报道舆论误导的意图与本质，从而才能维护中国意识形态安全，维护新疆的民族团结与社会稳定。

转型社会中的怨恨情感释放与个体安全寻求

张建军*

【摘要】 自改革开放以来，随着社会—经济结构的急剧转型，近年来，民众的怨恨情感不断滋生，本文基于“个体安全”视角，从阶层结构、道德价值、公平正义三个方面分析了当前社会怨恨产生的原因，认为只有通过弘扬核心价值观、加大政府治理、保障公民基本权利、加强社会建设等才能逐步消除社会怨恨，提升社会安全感，进而才能建构和谐的社会心态与社会秩序。

【关键词】 社会转型；怨恨；个体安全；治理

自20世纪70年代末以来，我国以现代化为发展目标的改革开放事业，在短时期取得了惊人的成就，在社会经济迅速发展的同时，带来了文化和价值的多元化和诸多转变。当然，现代性变迁改变和重构了传统，瓦解了以往的社会秩序和整合机制，这既是风险产生的社会根源，也是风险生成的持续动力，巨大的社会变迁导致的一系列错综复杂的社会问题也带来了人们对安全的忧虑。被冠之为“风险社会”的现代社会，安全问题已不仅仅耦合于“国家”“人类”和“社会”等场域，也直接嵌入到人们的日常生活，个人生活中的安全问题日渐突出。“作为个体的人在实际生存和发展过程中所拥有的一种有保证或有保障状态”❶的个体安全也越来越受到关注。而“改革开放以来，中国社会的一个重要转变，就是日益明确地把社会秩序的基础奠定在利益之上，把为多数人谋利益作为正当性基础。归根结底，就是将群众的政治激情转向对经济利益的追求。当然，这种转变未必能够彻底驯服破坏性的激情，因为在追求利益的过程中导致的不公平现象以及由于急剧变迁而导致的连根拔起，可能带来怨恨”❷。这种怨恨情感对于社会安全感有着重要影响，这种日益笑 的情感，会使得社会成员的安全感日趋下降。

如今，我们正处在社会转型时期，社会变迁带来的风险和竞争使社会个体在多重压力和竞争下生活。与此同时，一些负面的社会心态也不断凸显，怨恨、猜疑、冷漠、投机、焦虑、迷茫、

---

* 张建军：浙江大学公共管理学院在读博士生，塔里木大学人文学院讲师。

❶ 郑杭生，杨敏：《个体安全：一个社会学范畴的提出与阐说》，载于《思想战线》，2009年第6期，第40页。

❷ 成伯清：《怨恨与承认：一种社会学的探索》，载于《江苏行政学院学报》，2009年第5期，第63页。

暴戾等心态蔓延于民众生活之中，这种消极的社会心态成为当前凸显的社会现象，社会个体安全感对于社会心态的发展具有重要作用。本文基于个体安全视角，对社会心态中的一种“怨恨”情感进行剖析，阐述西方语境中怨恨理论的发展，从阶层结构、道德价值、公平正义3个维度，分析当前社会怨恨产生的根源，提出了维护社会公平正义、发展社会组织、保障公民权利方面采取有效措施才能逐步消除社会怨恨，建构和谐的社会心态，进而有效地维护个体安全。

一、西方语境中“怨恨”的表达

尼采是最早使“ressentiment”这个法语单词演变成为“专业术语”，并对该词作出解释和定义：“怨恨”是针对他人的情绪性反应的再感受或“回味”，在这种反复感受之中，所感受到的情绪反应会不断地加深，同时这种情绪反应是消极的、敌意的，是一种隐忍未发的愤懑。尼采详细描述了怨恨的情感特征，在《论道德的谱系》的序言当中，对道德价值进行了谱系学的探究。他以基督教作为主要批判对象，从心理动机方面追查其根源，最后得出了基督教道德是最精巧的“怨恨之花”的结论。他将体现着教士价值的人视为怨恨之人，并认为正是他们的“无能”和“攀比”促成了其怨恨心态。一方面，怨恨者因为自身的无能而没法对所恨的对象采取直接的行动，便只能隐忍、卑躬屈膝，在怨恨中压抑自己的复仇冲动。另一方面，他们总是要与强大的怨恨对象进行价值攀比，但在攀比中又无法直面自身价值的低下，故只能向外界而不是自身方向寻求价值，以一种想象中的报复补偿他们的失败；换言之，他们只能从反方向确定价值，以自欺的方式伪造价值图表、完成价值观念的翻转。另外，尼采还强调了怨恨对心灵的毒化作用，他认为这种毒化不但具有自我毒害性，而且会在整个文化甚至人类中蔓延。[1]

舍勒运用现象学方法更深入、客观地描述了怨恨的基本特质——“怨恨是一种有明确的前因后果的心灵的自我毒害。这种自我毒害有一种持久的心态，它是因强抑某种情感波动和情绪激动，使其不得发泄而产生的情态：这种‘强抑’的隐忍力通过系统训练而养成。其实，情感波动、情绪激动是正常的，属于人之天性的基本成分。这种自我毒害产生出某些持久的情态，形成确定样式的价值错觉和与此错觉相应的价值判断”[2]。具体而言，怨恨是“比较者在生存价值比较时感到自惭形秽，又无能力采取任何积极行动去获取被比较者的价值，被比较者的存在对他形成一种生存性压抑，比较者于是形成一种生存性的紧张情态”[3]。

尼采和舍勒都将怨恨归因为自身无能而针对他者的反应性感情，在羡慕、嫉妒、仇恨、报复冲动的情绪之上，未能积极地释放、化解而形成的一种心态。怨恨是将自身与别人进行价值攀比而产生的价值错觉形成的判断。舍勒把怨恨描绘为构成了资本主义精神的动力，“资本主义就是

---

[1] 尼采：《论道德的谱系》，三联书店，1992年版，第18-24页。

[2] 舍勒：《价值的颠覆》，罗悌伦等译．三联书店，1997年版，第7页。

[3] 刘小枫：《现代性社会理论绪论》，三联书店，1998年版，第363页。

在这种怨恨精神中入魔般地迷上生活享乐、荣耀、权力、幸福、财富、力量等，最终就是将物化的有用价值凌驾于生命价值之上”❶。总体而言，“西方政治学领域中的怨恨研究主要集中在两个方面，一是怨恨的发生，认为其主要原因是价值层面上的冲突；二是怨恨的动员，主要通过各类社会行动宣泄情绪、表明立场以及实施变革等”❷。

在现代西方政治哲学的研究范畴内，怨恨根源于个体的价值差异，缺乏价值认同，产生价值冲突，从而产生怨恨。如果以怨恨为核心来划分不同的社会形式，“可以简单分为两种：弱怨恨社会和强怨恨社会。在弱怨恨社会中，一般不需要进行怨恨克制。因为社会结构本身就是反怨恨的，不仅能够减少怨恨的产生，而且能够有效防止怨恨的发生。而在强怨恨社会中，广泛地存在着制造怨恨的因素，而且社会对怨恨爆发的抵抗力较弱，怨恨能够产生巨大的破坏力。政治民主化高度发达的社会和等级制度极其严格的社会皆属于弱怨恨社会，而施行制度变革的社会与处于推进政治民主化进程中的社会则是强怨恨社会”❸。当代中国也正处于社会转型的大背景下，在经济改革的促动下，社会改革、政治改革的号角也逐渐吹起，正在进入如亨廷顿所言的“强怨恨社会”。通过对西方语境中怨恨概念的分析，对我们深入了解和分析当代中国社会怨恨的根源有着重要启示。

二、中国社会“怨恨情感”形成的因素探析

（一）社会阶层固化、两级分化

舍勒认为传统的等级价值秩序崩溃过程中孕育了怨恨发生的机制，“是社会经济、政治秩序的变动导致的传统身份制评价体系的失序，平等理念是这种变动导致的怨恨心态的产物；但平等理念一旦成为文化秩序的制度性因素，就会强化怨恨的积聚”❹。在传统社会中，等级制度的理念是“上帝”或“天命”，不同等级的人群并不会进行攀比，他们只是会在自己所属的阶层等级的范围内比较，身份等级制的观念限制了存在的比较，进而也限制了怨恨心态的生产。“新的社会价值秩序不再保持相对的稳定和平衡，而是充满了怨恨与不和——低阶价值的暴戾和高阶价值的怨气没有通过任何途径或阈门得到缓解和控制，这条鸿沟之上无法架设任何形式的桥梁。在告别传统等级社会之后，看似一个价值平等的均质社会逐渐确立，实质上其中的价值怨恨并没有随着对平等观念的普遍认同而消失”❺。现代社会自由、平等的观念早已经深入人心并取得合法性地位，社会结构应该是一种开放的结构，不同阶层的社会成员可以自由流动，社会底层成员都通过奋斗和努力可以向上流动。然而一旦社会流动机制出现问题，社会不同阶层间流动固化，在“理念上的平等”和“社会结构中现实的不平等”的冲突中，

---

❶ 王艳：《“怨恨”的社会为什么有“未来”》，载于《浙江学刊》，2011年第1期，第28页。
❷ 王海洲：《想象的报复：西方政治学视野中的“怨恨”》，载于《南京大学学报》，2007年第6期，第39页。
❸ 塞缪尔·亨廷顿：《变革社会中的政治秩序》，李贤平、杨玉生等译，华夏出版社，1988年版，第171–172页。
❹ 刘小枫：《现代性社会理论绪论》，三联书店，1998年版，第367页。
❺ 王海洲：《想象的报复：西方政治学视野中的“怨恨”》，载于《南京大学学报》，2007年第6期，第41页。

怨恨就产生了。

在20世纪80～90年代末，中国的工人、农民这两大阶级和知识分子阶层迅速分化，而所有制结构调整和分配模式的变化加剧了阶层的多元性。但是不到20年的时间，阶层分化的速度趋缓，开始呈现固化趋势。[1] 在改革开放的过程当中，在既有制度框架下形成的利益集团反对改革进一步的深化，希望既有制度、政策能够继续维系和扩大自己的利益，因而缺失改革的动力。社会大多数群体尤其是农民、工人和城市失业人口难以占有资源和政策优势而向上流动，在利益分化加剧的市场经济环境下，这些群体的利益诉求不能够有效实现，必然会对现有社会政策和利益既得者产生不满和怨愤。另外，“阶层固化在中国社会发育不完备的情况下，极易形成社会的两极分化。一方面是不完善的制度难以避免强势阶层占有更多的政策资源；另一方面是市场经济条件下多元生产要素参与财富分配，本身就可能造成财富实现的巨大差异”[2]。孙立平将当前中国社会概括为断裂社会，在现实意义上首先指明显的两极分化，富裕与贫穷、城市与乡村、上层与下层，社会沿着这条主要断裂带展开，几乎分裂为两个不同的世界。尤其是“在社会资源配置从扩散转变为重新积聚的背景下，自20世纪90年代以来中国社会的分层结构发生了一系列的重要变化：贫富分化日益加剧，两级社会基本形成，社会结构出现多方面断裂，一套原来未曾有过的社会生活运作逻辑开始出现”[3]。城乡之间的断裂，农民和农村无法与现代化的社会融为一体，难以加入城市化进程，农民工被排斥在主流劳动力市场之外，在现有户籍制度的作用下无法享受各种社会保险、福利待遇，农村养老保险的双轨制，经常遭遇歧视和侮辱，这些都会滋生社会仇恨，产生社会冲突，影响个体安全。

（二）传统道德价值失陷

就现代社会而言，人们通常把摆脱身份、等级和出身等封建传统对个人的制约这种现代自我的出现看作是历史的进步，然而麦金太尔则认为这种无约束和实质内容的自我，是当代道德问题的根源所在。从社会道德意义上来说，现代自我的出现并不意味着历史的进步。“人们在庆贺自己获得了挣脱封建等级身份制约的历史性胜利的同时，并不知道自己已经丧失了什么，这种丧失就是：人类传统道德性的根基丧失了。因而进入现代以来，客观的、非个人的道德标准丧失了，道德判断的标准只能出于自己，对任何事物都可以从自我所采取的任何观点出发，每个人都可以自由选择那种他想成为的人以及他所喜欢的生活方式。这种自我可以是任何东西，可扮演任何角色，采纳任何观点。……这种社会现实导致了道德的解体和道德相对主义，既使我们在理论和实践上丧失了对道德的明辨力，又使我们无从有客观的标准来判断和识别善恶”[4]。麦金太尔认为这种道

[1] 蔡志强：《中国社会阶层的固化成因与对策》，《学习时报》2011年6月27日。

[2] 蔡志强：《中国社会阶层的固化成因与对策》，《学习时报》2011年6月27日。

[3] 孙立平：《断裂：20世纪90年代以来中国社会的分层结构》，李友梅、孙立、沈原主编：《当代中国社会分层：理论与实证》，社会科学文献出版社，2006年版，第1页。

[4] 麦金太尔：《德性之后》，龚群、戴扬毅等译，中国社会科学出版社，1995年版，第6页。

德危机不仅会给当代社会生活带来灾难性的后果，而且会延续至后代和整个人类文明。他身处西方工业文明社会中，对于现代西方社会道德理论作出了深刻反思和分析，反观快速发展的当前中国社会，道德体系似乎也陷入西方资本主义发展初期的困境。

近代中国在民族国家面临威胁、长期处于极端专制主义的压制的境遇下，个人的自由、个性解放、独立自主等被提到了突出的地位。[1] 从梁启超、孙中山开始，直至“五四”新思潮倡导者们对中国传统道德文化展开猛烈抨击。新文化运动引爆了激进主义导火线，激进主义的政治与文化浪潮不断迭起，批判继承儒家传统道德文化的浪潮早已湮没在全面否定的巨浪之中。从文化变革的要求来看，“是从近乎封闭式的，与大一统的中央集权君主专制制度相联系的，以孔子与儒学定于一尊，严重压抑个性的古代文化，转变为开放式的，适应于近代民主制度的，否定一尊的权威，鼓励个性发展的近代文化。”“我们说儒家的那一套心性道德伦常规范，具有极大的空想性、乌托邦性，缺乏切切实实的实用性格。作为抽象的条文看待，似无懈可击，拿来生活中实行则罅漏百出，积弊丛生。”[2]

儒家传统伦理的核心是什么？简而言之，“传统伦理学由两个相互补充的极构成，一极是‘修身’，这是由孝、忠、仁义等一系列道德标准组成的己身洒扫应对、为人处世的规范。另一极是‘恕道’，个体将修好了的身推而广之，将它适用在对待别人的场合，也就是说将个人德行的自我完善来影响和唤醒别人，由己身及于他身”[3]。然而新文化运动以来，由于对传统道德体系的破坏，人们“丧失了由社会身份和把人生视为被安排好的朝向既定目标的观点所提供的那些传统的规定”[4]。在奉行市场经济的今天，社会成员往往遵循着利益最大化原则，在价值观多元化的思潮中，功利主义和自由主义思想受到极度鼓吹。而且，社会个体在一定程度上缺乏关于道德责任的共识，而符合现代社会发展需求的新道德体系却未能有效建立，道德价值的缺失对民众的生活造成的负面影响日益显现。当前社会在注重竞争观念和经济利益的同时，缺失了传统道德文化中的责任、自身发展定位等内容，因而毒奶粉、地沟油、养老院虐待老人、投毒或挥刀砍杀亲人、朋友等事件不断发生，在功利主义的价值取向下，随着社会道德的失范，民众社会怨恨心理必然会被不断放大，同时社会个体的安全感也骤然下降。

（三）社会公平正义、信任的缺失

在20世纪90年代中期以来那些趋势的推动之下，这个社会正在发生断裂。在这种断裂的基础上，又在形成一种新的结构，或者是一种新的秩序。不过这种新的秩序建立在一种畸形的社会关系和社会要素组合的基础上。这种社会秩序在很大程度上以强力和不公正为特征。[5] 改革以来，中

---

[1] 耿云志：《近代社会转型中政治与文化的互动》，载于《四川大学学报》，2008年第1期，第29页。

[2] 刘再复：《传统道德的困境：五四新文化运动对传统道德的反思（续）》，载于《社会科学战线》，1988年第3期，第292页。

[3] 刘再复：《传统道德的困境：五四新文化运动对传统道德的反思》，载于《社会科学战线》，1988年第2期，第242页。

[4] A. 麦金太尔：《德性之后》，龚群、戴扬毅等译，中国社会科学出版社，1995年版，第45页。

[5] 孙立平：《转型与断裂：改革以来中国社会结构的变迁》，清华大学出版社，2004年版，第119页。

国社会结构的分化是剧烈、持续的分化，其中城乡社会群体和城市内部的分化明显，在这个分化过程中各个阶层之间的距离被不断拉大。因而贫富差距、就业难、房价居高不下、因病致贫等都成为突出的民生问题，这种社会结构性的变化导致民众对社会不满的情绪日益积累。另外，像“表哥”“房姐”“山东某银行招聘内定”“温州交通系统世袭制招聘”等事件都损害了社会公平正义。公平正义的缺失，在怨恨情绪的作用下会激起各种集体运动。刘能从怨恨及其解释过程本身的相关特性的角度认为：“将中国都市集体行动的产生和笑　直接相关的怨恨解释过程，从所涉及的怨恨的类型来看，大致可以分为以下两类：①对原生怨恨的认知和标定；②对次生怨恨的认知和标定。单就怨恨产生的规模这一分析维度而言，当前中国都市地区已经达到了这样一种局面：种类多样的怨恨正处于高度积累且极容易爆发成为集体运动的临界水平。”❶

这种社会秩序使得社会生活某些基础制度逐步瓦解，信任结构正在慢慢改变，当前社会生活中信任的缺失也引起了人们的焦虑。在传统社会中，信任结构是围绕着血缘、地缘关系的“熟人”建立起来；而在当前社会中，这种信任结构正在被摧毁。从非法传销、北京婆媳争车牌照、复旦室友投毒、诸多的杀妻、友事件中可见，当前社会中这种最为基本的信任结构都在瓦解。个人信任危机出现的同时，对于社会公信力而言也在不断降低，人们对于政府和媒体的威性大打折扣，例如：河北沧县地下水污染变红，政府官员解释为“不代表不达标”。黄浦江河道打捞2000多头死猪，却称水质符合卫生标准等事件的背后，人们都在拷问着政府作出应答的可信度到底有多高。“广东90后大学生独自破解一60年未解世界数学难题”“温州乞丐变身百万富翁”“芦山地震第4天灾区救出一名幸存者”，等等，这些虚假新闻使得媒体的公信力被骤然击碎。当今，民众对各类社会事件的解读，明显充满不信任，都在猜测政府行动或媒体报道背后的真相。

当今社会，最基本的“熟人”信任结构解体，而又未建立一种普遍性的信任结构，处于一种无规则、无信任的状态。吉登斯认为，稳定的社会纽带，比如友情或隐秘的个人关系，是个体对于安全、自我认同、归属等的本体性的需要。❷在个体原子化的现代社会，共同体的解体使得个体之间的信任和联系变得模糊，这种松动的社会关系对于个体的积极功能也在不断衰减。如同迈克尔·奥克肖特所说，现代社会摧毁了“人在共同体的紧密结合中彼此承认的伙伴关系，以及透过集体目标来认同自己的深刻满足。在这一过程中，人逐渐被推向一个既冷酷又充满敌意的世纪。在这其中，彼此相互陌生的人（即占有式个人主义的人）从事着各种交易活动。从此，这样的一个世界凌驾了社群的亲昵与温情”❸。在一个缺乏公平秩序、信任的社会中，无序竞争必然会导致许

❶ 刘能：《怨恨解释、动员结构和理性选择——有关中国都市地区集体行动发生可能性的分析》，《开放时代》，2004年第4期，第60页。

❷ 安东尼·吉登斯：《现代性的后果》，田禾译，译林出版社，2000年，第108页。

❸ Oakeshott. M. On Human Condant［M］. Oxford：Charendon Press. 1975：320.

多问题产生，竞争中受益的只是少数人。因此，公平正义的缺失，信任结构的瓦解，是民众的怨恨在不断滋生、蔓延的又一个重要因素，也是焦虑、紧张、恐惧等不安全感产生的根源之一。

三、社会怨恨的化解与个体安全的维系

既然“阶层结构流动缓慢，社会呈现原子化”“道德价值失范”和“公平正义缺失”是中国社会怨恨产生的根源，也是个体安全弱化的重要根由，那么我们便需要从价值规范、政府建设、社会组织和公民基本权利等方面化解社会怨恨，探讨个体安全的寻求和获得。

（一）倡导核心价值观

中国改革以来，现代化进程所带来的社会结构变迁及相应的社会利益关系的分化重组，在动摇了原有传统道德价值观体系的同时，并没有及时建立起符合现代社会特点的价值体系、道德文化体系。当前社会在趋向于价值多元化的同时，应该积极树立好主导的文化价值观。现代社会是一个多元社会，存在多种文化价值观，我们在尊重多元价值观的同时，应该普遍认同一种主导的文化价值观。这种主导的价值观是社会普遍遵循的基本价值准则，引领和统率着其他处于从属地位的价值观念，各种价值观应能受到核心价值观的引导调节，也是一种社会制度和社会公民普遍遵循的基本原则。社会主义核心价值观应是我们提倡的，应该积极培育和践行社会主义核心价值观，努力实现社会主义核心价值观为人们内化于心、外化于行的成效。这种社会共同性的价值、理想、情操在整个社会的层面也会为个体安全的维持奠定基础，可以说是个体安全的精神保障。

（二）加强法治型政府建设

官员贪腐、滥用权力都是民众最关注且最不满意的社会问题之一，让民众产生负面情绪，甚至引发群体性怨恨。应该积极推进政治体制改革，推进依法行政，建设法治政府，这是促进社会公平正义的基本保证。中国社会最大的伤害源，显然来自于未曾给予有效限制和制衡的权力。❶ 因此，要让公开透明成为政府依法行政的一项基本制度，加强行政监督体系和问责制度建设；大力推进政治改革，逐步建立体现民主和宪政精神的政治体制。这样政府在行使公共行政权力的过程中，才能防止出现官员的腐败、一些政府职能部门间相互推诿和不作为、部分公权力的滥用、一些官员只做表面文章等现象。只有公共权力受到有效监管，全面推进政务公开，官员才能够依法履行好职责，政府和官员的公信力也会提高。同时，政府应出台各种有效的社会保障措施，维护好弱势群体的利益，保证其基本生活条件的满足。在对各种社会资源分配、流动的制度建设上应公平、公正，积极协调好各个社会阶层的利益关系，这样才能化解好社会矛盾，有利于社会心态的和谐。同时个体安全也与社会公正的氛围息息相关，个体在公平合理的社会中获得安全感。

（三）积极培育社会组织

克恩豪塞（William Kornhauser）在《大众社会的政治学》中提出了“原子化”这一概念来描述 1949 年之后的新型社会关系的特征。原子化也

---

❶ 成伯清：《怨恨与承认：一种社会学的探索》，载于《江苏行政学院学报》，2009 年第 5 期，第 64 页。

即“一是个人间社会联系的薄弱，二是在追逐自己的利益时，是以个人而不是以群体的形式行动的”❶。从这个视角来看，“现代社会是个体本位的社会，从工作到消费，从法律到道德，从教育机会、社会福利到社会流动，现代社会的各项正式与非正式的社会制度安排都以‘个人’为执行单位，社会意识也不仅允许而且还在或明确或潜移默化地鼓励个体主动积极地组织安排各自的生活形式。……事实上，在某种意义上，正因为现代社会是个人本位的，故更需要在个体和国家之间形成各种中介团体，以避免社会出现中空”❷。

正是在这一点上，中国社会主义社会中的社会关系表现出与西方资本主义社会的明显差异。在西方资本主义社会中，职业和阶级往往是形成群体性的重要基础。在相同的职业和经济地位的基础上，社会中形成了各种各样的利益群体，人们正是以这种利益群体的形式来追逐自己的利益。而在中国社会中，无论阶级还是职业群体，都不发达。❸ 在当前个体本位的社会，各类利益群体冲突不断，社会怨恨情绪激增的情况下，我们应该积极建立不同利益群体的社会组织，为不同群体成员进行利益诉求提供一个互动平台。

大力发展社会组织，探索公民依托社会组织有序参与社会公共事务的新机制，这样可以提升公民自觉化解心理怨恨与应对社会危机的合作能力。托克维尔在《论美国的民主》中指出：“除了依法以乡、镇、市、县为名建立的常设团体以外的那些根据个人的自愿原则建立和发展的社团在现代社会中有无与伦比的重大作用”❹。大量的各类社会组织的存在，有利于不同阶层、职业群体成员提供利益表达，规避各类风险，为社会提供更多疏通怨恨和利益表达的渠道，并可以广泛建立民间怨恨主客体间的对话机制。社会组织不但是个体表达意愿、增进交往的场所，而且也是个体的利益代言人，因而能够在一定程度上维护个体利益和个体安全。

（四）落实公民基本权利

当前中国社会严重的问题就是政治权利凌驾于公民权利之上，甚至在很多时候政府与民争利。因此在民主与法治建设进程中，要充分保障和落实公民权利，发展和强化公民的普遍而平等的基本权利。作为与在特定的政治共同体中的成员资格即公民身份相联系的权利，公民权利是现代社会平衡社会分化与社会整合、弥合阶层裂隙、化解群际怨恨、维护个体尊严的基本手段。❺ 这种权利是建立在公民身份之上的权利与义务的共识，可以为社会不同阶层公平竞争提供共同的准则；社会底层在追求平等的正当性同时，也给予这种追求以限制和约束。同时，基于共同的规范，在不同阶层之间利益诉求竞争不会被压制，也会让社会成员根据这种权利和义务合理设置自己的欲求，减少不同阶层成员间产生的怨恨和不满情绪，也是维护个体安全的制度保障。

---

❶ 孙立平：《转型与断裂：改革以来中国社会结构的变迁》，清华大学出版社，2004 年版，第 255 页。

❷ 王小章，王志强：《从社区到脱域的共同体：现代性视野下的社区和社区建设》，载于《学术论坛》，2003 年第 6 期，第 43 页。

❸ 孙立平：《转型与断裂：改革以来中国社会结构的变迁》，清华大学出版社，2004 年，第 255 页。

❹ 托克维尔：《论美国的民主：上卷》，董果良译，商务印书馆，1991 年，第 213 – 221 页。

❺ 王小章：《中国式“平民富翁”为何难产》，载于《人民论坛》，2010 年 8 月下旬刊，第 47 页。

结语

弥漫于中国社会的怨恨情感，是社会转型带来的结构失衡造成的。经过 30 多年的市场取向的改革，整个经济生活、社会生活的市场化程度越来越高了。在市场转型的过程中，弱势群体的范围不断扩大，资源却大多积聚在精英手中。在这种两极化的社会结构中，矛盾冲突和怨恨的情绪是不可避免的。只有通过弘扬核心价值观、加大政府治理、保障公民基本权利、加强社会建设等改革措施来消解社会转型所带来的阵痛和怨恨，有效地提高社会安全感，才能培育出理性和平、开放包容的社会心态，实现社会主义和谐社会。

中国东北边疆非法移民问题探析

董　贺*

【摘要】当前背景下，中国东北边疆地区的非法移民问题日趋严峻，在地区、国家乃至国际层面上产生了诸多负面影响。发展差异、主观动因、地理因素、文化推力与体制缺失等因素共同作用，形成了这一地区非法移民问题的产生机制，而民族因素使该地区的非法移民问题更为特殊化和复杂化。为应对这一问题，我国应推动地区、国家、国际力量的互动与整合，在完善政策律法、加强公共治理、提升经济水平、保障社会福利、促进区域合作等方面发挥积极效用，在方针和策略上实现东北边疆非法移民问题的有效治理。

【关键词】中国东北边疆；非法移民；非传统安全；新安全观

伴随世界范围内各领域全球化进程的加快以及全球化趋势下国际贫富差距的扩大，非传统安全问题日益凸显，其中非法移民问题已经成为困扰当今各国的主要难题之一。自20世纪90年代，特别是"9·11"事件以来，非法移民作为一种非传统安全因素对国际社会产生的强大冲击而逐渐受到国际社会的重视。[1] 非法移民问题是世界性的非传统安全问题，其产生和发展具有深刻的国际背景，同时也被深深打上了全球化的烙印，对地区、国家、国际层面的安全与稳定产生了诸多负面影响。在内外多种因素的共同作用下，中国的非法移民问题渐趋严峻，制约着和平发展的整体进程。中国东北边疆地区是东北亚极具地缘战略意义的一部分，是我国对东北亚区域开放的窗口。本文拟将俄罗斯、韩国、朝鲜三国作为主要分析对象，即东北边疆地区非法移民主要移入和移出国，从历史与地缘角度对这一地区非法移民问题的现状及产生机制进行分析与阐释，通过对其非传统安全威胁的评估进一步判断未来发展的趋势，从而提出治理方略，以期对中国东北边疆地区非法移民问题的预防与管理提供有益的建议。

一、中国东北边疆非法移民问题的现状

国际移民组织总干事麦金利在中国移民管理能力建设项目的启动仪式上表示，移民问题由来

---

* 董贺，中国社会科学院世界经济与政治研究所在读博士。

[1] 周聿峨、王显峰：《当代中国的非法移民活动——福建沿海地区非法移民案例分析》，载查道炯主编《中国学者看世界·非传统安全卷》，北京：新世界出版社，2007年版，第283页。

已久，利弊兼有，总体上利大于弊。❶ 伴随着中国与各国之间交往的加深，有越来越多的中国人到国外学习、工作、生活，同时也有越来越多的外国人来到中国，虽然移民群体为移入地的经济发展、移入地与移出地的经济文化交流作出了很大的贡献，但其中不乏一部分人是通过非法渠道进行移民活动的。按照联合国经合组织的定义，非法移民是指旅行、到达、逗留、就业违背国际协议或国家法律的行为。❷ 具体地说，非法移民是指通过非正常途径进行迁移，谋求改变地域身份的移民行为或活动，包括在以下两种情况下居留于所在国境内的外国人与无国籍者：一种是非法入境者，指不按照所在国的法律规定而进入该国国境的人；另一种是非法逾期居留者，指虽然获得合法入境手续，但于所在国的居留超过合法的期限，或其他情况下没有合法身份的人。❸ 非法移民问题之所以成为非传统安全领域的焦点问题，在于其符合非传统安全“由非政治和非军事因素所引发、直接影响甚至威胁本国和别国乃至地区与全球发展、稳定和安全的跨国性问题”❹ 这一基本定义，同时它所带来的影响是国家安全与人的安全的紧密交织，深刻体现出非传统安全理论的核心价值。

由于非法移民的特殊性，政府很难对该地区移入或移出的非法移民数量和情况进行统计，非法移民既不在移入国的政府掌控之下，也不在移出国的了解范围之内，这使得非法移民的数量、分布、流动方向都带有很大程度的不确定性，增加了在宏观上认知其现状的难度。

尽管我国东北边疆地区非法移民的数量是客观存在的，但实际上很难对其进行准确统计。一旦非法入境或出境，则只有那些重新被遣送回国境线的案例具备可查性，那些永久性的非法移民情况不仅难以掌控，且常常与失业人口、社会负担等公共问题交织在一起，造成严重的不良影响。❺ 以中俄之间的非法移民为例，大多数中国移民以到俄罗斯旅游、经商、留学、探亲、打工等为名，以各种方式长期滞留。而于俄罗斯中部逗留的大部分中国人，其最终目的是欧洲，莫斯科则是其中转站和跳板。俄罗斯的非法移民人数不断增加，中国人在其中占有较大的比重，根据历年的数据，在俄罗斯的中国人中，非法移民约占1/5 左右。❻

目前约有近 600 万朝鲜族人生活在朝鲜半岛以外的世界各地，其中有 90% 以上的人口生活在中国、日本、美国和俄罗斯等国，而生活居住在中国的朝鲜族人约占总数的近 40% 。❼ 这其中除了中国朝鲜族人民以及通过合法途径移民到中国的朝鲜族人外，更有一部分是无法计数的非法移民者，他们主要的聚居地便是我国东北边疆地区。根据

---

❶ “中国移民管理能力建设项目启动仪式 20 日在京举行”，中华人民共和国中央人民政府，2008 年 3 月 20 日，http：//www. gov. cn/jrzg/2008 – 03/20/content_ 925129. htm。

❷ Organisation for Economic Co-operation and Development（OECD），http：//www. oecd. org/.

❸ 陆忠伟主编：《非传统安全论》，时事出版社，2003 年版，第 479 – 481 页。

❹ 陆忠伟主编：《非传统安全论》，时事出版社，2003 年版，第 20 页。

❺ ［法］卡特琳娜·维托尔·德文登：《国家边界的开放》，罗定蓉译，社会科学文献出版社，2010 年版，第 45 – 46 页。

❻ 强晓云：《移民对当代中俄关系的影响：非传统安全视角的分析》，时事出版社，2010 年版，153 – 155 页。

❼ 朴婷姬：《中国朝鲜族与在日朝鲜人社会比较研究》，延边大学出版社，2010 年版。

USCRI 提供的数据，直至 2009 年，仍有 11 000名脱北者居于朝鲜境外，其中绝大多数在中国东北地区，成为非法移民。❶ 与此同时，近年来出现了东北边疆地区向韩国的劳工输出浪潮，以吉林省延吉地区的朝鲜族为主，一部分人通过各种渠道进入韩国，从事低层次的工作以求生存。除劳工移民外，婚姻移民也是中朝、中韩间移民的主要形式。婚姻移民部分渠道的非法性与最终结果的合法性使得这一问题更为复杂，其影响也涉及相关国家社会稳定及人权保障。❷ 尽管无法取得东北边疆地区非法移民的准确数据，但根据对以上事实的分析，中国东北边疆地区的非法移民问题呈现以下特征，如图 1 所示。

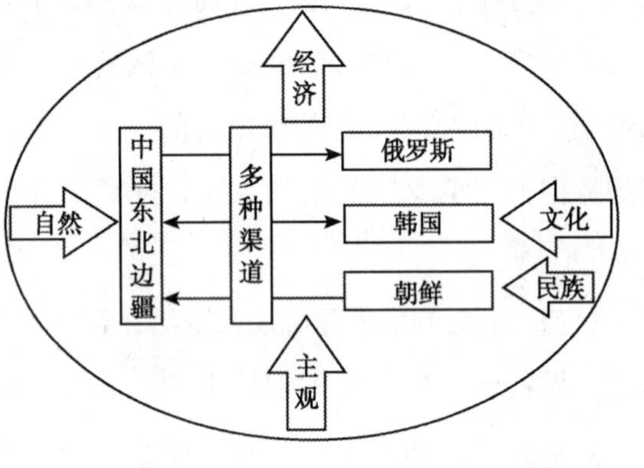

图 1　中国东北边疆非法移民问题的基本特征

第一，目的的复杂性。非法移民问题产生的根源是经济原因，是伴随着全球化浪潮出现的非传统安全问题。因此，经济全球化引起的世界政治经济发展不平衡以及贫富差距成为非法移民的最根本动因。而致使中国东北边疆地区非法移民问题愈加严峻的因素还包括自然环境、生活层次等外力因素，人们非法移民的目的并不仅仅是追求更多的财富，而是由各方面因素综合作用而产生的主观目的。东北边疆地区非法移民群体目的的复杂性从某种角度来看，实质上暴露出相关国家所面临的各种发展困境，而这些问题加剧了非法移民的蔓延。

第二，流向的多元性。从世界范围来看，非法移民的流向大致上依然是以从不发达国家向发达国家为主，呈单向流动。而中国东北边疆地区的非法移民则呈现出单向流动与双向流动并存的特征，具体表现在：中俄之间的非法移民主要以中国流向俄罗斯为主，中朝之间的非法移民主要以朝鲜流向中国为主，而中韩之间的非法移民则表现为双向流动。由于地区的发展水平存在相对性，东北边疆地区既是非法移民的移入地，同时也是非法移民的移出地。

第三，渠道的多样性。近年来，东北边疆地区的非法移民渠道逐渐增加，曾经以非法越境、偷渡等强制性手段为主，而今由于跨国“蛇头组织”的发展以及相关部门的贪污腐败，通过办理合法的劳工、旅行等手续或伪造证件，以实现在目的国非法滞留以求得移民的目的，甚至是以结婚等方式取得他国国籍等渠道成为更加“安全”的非法移民手段。渠道的多样性使得移入国与移出国都很难掌控并解决非法移民问题。

第四，民族的倾向性。与中国东南沿海等地区的非法移民问题相比，东北边疆地区非法移民

❶ World Refugee Survey 2009：China，U. S. Committee for Refugees and Immigrants，http：//www. refugees. org/resources/refugee-warehousing/archived-world-refugee-surveys/2009-wrs-country-updates/china. html.

❷ 全信子：《同源异流的文化情结：中韩国际婚姻中的朝鲜族女性婚姻移民现象探析》，学苑出版社，2012 年版。

问题受民族因素影响很深。以朝鲜族为主要行为体，由于本民族文化的倾向性以及语言的便利性，许多东北边疆地区的朝鲜族人将韩国作为非法移民移入地，而境外朝鲜人也将我国东北地区的朝鲜族聚居地作为非法移民的移入地，这有利于他们更快地适应移入地的生存环境，同时共同的风俗文化也促进了他们与本地人之间的沟通与来往，以获得更好的发展。

以上特征表现出了中国东北边疆地区非法移民问题的复杂性和特殊性，而若要寻求有效的解决方法，须对该地区非法移民问题的现状有更为全面的了解与掌控。

二、中国东北边疆非法移民问题的产生机制

非法移民问题作为非传统安全领域的核心问题之一，其产生机制深刻体现出当今形势下安全理念的深化，国家安全与人的安全的紧密结合，使"'安全'概念扩大成为一个包含'发展'的概念"❶。非法移民现象背后存在着诸多极为复杂的内在因素，而纵观世界各国非法移民问题产生的原因，其深层因素基本一致。首先，通过改变居住地，借此改善生活质量与居住环境，实现自身对于美好生活的向往，这是源自人们内心的，也就是非法移民形成的个人因素。同时，本地区生存压力、社会导向、福利待遇等成为非法移民产生的社会因素；其次，本国本地区经济发展程度、自然环境等与其他国家和地区的差距以及政权更迭、政策法制的改变等因素促使居民非法流向外地；最后，全球化使全球范围内的财富差距进一步拉大，不发达国家与发达国家之间政治、经济、文化等发展水平的差距决定了非法移民的基本流向，而跨国犯罪组织的存在使得非法移民问题更加隐蔽和难以控制。

在以上对非法移民问题基本影响因素分析的基础上，结合中国东北边疆地区非法移民活动的具体情况，将其影响因素最终总结为三部分，即个人及社会因素、国家及地区因素和国际因素。发展差异、主观动因、地理因素、文化推力与体制缺失等影响因素共同作用，形成了这一地区非法移民问题的产生机制。

（一）个人及社会因素

美国社会学家莱因斯坦认为，人口迁移并非完全盲目无序地移动，而是遵循着一定之规。左右人口迁移的动力，是推拉因素作用的结果。"推拉理论"由此而生。此理论认为，"推"和"拉"双重因素，决定了国际移民的存在和发展。❷"推"的因素包括生活水平低下、就业压力、政治变革等，使得人们不得不离开原有居住地；而"拉"的因素则指更好的工作机遇、居住环境等吸引人们进行移民的因素。❸虽然"推拉理论"具有明显的个人主义倾向，将移民这一行为完全看作是人自身对于利弊得失进行权衡选择的结果，忽视了外部因素对于移民行为的外在强制作用，但这一理论突出了个人及社会因素在移民过程中的作用。个人及社会因素是非法移民问题产生的内在推力。

中国东北边疆地区由于疆界较长、邻国较多，

---

❶ ［英］巴里·布赞、［丹］琳娜·汉森：《国际安全研究的演化》，余潇枫译，浙江大学出版社，2011 年版，第 214 页。

❷ 文峰：《欧盟非法移民治理研究》，暨南大学出版社，2012 年版，第 44 页。

❸ G. J. Lewis，*Human Migration：A Geographical Perspective*，London：Groom Helm，1982.

各种文化的融合与冲突在此地区纷繁复杂，因此该地区的非法移民问题呈现出极为复杂的情态，究其内在原因，则需以自然人对于良好生活条件的向往为起点。对更大的发展空间以及更多财富的追求，是大多数非法移民的初衷。尽管非法移民这一过程所需承担风险很大，但仍有许多人在权衡利弊后选择了非法移民。虽然在同一社会环境以及客观条件下，并不是所有人都选择同一条道路，但是当“侨胞”这一群体逐渐扩大，并被社会上大多数人所认同时，他们的财富与地位与日俱增，其“成功”途径也必然为其他人所好奇和效仿。

新经济移民理论所提出的“相对失落感”概念便诠释了人们的这种心理，当贫穷是普遍现象时，人们对目前的低收入能够比较好地接受；但当一部分先富起来时，人们的心理期待会立刻上升。❶尤其当那些于异国他乡立足之后返回家乡的“先行者”进行分享和炫耀时，他们作为比较参照客体，对主体的想法和思维都产生了一定程度的刺激作用。也就是说，在一定的地区范围内，分配越不平均，收入差距越大，相对贫困的感觉就越强烈，也就使得比较主体的移民欲望更加迫切。当正常途径无法实行时，非法移民成为他们的首选出路。

（二）国家及地区因素

历史—结构主义认为，大量劳工移民的产生，根源在于殖民主义、战争和地区间政治、经济的不平衡发展。历史上，为降低生产成本、攫取廉价的劳动力和原料，资本不断从核心国家向边缘国家渗透和扩张，引发边缘国家社会经济、政治结构的剧变。❷历史—结构主义揭示了非法移民的流向问题，尽管存在着片面因素，但仍对非法移民国内及地区因素进行了深刻剖析。

改革开放以来，我国发展速度加快，势头良好，但依然属于发展中国家，工业化水平较为落后，而伴随农村机械化以及劳动生产率的提高和耕地的减少，不论是城市还是农村，都产生了大量的剩余劳动力。同时，我国的经济发展也较不平衡，中国东北边疆地区作为中国工业发展的摇篮，奠定了中国工业化的初步基础。但由于后期国家发展战略的改变，东北地区发展减缓，落后于东南沿海等高度发达地区。根据历史—结构主义与“相对劳动人口过剩”理论，将中国东北边疆地区经济发展现状与前文中所述3个国家进行比对可以得出，中国东北边疆地区是非法移民移入地，同时也是非法移民移出地。流向的双重性决定了该地区非法移民问题的复杂性，也增加了解决问题的难度。

中国东北边疆地区具有特殊的历史移民背景，民族的多样性也对非法移民问题产生了重要的影响。该地区居民以汉族为主，同时生活着俄罗斯族、朝鲜族等少数民族。由于以上少数民族人民与俄罗斯、朝鲜、韩国人民的生活习俗、物质文化和精神文化存在同根性，其民族归属感以及语言沟通的便利性等因素在促进正常移民的同时，也加剧了非法移民问题。

虽然东北边疆地区非法移民问题的存在和发

❶ 徐军华：《非法移民的法律控制问题》，华中科技大学出版社，2007年版，第47页。

❷ 周聿峨、阮征宇：《当代国际移民理论研究的现状与趋势》，《暨南学报》，2003年第2期。

展已经引起了部分相关部门和学者的注意，但实质上对这一问题危害性的认识还不够充分，其打击手段也并不十分得力。部分组织和个人通过伪造证件、收受贿赂、违反相关规定签发证件等行为，部分劳务公司以出口劳务为名通过协助非法移民从中牟利，都对非法移民产生了推波助澜的作用。另外，相关移民政策和法规体系的不足甚至缺失，使得非法移民现象愈演愈烈，难以控制。

（三）国际因素

移民系统理论认为，移民体系中存在着宏观与微观双重结构。宏观指的是世界市场的政治经济状况、国际关系，以及移入与移出国为控制移民与定居所制定的各项法律与制度；微观结构主要指的是移民链，也就是因政治、经济、文化等因素形成的移入国与移出国之间的关系纽带。[1] 移民系统理论强调国际关系、政治经济、国际法等因素对非法移民的影响，强调以国际因素的角度对非法移民产生机制进行研究。

非法移民现象从根本上来说，是人类社会生产力发展、资本原始积累和以经济领域为开端的全球化所引起的。经济全球化加剧了世界范围内政治经济发展不平衡，这成为非法移民的主要动因之一。中国东北边疆地区与俄罗斯、朝鲜、韩国等国的发展水平存在着不同程度上的差距，而差距导致人口的流动，这也就成为该地区非法移民问题出现并发展的重要因素。

从国际因素的角度来看，非法移民问题并不仅仅是属于某一个国家的问题，而是一个世界性问题，因此需要相关国家共同解决。而共同解决需要一个有效的合作机制，需要完善的国际法的指导，而这两项恰恰是目前国际社会非法移民问题解决过程中一直缺失的。由于各国存在着以维护本国利益为导向的移民法，利益上的不兼容使得各国无法建立合理有效的能够被双方所认同的解决机制，因此非法移民问题往往通过强制性手段解决或是根本无法解决只能不了了之，这不仅使得非法移民问题逐渐成为一个世界性难题，更影响了各国之间的友好关系。

各国中介组织以及跨国犯罪集团的存在使得非法移民问题更加严峻。在东北边疆地区与邻国之间，存在着一些隐蔽而势力强大的“蛇头组织”，他们是帮助他人偷越国（边）境的犯罪群体，已经发展成为职业性的、组织精密的国际性犯罪集团。[2]“蛇头组织”的存在，使得非法移民的途径更加多样和隐蔽，危险程度也降低许多。因此“蛇头组织”成为借鼓励并帮助非法移民而牟取暴利的中转站，加剧了非法移民问题的严重性。

通过整体审视个人及社会、国家及地区与国际 3 个层面上的影响因素得出，中国东北边疆非法移民问题的产生机制主要包括发展差异、主观动因、地理因素、文化推力以及体制缺失五方面内容，其根源在于全球化进程中国际社会贫富差距的进一步扩大，其运行过程如图 2 所示。

---

[1] 强晓云：《移民对当代中俄关系的影响：非传统安全视角的分析》，第 8 页。

[2] 林胜：《非法移民产生机制的研究——以福建个案调查为例》，《青年研究》，2002 年第 10 期。

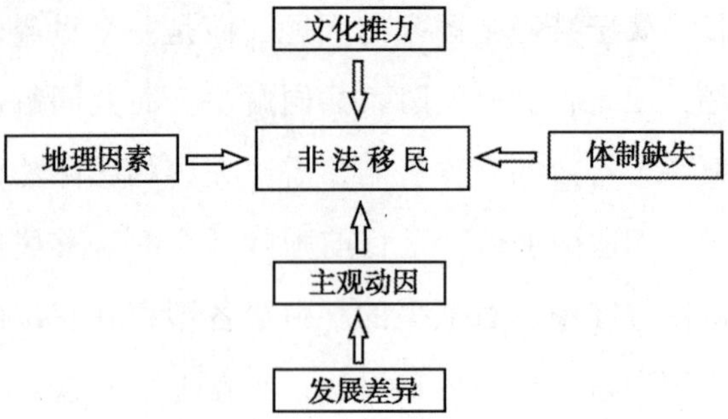

图2 中国东北边疆非法移民问题的产生机制

由于中国东北地区与俄罗斯、韩国、朝鲜等国的部分地区之间存在着发展水平的相对性，导致发展差异的加剧，这为移民主观动因的形成提供了客观条件，同时也决定了其主要流向，即中俄、中韩、中朝之间流向的单一性与双向性。当人们在主观上形成移民的意愿以期实现某种目的的前提下，中国东北边疆与上述三国之间地理条件的便捷、文化融合的推力以及相关移民体制的缺失使得非法移民成为最终选择。这一产生机制基本体现了边疆地区非法移民问题出现的主要原因，具有一定的普遍适用性。但中国东北边疆非法移民问题的特殊性在于这一地区与邻国之间民族的同一性、文化融合带来强大的推力以及通用的语言也使非法移民行为具有极大的便利性。总的来说，相关移民体制的缺失对非法移民问题的产生起到了关键性作用，也使得本地区的非法移民问题长期以来难以掌控，由此形成恶性循环。

三、中国东北边疆非法移民问题的非传统安全威胁评估

非法移民虽然能够补充移入地的劳动力市场，为移入地工业等产业的发展带来新鲜血液，但其负面影响远远超过了非法移民为经济建设所作出的贡献，对地区、国家以及国际关系等方面都产生了极为复杂的不良影响。中国东北边疆地区的非法移民群体虽然对本地区社会发展和民族融合有一定程度的贡献，但从整体来看，非法移民问题目前的发展状况及未来的发展趋势构成了影响东北边疆地区和国家的安全与发展，以至我国与邻国之间的国际关系和东北亚区域的和平与稳定大局的不稳定因素，产生了不同层次、不同程度的负面效应。

（一）非传统安全威胁评估

从地区层面来看，根据适度人口理论，一个地区人口过多，在给当地经济发展带来生产力、注入新活力的同时，其资源环境的承载力以及社会交通、治安等多方面社会问题都会凸现；人口过少自然便于政府管理，人均自然资源、社会福利资源利用机会也多，但无法为当地的经济发展提供生产和消费的动力。[1] 我国东北地区的土地面积占全国总面积的8.22%，根据第六次全国人口普查数据，东北三省总人数为19 513 129人，各省人口占全国人口总数比例均有所下降，人口流失比较严重。[2] 同时，非法移民产生的“黑户”由于不在人口普查的范围之内，使得政府机构对于本地居住人口的具体情况无法完全准确掌握，为其工作带来了很大的困难。东北边疆地区在振兴老东北工业区战略的施行下，对劳动力有着极大的需求，而本地区原有居民由于各种因素向我国东

---

[1] 蒋正华、米红：《人口安全》，浙江大学出版社，2008年版，第16页。

[2] 数据来源：“第六次人口普查数据”，中华人民共和国国家统计局，http：//www.stats.gov.cn/tjsj/pcsj/rkpc/6rp/indexch.htm。

南沿海地区以及国内外各大城市迁移，使得东北地区的劳动力市场存在着较大缺口。如作为中朝边境重要行政区域的龙井、图们、和龙等市、县的人口数量逐年减少，使边境地区出现人口稀少化、农村空巢化等现象。[1] 同时，非法移民流向的双向性催生了东北边疆地区人口情况的不稳定因素（人口结构、人口素质等），这不仅扰乱了该地区的原有经济秩序，更影响了东北地区社会的稳定发展。

资源承载力是一个国家或地区在可预见的时期内，利用该地区的能源及其他自然资源和智力、技术等条件，在保证符合其社会文化准则的物质生活水平下所持续供养的人口数量。[2] 根据对东北地区资源承载力的研究，在多种因素的影响下，东北边疆地区的资源综合承载力处于中等水平，这说明东北地区资源供给对东北地区人口和社会经济发展能够起到一定的保证作用。但其中所指的东北地区的人口不包括由于非法移民迁入或迁出的部分居民，承载人口的不确定性、非法移民浪潮突发的可能性等使得东北地区的资源承载力存在着极大的不稳定性，威胁着本地区的资源安全、人口安全、环境安全等各个方面，使得该地区各种非传统安全问题交织，制约着地区的稳定与发展。

由于东北边疆地区还未建立专门针对非法移民问题的机构，非法移民问题对政府的边境管理和移民管理都是很大的挑战。由于非法移民没有合法身份以及社会保障，其中绝大多数都在从事着低层次低收入的工作，生活环境恶劣，使之极易参与犯罪活动，加剧如黑社会、卖淫等非法活动，扰乱移入地的社会治安。同时，非法移民作为低价劳动力，占据了本地区的劳动力市场，使原有居民失去了部分工作岗位，激化了本地区因就业矛盾而产生对非法移民的仇恨情绪，增加社会的不安定因素。非法移民问题的严重性更体现在与其他犯罪活动结合时，恐怖主义、贩毒、走私等跨国犯罪活动通过非法移民的方式进行，更具隐蔽性，使其解决更具难度。东北边疆地区由于地理因素的特殊性，使得非法移民有了更多借助自然环境进行犯罪活动的机会，此类犯罪活动的跨国性不仅难以掌控，更难以寻求有效的解决机制。

从国家层面来说，伴随着全球化时代的到来，安全的重心发生了巨大的变化。社会安全与人的安全问题愈发凸显，国家安全的保证并非是社会安全的保证，社会安全与人的安全在某些时刻置于国家安全之前。个人的安全在实质上从属于国家和国际体系这些更高层次的政治结构，国家能够对其产生积极或消极的影响，同时个人寻求安全的行为也会对国家安全产生各种影响。[3] 当非传统安全问题产生或爆发时，安全问题已经不仅仅限于安全问题，而是成为一种社会问题抑或政治问题。安全的指数能够反映出国家力量的水平，社会安全与人的安全程度与社会进步之间存在着

---

[1] 余潇枫主编：《非传统安全蓝皮书：中国非传统安全研究报告（2011～2012）》，社会科学文献出版社，2012 年版，第 157 页。

[2] UNESCO&FAO，Carrying Capacity Assessment with a Pilot Study of Ken Ya：A Resourses Accounting Methodology for Exploring National Options for Sustainable Development，Paris and Rome，1985.

[3] ［英］巴里·布赞：《人、国家与恐惧》，闫健、李剑译，中央编译出版社，2009 年版，第 57 页。

正相关的关系。因此，只有当国家主权真正保障主权之内的人权，国家安全真正落实到人的安全时，安全才能实现其本质的意义。❶

东北边疆地区非法移民问题的存在，为西方国家提供了揣测与攻击我国的机会。西方某些国家对我国非法移民情况大肆渲染，诋毁我国的政治体制和人权政策。此外，更有一些言论针对朝鲜向东北地区的非法移民以及东北地区向俄罗斯的非法移民，污蔑我国在实现大国地位后，利用此种手段向他国进行扩张，企图控制他国。而对于东北地区向外流出的非法移民情况的歪曲报道，更玷污了中国和中国民众的形象。而人权问题则是西方国家近年来攻击我国的主要手段之一，通过对我国保障人权情况的质疑，进而认为我国是所谓的专政国家，忽略我国民主法治的社会性质，影响了我国大国形象的树立以及和平发展的进程。

在非法移民过程中，当我国作为非法移民的移出国时，也就是东北地区的剩余劳动力通过非法手段移民到俄罗斯或韩国时，尽管非法移民者缓解了移出地的就业压力，并能够在某种情况下引入别国的技术、经验等有利条件，但损害了我国的国际形象，并产生一系列间接影响，如影响俄罗斯和韩国华侨的处境和发展，影响我国与两国正常的经贸往来，激化国家之间的边境矛盾等，从而影响了我国的政治经济发展。同时，跨国居住的少数民族群众存在身份问题的双重作用，表现在语言、国籍以及亲属关系等多个方面，成为影响跨国国家安全的因素之一。❷ 非法移民问题实质上涉及社会安全以及人的安全问题，而从更深的层次来看，非法移民问题可能转化为政治问题，影响国家安全，因此必须予以高度重视。

在国际关系层面上，通过分析我国东北边疆地区与俄罗斯、朝鲜、韩国之间非法移民问题的基本状况可以得出，非法移民问题在中俄、中朝、中韩关系中都有着一定的影响，以上三国不论是作为非法移民移入国或是移出国，其对非法移民在本国国家安全方面影响的主观评估以及对其采取的政策和措施都直接关系到与中国之间的关系，进而影响东北亚地区的和平与发展。

随着中国移民数量在俄罗斯的增加，俄各界人士普遍认为中国移民与俄罗斯的国家安全相关。而非法移民作为移民大军中隐性的一部分，使得部分俄罗斯民众对中国移民现象产生了许多偏见与误解，认为中国移民对俄罗斯的国家安全产生了威胁。某些政客甚至认为中国正在利用移民等手段蚕食俄罗斯领土。这些观念上的偏见和误解致使许多俄罗斯民众对中国产生恐慌心理和敌视情绪，对俄罗斯本国的政治产生了很大的舆论影响，阻碍中俄关系的发展。尽管近年来俄罗斯政府逐渐改变认识并实施了一系列新的移民法规，但非法移民问题在中俄关系中的阴影仍未消除。

朝核危机威胁着东北亚地区乃至全世界的安全，朝鲜由于其国家的特殊性始终是各国关注的焦点。由于一系列历史地缘因素和政治文化因素，中朝之间保持着睦邻友好的国家关系。但由于朝鲜政治体制以及社会环境等原因，存在着大量流向中国东北边疆地区的非法移民，他们通过非法

❶ 傅勇：《非传统安全与中国》，上海人民出版社，2007 年版，第 101－103 页。
❷ 余潇枫主编：《非传统安全蓝皮书：中国非传统安全研究报告（2011～2012）》，社会科学文献出版社，第 160 页。

越境或被跨国犯罪集团拐卖来到中国，其中妇女、儿童占很大比重。尽管朝鲜将非法移民视为叛国行为，处罚措施极为严苛，但仍不能杜绝非法移民现象。中朝之间由于非法移民问题产生了许多分歧和矛盾，极不利于中朝睦邻友好关系的发展。

中韩之间的非法移民问题存在自身的复杂之处，流向的双向性使得两国同时作为移入国和移出国，双方都难以将其划归为本国或他国问题。中韩之间存在着经济和劳动力上的互补性，但由于韩国是美国在东北亚地区的亲密伙伴，其立场基本与美国保持一致，因此中韩之间的非法移民问题除两国固有矛盾以外，更掺杂了美国大国强权的影响。非法移民问题因而成为中韩关系的绊脚石。

通过对中国东北边疆非法移民问题各层面影响的分析得出，中俄、中韩、中朝之间存在着较为严峻的非法移民问题，对地区、国家以及国际安全形成了一定的威胁。由于该地区与相关国家之间的非法移民问题在统一之中各有不同，对其威胁的评估需要建立在对国别进行区分的基础上，对其具体流向、发展趋势、外溢效应以及突发因素等方面进行整体考量，如表3所示。

由表3可见，不同国别之间的非法移民问题在具体流向、发展趋势、外溢效应与突发因素等方面均有所不同，在多种影响因素的作用下，在中国东北边疆出现的中俄、中韩、中朝非法移民问题呈现特殊性，其带来的威胁也表现出程度与重点的不同。中俄之间的非法移民主要由中国流向俄罗斯，由于中俄两国近年来针对该问题进行的一系列有效措施，两国间的非法移民呈下降趋势。其所带来的外溢效应影响着东北边疆的人口安全，同时也带来跨国犯罪、走私贩毒等非传统安全威胁。中韩之间的非法移民流向呈双向性，一直以来较为平缓，非法移民问题对东北边疆的人口安全以及我国的信息安全带来很大的威胁。中朝之间的非法移民主要从朝鲜流向中国，特别是东北边疆地区，这一群体仍然保持上升趋势，威胁着该地区的人口安全、资源安全、粮食安全等。由于朝鲜的国家政策和发展战略具有不透明性与不确定性，在朝核危机背景下，存在战争、饥荒等状况突发的可能，易引发东北边疆非法移民问题的进一步恶化。

表3　中国东北边疆非法移民问题威胁评估

国别	具体流向	发展趋势	外溢效应	突发因素
中俄	中→→俄	下降	人口安全、跨国犯罪、走私贩毒等	—
中韩	中←→韩	平缓	人口安全、信息安全、跨国犯罪、走私贩毒等	—
中朝	中←←朝	上升	人口安全、资源安全、粮食安全、跨国犯罪、走私贩毒等	战争或饥荒等

在这种情况下，虽然非法移民问题导致相关国家之间矛盾不断，但从另一角度来看，问题的紧迫性更能够促使两国寻求共同解决问题的方法，共同承担责任和后果，在互谅的基础上进行有效合作。

（二）未来发展趋势

从非法移民问题的根源来看，只要各国之间依然存在差距，存在着政治经济的不平衡，非法移民问题就无法真正得到遏制。而就目前的形势来看，根本改变全世界范围内的政治经济格局在未来相当长的一段时期内并无太大可能，发达国家与不发达国家之间的差距还在不断拉大，而不发达国家的不平衡发展也给本国带来了资源、环境、人口方面的一系列问题，这使得非法移民问题难以禁止，甚至有愈演愈烈的可能。加之当地区安全发生不稳定情况时，如出现自然灾害、政治变革等情况，非法移民问题可能出现与稳定时期不同的态势。

我国近年来经济发展极为迅速，在国际金融危机背景下逆势而起，跃居世界前列，同时积极树立负责任的大国形象，以求得政治经济的全面发展。东北边疆地区在我国具有重要的社会、经济地位，是我国改革开放时期重要的工业基地。但伴随国家经济体制改革的不断深入，受体制转换和经济发展制度环境等因素的影响，东北边疆地区的经济地位有所下降。与其他地区相比，东北地区经济增长缓慢，陷入了经济发展的困境。自东北老工业基地振兴战略施行后，东北边疆地区经济逐渐好转，城市经济发展加快，一些城市的GDP在近十年来增长几倍到十几倍不等，尽管与东部其他城市相比仍然有一定的差距，但该地区呈现出了良好的发展势头。❶

在这样的发展背景下，东北边疆地区由于自身发展的不平衡，以及与俄罗斯、朝鲜、韩国之间发展的差距和互补性，作为非法移民移入地和移出地，其内在的流动方式可能会出现一些新的变化。东北边疆地区利用后发优势，优化发展战略和产业政策，由于工业的复兴，需要大量的廉价劳动力，因此对非法移民产生了隐蔽性的需求，有需求便有供应，该地区便可能成为非法移民的重点目标，非法移民问题可能随之屡禁不止。而移民的流入给本地区带来了严重的压力，劳动力市场、就业市场负荷大，本地区的劳动力受到更廉价劳动力的排挤，产生了更多的失业人口。同时由于大多数非法移民素质较低，生活条件较差，很容易误入歧途，对移入地的社会安全易产生不良影响。在非法移民网络发展的过程中，其移民模式也会更加复杂，不仅影响移入国的安全与发展，更制约移出国的发展前景，将会对国家主权产生更大的挑战和威胁，各国政府在这一问题面前更显无力。由此导致的恶性循环，倘若政府不能及时采取措施进行制止，则可能会致使问题更加严重。

不容忽视的是，当地区安全和周边大环境出现不稳定因素时，会对非法移民问题产生极大的影响，这一情况存在以下两种可能。第一种可能是，当自然灾害、资源承载力下降、社会动乱等情况出现时，该地区将有更多人选择移民，这种被动性移民带有强制性特点，此时非法移民问题与难民问题纠结在一起，之间相互联系也相互区别，对于政府和国家来说，此类社会危机会导致严重的政治危机，因此强有力的公共治理能力和应对危机能力是政府应对非传统安全问题的首要武器。第二种可能是，东北边疆地区作为我国向东北亚开放的窗口，对于东北亚地区安全的不稳定性十分敏感。东北亚地区当前所面临的最严峻的问题是朝核问题，朝鲜半岛的安全与发展对于我国和我国东北边疆地区都有着重大关切。一旦朝鲜半岛出现核危机，将会产生大量移民，在合

---

❶ 陈英姿：《中国东北地区资源承载力研究》，长春：长春出版社，2010年版，第60页。

法途径无法取得的情况下，便会发展为非法移民。他们由于对自身安全的考虑不得不背井离乡，选择其他国家和地区作为居住地，而东北边疆地区则作为首选成为他们的非法移入地。大量移民的涌入会使这一地区的整个发展结构都产生一定程度的动荡，这要求政府与社会必须居安思危，做好应对此类危机的准备。

四、中国东北边疆非法移民问题的治理方略

自古以来，尚志贵谋、慎战节武终是中国国防观念的总体特征，在国家安全方面，中国人表现为“宽大和合”的安全思维。[❶] 不同历史时期提出的和平共处五项原则和“新安全观”“和谐世界”理念都体现出“和合主义”的理论特点，即超越传统国家中心主义的价值立场，强调认同和合作对于国家安全和国际安全的重要作用。非法移民问题给中国的国家和地区安全带来了新的挑战，如何应对非法移民问题，如何承担和平崛起大国的责任，对于中国政府和社会来说都是严峻的考验。东北边疆地区非法移民问题的应对，必然依靠政府、市场、非政府组织、公民社会等方面力量之间的通力合作。

因此，要消除东北边疆非法移民现象及其带来的不良影响，须在对以上各方面进行深刻认识的基础上，提出合理的治理方略，通过多方面的努力最终实现目标的达成。

（一）完善政策律法

面对非法移民问题，虽然各国和国际组织都采取了一系列控制非法移民的立法和执法措施并取得了一定的进展，但针对非法移民问题的法律控制还存在着一些漏洞和缺失。中国作为发展中国家，面对的非法移民形势相对其他发达国家来说比较缓和，这导致国家和地区政府对于非法移民的法律控制略显不足和无力。因此，在解决东北边疆非法移民问题上，完善国家和地区的相关政策法规和出入境管理机制显得十分必要。

目前，我国还没有制定一部完善的移民法，针对非法移民的相关规定只存在于刑法和出入境管理的行政法规当中。“法律的完善必须走法典化的道路”，只有立法上完善，非法移民问题的解决才有法可依。因此，借鉴一些发达国家的移民法律，结合现有刑法和出入境管理法，尽早制定一部适合中国国情、具有中国特色的移民法势在必行。此外，应积极发挥中国移民管理能力建设项目的积极效用，通过开展移民政策分析与研究，进行法律与政策审查，对负责私营就业、招聘机构注册登记工作的执法部门展开能力建设，展开宣传活动，并从供给与需求角度加强移民治理等方面促进政府移民管理能力的提升。[❷] 同时，在此基础上应从以下几个方面对非法移民问题管理机制进行完善：第一，应当根据现有发展状况，对非法移民的类型和手段等进行全面说明，以确实的法规规制非法移民行为；第二，重视非法移民同时涉及的其他违法犯罪行为，制定针对此种情形的惩治措施；第三，制定对收容、雇佣非法移民等行为的限制手段和惩治措施；第四，大力打

---

❶ 余潇枫，潘一禾，王江丽：《非传统安全概论》，浙江人民出版社，2006 年版，第 355 页。

❷ “中国移民管理能力建设项目”，International Labour Organization，http：//www. ilo. org/beijing/what-we-do/projects/WCMS_ 141734/lang－zh/index. htm。

击跨国犯罪集团和中介组织，制定相关法规对其进行管理；第五，加重对执法人员、公职人员等贪污腐败行为的惩治；第五，提高管理效率，发展高科技手段对出入境实行严格管理。

2012年通过的《中华人民共和国出境入境管理法》对中国公民出境及外国公民入境等行为的界定标准、处理措施及相关依据做出了详细明确的规定，为东北边疆地区非法移民问题的应对提供了法律基础。❶ 在对非法移民问题进行合理解决的同时，应当积极拓宽合法出入境渠道，保障正常合法的移民流动，使我国与其他国家之间能够更好地进行政治、经济、文化交流，促进人口的合法有序流动，减少非法移民现象的发生。

（二）加强公共治理

在非法移民问题的成因中，通过对个人及社会因素的探析得出，个人的主观意志对于非法移民活动起着最终决定作用。由于对发达地区充满向往，对自身行为非法性认识不足或存在着侥幸心理，经"蛇头组织"的蛊惑和怂恿，在其他非法移民者的带动下，许多人踏上了非法移民之路。非法移民问题作为"危机时代"一项非传统安全问题，公共危机治理在其解决过程中能够起到十分有效的作用。

在危机治理中，政府是"直接负责人"，也是危机治理的第一决策者。面对危机，需要政府进行社会动员，调动所有可以利用的社会力量进行治理。在非法移民治理过程中，政府应当建立有效的针对非法移民问题的机制，东北边疆地区应当成立地方移民局，对该地区的非法移民问题及时掌握和解决。同时，政府要对大众媒体和民众实行正确的导向作用，有效利用传媒力量，宣传非法移民的危害，消除民众思想上的错误认识；而大众媒体在这一过程中发挥着不可或缺的"协理"作用，甚至是"第二决策者"作用，在政府的导向下，报纸、网络、电视等各种媒介通过宣传非法移民问题的负面影响和严重后果，对大众起到教育和警示的作用；民众包括社会各界的力量，民众的响应体现了危机治理的有效性，一系列公民社会网络几乎覆盖了社会整体，政府通过对非法移民集中地区的公民的法制宣传，增强其法制观念和法制意识，从根本上改变非法移民者的思想土壤。❷ 通过"政府主导、社会参与、民众响应"的过程，制约非法移民问题产生机制中个人及社会因素的滋生，从而消除非法移民现象的产生。

同时，本地区非法移民问题的解决应当发挥国际治理的积极作用，众多超国家和次国家的跨国组织在非法移民过程中能够为国家与地区之间的交流和合作提供平台，更能够促进针对非法移民问题的国际合作机制的形成与稳定，而民间跨国组织更能成为一股强大暗流加速非法移民问题的进一步解决。

（三）提升经济水平

经济因素是非法移民产生的最根本原因。虽然贫富差距并不必然导致非法移民的产生，但从非法移民的流向看，从不发达国家流向发

---

❶ 《中华人民共和国出境入境管理法》，中华人民共和国公安部网站，2012年7月1日，http：//www. mps. gov. cn/n16/n1282/n3493/n3778/n492788/3314375. html。

❷ 参见余潇枫：《非传统安全与公共危机治理》，浙江大学出版社，2007年版，第51页。

达国家是其主流，这说明经济发达国家与经济落后国家之间巨大的劳动力价格差距是吸引非法移民的主要原因。因此，发展经济，提升国家和地区的经济力量，是解决非法移民问题的最根本措施。

东北边疆地区目前处于经济上升阶段，在国家发展战略的带动下，该地区经济发展处于迅速升温的势头。但由于经济基础较为薄弱，经济结构亟待完善，东北边疆地区仍需要很长一段时期才能与其他发达地区齐头并进。因此，在采取各项措施限制和打击非法移民的同时，东北地区应当大力发展经济，缩小与发达地区的差距，才能从根本上解决非法移民问题。

首先，全面贯彻东北地区振兴计划，大力发展装备制造业、石油化工业、冶金工业、船舶制造业、汽车制造业、高新技术产业、农产品加工业等骨干企业，复兴东北老工业基地。

其次，发展循环经济，有效利用资源、能源，保护环境，提高原油、木材、商品粮等资源的利用率，以区域为整体整合资源，加强区域内资源环境的优化配置。

最后，调整东北地区产业结构，推进经济增长方式从粗放型向集约型转变，延长农业产业链条，通过技术手段实现产业结构升级。❶

（四）保障社会福利

人的安全是非传统安全理念的核心。非法移民问题之所以愈演愈烈，与人们对于自身生存环境的不满与良好生活条件的向往呈正相关。中国东北边疆地区作为非法移民的移入和移出地，应在保障社会福利方面加强力度，提升本国公民福利待遇水平的同时，也要对非法移出本地的本国公民进行合理化管理，对由他国移入本地的非法移民进行妥善处理，保障其合法权益。

通过对非法移民现状的分析得出，其主体多为挣扎于社会底层、生存环境低劣的社会群体，在无法取得合法移民资格的情况下，选择通过非法途径进行移民，希望以此获得更好的生活条件。非法移民的过程一般极为艰辛，即便在移入国成功居留，仍可能处于极度的困顿之中。以朝鲜非法移入中国的人为例，为取得合法身份，多数人需要付出相当大的代价，此后仍面临被举报而被遣返回国遭受严重处罚的可能。

我国东北边疆地区非法移民具有移入与移出两种流向，为防止本国居民的非法移出，该地区应从根本上解决对象群体的福利待遇问题，在教育、医疗、就业等方面为其提供更为完善的服务，改善其生存境况；对于非法移出本地的本国公民，应在彻底核实其身份的前提下，对其进行合理化管理，避免由此产生对人权、国家间关系的负面效应；同时，应妥善处理非法移入本地的他国公民，保障其合法权益，与相关国家积极合作，共同应对跨国非法移民问题。

（五）促进区域合作

由于非法移民问题具有跨国性和全球性特征，并非一国力量能够解决，国际社会已经形成了双边、区域以及多边合作机制以应对非法移民问题的挑战，尽管在各自范围内取得了一定进展，但就中国东北边疆地区目前所面临的非法移民情况

❶ 参见陈英姿：《中国东北地区资源承载力研究》，第 138 – 139 页。

来看，当前的合作机制若要行之有效，仍需要进行改善和优化。也就是说，要在已有的合作机制的基础上，对其进行进一步的协调和发展。我国历来主张通过加强国际合作打击日益蔓延的非法移民活动。

首先，需要建立完善的国际法律体系。当前对控制非法移民具有广泛作用的国际条约包括1957年的《有关偷渡者的国际公约》、2000年的《公约》和《偷运移民议定书》。[1] 对于其中年代过久不适应当前发展形势的国际条约要从各方面进行修缮。同时，由于国际公约无法一一涵盖各国具体情况，国家之间以及区域之间应在共同认识的基础上针对非法移民问题制定适应本地区现状的国际条约，以解决非法移民问题。

其次，促进双边、区域、多边国际合作机制的协调和发展。区域商讨的进行有益于进一步实现相关国家公民更好的生存条件与更自由的跨国流动。[2] 在东北亚范围内，可以发挥上海合作组织等现有合作机制的效用，同时推动非法移民问题合作机制的建立。在与俄罗斯、朝鲜、韩国等国家通力合作的基础上，通过协商和谈判建立稳定的合作机制，协调和发展彼此之间的政策和法规。

第三，发挥既有国际组织的作用。在控制非法移民的国际合作中，应当加强联合国、国际移民组织等国际组织的作用。在国际组织体制内，加强各国之间的认同和合作，共同促进国际法的完善和实施，进而更加有力地解决非法移民问题。

结语

中国东北边疆地区非法移民问题由来已久，形势日益严峻，通过对这一课题的探析得出，只要地区间政治经济发展不平衡导致的贫富差距依然存在，非法移民就不会消失。因此，推动国际政治经济新秩序朝着更加公正、合理的方向发展，促进各国的共同发展，才能彻底消除非法移民问题产生的根源。非法移民问题并非一国力量能够解决，必须依靠各国共同合作。我国一贯倡导新安全观以解决非传统安全问题，新安全观是和平共处五项原则在新形势下的发展，主张以和合主义为主导，促进合作，与各国一同建立和谐世界。面对非法移民问题，我国应坚持承担大国责任，从人类发展的长远利益和共同利益出发，以遵从国际法为基本原则，促进双边和多边合作机制的建立，通过真诚而有效的合作使非法移民问题得到妥善解决。

---

[1] 徐军华：《非法移民的法律控制问题》，第247页。

[2] ［瑞士］安托万·佩库，［荷］保罗·德·古赫特奈尔，编：《无国界移民：论人口的自由流动》，武云译，南京：译林出版社，2011年版，第213页。

非传统安全管理初探

非传统安全危机：传播与信息控制

——以松花江水污染事件为例

李　若*

【摘要】非传统安全是指一切免于由非军事武力所造成的生存性威胁的自由。近年来，随着公共突发性事件的频发，政府在处理公共危机事件过程中存在着许多的问题，尤其是对于信息的控制和公开。本文试图从松花江事件切入，站在非传统安全的视角去理解危机传播过程中信息控制所带来的危机，以期为政府处理类似问题提供一些建议。

【关键词】非传统安全；危机传播；信息控制

2005年11月13日，中石油吉林石化公司双苯厂发生爆炸，顺着松花江而汇入黑龙江的“水污染团”影响到了水质，进而可能危害民众的身体健康。面对突发的公共危机，哈尔滨政府一度采取了信息控制的手段以安定人心、维护社会稳定。然而事与愿违，过度的信息控制不但没能实现社会稳定，反而引起了大面积的社会恐慌，部分民众甚至采取了非理性的行动以回应政府信息不公开的行为。

一、信息控制的特征

所谓信息控制，是指信息发布者通过各种有意的行为，如控制信息源、扭曲信息传播路径等手段而向信息接收者隐瞒或者误传信息，强行达成社会大众对社会生活或某一具体社会现象的一致性看法。❶ 信息控制普遍存在于社会的方方面面，而本文所要探讨的信息控制特指各级政府或公共组织在面对公共危机时，向民众采取扭曲或者隐瞒信息的方式，以达到自己的政策目标。

（一）合理性基础——政府权威

人不仅是“经济人”“社会人”，更是“信息人”❷，社会个体都有获取信息的本能需求；而与此同时，法律规定民众具备信息知情权，即法律认可并赋予民众作为自然人和社会人对于信息获取的合法性。然而无论是明里或者暗里，执政当局及各级地方政府却一直未能避免使用信息控制手段以达到政策目标，而笔者认为，当信息控制

* 李若：浙江大学公共管理学院行政管理2012级硕士研究生。

❶ 费爱华：《广告话语霸权的生成机制研究》，载于《南京师大学报》（社会科学版），2009年第6期。

❷ 余潇枫：《“信息人”假说的当代建构》，载于《学术月刊》，2007年第2期。

作为手段的不合法性却合理性存在的基础是政府权威。我国长期的家长式执政模式，帮助政府树立家长权威，而民众也习惯性地服从其权威。然而，随着社会转型，民众与政府之间所固有的信任关系正在逐步解构，并建构新的关系模式以适应新的社会形势。任何的信息控制若处理不当，极容易触动民众的敏感点，危及民众与政府间的信任关系。

（二）形成基础——温和性暴力

政府在资源分配上占有绝对性的权威，当其产生控制信息的需求时，政府可以通过控制媒体以从源头上控制信息散播；同时辅助各类传播途径将筛选过的可供民众熟知的信息，通过大规模、长时间的“轰炸”，以强行形成民众对于某一问题的一致性意见。通过这种模式，即信息一致性的传播，民众的判断力将会受到干扰并在一定程度上散失判别能力。

（三）暴露后果——蔓延性及不可预期性

信息控制作为政府执政行为的一种手段，其动机有“善”“恶”之分，然民众多不会分析其动机，故而当所控制的信息被揭露并广为传播时，其后果往往是难以估计的。尤其对于一些本就有情绪的民众而言，面对政府的不诚信，其情绪往往会积累并联想其过往的不满一并发泄，此时若不能找到一个出气口以消解民怨，其后果将难以预计。

二、信息控制：非传统安全危机的诱因

松花江水污染事件爆发后，当地政府迅速介入，并协同有关责任人共同阻止事件的进一步扩展。不可否认，该生态危机很快便得到了控制。然而，随着时间的推移，在哈尔滨市还是出现了大规模的社会动荡以及民众恐慌。笔者认为后续的“民众信任危机”的直接诱因不再是“水质污染”，而源于信息不透明。政府对于信息的善意控制侵犯了民众的知情权，致使民众猜想并放大原有的危机，做出非理智的行为。在该事件中，若不是市政府及时醒悟，采取弥补措施，其后果将难以预测。

面对当今复杂国情，信息控制作为一种行政手段是难以避免的，运用得当可以帮助其高效完成政策目标；运用不当将会诱发民众的不满情绪并使得原有危机扩大，故而合理恰当运用信息控制是值得研究的，而艺术性地处理因信息控制而引发的“民众信任危机”更应研究。

三、非传统安全视角下的信息控制

信息控制不仅是诱发非传统安全的因素，其本身也是非传统安全的一种类别。非传统安全的主体是国家行为体和非国家行为体，其更多的是将“人”和“社会”视为安全主体和实现安全的目的。[1] 而信息控制本身可以理解为是一个群体性事件，虽然信息控制的操纵者多为组织，但是信息控制对象涉及群体甚至全社会民众，故而信息控制的“安全”由群体及群体中的个人感知。

在“松花江水污染”事件爆发之初，虽然哈尔滨市政府极力试图阻止水源遭受污染，可水源依旧遭受到了污染。为了预防群众的健康遭受损

[1] 余潇枫，潘一禾，王江丽：《非传统安全概论》，浙江人民出版社，2006年版，第54页。

害并同时避免社会恐慌，哈尔滨市政府选择控制相关信息。此时，所有民众都成为了信息控制的对象。

（一）安全价值中心维度——国民生存状态与人权

非传统安全的价值中心已从传统的维护领土完整和主权独立转移到保障国民生存状态以及落实国民的人权。进入信息化时代后，民众获取信息的渠道变得畅通，其权力意识也得到了极大的改善。然而，信息控制手段的出现干扰了民众信息获取的准确性和真实性。

在“松花江水污染”事件爆发之后，政府首要关注的是维稳问题。虽然哈政发法字〔2005〕25号文件的出发点在于防止民众饮用已被污染的水源，然而其采取了不当的手段，忽视了民众的知情权。

（二）安全态势维度——短期不可预见性

较之传统安全，非传统安全的预期发展态势具有短期不可预测的特征。其从以往的狭义安全观转向广义安全观，内含主体及安全内容有所扩大。由于当前社会信息流通渠道的多样化，信息控制的后果具有不可预测性，如果所控制的信息败露，往往会造成难以估量的后果。

在“松花江水污染事件中”，哈政发法字〔2005〕25号文件的出台并没有使民众接受并相信停水的原因就是文件里所提及的是因为“市政府对供水管网设施进行全面检修”，一时间社会中散播着各种关于停水的传言，人们陷入了恐慌，各种超市的饮料被一抢而空，更有甚者还迁移出了黑龙江，从而造成了大规模的交通堵塞。由此可想而知，如果没有政府的后续行为，单单因为政府对于“水污染”的信息控制所造成的后果就难以估计且有着恶性蔓延的态势。

（三）安全的重心维度——人的安全、社会的安全和国家的安全

非传统安全以人的安全为基、以社会的安全为本，突破了传统安全的国家安全本位❶，而信息控制的矛盾点正是损害到了人的安全感，进而造成了社会的不安定。

哈政发法字〔2005〕25号文件出台后，其与民众的预期不相吻合，再加之社会传言颇多，面对错综复杂的信息来源，民众失去鉴别能力，信息获取的不真切感直接造成了民众的不安全感，进而引发了社会的不安定。

（四）威胁应对维度——以合作共治为主

管理控制模式是政府应对社会问题的主要手段，如利用各种政策法规以控制威胁来源，而信息控制所造成的威胁不能单单靠管理控制来解决、信息控制是一种双向的行为，一旦危机产生，其不能通过干涉每一个人的行动而改变其对于某一事件的观念和看法。当所控制的信息曝光后，势必会造成民众的怨恨情绪，此时若不能进行良好的互动，让民众参与共治，将难以重获民众的信任。

四、应对信息控制危机的应急治理结构

信息控制安全治理按照安全问题生命周期分

❶ 余潇枫，潘一禾，王江丽：《非传统安全概论》，浙江人民出版社，2006年版，第55页。

为事前、事发、事中和事后4个阶段分别进行讨论。应对由信息控制所带来的危机，应当首先树立正确的理念，充分尊重民众的信息知情权，尽可能地向民众公开所有的信息。但面对非可控因素而不得不隐瞒信息甚至扭曲信息，进而造成公共危机时，应当及时调整政策目标，让民众参与互动，以妥善化解危机。

（一）事发和事中的“去安全化”治理

为了妥善地处理信息控制危机，实现“去安全化”目标，降低民众对于政府的不信任感，重新树立民众与政府之间的信任关系，应当从以下几方面着手努力。

1. 公开信息

虽然危机的真正源头多归结为某一具体时间的发生，然而民众最后的情绪归结点往往是对于信息隐瞒的愤怒以及由此而来的恐慌。故而，为了安稳民心以期获取一个稳定的社会环境，危机爆发之后首要做的就是通过官方途径公布全面、准确的信息，以便让民众参与跟进事件的发展，为政府树立一个正面的形象。

2. 加大专项行政投入

信息控制的出发点往往是政府难以有效处理预期外的突发性事件，故而在危机爆发后，为了留住民众的信任，务必要争取在短期内处理好危机，而专项的投入以及更多的行政执行不仅可以推进事件的处理进程，也可以向民众传递正面的信息。

（二）事后反思及形象重塑

公共危机的结束往往不意味着信息传播危机的结束。当某一具体危机过去后，正是民众重新反思政府行为的契机。此时若不采取相应措施应对，民众与政府之间的信任感将会降低甚至破灭，进而影响政府的执政权威。故而，事后采取一些措施补救是十分必要的。

1. 公开答疑，争取谅解

当危机过后，即使政府保障了全体民众的利益，却依旧难以平息民众的情绪，大部分的民众都会在危机后反思政府的处事模式，即使不会在短期内凝聚成大规模的网络舆论，但是在未来当新一轮的危机爆发后，很容易让民众产生联系，故而加大下一次危机处理的难度。面对该种情况，让事件的主要负责人面对公众的质疑，通过诚挚的表态以争取最大程度的谅解，再辅助媒体的宣传，可谓是一条明路。

2. 加强法律和制度建设

反思当前的制度设计，我国还缺乏具备针对性的组织以应对公共危机事件，随着社会的日益复杂化，如何应对因变化而产生的危机已经成为一个重大的课题。然而，如果没有对应的组织支撑，没有经费支持以及政策导引，现有的体制设计是难以抵抗不可预计的危机的。

结语

因信息处理不当所引发的危机不是个案，各个省市甚至各个乡镇政府几乎都要面对这样的问题。不得不承认每一次因为信息不透明而引发的危机在爆发之初都会激起民愤，虽然事后都可以被压制下去，但是笔者认为民众的情绪是会积累的，一旦爆发大规模的类似危机，民众被压抑的情绪就会爆发出来，形成难以估测的危害。信息危机作为一种特殊的危机，其本身不直接损害民众的物质利益，故而其危机的化解难以通过物质补偿来实现，笔者认为应当通过“话语对抗求平衡”的模式来消除危机。所谓“话语对抗”，即通过创造一种合适的途径让民众能够畅通地表达自己的感受。这将有助于民众形成自己独有的一股力量，通过洽谈协商的模式以对抗“反民众意识决策”，最终实现政府、民众行动一致化。

贸易战，没有硝烟的战争

王泽漫*

【摘要】随着全球化发展，各国贸易往来愈发频繁，国民经济受贸易的影响也越来越大，世界各国在贸易领域展开博弈，贸易安全问题被提出并且日益受到关注。我国对外贸易在促进本国经济增长的同时也碰到诸多矛盾，且对外依存度较高，贸易竞争力较弱，贸易结构不合理，这些都使得我国对外贸易安全面临严重威胁，迫切需要解决，因而贸易问题逐渐被安全化。因此，从外源性非传统安全视角研究贸易安全并提出相应建议具有重要理论和现实意义。

【关键词】贸易安全；安全化；对外依存度；贸易竞争力；“外源性”非传统安全

一、贸易安全问题的界定

（一）贸易与安全

全球化使世界各国被贸易连接起来，贸易不仅促进国内经济发展，提高就业率，而且大大丰富了国际市场。但当各国经济愈发强烈地依赖国际市场时，贸易摩擦与争端也不断加剧。贸易安全问题一经提出就受到广泛关注。

所谓贸易安全，既指一国抗击风险为本国经济提供良好环境的能力，又指一国对外贸易能够稳定持续发展的状态。虽然国内许多学者都有各自定义，但就其内涵大都遵循以下5个方面的阐释：第一，国家的贸易发展和利益不受外内部威胁和侵害；第二，国家要为贸易发展创造良好国内、国际环境；第三，避免国家利益来自贸易要素的影响而损失；第四，保障国家在参与国际贸易竞争中能维护本国利益并争取优势地位，提高经济效益和促进经济增长；第五，国际贸易发展的同时，生态不断优化，国民生活水平得以提高。[1] 为此，贸易安全具有非军事性、跨国性、不稳定性、合作性和竞争性并存等特点。

（二）贸易安全的威胁因素

贸易安全思想最早可追溯到1948年世界《关税和贸易总协定》，人们开始关注如何通过规则设计使得各国在贸易中能更大获益。贸易安全的威胁因素可分为四大类：

1. 国内经济因素

对外贸易受制于国内经济结构、发展水平、资源以及国际竞争力等，实力较强的国家可以通过税收调控、技术壁垒、货币压迫和国际仲裁等赢得

---

* 王泽漫：浙江大学公共管理学院行政管理专业2012级硕士生。

[1] 何传添：《加入WTO有利于中国的贸易安全》，载于《国际经贸探索》，2002年第1期。

"贸易战"的主动权与绝对优势。

2. 国际经济因素

进出口国的经济、资源、法律政策等因素都会影响到本国的贸易水平，进而影响本国的企业生产、人员就业、国内消费，等等。

3. 国际政治、军事等因素

政治、军事、经济这些要素在国际体系中相互影响，贸易是诱因和手段之一。政治、军事的干预会影响贸易的发展，而贸易又是政治、军事发展和改变的原因，也是其必要手段。

4. 其他因素

生态、文化、宗教、移民，甚至跨国犯罪都在影响着贸易的发展，例如绿色贸易的提出对各国进出口所作出的限定等。

二、我国贸易安全评估

（一）我国贸易安全的威胁因素

外贸给我国宏观经济和居民生活带来了翻天覆地的变化❶，但同时也带来对外依存度逐渐增高，贸易摩擦与纠纷日渐加剧，经济、政治、外交等多个领域都受到影响，所以我国应更关注贸易领域的国家安全问题。目前我国的贸易越来越受到来自国际市场人为、非人为因素的冲击❷，对国家安全产生了影响。

1. 国际——政策性风险

（1）传统安全威胁。传统安全威胁是指一国用关税作为调控手段以保证国内资本的利润获取，并迫使他国在贸易政策上做出妥协和让步，关税壁垒仍然是当前世界发达国家惯用的手段。我国以出口资源产品和低附加值产品为主，但价格与他国竞争加剧，遭遇愈发严重的关税壁垒。

（2）技术壁垒。技术壁垒简而言之就是指一国采取技术性措施限制他国的商品、服务和投资进入该国市场。发达国家利用经济、技术优势主导指定国际标准，我国出口竞争力在数量和结构上都被障碍重重的技术门槛所削弱。

（3）绿色壁垒。是指一国以生态保护为由所设置的贸易障碍，在绿色壁垒下，我国的出口受到严重的成本挑战，而进口上却成为发达国家转移污染的"垃圾场"，企业的经济效益和国内生态环境都受到了严重影响。

（4）其他因素。国际经济波动、政治冲突、货币变动、卫生安全、自然环境都会影响到我国贸易的稳定发展，足以证明我国贸易问题已无法独立于政治、外交、军事之外而存在。

2. 国内——结构性风险

（1）对外依存度较高。近年来，我国进出口贸易总额占 GDP 的比重，即对外依存度逐渐攀升，从一定程度上反映出我国贸易风险在不断加大。

（2）贸易竞争力较弱。我国出口主要是低附加值产品，进口多为高附加值产品。一方面出口的稀缺性低，抗危机能力差，且商品之间存在恶性竞争；另一方面，关键技术、设备、资源依赖进口，影响我国经济命脉自主发展，进出口结构不合理，

---

❶ 1978 年我国进出口总额仅有 211 亿美元，2011 年已增长至 36 420.6亿美元。

❷ 据英国智库经济政策研究中心（CEPR）的"世界贸易预警（World Trade Alert）"项目监测，2008 年金融危机以来，世界 40% 的贸易保护主义措施针对中国，且 WTO 数据显示，我国自 2006 年以来连续成为反补贴措施的"重灾国"。2011 年，有 20 个国家或地区对华启动 69 起贸易救济调查。2012 年上半年，有 19 个对华启动 42 起贸易救济调查。数据来源：中华人民共和国商务部贸易救济网站 http://www.cacs.gov.cn/cacs/anjian/。

贸易发展空间小，因此我国贸易的实际竞争力较弱。

（3）贸易流向过于集中。我国对外贸易主要集中于美、日、欧盟等国家和地区，使得我国贸易发展直接受制于这些国家的经济发展和政策指定，且导致我国近年来在反倾销、反补贴等贸易争端上一直处于被动地位。

（二）我国贸易结构安全评价

1. 对外依存度

表1说明我国贸易对外依存度近两年虽有降低趋势，但是依旧高于世界平均水平45%，且远远高于美国、日本、印度等国家，这表明我国贸易相对风险较大。

2. 国际竞争力

考察一国国际贸易竞争力的指标有很多，本文在此采用比较普遍的国际竞争指数，也称净出口比率NTR＝（出口－进口）/（出口＋进口），越接近－1表示竞争劣势越明显，越接近1表示竞争优势越明显。表2为我国一些年份的国际竞争指数，从中我们不难看出，我国工业制成品的优势持续增强，最具竞争力的是劳动密集型产品，并且优势不断加强；资源密集型由比较优势转为明显劣势；资本密集型明显劣势有所好转，但优势也并不显著。

表1　2001～2011年我国对外依存度情况

年份	2001	2002	2003	2004	2005	2006	2007	2008	2009	2010	2011
国内生产总值/亿元	190 655	120 332	135 822	159 878	184 937	216 314	265 810	314 045	340 506	401 202	471 564
进出口总额/亿元	42 183	51 378	70 483	95 539	116 921	140 971	166 740	179 921	150 648	201 722	235 233
进出口依存度/%	38.47	42.7	51.9	59.76	63.22	65.17	62.73	57.29	44.24	50.28	49.88
进口总额/亿元	20 159	24 430	34 195	46 435	54 273	63 376	73 284	79 526	68 618	94 699	112 606
进口依存度/%	18.38	20.3	25.18	29.05	29.34	29.3	25.57	25.32	20.14	23.6	23.88
出口总额/亿元	22 024	26 947	36 287	49 103	77 594	77 594	83 455	100 394	82 029	107 023	122 627

数据来源：以上数据根据2006～2011年《中国统计年鉴》计算得出

表2　各类出口贸易商品的NTR指数

年份	资源密集型	劳动密集型	资本密集型	初级商品	工业制成品
1980	0.134	0.185	－0.607	0.134	－0.184
1990	0.234	0.393	－0.432	0.234	0.03
2000	－0.295	0.405	－0.127	－0.295	0.113
2001	－0.269	0.393	－0.125	－0.269	0.096
2002	－0.266	0.386	－0.106	－0.266	0.094
2003	－0.353	0.335	－0.0 779	－0.353	0.085
2004	－0.486	0.349	－0.0 394	－0.486	0.1 091
2005	－0.502	0.20	0.02 629	－0.502	0.164
2006	－0.559	0.446	0.06	－0.559	0.205
2007	－0.596	0.462	0.101	－0.596	0.237
2008	－0.646	0.49	0.146	－0.646	0.2 742

数据引用自：赵欢欢，中国货物出口贸易的比较优势分析，中国市场，2011年第2期。

3. 贸易流向

我国贸易相对过于集中，每年对欧盟、美国、日本的贸易额占我国总贸易额40%左右（见表3），并且一些主要的贸易国对我国近年来贸易态度较不友好且不稳定，贸易摩擦不断（见图1、图2），因此我国的贸易相对处于较大的被动风险状态当中。

表3　主要国别（地区）贸易额所占比重统计

年	欧盟	美国	日本	东南亚	中国香港	韩国	其他地区
2009	16.50%	13.51%	10.37%	9.65%	7.93%	7.08%	34.97%
2010	16.14%	12.96%	10.02%	9.85%	7.76%	6.97%	36.31%
2011	15.57%	12.26%	9.41%	9.96%	7.78%	6.74%	38.26%

数据来源：以上数据根据2009~2011《中国统计年鉴》计算得出。

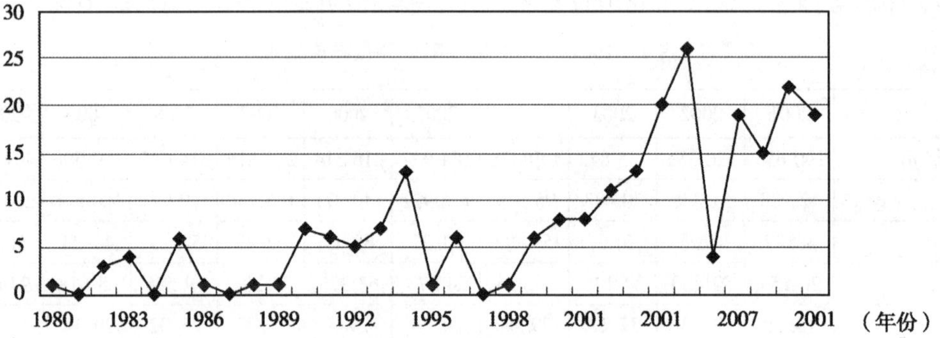

图1　1980~2010年美国对华贸易救济立案数年度分布情况

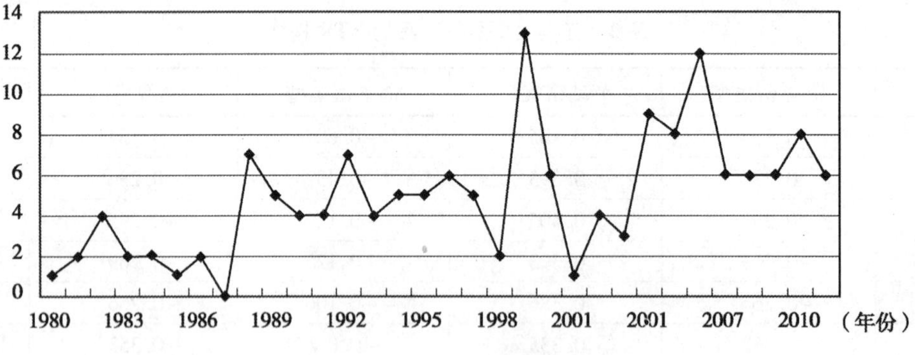

图2　1980~2011年欧盟对华反倾销立案数年度分布情况

三、我国贸易安全维护的3个阶段

（一）1978~1992年

1978年以前我国奉行的是封闭式的贸易保护主义政策，十一届三中全会以后我国开始实行对外开放的国策，大力发展对外贸易，扩大对外出口，积极引进先进技术和设备，设立经济特区，外贸经营权下放，我国经济打破了闭关保守，走上了飞速发展的道路，中国与世界的贸易关系开始正常化。[1]

（二）1992～2001年

1989年后西方各国对华贸易进行制裁，20世纪90年代初期我国的国际贸易环境非常艰难。美国以“人权问题”和“西藏问题”为由发表攻击言论，贸易政策带有浓厚的政治气息。但由于国内经济发展的需要和全球化的世界浪潮，加之中国政府的巨大让步和努力，美国在20世纪90年代中后期逐步调整其对华贸易政策。[2] 同样在东欧突变和金融风暴的刺激下，欧盟与中国共同努力，重新建立中欧贸易关系，至20世纪末中国成为欧盟第四大贸易伙伴。[3] 在经济全球化和区域一体化背景下，我国这个阶段的贸易政策也更加多元，努力发展和探索区域合作形式，大幅削减关税，创造更多的贸易机会，实现了商品、服务、资本、人员和技术的自由流动。

（三）2001年至今

2001年12月我国正式加入世贸组织，不得不大幅度调整对外政策以适应国际需要，完善现代化市场体制，加快转变经济发展方式，加强环境保护，提高国家软实力等。“9·11”之后小布什政府一改初期的强硬态度，开始以“接触”为主要手段拉拢中国，主要表现为积极支持中国加入WTO，并在中国入世初期允许中国在过渡期内逐步开放国内市场。在2001～2004年，中美经贸领域高层展开频繁的互访交流，贸易规模不断扩大，美中贸易基本处于健康发展的轨道。面对国际市场的波动和政策压力，我国一方面进行内部改革，另一方面也不仅依赖于多边商谈框架，而是开始寻求国际组织的保护，为促进贸易友好和平发展而努力。从总体上说，我国的贸易政策仍存在诸多需改进之处，贸易战略指向不明确，措施体系不完善，在这场博弈中还有很长的路要走。

四、研究分析

（一）贸易安全具有“外源性”非传统安全特征

安全是“客观上无威胁，主观上无恐惧，主体间无冲突”的一种状态。目前我国的对外贸易客观上正面临着自身的经济转型和入世后来自国际市场的压力，主观上也认识到目前的被动状态开始寻求保护措施，且国际贸易各主体间的利益复杂性导致冲突不断发生。因此，我国的对外贸易相对处于非安全状态。

对外贸易安全属于“外源性”非传统安全[4]范畴，贸易国和国际市场的经济波动、政治变动、政策变向都会影响本国的贸易状态，进而影响宏观和微观经济发展，乃至政治稳定，且对它的治理不是一国可以解决的，这也是之所以会有国际

[1] 1978年签订《中国与欧共体贸易协定》，1979年签订《中美贸易关系协定》。

[2] 1994年的“脱钩”和“全面接触政策”标志着克林顿政府政策转变的开始；1999年，中国关于《中美贸易法案》与美国展开艰难的谈判，以巨大的让步赢得法案最终的通过。

[3] 欧盟成员国寻求到亚洲这一新的经济热点来扩大出口拉动经济，以“为促进发展建立欧亚新型伙伴关系”的第一届欧亚会议于1996年3月在曼谷召开，同一年欧盟通过了《欧盟对华合作新战略》，1998年欧盟进一步公布了《与中国建立全面伙伴关系》。

[4] “外源性”（exogenous）非传统安全威胁的主要特征是：不安全事件发生于国外，对国内乃至世界各国产生负面影响，需要国家以外交为主、内政为辅进行应对。余潇枫主编：《中国非传统安全研究报告（2012～2013）》，社会科学文献出版社，2013年版，第11页。

组织、双边或多边贸易协定的原因之一，这些都是促进贸易稳定的方式。贸易安全的复杂性在于它会受政治、文化、军事等多方面因素的影响，且各国间的贸易政策和贸易冲突实际上是一个循环往复交叉影响的博弈过程，它既可以是战争爆发的原因，也可以是政治施压、军事策略、经济制裁的手段和结果。

（二）贸易安全与国家安全有高度的相关性

由于上述特征，贸易安全威胁大多数时候首先表现为国家安全威胁，它既影响一国的宏观经济发展和政治外交稳定，又是保障个体安全的一个必要集体权威。因此，它的保障机制尤其需要以国家为主体的战略、法律、政策、机构等系统性配合。例如美国从国家安全战略的制定到诸多法律制度的修订，再到以总统为首的内阁对外贸发展的高度重视和有效职能分工，都是从国家战略出发保护对贸易安全。面对目前局势，我国也需要从国家安全战略上对贸易安全加以重视和保护。

（三）国际组织和国际法在贸易安全中有着积极作用

国际组织和国际法能够使复杂冲突的国际贸易往来具有一定的稳定性，它的目标是既能使各国之间的贸易交流得到有效协调，也能加速发展中国家的经济建设，且至今为止是国与国之间贸易交流的权威与准则。然而由于客观复杂性，国际贸易法在制定、执行和仲裁方面也确有不全面和不完善的地方，尤其是在发展中国家和发达国家之间的权责分配和利益平衡方面。而对于我国来说，先不论其公平性，我们要做的是利用其发展为自身寻求利益保护，我们要准确把握国际贸易法则的发展动向，积极主动参与，熟知并利用政策空间为贸易争端的解决提供法律机制。

湄公河惨案的非传统安全分析

黄　蓉*

【摘要】西南边疆的跨国犯罪频发一直是我国政府亟待解决的问题。湄公河惨案就是一起集跨国犯罪、毒品走私为一体的重大安全事件。在全球化的大背景下，我们不仅需要传统安全问题的处理方法，而且也需要以非传统安全视角来思考问题。本文即以非传统安全视角对湄公河惨案进行分析，进而提出非传统安全威胁的应对办法。

【关键词】非传统安全；湄公河惨案

澜沧江—湄公河流经中国、缅甸、老挝、泰国、柬埔寨、越南六国，全长4880千米，被誉为“东方多瑙河”。湄公河是我国全面加强与大湄公河次区域国家经济合作的重要纽带，也是中国—东盟自由贸易区重要的运输通道之一，自2001年通航以来，为加强中国与沿岸国家经贸往来、保障周边稳定发挥了重要作用。但是近年来，湄公河水域走私毒品、武器弹药等犯罪活动日益频繁，船舶遇袭事件频发。中国西双版纳州官方数据显示，2011年以来，湄公河金三角河域货船遭遇劫持案有近50起。

一、湄公河惨案的非传统安全特征

以非传统安全事件发生与问题的地点源起为边界，一国非传统安全威胁的类型可归纳为四大类型：一是发生于国外且以外交应对为主的国际“外源性”非传统安全威胁，二是以发生于国内且以内政应对为主的“内源性”非传统安全威胁，三是以发生于边疆特别是民族自治地区且以外交与内政复合应对为主的“双源性”非传统安全威胁，四是以传统安全与非传统安全相互交织为特征且需要军队系统介入应对的“多源性”非传统安全威胁。❶ 本文是从“双源性”非传统安全威胁的视角对湄公河惨案进行分析。

湄公河流域是亚洲最重要的跨国水域。2001年，中国、缅甸、泰国、老挝共同签署了通航协议以后，这条江的航运开始走向常态化。“金三角”地区大小村镇有3000多个，我国的云南省与“金三角”毗邻，4060千米的边境线上没有任何天

* 黄蓉：浙江大学公共管理学院2012级硕士研究生。

❶ 余潇枫：《“平安中国”：价值转换与体系建构——基于非传统安全视角的分析》，《中共浙江省委党校学报》，2012年第4期。

然屏障，山林密布、道路众多，自20世纪70年代末云南省也成为“金三角”国境毒品犯罪的重灾区。2011年10月5日上午，中国的两艘商船“华平号”和“玉兴8号”在湄公河“金三角”水域遭遇袭击，“华平号”上的6名中国船员和“玉兴8号”上的7名中国船员共13人全部遇难，航运全部停运。经过中国、老挝、缅甸、泰国四国的联合侦查查明，长期盘踞湄公河流域“金三角”地区的武装贩毒集团首犯糯康及其骨干成员与泰国不法军人勾结策划，分工实施了造成13名中国船员在湄公河泰国水域被枪杀的案件。湄公河惨案的非传统安全特征有：

①非军事武力性。湄公河惨案是武装贩毒集团在云南边界湄公河流域对中国商船“华平号”和“玉兴8号”非军事武力性的，造成我国13名船员全部遇难的事件。经查明，犯罪嫌疑人系“金三角”毒枭糯康，并非开始猜测的与泰国军队及政府有关。另外9名自首军人隶属泰国第三军区，平时都是奉一些当地企业界巨头之命行事，亦和泰国军队及政府无关。

②跨国性。湄公河惨案是涉及中国、泰国、缅甸、老挝的跨国性事件，案发地点是在湄公河“金三角”流域。起初案件扑朔迷离，各种猜测无不让人毛骨悚然。经过各国的联合侦查，案件最终水落石出，凶手受到了法律的制裁。

③普遍威胁性。一直以来，“金三角”地区陷于毒品、战争和贫穷的状态，暴力事件频发。就在2011年8月22日，云南康辉出境旅游团17名游客乘船途经湄公河水域泰国、老挝、缅甸交界地时，遭遇了不明身份的武装人员抢劫，造成86 000多元人民币的损失。而此前中国货船“载鑫号”亦曾一日两遭劫持。再加上此次湄公河惨案的发生，如不立即加以解决，采取相应措施，犯罪团伙将会日益猖獗，“金三角”地区的贸易、旅游甚至周边居民的人身财产安全将会遭到更大程度的影响。倘若这样的现状得不到改变，最终将会影响到中国的对外合作安全，无论商业竞争、安全隐患和环保问题都将很难消除。

④多国行为体共治性。澜沧江—湄公河被誉为“东方多瑙河”，澜沧江—湄公河国际航运经过近十年的航道建设，已经成为我国连接东南亚国家的黄金航道。自2001年签署了共同通航协议以后，这条江的航运开始走向常态化。在这条河道上从事国际航运的中国籍船舶近百艘，年货运量达40余万吨，客运量近万人次。我们应该相信，只要周边国家各方面都关注和重视航道安全，协同各国建立长期机制，采取补救措施，航运安全是能够得到保障的，澜沧江—湄公河航运的繁荣兴盛景象是能够恢复和进一步发展的。

⑤突发性。湄公河惨案发生之前并没有任何的前兆，又由于犯罪团伙的隐秘性，使得惨案的突发性更加明显。许多非传统安全威胁经常会以突如其来的形式迅速爆发出来。

⑥动态性。湄公河惨案虽是一起恶性的犯罪事件，但在某些条件的刺激下，就会演变为传统安全问题，涉及大规模毁伤性武器威胁。非传统安全威胁与传统安全威胁的互动性，使看似相对孤立的事物，却常表现出“牵一发而动全身”的效应。所以，对于湄公河惨案的处理不能简单化。

总之，湄公河是我国全面加强与大湄公河次区域国家经济合作的重要纽带，也是中国—东盟自由贸易区重要的运输通道之一。但是近年来，湄公河水域走私毒品、武器弹药等犯罪活动日益猖獗，船舶遇袭事件频发。湄公河惨案的发生，不得不让我们再次反思，是否在应对湄公河航运问题上也应以非传统安全视角来考虑，将其纳入非传统安全研究范围，对人身安全、经济安全以及航运的顺利开展做出进一步的思考。

二、我国应对湄公河惨案的措施及反思

（一）赴案发地点，对案件展开调查

案发后，云南工作组赶往事发地；安排船员家属赴泰国善后；我国公安护送滞留在泰国清盛港的中国船舶、船员回国；中国政府赴泰工作组与泰方合作对遇难者遗体进行尸检，并对遇袭船只和事发水域开展了现场勘察；公安部副部长张新枫率领中国公安代表团赴泰寻获 13 名遇难船员遗体。

（二）与相关各国就湄公河惨案召开紧急会议

中国外交部就中国船员在泰遇难事件召见了泰国、缅甸和老挝三国使者。中国公安代表团先后与泰国警察总监飘潘、泰国副总理差林举行了会谈。为尽快彻底查清中方 13 名船员在湄公河水域遭枪杀案件，推动建立中老缅泰湄公河执法安全合作机制，有效维护湄公河流域航运安全秩序，确保四国船舶和人员生命财产安全，中老缅泰湄公河流域执法安全合作会议在北京召开。2011 年 11 月 25 ~26 日，中老缅泰湄公河联合巡逻执法部长级会议在中国北京举行，决定从 12 月中旬开始，在湄公河流域开展联合巡逻执法。

（三）对受害者家属进行赔偿

在遇难船员中，5 人在人保财险西双版纳分公司投保了“团体人身意外伤害保险”。惨案发生后，人保财险西双版纳分公司高度重视，及时向西双版纳州委、州政府及人保财险总公司、省分公司领导汇报，在各级领导的关注和支持下，启动理赔紧急处理预案，开通理赔“绿色通道”，在短时间内向 5 位遇害者家属及时给付保险金，并对受害家属进行安抚和慰问。“华平号”货船上的 6 名遇难船员亲属，每人已获 13.3 万元的赔偿。其中包括船东为船员购买的团体人身意外伤害险，保险公司按最高额度 10 万元予以赔偿；同时，船东表示遭袭船只还可获赔 20 万元，船东将这部分赔偿金也分给了遇难船员家属。

（四）缉拿犯罪团伙，严惩罪犯

2012 年 4 月 25 日，湄公河惨案主犯糯康在老挝被抓获。2012 年 5 月 10 日上午，中老警方在老挝万象机场举行了移交仪式。2012 年 11 月 6 日，湄公河中国船员遇害案在昆明市中级人民法院一审宣判。主犯糯康、桑康、依莱、扎西卡均被判死刑，扎波被判死刑缓期执行，扎拖波被判有期徒刑 8 年。2012 年 12 月 20 日，云南省高级人民法院对湄公河中国船员遇害一案进行二审公开开庭审理，二审法院全案驳回上诉，维持原判对 6 名被告人的定罪量刑。

如今距湄公河惨案的发生已有一段时间，案件即将处理完毕。众所周知，湄公河“金三角”流域一直是毒品走私、跨国犯罪的多发地段。面对这样的特殊情况，虽然我国积极应对，但仍是采用应对传统安全问题的办法，不仅没有根治安全问题，犯罪事件反而愈演愈烈。我们对湄公河惨案进行非传统安全分析，将其纳入非传统安全研究的范围，就是要解决这一问题。确保湄公河惨案得到公众的重视，以减少湄公河“金三角”

流域犯罪事件，保证此区域的政治、经济安全以及人民的人身财产安全。

三、非传统安全视角下的应对策略

进入新世纪以来，中国陆疆与海疆的脆弱性不断凸显，西南边疆跨国犯罪和毒品走私猛增，边疆安全的困扰已成为影响我国安全的一大现实。以非传统安全视角，湄公河流域的跨国犯罪应对策略应注重以下几点。

（一）驻派警务联络官，加强情报信息搜集工作

湄公河惨案是一起非常严重的恶性犯罪事件，我国有关部门也对其作出了相关处理。可是，对这样一起发生在西南边疆的犯罪事件，我国的情报信息是比较缺乏的。目前湄公河区域内各国之间的合作只是停留在经济方面，在发生突发事件时却缺乏一个及时有效的应急机制，湄公河流域航行的船只在发生险情时，都只能通过本国的中央政府传达到另一国的中央政府，危机的处理很难及时。这也是酿成此次船员遇害悲剧的一大主要原因。如果有关部门及时警觉，及时发布信息并与泰国方面交涉，进而出警参与搜救，或许会获得有效线索，为解救船员提供有利条件。对此，向驻外使领馆派驻警务联络官是十分必要的。

警务联络官起源于20世纪70年代的欧洲，是指一国警察机构派驻到另一个国家或者双方进行固定联系的警官，目的是收集犯罪情报，寻求合作途径。许多国家在其驻外使馆中设立警务联络官，以便了解驻在国的法律和警界同行们的活动，促进双方更直接、更密切的合作。除了有利于个案的侦破，还能在更广泛的执法领域进行协调和沟通。他们主要肩负着协助国内外警方侦办重案要案和协助外交部门保护海外中国公民的合法权益的责任。目前，很多发达国家都对外派驻警务联络官。相比而言，我国的警务联络官在人数和派驻范围上，仍处于起步阶段，人数仅38名。我国应借鉴其他联合执法活动和警务联络官制度，建立切实可行的司法协助体系，即以警务联络官为基础，在遇到重大案件，确有必要之时可采取多国警方联合执法行动，形成合力，共同打击犯罪，维护和平。

（二）建立次区域联合执法区，共同打击跨国犯罪

2001年6月26日，中、老、缅、泰四国在澜沧江—湄公河800多千米的航道上实现自由通航，十多年来，该河段已成为大湄公河次区域经济、商贸、旅游发展的“黄金水道”。可是，就是这样一条重要的经济生命线，在给流域人民带来繁荣和发展的同时，也引来一些亡命之徒的垂涎，途经货船被劫、被抢成了家常便饭。中国西双版纳州官方数据显示，2011年以来，湄公河“金三角”河域货船遭遇劫持案有近50起。湄公河流经多国，按照国际法一般属地管辖原则，发生在哪个河段的安全事件，就应当属于哪国管辖，他国执法力量难以进入其管辖区域内执法，加之湄公河流经的“金三角”区域处于多国交界处，执法难度很大，给了各色犯罪分子可乘之机，湄公河成了贩毒、抢劫、走私等犯罪多发之地。

该流域的各个国家应当在现有的打击毒品犯罪和跨国拐卖妇女儿童犯罪执法合作机制的基础上，构建一种更为紧密的联合执法区，就各类跨国犯罪的预防、侦查、犯罪人缉捕和审判等方面

开展密切合作。具体地讲，大湄公河次区域联合执法区应当包括联合执法区情报、信息交流；联合执法协调；联合边境管理控制；联合侦查、调查合作；跨越边界追捕、移交逃犯等五方面。

（三）加强联合巡逻执法，建立新的戍边体系

以发生于边疆特别是民族自治地区且以外交和内政复合应对为主的“双源性”非传统安全威胁的挑战要求中国建立新的“大戍边”体系。边疆地区的“大戍边”体系应该包括“屯垦戍边”“屯市戍边”“经济戍边”“文化戍边”“移民戍边”“政治戍边”与“法治戍边”。❶

为共同维护和保障湄公河航运安全、促进湄公河流域经济、社会发展和人员、船舶安全往来，中国、老挝、缅甸、泰国于2011年12月10日举行了湄公河联合巡逻执法首航仪式。四国开展湄公河联合巡逻执法，充分彰显了四国政府全力维护湄公河国际航运安全，为沿岸各国的经济、社会发展提供良好安全保障的信心和决心。坚决打击犯罪，整顿治安，维护湄公河航道的治安秩序，是四国执法安全部门的共同责任。四国执法安全部门只有进一步加强协作配合，形成合力，才能有效实现对湄公河航道的安全管控。开展联合巡逻执法，是打击利用国际航运船舶从事贩毒、贩枪犯罪活动和湄公河流域发生的犯罪活动，维护湄公河长治久安的有效手段，开启了四国执法安全合作的新篇章，意义重大。

（四）加强边疆地区非传统安全威胁知识宣传

“防患于未然、居安思危”这些预警安全思想告诉我们，处在安乐环境中或是事故尚未发生之时，要提高警惕，采取预防措施。应对非传统安全威胁，我们不能坐以待毙，要培养“思危”意识，在威胁突然发生时，能理性、正确地处理。为此，我们应该加强西南边疆地区非传统安全威胁知识的宣传，让人们对非传统安全威胁有基本的认识，培养人们的“思危”意识。特别是对那些处在非传统安全威胁的高发地段的人们，除了具有非传统安全威胁的意识之外，还应具备相应的比如反恐、逃生、搏斗之类的基础技能。相关部门在进行非传统安全威胁知识宣传的同时，应告知周边居民国家所采取的应对办法，以免造成不必要的慌乱。

希望通过对湄公河惨案的非传统安全分析，能打开澜沧江—湄公河流域跨国犯罪的非传统安全研究视角。可以预见，随着大湄公河次区域经济合作日益密切，滋扰该区域的跨国犯罪会更猖獗。我们需要更加认真研究湄公河惨案的发生原因、处置工作各环节，从中汲取教训，总结经验，建立和完善湄公河流域各国防范和打击跨国犯罪的长效合作机制，努力打造平安的“黄金水道”。

❶ 余潇枫：《“平安中国”：价值转换与体系建构—基于非传统安全视角的分析》，《中共浙江省委党校学报》，2012年第4期。

钓鱼岛争端可能引发中日贸易战

邱　越*

【摘要】中日两国是东亚区域内经济规模最大、国际贸易额最高的国家，相互之间贸易联系紧密。然而随着中日关系的日趋紧张，两国间的经济关系受到了严重的负面影响。两国之间甚至存在着爆发经济战的可能。本文对此次事件进行梳理，试图对两国间贸易战可能发生的情况进行分析并为中国的应对提出对策。

【关键词】国家关系；经济安全；经济依存；闭环反馈

中日两国是东亚区域内经济规模最大、国际贸易额最高的国家。随着2012年钓鱼岛归属问题集中爆发，两国关系降至冰点，长期保持的"政冷经热"现象被"政冷经冷"现象所取代，这一现象将对中国的经济安全造成巨大影响。

一、中日贸易是一个安全问题

中国在经济方面对日本拥有较高的经济依存。这从中国在全球贸易中处于顺差地位的情况下，日本对中国仍能保持较高的顺差就能看出❶。就算不提中国从日本进口的许多产品难以在国际市场上寻找到替代品，单考虑日本作为中国第三大贸易伙伴的地位，两国间的贸易战无疑将对中国经济造成巨大的冲击，更何况日本对中国保持贸易顺差的产品主要是交通工具、集成电路、金属产品、化工制品等。这意味着中国向日本进口的许多产品是最终产品的原材料，亦即如果两国间爆发贸易战，那么其对中国的冲击将远大于数据所直接表现出来的情况，而可能进一步造成劳动密集型企业停工等不利后果❷。劳动密集型企业的停工极易产生数量庞大的失业人群。失业人数的增长，则意味着国内市场的缩小，进而对国内经济造成巨大的压力，甚至影响政治稳定。此外，工厂的停产或减产势必减少我国对其他国家的出口，这在市场上留出的空缺将很可能被越南、印度等劳动力价格相对较低廉地区顺势补上，这将打乱我国从东部向中西部进行的产业转移步调。由此

* 邱越：浙江大学公共管理学院硕士研究生。

❶ 本文涉及经济数据的判断依据为采自WTO Statistics database的"Merchandise trade by product, region and major trading partner, 2009 ~ 2010 – China"。

❷ 例如WTO统计的数据显示，2011年日本向中国出口的集成电路达185.4亿美元，这意味着一旦这部分产品的贸易产生了波动，中国就将有许多组装厂被迫停工。

可见，无论挑起贸易战端的是哪方，中日之间的全面贸易摩擦势必影响中国的经济安全。在当下中日之间发生传统军事冲突的可能性并不大的情况下，这种安全更多地表现为一种非传统安全，需要用非传统的视角进行审视和应对。

二、中日贸易战对中国国内安全负面影响的评估

中日贸易战可能对中国国内造成的负面冲击主要体现在经济下行、大量劳动者失业以及政治合法性受冲击三方面上。

根据 WTO 提供的数据，一旦中日爆发贸易战，那么中国食品、矿产和服装等产品的出口将直接受到影响，同时金属制品、化工产品、机械和运输设备等需要大量从日本进口的产品必将受冲击。贸易战并不是某一方能够任意选取战场游戏，一旦开展，则必须做好伤敌一万，自损八千的各项准备。

我国从日本进口的产品，除了汽车等制成品外，有许多是我国制造业的上游产品如集成电路、化工制品等。这些上游产品在贸易战中势必无法稳定地进口，这将对国内的制造业造成重大影响——尤其在中国对美国等发达国家出口的贸易顺差主要来源于低附加值的劳动密集型产品时❶。

这一方面将主要表现为各类民营企业纷纷倒闭，大量工人失业，出口萎缩，进而可能导致国际市场被其他国家的企业占领，使得上述的企业倒闭、工人失业、出口萎缩从暂时性行为转变为永久性行为。

在当下中国制造业的主要劳动力来自于农村的情况下，数量巨大的工人失业后将无法在现有体制下获得足够的社会福利与保障❷，这些工人的失业将严重地影响社会的稳定，这将成为社会的重要不安定因素。

而制造业受冲击导致相关的国际市场被其他国家的企业占领，将造成我国经济的严重下挫。这一方面是因为前文所述的制造业上游产品来源受冲击，进而影响产品的制造和出售；另一方面则是因为制造业的工人由于对其收入可能下降的预期而缩减开支，进而将导致相应的国内市场萎缩。国内市场萎缩将会导致中日经济战的影响直接波及到其他产业如服务业和产品制造业等，造成更大范围的工人失业和资本逃离。

在这种情况下，中国的经济势必无法保证足够的高增长率，这会直接导致大量新增劳动力无法被容纳❸。此外，一直有学术观点认为，中国政府的执政合法性孕育于中国的高增长中❹。这种说法有其合理的一面。因此，经济下行将对中国的政治稳定造成冲击。

需要注意的是，在这种波动中，中国受损的人群主要是从事劳动密集型工作的中低收入群体。

---

❶ 赵瑾：《中美贸易不平衡与日美贸易不平衡的不同——中美贸易不平衡是对美国经济和全球经济的贡献》，载于《国际贸易》，2012 年第 3 期。

❷ 岳春凤：《农民工失业保险存在的问题及对策》，载于《重庆理工大学学报》（社会科学），2012 年第 2 期。

❸ 张车伟：《中国 30 年经济增长与就业：构建灵活安全的劳动力市场》，载于《中国工业经济》，2009 年第 1 期。

❹ 如贺大兴等在 2011 年发表的文章中论及“在过去的三十多年里，党的合法性主要来自于经济的持续增长以及由此而产生的民众的高支持率。”

事实上，哪怕是收入相对较高的都市白领[1]，对可能的“经济寒冬”的应对能力也不强。这些群体受损将进一步增加中国的基尼系数，这对于基尼系数已超警戒线的我国而言，真是雪上加霜。如果再考虑当下媒体对于“盛世”的概念的建构以及大众对经济战、贸易战的忽视，极容易导致怨气的积累乃至爆发，由此会引起严重的经济动荡后果。

三、闭环反馈：对中日贸易战的分析

如果将中日贸易视为一个系统，那么我们将不难发现，2012 年钓鱼岛归属问题的全面爆发是对这一系统造成的重要干扰。下面从政府和民众两个角度对这一干扰项对中日两国贸易战的可能影响机制进行分析，分析中借用了控制论中的闭环反馈原理，不难发现这是一个正反馈。

钓鱼岛归属问题刚爆发时是一个传统安全问题，影响的是国土和政治主权。因为中国仍处于历史上少有的经济快速发展期，和平的国际环境对中国拥有极高的价值；而日本则囿于和平宪法不能主动开战，两国在钓鱼岛地区的军力趋于平衡等原因，这一传统安全问题在可预见的未来不能通过战争手段最终解决。这就使得冲突双方拥有使用除了军事力量以外的手段在钓鱼岛问题上争取主动的动机。此时，贸易战确有可能发生。由政府主导引发的贸易战采用的主要手段主要包括政府援助措施、贸易救济措施、关税措施等[2]。除了主动使用这些手段以外，中国政府还需要应对由日本主导的贸易摩擦行为。

除了政府以外，民众的反应在钓鱼岛问题的语境下也需要关注。一方面，钓鱼岛的实际占有归属于日本，这损害了中国民众的集体自尊[3]。同时由于中国主流媒体等在国民中对日本建构起了“可疑者”“对立者”的形象[4]，民众在钓鱼岛问题的宣传下表现出了激烈的反应[5]。在这种情况下，日本较快地感受到了经济摩擦带来的压力，进而为了进行保护等而采取贸易战措施的概率很大。

分析这个反馈系统（见图 1）发现无论哪一方对贸易摩擦采取正面的应对措施，都将刺激对方更加强烈的反应。这预示着除非两国政府均采用理性克制的态度，否则贸易战的规模和波及范围将不断扩大，这无疑是一个悲观的论断。尤其在日本企业称其遇到了与中国企业交易中断、通关受阻等问题的情况下，我们无法对两国政府均持克制态度这一点持乐观态度。

根据前文的分析，贸易战爆发的概率很大。那么一旦贸易战爆发，在其规模和烈度将不断增强的情况下，更近似于利益集团影响政治[6]而不是政治决定经济的日本将更有可能提前让步。有学者指出日本从中国进口每增加 1 个百分点，日本

[1] 这一阶层普遍对未来收入持乐观态度。

[2] 毛燕琼：《全球贸易战发展前景与世界贸易组织的作用》，载于《中国政法大学学报》，2011 年第 3 期。

[3] 这一概念由建构主义理论的代表人物 Alexander Wendt 提出，是一种重要的国家利益。

[4] 张晨阳，张国良，魏一平：《中国大众媒介建构的日本与韩国——基于〈人民日报〉与〈文汇报〉关于日韩报道的分析（1996 ~ 2010）》，《现代传播》，2012 年第 1 期。

[5] 一方面表现为对日货的抵制，另一方面表现为对消费日货的同伴的排挤。

[6] 石其宝，程永明：《中日农产品贸易摩擦中日本利益团体的影响》，载于《日本研究》，2011 年第 1 期。

GDP 将增加 0.2 735个百分点。而日本出口中国每增加一个百分点，日本 GDP 将增加 0.2 471个百分点❶。由此可见，与作为其进出口第一大贸易国的中国进行贸易战，必将对日本的经济、财团等造成重大负面影响。而资本团体的利益取向将使他们有动机向政府施压❷。

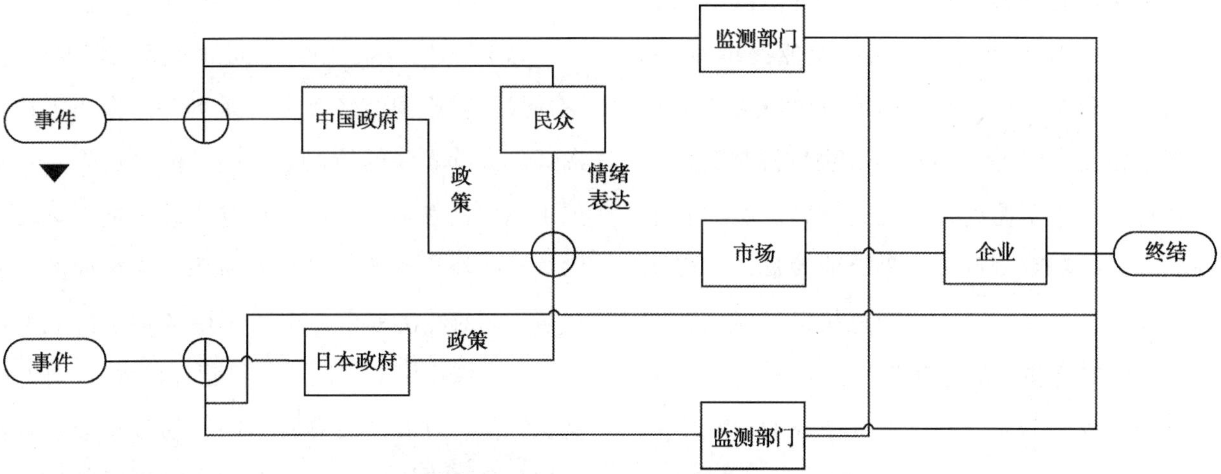

图 1　对中日贸易战状况的正反馈流程图

四、对可能爆发的中日贸易战的应对建议

如果中日爆发贸易战，中国最大的优势就在于国有企业对关键产业的控制力上。这首先表现为在国有企业控制下的关键行业不至于因为贸易摩擦而发生波动；其次表现为国有企业当下的人事制度使其在经济战面前不只算“经济账”，能够更为坚决地执行既定政策；最后则表现为科尔奈曾经论述过的“预算软约束”❸ 上，即国有企业在运行中无倒闭之虞，其员工不会因为贸易战而发生大量失业情况。换言之，在中国，政治对经济有更强的影响力；而在日本，则是以财阀为代表的经济团体对政治具有更大的影响力，这将保证中方在贸易战中能够拥有更加坚决的意志和更加有力的行动。

基于这一现实，面对可能的贸易摩擦，应由国资委出面为各大央企统一制定贸易战应对预案。一方面为当下各项从日本进口的产品选取替代品，另一方面则为现在对日本进口产品依赖较大的生产线选取替代品，形成梯队。一旦发生摩擦，则可以较快地减少对日本相应产品的进口，而以替代品替换，或直接减少对日本产品依赖较大的产品线，而转产替代品。

中国当下存在着许多民营企业如富士康与从日本进口的产品联系紧密，这些经济实体吸纳了大量劳动力。减少与日本有关的经济动荡可能对这些企业造成的负面影响，将在很大程度上决定

❶ 何微：《日本进出口贸易对中国依赖性程度分析》，载于《管理学家》，2012 年第 4 期。

❷ 日本商工会议所主席冈村正于 2012 年 10 月 10 日在记者会上向政府施压，希望（日本）政府通过各种途径展开对话以打破僵局。

❸ ［匈］雅诺什·科尔奈著：《社会主义体制—共产主义政治经济学》，张安译，中央编译出版社，第 132－137 页。

贸易战对中国国内安全的影响。对此，可由中央财政出资，成立企业帮扶办公室。这一单位的作用即是由政府出面向银行担保，使银行给这些企业贷款，帮助企业渡过动荡期。此外，该单位还可以以其他更加灵活的方式帮助企业渡过难关。这类帮助民营企业经验在中国地方政府实践中并不缺乏，如义乌在面对 2008 年金融危机时就曾出台并执行了《关于促进企业稳定健康发展的若干意见》，为在 WTO 规则下帮助企业渡过宏观经济不景气积累了经验。尽管金融危机已经过去，但是地方政府的这些经验将有助于在 WTO 框架下由政府出面帮助民营企业在贸易战造成的宏观不利影响中生存下来。

此外，通过文化宣传等方式在民众中建立起购买国货、少买贸易战对象品牌等意识，并通过类似美国经济复兴计划中购买本国产品等手段为国内企业提供订单等行为，都将有助于在将来的贸易战中增加胜算。

结语

综上所述，尽管中日之间的经济依存度极高，贸易战将对中国经济等造成重创，但在当下钓鱼岛局势持续紧张的情况下，中日两国爆发贸易战的可能性仍然很大。一旦双方在此环境下爆发较大规模的经济摩擦，将很容易恶化为全面的经济战争。面对经济战争，中国应用各种手段既发挥国企的特殊作用，又稳定住民营经济实体。此外，文化宣传、政府购买等常用的贸易战手段也应被应用。除了日本经济对中国依赖更强等因素外，日本政治易被经济集团影响的特征同样决定了一旦爆发贸易战，中国获胜的机会较大。

“黑金”的下一战

——“第五次石油战争”预测研究

黄　飚*

【摘要】随着世界经济的不断发展，各国对石油的需求也不断增大。石油战争已成为国际社会普遍关注的安全问题。本文以已经发生的四次主要石油战争为分析对象，简述其概况、特征和影响，并对比四次石油战争，归纳其中的共性和趋势，在此基础上运用趋势外推法合理地预测第五次石油战争。最后提出在面对未来石油战争时，我国的应对策略。

【关键词】中东；石油战争；传统安全；非传统安全

石油被称为国民经济中的“血液”，也有人称之为“黑色黄金”，是一种稀缺性不可再生资源。前美国国务卿亨利·基辛格曾说过：“如果你控制了石油，你就控制住了所有国家。”❶ 第四次中东战争、两伊战争、海湾战争和伊拉克战争都与石油有着强关联。每一次战争都引起了石油价格的波动，进而影响全球的政治经济格局。时至21世纪，石油在国家战略中的地位日益攀升，并与金融发生了千丝万缕的联系，国际油价已成为各国经济的“晴雨表”❷，石油的战略意义已不言自明，其背后更是隐藏着大国间利益博弈的“政治图谱”。

一、安全视阙下的石油战争

石油战争是指国家与国家之间、国家与区域之间或区域与区域之间，以石油为主要诱因或目的，通过军事或非军事手段解决矛盾的过程。安全是指行为体间的“优态共存”。❸ 石油战争在主观上使国家或区域产生恐惧，在客观上使国家或区域直接或间接遭到破坏，影响“优态共存”的状态。因此，石油战争是一类安全问题。

安全可以分为传统安全和非传统安全两类。

* 黄飚：浙江大学公共管理学院硕士研究生。

❶ ［美］威廉·恩道尔：《石油战争》，知识产权出版社．2008年版，第1－2页。

❷ 邢继俊，赵刚《恩道尔〈石油战争〉一书简介》，载于《中国软科学》，2009年第1期，第190－192页。

❸ 余潇枫：《安全哲学新理念：“优态共存”》，载于《浙江大学学报》（人文社会科学版），2005年第2期，第5－12页。

余潇枫教授认为传统安全包括军事安全和政治安全，非传统安全包括环境安全、经济安全、信息安全、文化安全、社会公共安全等。❶ 随着后信息化时代的到来，石油战争已经从传统安全问题逐渐转变为传统安全与非传统安全交织的问题。“多源性”（Multi-genic）非传统安全威胁的主要特征是：不安全事件具有与“军事武力”相交织或者是以传统安全与非传统安全互相交织为特征，对国内乃至世界各国产生负面影响且有时需要国家运用国防军事系统介入应对。❷

近几次石油战争中，经济制裁、信息干扰、环境破坏等方式逐渐占据重要地位。石油战争已经从传统的纯军事对抗转变为军事对抗与非军事博弈共存的模式，是一种多源性非传统安全问题。

二、四次石油战争的简述及分析

表1对四次石油战争做了简单的归纳。根据表1，可以总结出历次石油战争的几个共同特征。

第一，以中东为主战场。四次石油战争的战场均在中东地区，而伊拉克更是其中三次战争的主要战场。

第二，与美国密切相关。四次石油战争中，美国或是背后的利益相关方，或是战争的直接参与方。第四次中东战争是美苏中东地区代理人之间的战争，❸ 美国是以色列的军事援助国。两伊战争中美国是为取得石油运输通道的控制权同时遏制强烈抵制美国的伊朗。海湾战争与伊拉克战争美国则是直接的参战国。

第三，战争的目的多元。四次石油战争都是以石油为主要目的，并同时兼有多个其他目的。第四次中东战争中，作为背后支援者的美苏是为争夺中东石油的控制权；作为参战方的叙、埃、以则主要为解决领土争端。两伊战争中，美国通过给予伊拉克军事援助旨在进一步控制中东石油；两伊则是为争夺石油通道的控制权及解决领土和宗教矛盾。海湾战争中，多国联军以控制伊拉克与科威特石油为主要目标，同时也为恢复科威特的领土完整。伊拉克战争中，美英为主的联合部队以扩张霸权战略，控制中东石油为主要目标，同时也为了发现并销毁大规模杀伤性武器及恐怖分子，铲除萨达姆政权，帮助伊拉克人民建立一个自治的政府。

第四，造成的影响深远。四次石油战争给世界政治、经济等方面造成了深远影响。第四次中东战争引发了历史上第一次石油危机，进而导致二战后全球最严重的经济危机；两伊战争历时8年，触发了第二次石油危机，并造成两国经济的长时间停滞；海湾战争则导致了第三次石油危机，造成我国在内的许多国家受到石油价格等因素的冲击，经济发展严重受阻；伊拉克战争是美国霸权主义全球战略的突出体现，使得全球石油价格居高不下，牵制了许多国家的发展，同时也影响到了美国经济的复苏。

四次石油战争有以下两点趋势：一是手段趋多样化，除了军事对抗，还采取了影响经济安全和环境安全的非军事手段，即经济制裁和投放贫

---

❶ 余潇枫：《安全哲学新理念：“优态共存”》，载于《浙江大学学报》（人文社会科学版），2005年第2期，第5-12页。

❷ 余潇枫主编：《中国非传统安全研究报告（2012~2013）》，社会科学文献出版社，2013年，第11页。

❸ 孙德刚：《1973年第四次中东战争研究述评》，载于《社会科学研究》，2008年第2期，第56-61页。

铀弹，随后还运用了影响信息安全的手段，通过信息技术将伊拉克军方的信息安全网络击溃。二是石油趋目的化，石油从被动关联的因素，发展成为主要诱因和目的。

表1 四次石油战争概况

名称	时间	作战地区	作战国家	战争缘起	目标	手段	结果	与石油的关系
第四次中东战争	1973年10月6日至24日	西奈半岛和戈兰高地	埃及、叙利亚VS以色列	六日战争中，以攻占西奈半岛、苏伊士运河、戈兰高地，吞并整个的巴勒斯坦，占领约旦大量领土	埃、叙旨在收复被以占领的西奈半岛和戈兰高地	传统军事手段	美苏两国调解下，双方停战	阿拉伯国家动用“石油武器”支援埃、叙等国。本次战争是美苏中东代理人间的战争[1]，是中东石油控制权的博弈。战后阿拉伯国家对美实行石油禁运，造成了第一次石油危机，进而触发二战后最严重的全球经济危机
两伊战争	1980年9月22日至1988年8月20日	阿拉伯河	伊拉克VS伊朗	宗教矛盾和领土争端，美为萨达姆提供武装，支持其完全控制阿拉伯河（两伊重要石油出口通道），以遏制伊朗政权	伊拉克旨在收复失地、打击霍梅尼输出革命、争夺海湾霸权	传统军事手段	两败俱伤，双方接受联合国安理会停战协议	伊拉克是世界第三大产油国，伊朗是世界第五大产油国。战争的主要目标是为争夺石油通道的控制权。造成第二次石油危机
海湾战争	1991年1月17日至2月28日	伊拉克	经联合国授权的以美国为首的多国联军VS伊拉克	伊拉克与科威特围绕石油及边境的争执破裂，伊拉克入侵科威特并占领全境	多国部队旨在恢复科威特主权，并进一步加强对中东石油的控制	军事手段与非军事手段并用（经济制裁、环境破坏）	以美国为首的多国部队胜利	海湾战争造成第三次石油危机。美国与中东石油产出国的军事、政治合作进一步加强，巩固美国等西方国家对石油的控制
伊拉克战争	2003年3月20日	伊拉克	以美国和英国为主的联合部队VS伊拉克	伊拉克隐藏有大规模杀伤性武器并暗中支持恐怖分子	美英联军表面上旨在帮助伊拉克人民建立一个自治的政府，保护伊拉克的石油及其他天然资源	军事手段与非军事手段并用（信息化手段）	美英联军最终撤出伊拉克	美发动战争的实际目的，在于拔掉伊拉克这个钉子，在伊斯兰世界建立维护美国利益的战略同盟；并控制欧亚大陆的核心地带，摆脱严重依赖沙特阿拉伯石油的局面和控制世界石油供应的主动权，实现对俄、欧、中、印等大国的战略牵制这一箭双雕的作用[2]

❶ 孙德刚：《1973年第四次中东战争研究述评》，载于《社会科学研究》，2008年第2期，第56－61页。

❷ 朱锋：《无形的武器——伊拉克战争背后的石油因素》，载于《国际贸易》，2003年第4期，第25－29页。

三、第五次石油战争的预测分析

历次的石油战争已经表现出了许多共同特征和趋势。那么，结合当下的国际形势，通过趋势外推的方法，能够较为合理地预测出第五次石油战争的基本情况和特征。

首先，第五次石油战争的作战地区将主要位于中东。历次石油战争都发生在“富得流油”的中东。而且，经过数百年的开采，中东仍是石油储量和出口量最多的地区。《Oil & Gas Journal》(OGJ) 2010 年 12 月 6 日发布的油气储量统计报告显示，截至 2010 年年底，世界石油剩余探明储量为 2013亿吨，增长 8.5%。其中，中东地区石油储量为1031亿吨，约占全球石油储量的 51%。❶

其次，第五次石油战争很有可能是围绕伊朗核问题展开的美伊战争。历次石油战争与美国的关联性一直在逐渐地增强。冷战结束以后，美国更是成为全球霸主，从操纵战争的幕后主使直接转变为参战国。如今，美国作为世界第一大能源消费国，曾不择手段甚至不惜发动战争维护其在中东地区的主导地位和利益。历史已经证明美国从不害怕为了保护自身利益而走向战争。特别是伊朗核问题一直都是美国干预伊朗主权，制裁伊朗石油输出的借口。

再次，第五次石油战争的作战手段将是军事与非军事手段并用的方式。四次石油战争在手段上已经逐渐从传统的军事手段转向军事手段与非军事手段并用的局面。如果第五次石油战争在美伊之间爆发，以美国为首的部队在实施军事打击的同时，极有可能运用经济制裁、信息网络攻击、生化武器等非军事手段。

最后，第五次石油战争的具体目的很有可能是控制霍尔木兹海峡。霍尔木兹海峡是从波斯湾通往印度洋的必经之地，是大量油气和其他资源海上运输的必经之处，被称为海上运输的“生命线”。中东地区开采和出口石油以来，霍尔木兹海峡成为世界上最繁忙、最重要的海峡之一。迄今每天经由霍尔木兹海峡运输的石油约1500万桶，占全球石油产量的约 20%、油轮运输量的约 40%。❷ 美国在伊拉克战争以后已经大规模地控制了中东石油开采。但是，霍尔木兹海峡作为重要的石油通道却被伊朗把控。美国为了维护其中东石油从开采到运输的绝对安全，并以此控制全球石油供应与价格，限制欧洲、非洲、中国等国家和地区的发展，其背后的目的很有可能是为了控制霍尔木兹海峡。

四、第五次石油战争中国的应对

针对第五次石油战争的爆发可能对我国造成的影响，笔者主要从经济、技术、外交、军事、安全理念等方面简要地提出一些应对策略。

（一）完善宏观经济调控

面对第五次石油战争可能带来的经济冲击，目前我国亟须完善现行的宏观经济调控机制：第一，积极推进产业结构调整的改革；第二，制定实施节能激励措施，改进能源消费结构；第三，鼓励发展非粮食来源的可再生资源；第四，为防

❶ 《Oil & Gas Journal》(OGJ). 2010 年 12 月 6 日。

❷ 岳来群：《对霍尔木兹海峡近期局势的几点思考》[J]，载《国际石油经济》，2012，20（1），第 17－20 页。

止石油价格波动导致的滞涨等问题，建立货币政策与财政政策的危机预案。

（二）加快能源技术革新

能源从发现到使用的每个环节与技术的应用是密切相关的，中国的节能技术在国际上较为落后。新的能源技术不仅能够将非能源转变为能源，更能够大大提高现有能源的使用效率，优化现有能源配置。因此，为应对可能的第五次石油战争，我国现在亟待解决的就是能源技术的革新。

（三）建立石油战略储备

面对石油战争可能带来的石油价格波动与石油禁运，我国需尽快建立石油战略储备。纵观欧美等发达国家的石油储备战略，我国可借鉴的方式主要为：第一，面对石油危机时，政府出台应急条例，并对受到石油危机影响的企业及社会加大干预，如20世纪70年代日本出台的“紧急石油对策纲要”（1973年11月）和“石油供应合理化法”（1973年12月）；❶ 第二，当石油价格波动过大时，国家动用储备石油以平稳经济，如2005年，为缓解卡特里娜飓风造成的石油市场紧张，美政府动用了3000万桶的石油储备。❷

（四）实行能源国际战略

面对第五次石油战争可能造成的中东石油供应紧张，我国应该尽快实行能源国际战略，降低对中东石油的依赖程度，弱化石油战争可能带来的石油供应危机：第一，与能源储备国加强联系，鼓励经济技术合作与往来，从而多元化我国的石油供应市场；第二，加快海外石油市场投入，努力并购能源类企业，进而增加我国海外石油的获取份额。

（五）提升我国安全理念，促建新东亚安全体系

近几年，美国不断加强同日韩，以及东南亚国家及澳大利亚的军事合作，频频举行联合军事演习。一旦美国在第五次石油战争中获胜，其对中东地区的军事控制权也得到进一步加强。届时，我国将面临以美国为首的，来自东、南、西三面的半包围军事威胁圈。

面对存在的军事威胁，我国亟须改变消极依赖、被动应对、政治为主、忽视经济的“应对型”传统安全理念，摆脱国际安全合作中的被动态度，构建独立自主、积极主动、政经并举的“发展型”大国安全理念，发挥地缘战略优势，主动与周边及远东国家建立安全合作关系，以发起者的姿态努力促建新东亚安全体系，遏制美国霸权主义的进一步扩张，在与他国互利互保的基础上，为我国未来的发展确立一个安全稳定的周边环境。

---

❶ 杜征征，杜巍巍：《历次石油危机回顾及对中国的警示》［J］，载于《渤海大学学报（哲学社会科学版）》，2009，31（2），第99－105页。

❷ 杨畇：《美国石油危机应对机制及其对我国的启示》［J］，载于《国际石油经济》，2007，15（2），第13－16页。

进无保障，退无耕地
——浅析我国失地农民的安全困境

杨　光*

【摘要】在我国社会转型与城市化进程中，一个特殊的群体时常跃入我们的眼帘——失地农民。这是我国当代发展背景下的特有产物。学界对“失地农民”的探究往往集中于征地政策、政府责任、社会救济等方面。笔者基于“非传统安全”视角来解读我国失地农民的安全困境问题，并尝试从建设“平安中国”的理念来提出多元治理的解决思路。

【关键词】失地农民；安全困境；非传统安全；多元治理

为了降低城市化、工业化成本，实行赶超战略，我国自1950年就建立了服务于计划经济的简明而周密的征地制度。随着时代背景的变化，土地征用制度也在不断地调整和变化。然而，数轮改良式的微调未能摒弃其“城市偏向”和“工业偏向”的本质特征，国家依然通过压低征地补偿标准从农村抽取大量资金、资源来推动城市、工业的发展。国家这种“厚此薄彼”的发展模式的直接后果是：城乡差距持续拉大，日趋繁荣的城市背后，是日益凋敝的广大农村。农民成了工业化与城市化进程中最大的贡献者和最大的受害者。当前我国失地农民普遍面临着“进”无保障，“退”无地耕的两难困境。

一、非传统安全语境下的“失地农民”

（一）概念界定

农民是一个很宽泛的概念，并随着社会经济的发展而不断演变。作为职业概念，它是指从事农业生产劳动和取得土地经营收入的劳动者；作为身份概念，它是指拥有农村户口而在农村集体中拥有土地的那部分人；在户口统计上，它是指除“非农业人口”之外所有的农业人口。

在我国城市化进程中很多农民失去了全部或大部分承包经营的土地，被迫成为一类特殊群体——失地农民。若要下一个定义，可以解释成“为了城市化快速发展的需要，大量原本属于农村集体所有、家庭联产承包经营的土地被征为国有

* 杨光：浙江大学公共管理学院行政管理专业2012级硕士生。

用地而撤销建制和尚未撤销建制并部分办理或未经办理农转非人员的农民。”❶

非传统安全指“一切免于由于非军事武力所造成的生存性威胁的自由。”❷ 非传统安全威胁是涉及“社会安全”与“人的安全”为主要领域的各种威胁。❸ 那么现实中失地农民整体上已经陷入了安全困境的威胁。在我国城乡二元结构下，身份按地域划分，不是农民就是市民，那么失去土地的农民理应划入市民的行列。但现实中，这部分人并没有充分享受到城市居民的待遇，往往成为游走在城市与乡村边缘的尴尬人群。他们得不到应有的待遇，其安全概念中最基本也最重要的“人的安全”受到侵犯，使之成为一类特殊的无法明确定义的存在群体。

（二）问题界定

安全有三要素，包括主观上没恐惧，客观上无威胁和主体间无冲突。从这三个角度足以显现我国失地农民的安全困境。首先与普通传统农民相比，他们失去了作为身份标志之一的且赖以生存的土地，没有土地这一就业保障，也就没有了自留地的自产自销、自给自足，这是主观上的生存恐惧。其次，与城市居民相比，他们还是农民，他们的思想观念、生活方式并没有发生明显变化，并因为就业和社会保障等问题而无法进入城市内部。这是客观的威胁。最后，在我国征地的过程中，地方政府往往角色错位，把自身看作是一个营利的利益主体，而忽略了政府作为公共服务的机构和代表广大公众利益的定位。由于经济利益、政治利益和个人利益的驱动，他们扮演了土地交易的主体，在农村土地市场中既当“裁判员”，表现在管理土地和查处占地，又当“运动员”，用地在政府，多占地也在政府。种种行为既背离了公共利益的本质，更损害了失地农民的利益，造成农民对政府的不信任甚至厌恶，这是主体间的冲突表现。以上种种失地农民安全困境的存在，折射出我国社会转型与城市化进程中的非“优态共存”的一面。

统计显示，在改革开放飞速发展的30年中，基于公共基础设施建设和商用项目的征地行为催生了8300多万被征地农民，❹ 并且以每年200多万人的速度增加。据预测，2020年我国失地农民总数将超过1亿。❺ 若不重视，并将引发失地农民与城市居民和政府之间的对抗战，这同样不符合可持续发展的理念，失地农民的生存权、发展权，包括生活、就业、养老、医疗等一系列问题都亟待解决。

二、失地农民的安全困境

苏州大学中国农村城镇化研究中心主任任平教授形象地用“三无”“六失”来归纳失地农民面临的安全困境。“三无”一般表述为：“种田无地、就业无路（岗）、保障无门（份）”，而“六失”

---

❶ 武玲娟：《“城市化进程中‘政府主导型’失地农民社会保障模式研究”》，2006年4月。

❷ 余潇枫：《非传统安全与公共危机治理》，浙江大学出版社，2007版，第32页。

❸ 余潇枫：《“‘平安中国’：价值转换与体系建构——基于非传统安全视角的分析”》，载于《中共浙江省委党报》，2012年第4期。

❹ 张学英：《“可持续生计视域下的被征地农民就业问题研究”》，载于《贵州社会科学》，2010年第4期。

❺ 凤凰财经：《民进中央：失地农民数量迅速扩大2020年将超1亿》，http：//finance. ifeng. com/news/hgjj/20090314/444840. shtml，2009年03月14日。

则具体表现为："失地、失业、失屋、失保、失教、失身（份）"，这个描述简洁明了却深刻全面。失地农民面临着两难境地，"进"无保障，"退"无地耕。为了更加直观地把握失地农民的境况，笔者采访了江苏省盐城市盐都区潘黄街道扬坝村的刘红生，了解到在2002年，盐城市新日月房产有限公司开房地产征用了他家1.3亩/人，一共3.9亩的全部土地。按照当时补贴1.3万元/人，刘一家三口共得到3.9万元的一次性补偿。如今，刘常年在外地打工，做油漆工等兼职，每天有110元左右的收入。妻子则在纺织厂上班，月工资1500元左右。目前刘一家只享受农村合作医疗保险，人均缴75元（包括小孩），住院看病政府可报销55%左右的总费用，平时在本村看病拿药可报销35%，而其余养老和住房保险都没有落实。

结合刘红生的境况，笔者想试着根据余潇枫教授给"平安"概念的界定，从社会安全和人的安全这两个维度来分析当代失地农民的安全困境。

（一）人的安全维度

对个体来说，"平安"就是"人的安全"得以保障，即个体的"平安"是这样一种生存状态：人的身体没有受到伤害、人的心理没有受到损害、人的财产没有受到侵害、人的社会关系没有受到迫害、人的生存环境没有发生灾害。❶

失地农民失去土地，失去他们最宝贵的财产——赖以生存的土地，生存环境遭到破坏，同时伴随着农村坏境的熟人网络瓦解；他们游走在城市边缘，很难被城市完全接纳，心理受到创伤，等等具体表现为以下几点：

1. 征地补偿不到位

国家有关统计显示，土地收益分配中，农民只得5%～10%，村一级得25%～30%，政府及部门得60%～70%，可见农民得到的补偿显然是极低的。其次，现行的补偿标准与一些失地农民的纯收益相比，补偿标准低，甚至低于失地农民的纯收益。最后，征地补偿费还远低于土地的出让收益、土地的真实市场价格以及城市居民的生活保障。在征占农民土地方面，有学者计算，数十年的工业化和城市化，"政府"已经剥夺了农民土地价值19万亿！❷

2. 模糊身份的困惑

"农转非"政策只解决了失地农民的制度性身份问题，即获得了政府的政策准入与资格认同。但就其身份而言，失地农民自我感知的身份很模糊。目前，我国无论是学术界还是政府方面，对失地农民身份的定义和称呼普遍存在着不明确性和不稳定性。"失地农民"显然具有两重性，说他们是"农民"，他们却没有土地；说他们是"市民"，但又没有得到其他市民的承认，就连政府在政策制定上也没有将其列入市民范畴。所以，"失地农民"是一个尴尬的概念，无论是社会还是官方，甚至连失地农民本身都常常感到身份的模糊与困惑。

3. 就业安置困难

土地是农民赖以生存的生存岗位和收入来源，失去土地以后，农民"被下岗"，只好被迫转战其他行业。而目前，对失地农民普遍采取的是一次

❶ 余潇枫：《"'平安中国'：价值转换与体系建构——基于非传统安全视角的分析"》，载于《中共浙江省委党报》，2012年第4期。
❷ 李昌平：《中国和中国农民》，2008年9月20日在中国政法大学的讲座。

性货币补偿的办法，很少考虑其就业。即使少数安置的失地农民也大多在20世纪90年代中期以来的企业为而精简实行下岗分流的浪潮中“身先士卒”。当农民进入第二、三产业谋业时，由于资金与技术的缺乏，往往不具备竞争力；而进城务工也往往由于体制缺陷使其处于弱势地位。

4. 相关社会保障不力

一般而言，剥夺农民利益的力量有两种：一种是制度剥夺的力量，一种是市场剥夺的力量。而后者又是前者造成的。❶

在我国，主要是由于城乡二元体制导致农民的社会保障不利。第一，社会保障很少涵盖失地农民且水平较低；第二，失地农民无法享受城市居民的社保。由于我国长期实行的是二元制城乡经济结构，农民与市民之间形成了一道制度性的屏障。农民在失地的同时也失去了农民的身份和土地的福利功能，但又未同时获得市民的社会保障待遇，国家、集体、社会的责任尚不明确，使得失地农民陷入“种田无地、就业无岗、低保无份”的境地。目前，解决失地农民的养老保障、最低生活保障和合作医疗等问题成为焦点。

5. 心理适应期漫长

这主要是由居住方式及生活空间的改变而带来的心理不适应。近几年各地掀起规模浩大的拆村运动，在“城乡统筹”，“新农村建设”，“旧村改造”，“小城镇化”等口号下，农民“被上楼”，几乎在一夜之间从小农院住进了楼房，居住方式也由传统的分散的村落式的变为集中的统一规划的农民新村。地方政府让农民“上楼”，节约出的宅基地复垦，以换取城市建设用地。有调查显示，“被上楼”后，农民平均居住面积减幅高达37.3%。但住房面积的减少是次要的，重要的是传统农村的群落氛围被推土机铲平了，被钢筋水泥固化了，基于血缘和地缘的人脉亲情遭遇楼上楼下的距离阻隔。农民多多少少有些失落感和怀旧感，心理不适应现象普遍。

（二）社会安全维度

对社会来说，“平安”就是“社会安全”得以维护，即社会的“平安”是这样一种社会状态：社会正义能得以伸张、社会公平能得以体现、社会矛盾能得以化解、社会冲突能得以调适、社会和谐能得以实现。❷

随着工业化、城市化的进程不断加快，征地规模、征地速度、征地幅度的急剧增长，失地农民不断增加。但由于城乡二元体制的分割，以及政府的监管不力，失地农民在就业、教育、医疗等方面都享受不到与城市居民相同的待遇，沦为城市的“二等公民”，给其身心都造成了一定的伤害。这违背了“以人为本”的治国原则，也违背了社会公平与正义的伦理趋向。

另外，在计划经济年代，征地量少、且一般采取直接“农转非”的安置模式，失地农民在一定程度上还有“鲤鱼跃龙门”的喜悦；而在市场经济条件下，虽然有“谁征地，谁负责安置”的原则规定，但客观上因失地农民缺乏社会保障的支撑，失地农民成为“种田无地、就业无岗、低保无份”的“三无农民”，不仅使他们失去了基本

❶ 李长健，《论农民权益的经济法保护——以利益与利益机制为视角》，载于《中国法学》，2005年第3期。

❷ 余潇枫：《“‘平安中国’：价值转换与体系建构——基于非传统安全视角的分析”》，载于《中共浙江省委党报》，2012年第4期。

生活来源，也引发了对社会的不满情绪，因征地问题而产生的群体性上访事件居高不下，因征地而引起的群体性冲突也屡见不鲜。根据国土资源部的统计数字，目前全国1/3以上的群众上访归因于土地问题，而其中60%左右直接由征地引起，失地农民问题已经由发达地区局部社会问题扩展为全国性的社会问题。[1] 这些都在一定程度上影响了经济发展和社会安定稳定，影响了和谐社会建设。

三、我国失地农民未来生活之展望：多元综合治理

失地农民问题以及由其引发的一系列问题已经属于非传统安全的范畴，而非传统安全具有治理的综合性特点，需要各种行为主体参与治理。

（一）政府角色

失地农民属于弱势群体，弱势群体利益的保护是政府的基本责任。可喜的是，"十二五"计划将"三农问题"放在了首位，还特别强调了对农民工的安置问题。其中第二篇《强农惠农，加快社会主义新农村建设》，第五篇《优化格局，促进区域协调发展和城镇化健康发展》，第八篇《改善民生，建立健全基本公共服务体系》等都对农村农民问题提出了具体改革意见。全会提出，"十二五"期间将着力保障和改善民生，逐步完善符合国情、比较完整、覆盖城乡、可持续的基本公共服务体系，推进基本公共服务均等化。同时"十二五"规划追求"民富"，"城乡居民收入普遍较快增加"是"十二五"主要目标之一，意味着国家将完善收入分配格局，改革收入分配体制将提升到更重要的战略高度。另外，强调城镇化要防范"大跃进"，不能让"新市民"成为"二等市民"。一是就业问题，必须以增加就业为前提，如果盲目地增加城镇人口，会导致过度的城镇化，造成进城失地农民的贫困化。二是保障农民工依法享有各项劳动权益，三是要改革现行城乡二元的福利体制，鼓励失地农民在城镇落户定居。四是要依法保护农民的土地权益，不能把农民放弃承包地和宅基地作为进城落户的先决条件。我国的城镇化绝不走让大量农民失去土地，沦为贫民的城市化道路。保障失地农民利益，实现农民工市民化，将成为"十二五"城镇化进程的重头戏，也是推进城乡一体化的突破口。这些政策无疑给失地农民送来了福音，带来了改变生活的希望。

（二）社会角色

政府存在失灵的状态，社会应参与其中。首先，社会上要摒弃对失地农民的偏见和歧视，弘扬公平正义，互助合作的人文精神；其次，社会舆论和社会组织要监督政府职责的履行，为失地农民谋公平；最后，社会中的第三部门应积极加入到失地农民的救助中去，如组织农民进行职业技术培训，帮助农民进行心理疏导，为受到不公平待遇的农民提供法律援助，给留守儿童提供家教服务等。

（三）社区角色

近几年一些学者开始在失地农民社区层面寻求解决问题的现实途径，如强调利用社区的整合功能为失地农民解决就业、生活困难等问题；以社区为纽带，改造失地农民的精神意识；通过社

---

[1] 杨涛，施国庆：《"我国实施农民问题研究综述"》，载于《求实》，2006年第9期。

区互助，形成社区支持系统等。[1] 以社区为单位关心照顾失地农民，方便集中提供生活救助，技能培训等。在各地可以试点并成功推广。

（四）失地农民自身

掌握改变的主动权仍在失地农民自己手中，努力适应城市生活，转变传统的生存观念，构建新的社群人际网络，自主参与学习获得技术与能力的提升，积极迎接新生活的挑战，主动市民化才是明智的不二选择。

总之，“社会安全”与“人的安全”被引入安全的新视域，“社会”和“人”成为了安全中的价值基点。[2] 失地农民的安全困境不仅威胁到其自身的生存权与发展权，更为社会埋下不稳定的因子。农民无论在革命战争的年代，还是在新中国建设的岁月里都付出了巨大的牺牲与贡献，甚至可以说是拯救了中国；在新时期城市化的进程中，失地农民再一次作为受害者而生存窘迫。改善失地农民生活，提高失地农民保障，是建设“平安中国”的责任，是公平社会理念的追求，更是感恩农民、守望农村的拳拳深情流露！

---

[1] 汪萍：《中国失地农民问题研究：主题转换与未来走向》，《安徽农业大学学报（社会科学版）》，2010 年第 1 期。

[2] 余潇枫：《“平安中国”：价值转换与体系建构——基于非传统安全视角的分析》，《中共浙江省委党报》，2012 年第 4 期。

农民工安全感从哪里来
——基于人的安全视角

曹红华*

【摘要】随着城市化快速推进，越来越多的农民选择去城市就业，农民工逐步成为一个庞大的群体。农民工具有规模性、身份上的特殊性、强流动性、未来的不确定性等特征，当农民工群体缺失安全感或安全感低下时，需要从非传统安全的视角来解决问题。从经济安全、粮食安全、健康安全、环境安全、人身安全、共同体安全和政治安全等方面对农民工安全感的评估分析发现，农民工安全感呈现弱态，这就需要依靠政府、社会团体、企业、家庭和自我等主体，立足于人的安全提升其安全感。

【关键词】农民工；安全感；非传统安全；人的安全

农民工为我国城市建设乃至世界经济做出了巨大贡献，2010年美国《时代》杂志将其评为“年度人物”第二名。据国家人口计生委发布的《中国流动人口发展报告2012》统计，2011年我国流动人口总量接近2.3亿，农民工约占流动人口总量的80%。农民工的状态与中国的经济增长、社会稳定密切相连。然而，工资水平低下、工资拖欠问题、就业能力欠缺、加班现象严重等诸多制约因素，影响着农民工的安全感，当代农民工安全感如何？农民工问题“安全化”是否必要？农民工安全感如何提升？思考和解决这些问题已迫在眉睫。

一、中国当代农民工安全感现状评估

农民工指具有农村户口身份却在城镇务工的劳动者，因工业化进程加快和传统户籍制度严重冲突而产生❶，特点在于队伍具有规模性、身份特殊性、强流动性、未来发展不确定性等，农民工可分为第一代和第二代农民工，如表1所示。安全感是相对于不安全感的心理状态，也可表述为基本安全需求❷。安全感问题既要考虑到客观安全的制约，也要关心主观感受❸。

---

* 曹红华：浙江大学公共管理学院行政管理专业2012级硕士生。

❶ 郑功成：《农民工的权益与社会保障》，载于《中国党政干部论坛》，2002年第8期，第23页。

❷ 于世刚：《确定感、安全感、控制感——人的安全需要的三个层次》，载于《社会心理科学》，2011年第2期，第133页。

❸ 有学者既把安全视为一种客观性的东西，也理解为一种主观性的东西或者说安全感。参见王逸舟主编：《全球化时代的国际安全》，上海人民出版社，1999年版，第36页。

表1 第一代与第二代农民工特征对比[1]

对比内容	第一代农民工	第二代农民工
成长环境	改革开放前、多子女家庭	改革开放后的不多于两个孩子的家庭
文化程度	小学、初中文化为主	初中及以上文化为主
打工目的	为家庭，生存为主	为自己，追求生活质量
城市认同感	较弱、多以同乡为主要交往对象	较强、向往城市生活和融入城市
与外界的信息交流	以口信、书信为主	以电话、网络为主
务农的经验	有较丰富的务农经验	没有或缺乏务农经验
对未来的期望	多数人在年龄大后返乡劳动	多数人不愿返乡务农

“人的安全”最早在1994年由联合国开发计划署发布的《人类发展报告》界定[2]，为了避免人的安全的定义过于宽泛，报告把人的安全具体划分为经济安全、粮食安全、健康安全、环境安全、人身安全、共同体安全和政治安全[3]。

人的安全基于国际安全研究的视角，倾向于将个体作为安全的指涉对象，更关注内部威胁[4]。人的安全的要求与农民工的现状对比如表2所示[5]。前5个安全要素会影响到农民工的生存安危，共同体安全与政治安全则与农民工的精神诉求和个人发展密切相关，从农民工的安全状态来看，农民工的整体安全感很低，第一代农民工的安全感状况尤甚。

表2 以人的安全为框架的农民工安全状态评估[7]

安全要素	具体解释	农民工安全评估		农民工安全状态的具化
		第一代	第二代	
经济安全	基本收入有保障	弱	中	基本收入较低
粮食安全	确保粮食供应充足	中	强	粮食供应基本充足
健康安全	相对免于疾病和传染	弱	中	健康状态严重，受到工作环境和医疗水平的限制
环境安全	能够获得清洁水源、清新空气和未退化的耕地	中	中	环境状况依靠城市环境和居住卫生的提升
人身安全	免遭人身暴力和威胁	中	中	人身安全依靠社区治安和法律保护的完备
共同体安全	文化特性的安全	弱	弱	城市社会融入度低下
政治安全	基本人权和自由得到保护	弱	弱	人权和自由受就业形势、社会环境的限制，生存尊严难以构建

[1] 刘传江，徐建玲：《第二代农民工及其市民化研究》，载于《中国人口·资源与环境》，2007年第1期，第8页。

[2] 该报告将安全的概念与对普通民众的关切结合起来，倡导从外在维度上维护人的生存安全、免于匮乏，从内在维度上保障人的人格安全从而免于恐惧。

[3] United Nations Development Program，Human Development Report 1994，New York：Oxford University Press，1994，p. 23.

[4] ［英］巴里·布赞：《论非传统安全研究的理论架构》，载于《世界经济与政治》，2010年第1期，第116页。

[5] 本表尝试以人的安全的7个要素作为指标来对农民工的安全现状做一个简要评估，安全状态分为3个程度，分别为“强”“中”“弱”，农民工安全状态的具化一栏是对安全状态的解释。

[6] 资料来源：依照《人类发展报告》关于人的安全的内容整理分析得出。

新生代农民工基本不懂农业生产，即使经济形势波动，城市就业形势不好，他们也不愿返乡务农。农民工“五险一金”的参保比重低，工作时间较长，经济收入低、工作和生活条件差、文化程度低，健康观念较差。虽然农民工融入当地社会意愿强烈，但社会参与渠道较少❶，他们与城市其他社会群体交流不多。

上述问题造成农民工安全感低下这一难题，其特征在于制度相关性、利益对抗性、危害衍发性和地域差异性。首先，农民工安全的缺失很大程度上与社会保障制度、户籍制度、教育制度等公共政策密切相关，问题的产生与解决很大程度上依赖制度。其次，任何问题的产生都源于利益的分配不优，农民工的安全问题牵涉员工发展与企业发展、社会发展与经济发展的博弈，表现出利益对抗的特点。再次，农民工安全问题不仅影响农民工的自身安危，也可能衍发群体性事件、传染病危机等。最后，农民工主要分布在东部区域，尽管近年来西部区域的农民工数量在逐步上升，但总体上农民工问题还呈现区域差异。

农民工受生活风险的多重压力、社会保障参与的阻碍、城市社会融入的冲击和现行户籍制度的限制，有调研发现农民工群体的社会安全感甚至低于农民❷，其安全问题若没有得到重视与解决，可能会引发诸如阻碍经济发展、破坏社会和谐、禁锢城市文化发展等危害。

二、人的安全视野下农民工问题“安全化”的重要性与必要性

“安全化”由巴瑞·布赞提出，指某个公共问题作为存在性威胁并需多方面采取紧急措施，使公共问题转化为安全问题的过程❸。非传统安全威胁对社会冲击造成“生存性焦虑”与“主体性不安全”，使人们陷入“危机常态化”的不安处境❹，农民工的个体安全属于个人安全的范畴，当众多农民工感到安全感低时，如图1所示，该问题就通过社会化变成公共问题，持续升温的民工荒、农民工“跳楼”“活埋自己”讨薪等就是例证。在中国，当代的“农民工”问题尽管很严重，却并没有被国家或社会“安全化”，仅涉入理论探讨阶段。然而，在现实意义上，农民工问题“安全化”的重要性与必要性日益突显。

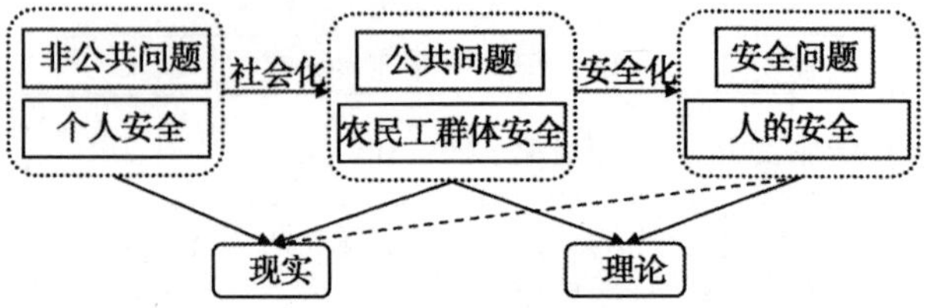

图1　农民工安全感问题“安全化”

一方面，农民工数量攀升与安全感下降的现实要求农民工问题“安全化”。在城市化进程中，农民工已成为中国城市第二、三产业劳动力的重要组成部分，有数据表明农民工对我国非农经济

---

❶ 此处是基于对10个安徽籍在上海的农民工的结构性访谈结果分析得出。

❷ 李培林，李炜：《近年来农民工的经济状况和社会态度》，载于《中国社会科学》，2010年第1期，第120页。

❸ 余潇枫、潘一禾、王江丽：《非传统安全概论》，浙江人民出版社，2006年版，第12页。

❹ 余潇枫：《“平安中国”：价值转换与体系建构——基于非传统安全视角的分析》，载于《中共浙江省委党校学报》，2012年第4期，第16页。

产出的贡献率平均为16.37%，对经济增长做出了重要贡献[1]。尽管农民工已经并将继续在城市经济社会发展中发挥着不可或缺的作用，却并未得到相应的经济待遇和社会地位，陷入被边缘化的困境，处于表象的城市化或者“半城市化”状态，为社会和谐稳定埋下隐患。另一方面，农民工问题“安全化”有助于农民工安全感的提升。一旦对社会群体构成一定的威胁，并需要行政手段、法律手段等措施进行治理时，公共问题就转换为安全问题，而安全问题更易激发多种手段的实施以助于问题解决。农民工安全感的缺失源于非正规工作、社会保障的有限性与不平等性、政治参与和利益代表不足、家庭分离的居住形式、平等教育权的缺失等多个方面[2]，农民工安全感问题安全化更为注重农民工的生存状态，强调以维护人权为重点提升安全感，实施多方举措来保证满足农民工的复合型需求。

三、中国当代农民工安全感提升对策

农民工安全感的提升方式分为两类，包括安全感的外力供给系统和内在生成系统（图2）。前者是指依靠政府、社会团体、企业和家庭为主来构筑农民工的安全感提升模式。一是通过政府制定农民工住房补贴政策、解开户籍制度的限制、将农民工纳入城市社会保障体系以及增加农民工职业培训机会等，为农民工的安全感提升构建政策保障体系。二是依靠各类协会、社团、非营利公司等NGO组织，为农民工提供心理辅导、文化活动等机会，加强农民工在城市社会的融入度。三是企业以维护长远发展为目标，对农民工施行人性化管理，激励农民工的工作积极性，逐步改变长工时、低薪资的管理模式。四是针对当前农民工将老人、孩子甚至配偶安置在农村的现象，在政策安全供给的基础上，以家庭的力量来构筑农民工的安全感。

安全感内在生成系统是指以农民工为主体的自我安全内生系统。人的安全是以人为中心的概念，包括个人及其组成的群体，它所关注的既包括人的生命，更包括人的尊严[3]。因此，在解决农民工安全感问题时，不仅要借助外力提升人的安全，更要关注人对安全的内在感受，这不单是纯粹的依靠“拿来主义”，还需要农民工通过自我提升，消除自己与城市人口的相对不平等感和不安全感，以增加农民工对风险的容忍度、个人的尊严感、人际交往之间的信任感、对自我的接纳程度以及融入社交的积极性。

结语

提升农民工的安全感是保障人权的重大体现，也是目前城市发展中亟须解决的问题之一。然而，农民工安全感问题并非一时笑　，也难一时解决，提升农民工的安全感需要政府、社会、个人等多方努力，需要改变以往重视国家层次、轻视社会

---

[1] 王春超、荆琛：《中国城市化进程中农民工对经济产出的贡献与收益分享》，载于《经济社会体制比较》，2012年第2期，第144页。

[2] 刘爱玉：《城市化过程中的农民工市民化问题》，载于《中国行政管理》，2012年第1期，第112页。

[3] 封永平：《安全维度转向：人的安全》，载于《现代国际关系》，2006年第6期，第57页。

及个人层次的态度，使国家变“小”，让社会变“大”[1]。此外，人的安全状态从极度不安全感到极度安全感之间，存在生存危态、生存劣态、生存弱态和生存优态四个层次，安全感的形成不是一蹴而就的，是阶段性过程，需要以长远的眼光随城市化进程长久推进。

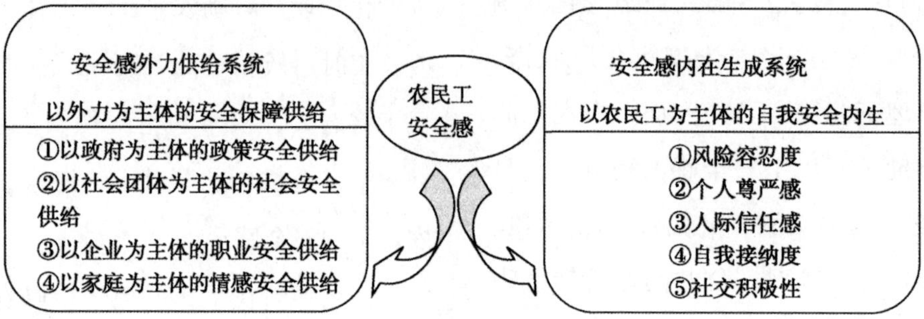

图2　中国当代农民工安全感提升对策图示

[1] 王逸舟：《论“非传统安全”——基于国家与社会关系的一种分析思路》，载于《学习与探索》，2005年第3期，第7页。

转基因食品：天使还是魔鬼
——基于非传统安全视角的思考

王姣姣*

【摘要】 近年来，转基因食品在世界范围内发展迅速，人们对转基因食品的安全性也日益关注。转基因技术是基因武器的一种，利用转基因技术能够引发基因战争，所以转基因食品威胁属于“多源性”非传统安全威胁。文章基于非传统安全视角，探讨转基因食品的安全性及其应对，主要包括转基因食品安全威胁的识别、评估、排序和应对。最后通过对转基因食品安全问题的非传统安全分析，提出将其“去安全化”的对策。

【关键词】 转基因食品；显在威胁；潜在威胁；生物国防

食品是人类赖以生存的物质基础，食品行业的发展直接关系着人类的生命安全。为了达到增加产量和改良特性等目的，基因工程技术在食品行业中被广泛应用，出现了多种转基因食品。转基因生物，系指利用分子生物学技术将某些特定的外源基因导入其他生物中去，或者改变某种生物的基因特性，由此改变动物、植物和微生物的某些基因，这样得到的生物为转基因生物。之后对这些转基因生物进行生产加工得到的食品以及其相关产品，即为转基因食品，其中包括转基因动物、植物和微生物。❶ 转基因食品的笑　及由此引发的显在的与潜在的转基因食品安全威胁引起了人类社会尤其是发展中国家的高度重视，人们越来越关注转基因食品的安全性研究。

一、转基因食品非传统安全威胁的识别

（一）转基因食品威胁的非传统安全特征

从非传统安全的视角来看，转基因食品威胁的特征有：①成因的潜在性，转基因食品的威胁来源隐蔽、多样、复杂，爆发的时间和地点存在着极大的不确定性，所以将会以突发的形式造成巨大危害；②影响的代际性，转基因食品目前还没有明确的技术测定它具有危害，但我们这代人食用转基因食品，会影响下一代或下下代人的基因；③问题的始发性，转基因食品问题是过去没有过的新问题，它的出现是由于生物技术的巨大发展而引发的新安全问题。

---

* 王姣姣：浙江大学公共管理学院助教。

❶ 霍飞、江国虹、常改：《转基因食品的发展现状及安全性评价》，载于《中国公共卫生》，2003 年第 19 期。

（二）转基因食品非传统安全威胁的发生类型

近几年来，有关转基因食品危害人体的报道日益增多，人们对转基因食品的安全性也日益关注。转基因食品的威胁包括对人类健康的威胁、对生态环境的破坏，等等，但基本上可以分为显在与潜在威胁两种。

1. 显在威胁

转基因食品的显在威胁主要是自有转基因技术以来，人类种植和食用转基因食品所产生的危害。一方面会产生毒素或增加食品毒素含量。一些研究学者认为，转基因食品可能增加微量毒素的含量，严重的会导致某些遗传类疾病。另外，营养成分减少。英国伦理和毒性中心的试验报告说，转基因食品中对人体有益的成分减少了12% ~14% 。最后，引起人体过敏反应，造成不可预知的后果。在转基因操作中，含有从细菌中提取的基因的食品有可能导致过敏现象的扩展，使人发生过敏反应，特别是对儿童和具有过敏体质的成人。比如：科学家将玉米的某一段基因加入到核桃、小麦和贝类动物的基因中，蛋白质也随基因加了进去，那么，以前吃玉米过敏的人就可能对这些核桃、小麦和贝类食品过敏。❶

2. 潜在威胁

转基因技术的进步极大地丰富了我们的食品市场，我们可以吃到许多品种、更加美味的食品。然而，对转基因食品可能具有的潜在危害我们不能大意。尽管有人认为，我们已经吃了很长时间的转基因食物，而没有任何问题，但这不能说转基因食物就是完全健康的。转基因食品潜在威胁包括：不自然食物所引起其他损害健康的影响；农作物上应用的化学药品增加水和食物的污染；食物内所产生的新毒素和过敏原；农作物的生物多样化的损失和对生态平衡的干扰；部分别有用心的国家可能利用转基因武器进行基因战等。对生态平衡和环境的破坏是转基因食品的又一潜在危害。农作物的抗农药基因有可能通过花粉传给其他妨碍农作物生长的野草，这可导致除草剂的滥用，引起土壤板结，土质变坏，加重环境污染。转基因抗虫作物产生的杀虫物质，如果把害虫都杀死了，必然破坏自然界固有的食物链，对生态系统产生不利影响，影响到人类自身的生存。另外，为了培养一些具有更强的抗病虫害能力和抗旱能力的品种，而对农作物进行的改良，其特性很可能会通过花粉等媒介传播给野生物种。

二、转基因食品非传统安全威胁的评估

从科学角度来看，转基因作为人类食品、动物饲料，对人类和动物健康至少具有潜在的不安全性。转基因生物本身是不稳定的，被插入的外源基因有极大的概率会发生移位、扩增、碎片化、失活、甚至引起突变；转基因的农作物不仅会表达外源基因的功能，还有很高的概率在体内合成新的生物物质，人类可能还不知道那些新的物质具有什么性质和影响。科学研究早已了解到这一点，在专业范围内早有共识。把这样的转基因技术商业化、把转过基因的生物释放到生态环境中，是不安全的：对其他生物和生态系统都不安全；应用此种技术造成基因危害的概率，远远大于

❶ 葛国耀，宋子良：《透视转基因食品》，载于《自然辩证法通讯》，2004 年第 2 期。

零——即危害必定会、早晚会发生。当独立科学家们进行饲养试验时，就会发现（比对照组）更多的死亡、不育、发育迟缓以及一系列的器官功能障碍。❶ 转基因动物饲喂实验中出现的异常，是一个提示：人类如果食用转基因食品，也会相应地被伤害，而且可能是长期缓慢的、严重的、极有可能是不可逆的伤害；人类生命周期数倍于任何一种实验动物和农场动物，如果要先确认转基因对人体健康和生育的实际作用，再决定中国是否走转基因的生物技术路线，那就应该至少再观察两代人以上的时间（如50年），并且进行足够大规模的非模拟实验。在实验全面完成之前，不能仓促决定中国应该全面转向转基因的生物技术路线，否则就是不科学、不慎重的，至少是失策。

从经济角度来看，转基因技术、产品持有者可能通过转基因技术与专利谋求全球粮食市场垄断地位、永久控制人类口粮的企图。根据绿色和平组织的调查，当前世界上绝大多数的转基因作物研发的相关技术都已经被美国孟山都等少数公司所控制，而且这些生物巨头已经通过专利技术和国际公约，攻陷了一些国家的粮食控制权。在全球转基因育种的市场中，美国孟山都一家公司就占据85%的份额。美国目前在转基因技术上是全球领先的，这个领先比常规育种更大，是全球垄断。

从政治角度来看，我们无法排除美国借助转基因技术、专利巨头推行粮食霸权，企图控制其他国家乃至全人类的国际政治战略图谋。创造转基因的农作物，是不是基因工程的主要目的，或者唯一目的？但愿它就是。然而，和转基因技术联系在一起的，不是别的东西，恰恰是更高级的生物武器——基因武器。过去的生物武器，不论是自然界的病菌、病毒、小动物，还是人类生产的毒剂，在施放时都是“普适”的，不分敌我一律打击。而基因武器的打击方式就不一样了，它能够自动区分敌我，实行“精确打击”。所以，一旦别有用心的国家利用基因武器进行基因战争，这对人类来说将是一场全面性和毁灭性的灾难，而且人类无法设防。我们无法从逻辑上排除基因战争发生的可能性，也无法断定某些国家不会利用转基因技术实现其政治意图。

三、转基因食品非传统安全威胁的排序

在传统的安全视野里，国家安全是安全中最重要的领域，传统安全理论处处体现着国家中心主义的色彩，而且在政治级别上远远高于人的安全和社会安全。然而随着全球化时代的到来，社会安全和人的安全问题越来越凸显，当人的“生存性威胁”与社会的“生存性威胁”频繁而普遍地产生并被作为“安全化”的对象时，人的安全、社会安全就置于了国家安全的前面。❷ 可见，从非传统安全的视角来看，人的安全和社会安全高于国家安全。而转基因食品威胁排序正好解释了非传统安全的这一安全理论。

转基因食品首先紧迫地威胁着人类的身体健康，会导致人体过敏乃至中毒，这严重威胁着人的安全。“人的安全”最早通过联合国开发计划署

❶ 顾秀林：《转基因战争》，知识产权出版社，2011年版，第40页。

❷ 余潇枫：《非传统安全概论》，浙江人民出版社，2006年版，第30页。

于1993年提出，在1994年发布的《人类发展报告》中作了界定和阐发，为了避免人的安全的定义过于宽泛，报告把人的安全的要素具体划分为经济安全、粮食安全、健康安全、环境安全、人身安全、共同体安全和政治安全。❶ 可见转基因食品威胁着人的安全中的粮食安全、健康安全、环境安全这三个要素。由于人的安全是国家安全之本，解决地区层次、国家层次、跨国层次和全球层次的各种非传统安全问题，归根到底是要保障人的安全。❷ 所以我们应重视对转基因食品安全性的科学研究，确保转基因食品对现在的人类乃至几代后的人类没有危害。

近年来由于转基因食品的安全性一直存在着巨大的争议以及转基因食品的不安全事件发生的频率越来越大，人们对转基因食品的争论也越来越多，大部分人对转基因食品持怀疑态度并且不愿意食用转基因食品。在国际上，世界各国似乎都对转基因食品心有疑虑，其中欧洲人对转基因食品的反对态度最为积极。鉴于人们对转基因食品这么多的疑虑，可以想象一旦发生大规模的转基因食品中毒事件，将会引发大规模的社会恐慌，因为转基因食品已无处不在，我们无法保证自己正在食用的食品非转基因。面对转基因食品，我们毫无设防的能力，可见转基因食品对社会安全的威胁也不容小觑。

前文提到和转基因技术联系在一起的，不是别的东西，恰恰是更高级的生物武器——基因武器。而我们无法排除一些别有用心的国家会利用基因武器进行基因战争，而基因战会严重威胁着国家的安全。

四、转基因食品的非传统安全威胁应对

在内政层面的应对。一是要加强转基因产品的安全性研究。❸ 纵览世界转基因技术的发展历程与现状，有关生物安全性问题越来越受到国际社会的高度关注。国际上在转基因技术研究开发与推广应用中出现的正反两方面的经验教训，为我们提供了有益的借鉴。欧盟和美国等发达国家及地区非常重视转基因生物对生态环境和人类健康的安全性研究，而且审批与否主要依据科学研究结果。当前我国在转基因产品的安全性研究方面还相当薄弱，今后要重点加强转基因生物安全性的基础与应用技术研究。二是要加强对公众的科学普及。❹ 社会公众是各种转基因作物及其产品的直接消费者，他们具有绝对的知情权。科学普及可以使他们充分认识和理解转基因作物及其产品的相关知识与信息，并对转基因作物及其产品产生公正、客观的科学认识，消除误解。

在外交层面的应对。一是要加强国际社会的伦理道德呼吁。国际组织和国际社会应该考虑修改专利法，抬高转基因专利的门槛或禁止给转基因专利，尽量做到利益的公正分配；对转基因食

❶ United Nations Development Program, Human Development Report 1994, New York: Oxford University Press, 1994, p. 23.

❷ 余潇枫：《非传统安全概论》，浙江人民出版社，2006年版，第67页。

❸ 王磊，杨超，卢宝荣：《利用决策树方法建立转基因植物环境生物安全评价诊断平台》，载于《生物多样性》，2010，年第3期，第215－226页。

❹ 张茜，张金凤，付文锋：《安全转基因技术研究进展》，载于《遗传》，2011年第5期，第437－442页。

品研究与开发、生产投入的费用，政府最好是制定科技奖励或减税或免税的政策制度，用科学合理的方式来补偿投资者，保护他们的利益；在转基因食品的国际贸易中，必须遵守知情同意、利益共享、安全性和尊重原则，制定出公正合理的国际贸易规则，使国家、企业、个人的利益都能够得到保障。二是要确保转基因食品安全的外交协约。联合国以及一些具有权威性的国际政府组织应充分发挥所具有的权利和作用，积极制定与转基因食品安全有关的国际公约，以便加强对转基因食品的安全性管理。

在综合层面的应对。首先要重视“生物国防”，建立全民“生物国防”的公民意识。面对转基因技术可能成为规模杀伤武器，我国应大力发展生物安全应对技术，有效防控对人民生活和生态环境的生物威胁。我们要重视“生物国防建设”，建立全民“生物国防”的公民意识，采取果断措施严格治理转基因技术泛滥成灾和管理失控的局面，使生物国防成为全国人民的公民常识或公民意识。其次要积极做好基因战的预警预防工作。在转基因食品安全不安全的激烈争论背后，真正的要害是基因技术的另一个用处——“基因战争”❶；如果基因战争不能在逻辑上排除，我们就必须防御，如果不设防，就要对失败承担后果。最后要对转基因食品采取谨慎态度，保护我国的粮食主权。面对转基因食品存在的显在的和潜在的威胁，在还没有哪一项科学技术能证明转基因食品完全无害的情况下，我们对转基因食品应该采取谨慎的态度。

总之，转基因生物是一种人工制造的东西，创造它的是科学，推动它的是利益，纵容它的是市场，承受它的是人类和地球表面的系统。面对转基因食品，我们应该采取谨慎和科学严谨的态度。人类在发展转基因技术的同时也要体现对人的安全和社会安全的现实关照，加强对转基因食品安全性的研究，从而让转基因技术造福人类，而不是毁灭人类，而这也是非传统安全问题研究的意义所在。

❶ 顾秀林：《转基因战争》，知识产权出版社，2011 年版，第 135 页。

书　　评

美伊矛盾前景展望及中国的历史选择*
——评《极端伊斯兰与国际安全：挑战与回应》

郭才华**

【摘要】极端伊斯兰主义已经对世界各主要国家的安全都构成了严峻挑战，成为人类社会普遍面临的一个现实威胁。本文对希勒尔·弗里希和埃弗拉伊姆·因巴尔所编写的《极端伊斯兰与国际安全：挑战与回应》一书的基本内容进行了简要介绍，并对极端伊斯兰主义产生的一个深刻背景——美国与西方文明同伊斯兰文明之间所产生的漫长历史矛盾进行了分析，最后就中国今后对伊斯兰国家应采取何种外交政策作了探讨。

【关键词】美伊矛盾；极端伊斯兰主义；两难困境；共有观念

2006年5月，在以色列希伯来大学贝京-萨达特战略研究中心，一大批国际专家召开了一项会议，探讨极端伊斯兰主义的挑战和应对这种现象的方案，这些方案经过精心筛选，最终促成《极端伊斯兰与国际安全：挑战与回应》一书在劳特里奇出版社出版。

在该书中，作者认为，“与其他极端宗教运动不同，极端伊斯兰已经对当代世界构成了一种政治挑战。尽管印度教极端主义也产生了暴力，但是只限于印度次大陆内部。犹太极端主义缺乏大众的跟从，而基督教原教旨主义，更多地对美国内政外交政策产生影响，几乎不涉及暴力和恐怖，也不积极追求极端政治解决办法”。

相反，“当代极端伊斯兰运动从地理上遍布于远东、东南亚、非洲和中东。事实上，地球上几乎没有哪一个地区没有分布。这些运动的目标从清除国家基础上的国际体系到推翻国家政权，并用神权政治取代它们，它们产生的暴力伴随着种族民族主义运动。伊斯兰主义挑战了国家政体（埃及、约旦和印度）的完整性以及国家（以色列和黎巴嫩）的真实存在，并直接地恶化了国家间关系（伊朗-美国），并且当国家支持和教唆伊斯兰恐怖运动时，间接地破坏了国家间关系（巴基斯坦-印度，叙利亚-以色列）”。❶

“具有讽刺意味的是，伊斯兰极端主义导致了

* 基金项目：新疆普通高校人文社科重点研究基地招标项目《美国撤军后阿富汗政局走向及中国在阿富汗的国家利益与外交政策研究》（090113C05）。

** 郭才华，塔里木大学非传统安全与边疆民族发展研究中心助理研究员。

❶ Frisch and Inbar, Radical Islam and International Security, Routledge publish, 2008, p. 1.

伊斯兰世界本身的暴力和分裂，正如持续的伊拉克冲突所表明的那样。总之，极端伊斯兰对自从17世纪以来以国家与社会为基础的世俗国际体系提出了挑战。从意识形态上来看，伊斯兰主义取代共产主义和法西斯主义，成为大多数西方国家所尊奉的自由民主理想的最大威胁”。❶

作者认为，“全球化使极端伊斯兰团体在一系列重要的方面获得了优势：从贫困和高度伊斯兰化的腹地到欧洲和美国的大范围的穆斯林移民，使得各种潜在的应募者、同情者和金融与政治支持者出现；当代科技资助了伊斯兰分子的恐怖主义方式，例如“9·11”事件中飞机的使用”❷。

这些挑战自然要求作出一个有效的回应，“9·11”事件痛苦地指出极端伊斯兰的全球展现。然而自从这次攻击以后，其他的恐怖行动和潜在的大范围类似事件已经表明，由极端伊斯兰运动和那些支持他们的国家对全球化所造成的威胁。具体地讲，这种威胁以西方国家所享有的福利和民主权利为目标。从长期来看，西方国家具有很大风险，面临这种挑战”。❸

因此，为了解决这种挑战和威胁，2006年5月，在以色列希伯来大学贝京—萨达特战略研究中心，一批国际专家召开了一项会议，旨在探讨极端伊斯兰主义现象的成因，及其对国际安全的威胁，并寻求解决之道。该书即为这次会议发表的一系列文章的结集。

一、该书的基本结构和主要内容

希勒尔·弗里希和埃弗拉伊姆·因巴尔所编著的《极端伊斯兰与国际安全：挑战与回应》一书，对极端伊斯兰主义与国际安全之间的关系做了一个总体性的研究。该书是一部探讨极端伊斯兰与国际安全关系的文集，由多位作者合作而成。共分为3个部分，由12篇文章组成。第一部分《极端伊斯兰的挑战：总体概要》由三篇文章组成：《宗教极端主义还是政治宗教化？政治伊斯兰的意识形态基础》《伊斯兰从柔顺到凶猛》《极端伊斯兰的一个经济视角》。第二部分《伊斯兰挑战：案例研究》包括5篇文章，分别是《沙特阿拉伯的崛起的圣战趋势：后伊拉克——科威特战争时期》《欧盟的伊斯兰极端主义和恐怖主义：马格里布因素》《对欧洲极端伊斯兰的原因的阐释》《伊朗干预主义的演进：对土耳其极端伊斯兰的支持，1982—2003》《巴基斯坦外交政策的伊斯兰维度》。第三部分《对伊斯兰挑战的回应》包括四篇文章：《一场真正圣战的潜在危险》《遏制那些已经死亡的?》《用民主打击恐怖主义》《反恐战略》。

巴萨姆·第比在本书第1章《宗教极端主义还是政治宗教化？政治伊斯兰的意识形态基础》中认为，“极端伊斯兰与传统伊斯兰戒律没有多少关系，自从六日战争以来，伊斯兰政治化就一直伴随着政治宗教化。以伊斯兰的名义渐渐出现的不规律战争，在宗教文化熏陶的背景下，是伊斯兰挑战的主要特征。围绕着巴勒斯坦/以色列圣地的冲突是主要舞台，在全球尝试以伊斯兰统治的神权政治秩序来代替自由国家秩序是这种运动的

❶ Frisch and Inbar, Radical Islam and International Security, Routledge publish, 2008, p. 1.

❷ Ibid, p. 2.

❸ Ibid.

主要推动力”。

第比认为，“欧洲文化和政治精英没能认识到由伊斯兰主义和他们几乎不会被‘参与’战略所撼动的信念和忠诚所导致的危险。同样地，他拒斥了亨廷顿的‘文明的冲突’，不是因为冲突不存在，而是因为这些伊斯兰主义者所拥护的伊斯兰主义是一种传统发明，而不是伊斯兰本身。相比于这种文明的冲突，他更相信存在一种伊斯兰主义者和自由民主社会之间的冲突。将这种冲突描绘成文明的冲突而不是意识形态的冲突只会有利于伊斯兰主义者”。

热埃夫·马亨在该书第2章《伊斯兰从柔顺到凶猛》中认为，“伊斯兰处于演化中而不是既成事实”。马亨追问，“为什么在大多数西方人和不仅仅一小部分的东方人心里，今日的伊斯兰伴随着暴怒、凶猛、狂热和不妥协的印象？伊斯兰教‘被认为是一种严厉的和坚定的信念，无视以它的名义而被无辜屠杀者的哭泣’，在大多数它过去的1400年的历史中以及遍及‘伊斯兰清真寺’，沙里亚教法几乎没有被完全执行，穆罕默德在惩处戒律松弛方面几乎是一个灵活柔韧的模范”。

“是什么发生而导致这一切的改变？是什么使一种灵活和宽恕的宗教变成一种凶猛和残暴的宗教？是什么使得传统上被认为经常亲吻他的孩童并且倒在地上和他的孙子们同骆驼一起玩耍的人所创建的这种信仰，最后演变成一种将儿童派往雷区或者在他们身上绑缚爆炸物来对其他人的后人进行自杀性攻击的信仰?”

马亨认为有很多种答案，通过阅读当代原教旨主义的教义，他看到了很多证据。他认为“这些不是因为伊斯兰教对西方思想的拒斥，而恰恰是由于西方思想对伊斯兰世界的极大影响力。西方科学理性主义的传统，从希腊时代开始产生，并自从文艺复兴以来再生，用逻辑和数学的方式描述了世界。到19世纪末期，开始了强力的尝试，运用科学原则指导各种生活。人类和它的制度最终成为一架机器，极其需要精确。到20世纪上半叶，西方新式的看待事物的方式曾经渗透到了中东国家的受到教育阶层的意识中，伊斯兰主义者也概不例外。这种思维要求的是精确和精炼，零或者是一，一个人或者坚持原则或者不坚持，他或者是一个圣徒或者是一个罪犯，在二者中间没有选择，构成伊斯兰法律和生活的模糊的线条和圆润的边界陡然无法接受了。生活在残酷的法律圣剑面前后退，宽容没有了地位，怜悯和仁慈消失了。马亨断定，原教旨主义者不是被动地而是主动地面对西方意识形态的这个特殊层面，通过这种方式，他们将穆斯林以前从不知道的严厉和残酷注入了伊斯兰教”。

在该书第3章《极端伊斯兰的一个经济视角》中，经济学家阿莱·希尔曼警告，“伊斯兰分子的世界观与经济发展相抵触，因为他们的政治影响力降低了经济合作的机会。对极端伊斯兰的经济影响力的关注介绍了两种解释观念：最高价值观和寻租行为。最高价值观由于对物体实行等级制，使交易和娱乐非法化，因为它们危害到至今无法实现的等级目标的实现，它使经济成绩服从于宗教戒律的地缘政治目标。寻租视角强调有争议的租金阻碍了经济发展，使个人才能分心，提高了伊斯兰的领地，在那里财富通过封存土地而不是开发它的生产效率来获得。希尔曼表明伊斯兰价值体系和意识形态的影响力越大，它的社会经济表现就会越贫穷，不论是同国家资源条件相同而政治文化不同的国家，还是与国家资源较差，而伊斯兰人口众多但是伊斯兰思想对国家和社会影响力较小的国家相比，都是这样。希尔曼认为成功地将穆斯林定居的国家和地区融入世界经济可能会驱散伊斯兰分子的狂热”。

约瑟夫·考斯提奈尔在该书第4章《沙特阿拉伯圣战趋势的上升：后伊拉克——科威特战争时期》中指出，“沙特的圣战趋势来自两个历史进程：第一，瓦哈比伊斯兰主义的演化，不论非瓦哈比主义者还是瓦哈比信众都常常会产生一种暴力回应。第二，沙特政权的建构，它的制度和国内权力结构，对沙特王国的极端伊斯兰主义都会有一种抑制和制度化的影响。作者认为，一些因素导致自20世纪90年代早期以来沙特极端主义反对团体的笑　”。

“进入21世纪以来，沙特人口增长到约200万，包括1800万沙特国民和大约500万外国工人。官方报道提及18～25岁人口的失业率达到了15%，而非官方的看法认为有可能接近30%，专家预测政府每年需要创造20万个就业岗位，然而这似乎是个难以企及的目标。由瓦哈比主义带来的沙特极端主义分子的极端倾向以及同其他国家和中心的极端伊斯兰分子的全球化联络仍然存在。一场新的极端主义或者恐怖主义在沙特酝酿发生的可能性仍然很大”。

在该书第5章《欧盟地区的伊斯兰极端主义和恐怖主义：马格里布因素》中，作者迈克尔·拉斯基尔指出，欧盟存在许多伊斯兰极端分子，来自于穆斯林世界的不同地区。为了更好地理解西欧的穆斯林，他在文中着重探讨了北非马格里布地区伊斯兰分子的地位、角色和演化。在文中，他指出了4个要点：“第一，更多的年轻的马格里布穆斯林移民，同样也包括第二代和第三代马格里布欧洲人，是对欧洲大陆内部安全的一个潜在威胁，而且对欧洲的社会福利体系也正在变成一个严重的负担。第二，他认为宣称那些反对欧洲价值观和拒绝西方环境的伊斯兰分子是一个无足轻重的力量是一种误导，并且无效。第三，将欧盟转变成一个伊斯兰的堡垒或者将其并入马格里布甚或一个更大的伊斯兰国家的梦想，也许过于遥远，然而这种梦想被许多伊斯兰团体坚定信奉。第四，马格里布伊斯兰组织在财政上受到一些关键的欧盟成员国支持，这可以通过移民、外国学生的存在，欧洲监狱的罪犯以及第二代和第三代欧洲穆斯林等方式来实现。迈克尔·拉斯基尔在文中研究了这些欧洲大陆因为正在经历的人口、宗教和文化变革而造成的挑战的解决办法”。

约纳森·帕里斯在该书第6章《对欧洲极端伊斯兰原因的解析》中提出，“用观念战胜观念才是解决之道。对政治伊斯兰最好的防御很可能是民族主义，它像宗教一样，借鉴了上溯几代人的原始纽带，不仅在欧洲，而且在穆斯林世界也是如此。如果科威特人像科威特人一样思考，而不是像穆斯林，他们就可以从像基地组织那样的全球极端主义的影响力中排除掉。帕里斯警告，尽管这种战略可能在美国这种民族主义仍然很强的地方有效，在欧洲这种民族主义受到侵蚀的地方，说服法国或者荷兰穆斯林视自己为法国或荷兰公民却很困难。此外，欧洲的第二代或者第三代穆斯林极大地放弃了他们父辈传统的宗族根源，却没能完全地被欧洲国家的大众所接受，尽管他们在定居国家接受了语言和文化教育。他们开始很容易成为别人的猎物，那些人许诺他们在未来可以以具有穆斯林身份的政治方式而得到权力和尊重，因此也就是重新成为穆斯林的诱饵”。

帕特里克·詹姆斯和亚瑟明·阿克巴巴在该书第7章《伊朗干预主义的演进：对土耳其极端伊斯兰的支持，1982～2003》中使用国际关系理论方法研究了土耳其的极端伊斯兰现象，认为其受到了伊朗的极大影响。“由于相反的意识形态，伊朗和土耳其构成了一对有趣的关系。土耳其无视国民身份中的宗教角色，伊朗指定伊斯兰作为它存在的根据……伊朗目前更富有攻击性，并运用极端穆斯林组织作为工具，以抗击土耳其并在国内增强合法性”。作者在文中主要研究了伊朗自1979年革命直至2003年期间对土耳其极端伊斯兰分子的支持。自从1639年以来，土耳其与伊朗一直处于和平状态，在20世纪上半叶，伊朗与土耳其彼此之间并没有发生重要冲突。在伊朗国王的统治之下，大体上与土耳其保持了良好的关系。通过美国建立的中央条约组织保持了密切的交往，彼此都致力于维持世俗政府与现代化的努力。1979年伊朗革命之后，这种关系开始发生了变化。伊朗革命产生了伊斯兰政体，并以完全不同的视角看待世界，伊朗和土耳其彼此成为一种“实在的威胁”。一方面，对伊朗的毛拉们来说，在一个像土耳其这样的伊斯兰国家中，世俗政体代表着一种持续的反革命的号召。另一方面，对土耳其来说，伊朗不断宣扬的输出伊斯兰革命的观念似乎将目标指向为那些任何所有还未加入这一行动中的人。对世界观如此不同的这两个邻国来说，超越了语言文字的冲突升级的潜在可能性具有很大实质性。

鲁斯达·西迪奇在该书第8章《巴基斯坦外交政策的伊斯兰维度》中，通过对巴基斯坦外交政策的分析，指出国家—代理人关系展现了更重大的重要性。“在巴基斯坦，对代理人叛乱者的支持是一种用以对抗更强大邻居的平衡方式。根据西迪奇的研究，巴基斯坦曾经是当代历史上第一个利用非国家—代理人来保卫自己在地区和国际舞台利益的国家。起初，巴基斯坦受益于这种非国家行为者，他们运用这种机制来支持克什米尔的恐怖活动。然而从长期来看，对非国家行为者的运用也伤害了自己，提高了国家受打击的脆弱性，不仅是受到国家影响的巴基斯坦附近的恐怖主义代理人，也受到巴基斯坦内部的非国家行为者。今天，这个国家被视为‘支恐国家’或者一个‘恐怖主义的被动支持者’”。

马克思·辛格在该书第9章《一场真正圣战的潜在危险》中认为，“一场比目前所认识到的更危险而且更具有破坏性的圣战很有可能会发生”。因而，他认为，“第一，必须采取政策预防一场更具破坏性的圣战的发生。第二，为了防范一个更坏的圣战，有必要在短期内起用设计好的战略。第三，将圣战限制在当前水平上是一个重要的局部成功。第四，作者认为区分参与或者推进‘现在圣战’的穆斯林与那些或者抵制或者不愿支持‘现在圣战’的人非常重要，后者虽然可能在原则上或者在其他时刻赞成圣战。作者认为应该防范一场比现在西方所面临的更大的圣战的挑战。尽管很多穆斯林世界的人支持圣战，却很少积极投入地支持‘现在圣战’。美国政策应该关注于遏制立即圣战的被动支持者变成积极主动的支持者。

办法是通过精心长期的运动抵制那些当前参与其中的少数分子。当前的即刻危险不是来自于对圣战的支持而是来自于对‘立即圣战’的支持，这两者之间的选择取决于哪种决定对我们有一种决定性的影响”。

劳伦特·马拉维奇在该书第 10 章《遏制那些已经死亡的》一文中认为，“圣战对伊斯兰来说是一个整体，来自于它最基础的教义，认为国际社会不能排除这些观念，只能使它们一时休眠而不是有害。这种战略提炼自历史研究：当伊斯兰征服者面对对手时，他们就停止了，当他们面临着毁灭性的失败，他们就会撤退，并采用像精神自我努力一样的被动理论替代。西方对当前的圣战分子应采用同样手段”。

丹尼尔·拜曼在该书第 11 章《用民主打击恐怖主义?》中认为，“自由的缺失确实导致很多个人拿起武器，但是民主并不是一个万能药方。它可以削弱政府，加剧争端，提高反西方组织的力量，因而使反恐官员的工作更加困难。答案是既不是不加批评地拥抱民主，也不是对其完全拒斥。相反，政策制定者应该知道何时应该致力于推进民主，以及何时拒绝它”，“并不是由于民主的缺乏而产生了极端主义运动，民主的创造也无法驱逐它们”，“实质上，朝向民主的政体变革展现了一种困境：对极端伊斯兰分子的行动来说，创造了一个更不受压制的环境”。拜曼建议“应该专注于巩固已经处于过渡期的穆斯林国家的民主。在民主还不存在和民主团体虚弱的国家，西方的注意力应该用在建立机构，例如法院和警察上。这些机构将会加强政府反恐努力，并且如果民主化开始，会使得发生国内冲突和政府虚弱的情况变得不太可能”。

约纳森·斯蒂文森在该书第 12 章《反恐战略》中认为，“伊拉克是完全进攻性战略的试金石。美国现在面临着一种困境，它可以立即从伊拉克撤军或者无限期地留在那里以便完成国家建构的任务。不论采用哪一种方式，圣战分子都被认为获得了一种宣传上的胜利：撤军意味着对超级强权的羞辱，持续占领意味着帝国主义。对美国来说，唯一的希望似乎是尽可能长期的存在，以证实它是一个慈善的助产士而不是一个恶毒的霸权国”。

作者希望该书可以为学者和政界讨论极端伊斯兰现象的本质以及在如何处理它对西方文明所带来的挑战上有所助益。然而，这种战略性问题并不是很容易解决的。面临这种挑战时，需要的明显不仅仅是书本上的东西，知识界的努力无疑是有效战略行动的必要前提。

二、美伊矛盾及其前景展望

该书是一部研究极端伊斯兰主义对国际安全影响的论文集，但是如果只在极端伊斯兰主义内部来讨论如何解决极端伊斯兰对国际安全的影响，这将是永远没有出路的，我们必须从更宏观的角度探讨极端伊斯兰主义的产生，并将它放在数千年来伊斯兰与西方世界之间的矛盾及至今天的美伊矛盾的产生与发展的背景之下。

（一）美伊矛盾的历史与现实

美伊矛盾的产生基于美国采取的不公正政策，而美国采取的不公正政策又基于西方世界对数千年来双方斗争的历史经验及认知。

当前的极端伊斯兰主义与美国在国际政治中

尤其是中东地区采取不公正的政策有着不可分割的关系，当前的极端伊斯兰与国际安全的影响也是继承了几千年来伊斯兰世界与西方世界纵横错杂的矛盾进而演化成为今日的美伊矛盾大格局之下的一种产物。美国及西方在中东地区采取着不公平的政策，是今日极端伊斯兰主义产生及其对国际安全的威胁的一个原因。美伊矛盾的主要成因，已经不是因为极端伊斯兰运动采取极端方式达成自己的目标，而是美国与西方采取不公正的立场。在今日不公正的国际经济秩序的世界格局之下，伊斯兰世界人民运用各种手段维护自身的合法利益，打破这种不正义的秩序，本身就已经是一种正义的行动。

而西方世界之所以采取这种不公正的态度又与双方之间几千年来的斗争有着不可分割的联系。西方世界同伊斯兰世界有着几千年的斗争历史，有着丰富的斗争经验，双方都认为，这种斗争是你死我活的。

“不论人们是否喜欢，穆斯林与基督徒的关系史，穆斯林世界与西方之间的关系史，不论在过去还是现在，一直是以对峙和冲突的插曲为标志”❶。亨廷顿把伊斯兰和西方描述为历史悠久的宿敌：“西方与伊斯兰文明之间沿着断裂线的冲突已经持续了1300年”❷。美国学者伯纳德·刘易斯认为，“伊斯兰与西方之间的搏斗现已持续了14个世纪之久：它由一系列漫长的进攻和反攻所组成：圣战和十字军，征服和再征服。今天穆斯林世界的大部分再次被一种强烈的仇恨情绪所支配。突然之间，美国变成了大敌和邪恶的化身，一切善良之物的恶魔般的反对者，特别是对穆斯林和伊斯兰”❸。原武汉大学赵林教授则将这场西方文明同中东地区的游牧文明之间的冲突上溯得更为久远。他认为，“从古希腊开始的西方人同中东地区自古代波斯至穆斯林民族之间的冲突已经经历了4个回合，克里特战争是第一次西方人打东方，紧接着希波战争是东方人第一次报复西方，亚历山大的东征是第三次，就是西方人再一次入侵东方，从亚历山大以及罗马人的东征以后，穆斯林的西侵是第四个回合”❹。对于西方文明及西方人的历史记忆来说，穆斯林的笑　及其同西方文明的斗争只是西方文明同以伊斯兰教为代表的中东文明斗争的一个阶段，在那之前，对手曾经是古代波斯人，曾经是古代纵横于中东的游牧民族，虽然时代变了，民族和国家也一度发生了变化，但是两大文明所生存的主要地理区域并没有发生变化，今日的斗争只不过是过去斗争的延续，这种漫长的生存斗争历史深刻地印在了西方人的历史记忆中。

从历史中可以看到西方文明的再次复兴是来之不易的，西方文明曾经处于完全被动挨打的地位，对于西方人来说，马拉松战役、温泉关战役这些历史，君士坦丁堡、萨拉丁、阿提拉、铁木真这些名字，在他们的心中，每次被提起时无不壮怀激荡，就像我们想起汉唐时期的关山岁月的

❶ 埃斯波西托：《伊斯兰威胁—神话还是现实?》，社科文献出版社，1999年版，第5页。

❷ 埃斯波西托：《伊斯兰威胁—神话还是现实?》，社科文献出版社，1999年版，第248页。

❸ 伯纳德·刘易斯：《穆斯林愤怒的根源》，转引自埃斯波西托：《伊斯兰威胁—神话还是现实?》236页。

❹ 参见原武汉大学赵林教授关于《文化融合与文明冲突》的讲座，http：//www.cctv.com/lm/131/61/85928.html.

历史，想起宋金辽夏之间惨烈的厮杀。今天，每当西方人进行马拉松长跑运动时，当然也不会忘记这场运动最初的意义何在，在历史学家等人的眼里，它更含有一种如“9·18”事变纪念的意味，起到一种让人们做到居安思危，从而不至于乐不思蜀的作用。在西方文明与以阿拉伯人为代表的伊斯兰文明的长期较量的历史上，双方曾经一度是此消彼长的关系，是生死存亡的激烈斗争。冲突的双方都曾有过在实力上完全超过另一方的时期。而且处于支配地位的一方如果不利用一时的优势将对手的实力予以最大的摧毁，等到对方有力量翻身对付自己的时候，己方所受到的摧残将是无法想象的。因此双方的斗争都竭尽全力，动用了国家和民族乃至文明之间的一切可以动用的力量相互征伐。这种相互斗争的残酷历史，给现在处于完全压倒地位的西方文明以及西方人心理留下了一个记忆中难以改变的烙印以及基于此的一种认知，那就是无论如何也不能让伊斯兰游牧文明有翻身的机会。因此，西方文明对伊斯兰游牧文明要用一切可以利用的手段、计策、谋略，阻止其复兴的可能。在经济上，让其永远处于落后；技术上，要对其进行封锁限制；政治上，要对其进行分而治之，绝不能容忍任何一个地方霸主乃至中东霸主的出现；在地缘政治上，要在中东插入一个楔子和盟友—以色列。所以，伊拉克强大的时候，支持伊朗。埃及纳赛尔强大的时候，又要支持以色列，伊朗强大的时候，又要想办法将其势力遏制住，中东阿拉伯国家的民族主义领袖，纳赛尔、萨达姆、卡扎菲，以及伊朗的内贾德等，只要有成为地区霸主的可能性和野心，就同美国以及西方文明在中东地区的国家利益处于根本冲突之中。对西方文明来说，能够一时胜利是次要的，要追求的是永远将对方压倒在地。美国与西方国家基于历史与现实制定出了目前的中东政策，从短期来看，这种政策还没有改变的可能性。

上海外国语大学朱威烈教授指出，“从国际层面看，中东恐怖主义在冷战后的日趋高涨和‘9·11’事件后的强劲反弹，最深刻的原因是阿拉伯—伊斯兰世界一直处于国际体系的边缘，在政治、经济、军事、文化等领域，长期受到外部强权与霸权力量的挤压”❶。他还指出，“阿以争端的形成、发展和久拖不决，是产生当代中东恐怖主义的重要因素。英国发表的《贝尔福宣言》根本意图在于通过支持犹太复国主义攫取巴勒斯坦，进而控制‘欧洲的右翼’。这种‘分而治之’的殖民统治，加剧了20世纪阿犹之间恐怖暴力的恶性循环和阿以冲突”❷。二战后，“由于美国是最强大的西方国家，这个责任就不可推卸地落在了美利坚合众国的肩上”❸。出于美苏冷战的需要，美国对中东地区的不同国家继续采取“分而治之”等各种不公平的政策。这种政策逐渐引起阿拉伯世界的抵制和反对，它们由原来的反西方转为反美国。独立的穆斯林民族国家建立后，政治精英们在国家建设中开始转向自由民族主义和阿拉伯社会主义。伴随着这些思潮在实践中的挫折和失败，

❶ 朱威烈：《中东反恐怖主义研究》，时事出版社，2010 年版，第 148 页。

❷ 朱威烈：《中东反恐怖主义研究》，时事出版社，2010 年版，第 149、150 页。

❸ 萨缪尔．亨廷顿：《文明的冲突与世界秩序的重建》，时事出版社，1998 年版，第 360 页。

也就破坏了人们对民族主义的信任，从而导致了伊斯兰的复兴。❶

“1953 年，美国中央情报局推翻伊朗摩萨台的民族主义政权，并帮助巴列维国王建立臭名昭著的秘密警察统治，成为伊朗反美的历史根源。美国在 1967 年中东战争中支持以色列，无视巴勒斯坦人的苦难，长期援助以色列，美国派军队干涉黎巴嫩内战等伤害阿拉伯人的行为都直接引发并加剧了穆斯林世界的反美情绪。美国在中东地区的形象急剧恶化，有的伊斯兰教领袖甚至认为美国是伊斯兰世界一切灾难的根源，激进的中东穆斯林则通过恐怖袭击来反击美国”。“1979 年 11 月，伊朗激进的穆斯林学生攻入美国驻伊朗大使馆，将使馆人员和其他一些外国人扣作人质长达 4 天，要求美国交还逃往美国的巴列维国王；1983 年 4 月，美国出兵黎巴嫩期间，贝鲁特发生了多起针对美国目标的恐怖袭击，最终迫使美军撤离。广大穆斯林对美国的不满、敌对和怨恨日渐增长，最终发展到恐怖袭击美国本土的地步”❷。

从历史与现实来看，西方文明想要将伊斯兰文明永远压制住，但是由于美国以及西方文明在中东地区一开始就动机不纯、态度不公，这样也必然不利于世界的和平，一开始就给世界的冲突埋下了隐患。美国以及西方文明以为由此就能将伊斯兰文明压制住，自己由此可以永远占领世界文明冲突的制高点，但是这种做法恰恰会搬起石头砸自己的脚。可以说，美国以及西方的错误政策，在解决中东问题上一开始就采取的错误观念，对于当今世界的恐怖主义高涨，负有不可推卸的责任。美国一手制造乃至逼迫出了伊斯兰世界的本·拉登，美国的不公政策提高了伊斯兰被压迫民族的“抗药性”，使得伊斯兰国家政治体制逐渐从温和的开明专制的泛阿拉伯主义走向政教合一的伊斯兰原教旨主义。美国对伊斯兰世界及阿拉伯民族的压迫是不义的，而本·拉登为代表的伊斯兰世界不得不采取逼不得已的人体炸弹等恐怖主义来争取自身的生存发展却具有一定的“正义性”和“合理性”，所以“反美情绪和舆论，成了伊斯兰极端主义组织最便于利用的客观因素。本·拉登用来号召对美国发动恐怖袭击的理由，便是美国在伊斯兰圣地长期驻军、偏袒以色列，造成伊拉克严重的人道主义灾难等行为”❸。“本·拉登利用了中东—穆斯林世界民众早已存在的对美国的不满情绪大肆进行反美宣传，扩大自己在穆斯林民众中的影响，赢得一定的支持和同情，同时也吸引了许多穆斯林热血青年加入到暴力袭击美国的行列中”❹。

如果美国及西方世界一直以这种方式看待和认识伊斯兰世界，那么伊斯兰极端主义便不会消失，其所采用的恐怖主义斗争方式也不会消失，西方世界与伊斯兰世界之间的这场长达几千年的矛盾已经进入了一种两难困境，如果一方在处于强势时不对对方以绝对压制，就会担心对方一旦复兴，会转而对己方采取更加强烈的斗争手段，

❶ 埃斯波西托：《伊斯兰威胁——神话还是现实》，社科文献出版社，1999 年版，第 58 页。

❷ 王秋斌：《后冷战时代全球反美主义浪潮研究》. 吉林大学，2008 年，第 37、38 页。

❸ 朱威烈：《中东反恐怖主义研究》，时事出版社，2010 年版，第 152 页。

❹ 王秋斌：《后冷战时代全球反美主义浪潮研究》，吉林大学，2008 年，第 50 页。

使得自己一方再无立足之地。因而，双方的本能选择必然是，一旦处于强势上风，采取一切可能的手段对对方给以凶狠打击，并用一切方法和手段压制对方的崛起和复兴。目前的美伊矛盾以及随之而来的极端伊斯兰主义对国际安全的影响，不能说与美国采取的错误的外交政策没有任何关系。

只要美国与西方不改变错误的对伊斯兰世界的不公正政策，基于历史经验解决问题，美伊矛盾与冲突将永远无法解决，美伊对抗将永远存在。

（二）美伊矛盾的另一个问题是，双方之间的矛盾是否可能通过对话与沟通和平解决分歧

这个问题也是美国与西方一直担心的问题，如果将来伊斯兰世界再次强大起来，会采取怎样的一种态度对待曾经的对手？“伊斯兰教与西方狭路相逢是不可避免的吗？这些都是我们这个时代关键性的问题，而这些问题则是互不信任和互相谴责的历史留给我们的”[1]。美伊矛盾已经深陷于安全困境之中，彼此互不信任，互相怀疑是这种困境难以化解的一个深刻原因。这种不信任来自于历史与现实中双方的多次较量，美国与西方世界的疑虑在于，如果将来伊斯兰世界强大起来，谁能够保证美国与西方世界的和平与安全？

美国及西方一直担心：如果西方通过和平对话的方式与伊斯兰世界解决矛盾和争端，而伊斯兰世界强大起来会如何对待西方世界，会不会通过武力将曾经通过和平对话的方式与其解决争端的西方国家再次压在脚下？然而无论如何，这个问题已经是美伊矛盾及困境的解决之外的另一个问题。不公正不能通过不义的方式解决，压迫只能制造更大的冲突和对抗，当运用不正义的方式去解决问题时，不正义的制造者本身就已经成了不道德的化身。虽然美国与西方世界存在着这种对未来的担心，但是事实上通过制造这种不公正而造成的双方之间的焦灼与斗争，已经不但给伊斯兰世界，同时也给美国与西方世界带来了足够的不安全。随着时间的拖延，不公正已经化成了几代人的记忆和难以摆脱的仇恨，而仇恨的积累使得恐怖主义事件不断发生，实行这种对伊政策对现今所造成的不安全已经不亚于改变这种政策后美国所可能面临的不安全程度。

美国与西方文化中具有重视现实主义的一面，相对于人性来说，其更相信制度的保证，因此，在同其他国家与文明较量中，其更倾向于采取在己方占上风时，对对方给以全面压制，让其无还手之力，但是这也相对产生了一个困惑，就是如果自己将来力量衰落时如何保证自己的安全？西方文明无法解决这一问题，因而便只能着眼于当下，尽量避免自己的衰落，同时也避免对方力量的崛起，或者说以遏制对方的崛起来延缓自己的衰落。尽管这并不是一个很好的解决问题的方式，但是对美国及西方文明来说，这是一个无可奈何之下一个不得不为之的选择。

相比之下，中华文明对此问题有着自己的更好的解决方式，不仅是现在，自古以来，以儒家文明为主导的中华文化圈就主张不同文明和文化之间可以互利共存，和谐存在，彼此共赢，在自己强大时，一般不采取对外征服的方式，也不以

[1] 埃斯波西托：《伊斯兰威胁——神话还是现实》，社科文献出版社，1999年版，第7页。

大欺小，在别人有危难时给以尽可能的帮助，这样做是基于人性的认识，相信将心比心之下，将来自己有危难之时，对方也会对自己尽可能地给以帮助。中国人将这种人与人的交往之道延伸到了国与国之间的外交关系上。相比来说，中华文化这种处理问题的方式考虑的更为长远，更为周到和全面一些，中华文化对外物的接触方式是更加的雍容豁达，不争一时之利，在谋取自己利益的同时也尽可能地照顾对方的利益，给对方以尊重和信赖。中国人知道世界的阴阳交替，宇宙的风云变幻，中华文明自春秋时代就形成了循环与交替的历史观念，“人有悲欢离合，月有阴晴圆缺”，所以在处世之道上注意中庸之道，往往能照顾各方的面子，给彼此一个台阶，也就是通常不会把事情做绝，在接人待物上都会保留一定的转圜余地。李光耀把西方衰落的原因归于自我纵容、懒惰、个人主义、犯罪、教育差、不尊重权威，以及“思想僵化”等，他认为，为了与东方竞争，美国“需要检讨其社会和政治安排的基本设想，并在此过程中从东亚社会中学习一点东西”❶。借用亚历山大·温特的建构主义思想来打个比方，中华文化这种处事之道和外交思维更倾向于康德式的朋友方式，而西方文明对外交往方式直到今天还没有改变非此即彼的二元对立式的霍布斯的敌人方式。

亚历山大·温特不同意亨廷顿的不同文明之间必然会产生冲突的文明冲突论，他认为“不同文明之间可以产生共有观念，文明的差异是根深蒂固的，而共有观念却有一统天下的趋势。文明的差异是世界多元化的表现，不易改变也无须改变，共有观念却存在发展的进程，其目标就是以友谊来整合国家间的关系”❷。虽然中华文化和西方文化的思维方式和外交方式各有利弊，但是以美国为主的西方文明还是应该看到自己这种交往方式的不足，从而解决与伊斯兰世界之间这种存在数千年之久的两难困境，为不同文明之间的现在和子孙后代考虑，从利益理性走向行为理性。

（三）美伊矛盾的第三个问题在于，西方国家主导的对外人道主义干涉是否合理？是否可以打着人权高于主权的旗号变更其他国家政权

对美国与西方国家来说，伊斯兰世界的大部分国家国体与政体不符合他们的民主原则，很多国家属于他们心中的失败国家，无赖国家。“美国人自认为有义务向全世界推广其信奉的价值观”❸，然而，美国著名学者萨缪尔·亨廷顿指出，这是极其危险的。他表示，“西方的普世主义信念断定全世界人民都应当信奉西方的价值观、体制和文化，因为它们包含了人类最高级、最进步、最自由、最理性、最现代和最文明的思想。在当今正在呈现的存在民族冲突和文明冲突的世界中，西方化的普世观念遇到了3个问题：它是错误的；它是不道德的；它是危险的”❹。亨廷顿认为，“西方的普世主义对于世界来说是危险的，因为它可能导致核心国家之间的重大文明间战争；它对于西

❶ 萨缪尔·亨廷顿：《文明的冲突与世界秩序的重建》，时事出版社，1998年版，第109页。
❷ 许嘉：《美国国际关系理论研究》，时事出版社，2008年版，第546页。
❸ 基辛格：《大外交》，顾淑馨、林添贵译，海南出版社，2006年版，第10页。
❹ 萨缪尔·亨廷顿：《文明的冲突与世界秩序的重建》，时事出版社，1998年版，第358页。

方来说也是危险的，因为它可能导致西方的失败。苏联的崩溃使西方人认为自己的文明处于空前的统治地位，而与此同时，较弱的亚洲、穆斯林和其他社会正开始积聚力量”❶。美国和西方国家认为，必须用民主改造这些失败国家，美国在阿富汗推行阿富汗战争之后，认为必须推行中亚民主计划才能有效确保国内安全。但美国在波斯湾以及从伊拉克到中亚和阿富汗，在穆斯林国家土地上到处显示其军事存在，又进一步激发了这些国家的人民对美国的敌视情绪。❷ 美国的反恐战争及对中东地区的民主改造并没有使这些国家走向和平、民主、繁荣的道路，据联合国有关官员表示，2013 年 5 月一个月中，伊拉克有 1000多人死于暴力冲突，这也是近年来伊拉克死亡人数最高的一个月。❸ 美国中东问题专家格里高利·高斯认为，“民主的存在既不会减少恐怖主义也不会降低大众对极端主义的支持，只会提高中东地区反美政权的数量”❹。

美国学者马休·克罗尼格和巴里·帕维尔认为，“与国家对国家的遏制战略不同，对恐怖主义的遏制只能获得部分成功”❺。“反美主义会导致反恐战争变得更加艰难，它可以通过帮助恐怖组织招募积极分子以及造就一大批恐怖主义的同情者和支持者，给恐怖主义提供温床”，“在伊拉克的战争催生了新一代的、更为危险和激进的伊斯兰极端主义组织，这些极端主义者通过参与到反对美国对伊拉克的占领的斗争中得到了锻炼”❻。反恐战争不但没有解决恐怖主义的威胁，反而使得全球变得更不安全，究其原因，并不是因为对恐怖主义的打击力度还不够强，更根本的还是因为从深层次来说，美伊矛盾始终处于无解状态和两难困境之中。

反恐战争不但无助于解决国际安全面临的威胁，同时也使得美国国内的安全形势更加严峻。耶鲁大学法学院教授保罗·卡恩指出，“美国很多方面发生了变化，但是最重要最深刻的变化是整个社会安全感的消失。‘9·11’后，美国人才发现，他们的后院和国土在安全上有巨大弱点，整个社会充满无休止的冲突和个人风险。没有地方是安全的，没有一个时刻是可以松懈的”❼。进入2013 年以来，美国国内再次不断出现恐怖爆炸事件，让美国人再次感受到国内安全环境的脆弱。

美国著名学者萨缪尔·亨廷顿在 20 世纪 90 年代就深刻地洞察到，不同文明之间学会共存将是未来世界的一个主题。他认为，“最为重要的是，认识到西方对其他文明事务的干预，可能是造成多文明世界中的不稳定和潜在全球冲突的唯一最

---

❶ 萨缪尔·亨廷顿：《文明的冲突与世界秩序的重建》，时事出版社，1998 年版，第 359 页。

❷ 王秋斌：《后冷战时代全球反美主义浪潮研究》，吉林大学，2008 年，第 86 页。

❸ More Than 1, 000 Iraqis Killed in May Violence: UN http: //outlookafghanistan. net/international_ detail. php? post_ id = 7527.

❹ Hillel Frisch, Efraim Inbar, Radical Islam and International Security: Challenges and responses, Routledge: Taylor&Francis Group, 2008, pp188 – 189.

❺ Matthew Kroenig, Barry Pavel, how to deter terrorism? THE WASHINGTON QUARTERLY, SPRING, 2012, p. 22.

❻ Robert. o. Keohane, peter. J. Katzen stein, The political Consequences of Anti-Americanism [A]. peter. J. KatZenstein, Robert. 0. Keohane. Anti-Americanisms in World Politics [C]. New York: Cornell University Press, 2007, pp274 – 280，转引自王秋斌：《后冷战时代全球反美主义浪潮研究》，吉林大学，2008 年，第 102 页。

❼ 萨米尔·阿明，迈克·哈特，保罗·卡恩：《9·11 三人谈》，载于《东方早报》，2011 年 9 月 19 日。

危险的因素”[1]。他强调，“在即将到来的时代，要避免文明间大战，各核心国家就应避免干涉其他文明的冲突。核心国家避免干涉其他文明的冲突，是在多文明、多极世界中维持和平的首要条件。然而，对于西方以及那些旨在补充或取代西方主导作用的文明来说，接受这些原则和一个文明之间更加平等相待的世界，并非易事”[2]。

三、中国语境及其应有的选择

（一）人类在面临恐怖主义威胁时应相互合作，加强团结

不论美伊之间有着怎样深刻的历史和现实矛盾，恐怖主义和伊斯兰原教旨主义对当代国际社会的威胁确是实实在在地存在的，在短期内美伊矛盾无解的情况下，各国关注的也只能是如何解决当下自身所面临的恐怖主义威胁。

不同国家对待恐怖主义的立场和态度不同，部分国家采取双重立场，对自己存在威胁的恐怖主义毫不犹豫采取武力解决的方式，而对其他国家采取武力解决恐怖主义威胁说三道四，冷嘲热讽，这样无助于国际社会共同解决恐怖主义问题。美欧等西方国家一直对恐怖分子采取双重标准，美国曾因为与俄罗斯的政治分歧，对俄车臣政策进行指责。然而，2013 年 4 月 15 日，美国波士顿马拉松比赛场地发生的爆炸案，使得美国首次感受到了车臣恐怖阴影的威胁。恐怖主义威胁不分国别，不论在哪儿都应被归为“恐怖分子”。中国现代国际关系研究院俄罗斯研究所所长冯玉军表示，“美国一度指责俄罗斯对车臣的清剿行动，波士顿爆炸案才将美国人从睡梦中惊醒，这些武装分子并不仅是别国的‘造反派’，更不是‘自由战士’，恐怖主义威胁不分国别”[3]。国际社会格局的现实中同样存在着中国、美国和伊斯兰世界三方之间的力量博弈，这三方之间彼此都两两存在矛盾，各方都存在着斗争，互不信任。之所以如此，也正是因为国际社会仍然存在着一种无政府状态，大家只能选择最有利于自己利益的方式行动。

（二）对于中国来说，一方面要积极争取同世界主要国家间达成反恐政策和立场上的一致，另外，要从美国及西方国家同伊斯兰世界的难以化解的矛盾及斗争中吸取经验教训

美国与伊斯兰世界的这种两难困境也给当今正日益崛起的中国提出了很多经验教训。中国在国际事务中广泛参与，在全球有着越来越大的影响力，怎样同伊斯兰与阿拉伯世界国家进行交往，这也是中国要不断面临的一个课题。美伊矛盾及其经验教训，对于中国来说是鲜活的，不论正确还是错误，都需要认真进行研究总结，中国同伊斯兰世界国家有着广泛而又悠久的友好关系，这是明显的，但是也应做好多方面准备。

美国与西方世界同伊斯兰世界之间的冲突不仅是单纯的美伊冲突，其实质是现代化与反现代化之间的冲突，由于宗教与思想意识等各方面的原因，伊斯兰世界存在着拒斥现代化的立场和态度，始终无法进入现代化体系之中，而中国属于已进入现代化之中的国家，在维护现代化世界秩

---

[1] 萨缪尔·亨廷顿：《文明的冲突与世界秩序的重建》，时事出版社，1998 年版，第 361 页。
[2] 萨缪尔·亨廷顿：《文明的冲突与世界秩序的重建》，时事出版社，1998 年版，第 366 页。
[3] 李居远等：《车臣恐怖阴影外扩令西方担忧》，载于《环球时报》，2013 年 4 月 24 日。

序与文明成果，同反现代化力量之间的斗争方面，中国与西方世界有着共同的利益。

中国已经日益成为一个具有全球影响力的世界大国，中国的国家利益已经遍布全球，在未来的世界中，中国不可避免地要同各种伊斯兰世界国家打交道。在进行交往过程中遇到的不只是合作，必然还会遇到分歧，甚至各种争端。中国的国际地位日益提升，伊斯兰世界的基本学说和价值理念不只是同西方世界具有冲突，其要求向全球各地强势传播伊斯兰教的主张也正在同以儒家文化为主导的中国等国家产生冲突。

美国教授萨缪尔·亨廷顿指出，“穆斯林的边界是血腥的，其内部也是如此。20 世纪 90 年代初期，穆斯林较之非穆斯林参与了更多的集团间暴力冲突，文明间战争有 2/3 到 3/4 是穆斯林和非穆斯林之间的战争”❶。他还指出，“穆斯林国家在国际危机中还具有强烈的诉诸暴力的倾向。穆斯林的好战性和暴力倾向是 20 世纪末的事实，无论穆斯林或非穆斯林都不能否认”❷。他认为，“尽管在世界政治的宏观层面或全球层面上，文明的主要冲突是在西方和非西方之间展开的，但在微观层面和地区层面上，它却是在伊斯兰和非伊斯兰之间展开的”❸。中美俄与欧洲这些环伊斯兰世界的国家普遍面临着恐怖主义和原教旨主义威胁，“在所有这些地区，穆斯林和属于其他文明的人之间的关系总体上是对抗性的，他们之间大部分在历史上的某一时刻曾发生暴力冲突，很多在 20 世纪 90 年代仍处于暴力冲突中。沿着伊斯兰国家的周边看去，穆斯林总是难以与其邻居和平相处”❹。亨廷顿强调，“几个世纪以来，伊斯兰世界和它们的邻居之间全部关系要么是不信任地共处，要么是发生激烈的暴力冲突”❺。

伊斯兰教义鼓励用武力传播伊斯兰教，征服那些不信伊斯兰教的异端，这使得它永远会同外在的世界产生无休止的矛盾。伊朗宗教领袖霍梅尼曾经表示：“我们想使伊斯兰教传播到各地，倘若各国政府屈服并遵循伊斯兰教教义行事、支持伊斯兰事业的话；如果不是这样，则必须无所畏惧地与他们战斗”❻。随着美国与西方力量的消退，伊斯兰文明在将来同其他文明产生冲突和矛盾也不可避免，美伊矛盾也将演化为伊斯兰世界同其他文明和国家的矛盾。今日美国在世界各地所遇到的同伊斯兰世界的矛盾和问题及其处理方式方法就值得我们认真总结。总体上来说，美国及西方世界同伊斯兰世界具有几千年的斗争经验，需要我们认真学习。虽然当局者迷，旁观者清，但是马克思主义也认为只有实践才会出真知，与伊斯兰世界，尤其是与伊斯兰世界有过几千年斗争经验的西方国家的经验教训，还是有其可资借鉴之处。

中国对伊斯兰世界的基本政策，应该是积极寻求同伊斯兰世界国家建立友好的外交关系，但

---

❶ 萨缪尔·亨廷顿：《文明的冲突与世界秩序的重建》，时事出版社，1998 年版，第 290 页。
❷ 萨缪尔·亨廷顿：《文明的冲突与世界秩序的重建》，时事出版社，1998 年版，第 291 页。
❸ 萨缪尔·亨廷顿：《文明的冲突与世界秩序的重建》，时事出版社，1998 年版，第 287 页。
❹ 萨缪尔·亨廷顿：《文明的冲突与世界秩序的重建》，时事出版社，1998 年版，第 288 页。
❺ 萨缪尔·亨廷顿：《文明的冲突与世界秩序的重建》，时事出版社，1998 年版，第 292 页。
❻ J·L·埃斯波西托：《伊斯兰威胁—神话还是现实?》，社科文献出版社，1999 年版，第 138 页。

同时，又避免过分卷入，引导其走向现代化国家与文明社会，但是又要尊重其基本价值与宗教信仰。同时，应鼓励其国家的温和化方向，尤其是在中国周边地区，用各种政策措施避免出现一个极端原教旨主义伊斯兰政权国家。

中国应继续保持同伊斯兰世界国家之间的传统友好关系，珍视历史上形成的国家间友谊，推动与伊斯兰世界国家之间的共有利益，形成共有观念和文化。亚历山大·温特认为，“共有观念的发展必将推动康德文化的建立，国家间关系将以友谊为基础，采取非暴力的原则来解决争端。温特认为不同文明之间可以产生共有观念，文明的差异是根深蒂固的，而共有观念却有一统天下的趋势。文明的差异是世界多元化的表现，不易改变也无须改变，共有观念却存在发展的进程，其目标就是以友谊来整合国家间的关系”❶。中国与非洲国家和中东地区的穆斯林国家一向有着友好关系，中国历代领导人都非常重视同穆斯林国家间开展对话和合作，经过多年的发展，中国与非洲及穆斯林国家间形成了可靠的巩固的友谊，中国与非洲国家间举行了中非论坛，与阿拉伯国家间举行了中阿论坛，中国主张不同国家和文明之间可以通过对话解决矛盾和分歧，不应以武力或使用武力进行相互威胁。一方面是避免陷入这种两难冲突的困境，另一方面要积极争取塑造同伊斯兰世界的认同，利用国际制度塑造双方的共同利益，用对话、沟通和合作构建互信、和谐的双边关系。虽然不同文明的国家之间存在着不可避免的矛盾和冲突，但是应该相信，国家间关系是可以塑造的，既可以塑造对手和敌人之间的关系，也可以塑造朋友之间的关系。塑造成什么样的关系，首先取决于国家对外交往政策，以及国家间是否有足够大的决心、意愿和勇气去为了达成这种国家间关系而做出不懈努力。新中国成立六十多年的外交政策已经日益走向成熟，在这方面有着丰富的历史经验。

❶ 许嘉：《美国国际关系理论研究》，时事出版社，2008 年版，第 546 页。

图书在版编目（CIP）数据

非传统安全研究．2014 年．第 1 期：总第 3 期 / 浙江大学非传统安全与和平发展研究中心编．—北京：知识产权出版社，2015. 1

ISBN 978 – 7 – 5130 – 3107 – 3

Ⅰ．①非…　Ⅱ．①浙…　Ⅲ．①国家安全 – 研究 – 丛刊　Ⅳ．①D035. 3 – 55

中国版本图书馆 CIP 数据核字（2014）第 245211 号

责任编辑：刘　爽　　责任校对：谷　洋
封面设计：张　冀　　责任出版：刘译文

非传统安全研究
2014 年第 1 期（总第 3 期）
浙江大学非传统安全与和平发展研究中心
塔里木大学非传统安全与边疆民族发展研究院　编

出版发行：知识产权出版社有限责任公司　　网　址：http：//www. ipph. cn
社　址：北京市海淀区马甸南村 1 号　　邮　编：100088
责编电话：010 – 82000860 转 8125　　责编邮箱：liushuang@ cnipr. com
发行电话：010 – 82000860 转 8101/8102　　发行传真：010 – 82000893/82005070/82000270
印　刷：三河市国英印务有限公司　　经　销：各大网上书店、新华书店及相关专业书店
开　本：889mm × 1194mm　1/16　　印　张：17. 25
版　次：2015 年 1 月第一版　　印　次：2015 年 1 月第一次印刷
字　数：369 千字　　定　价：35. 00 元
ISBN 978 – 7 – 5130 – 3107 – 3